U0594642

博士生导师学术文库

A Library of Academics by
Ph.D.Supervisors

大学制度的特别法理

孙笑侠　等　著

光明日报出版社

图书在版编目（CIP）数据

大学制度的特别法理 / 孙笑侠等著 . －－北京：光
明日报出版社，2020.6

（博士生导师学术文库）

ISBN 978－7－5194－5770－9

Ⅰ.①大… Ⅱ.①孙… Ⅲ.①高等学校—教育制度—
研究—中国 Ⅳ.①G649.22

中国版本图书馆 CIP 数据核字（2020）第 093922 号

大学制度的特别法理
DAXUE ZHIDU DE TEBIE FALI

著　者：孙笑侠　等	
责任编辑：曹美娜　黄　莺	责任校对：龚彩虹
封面设计：一站出版网	责任印制：曹　净

出版发行：光明日报出版社

地　　址：北京市西城区永安路 106 号，100050

电　　话：010－63139890（咨询），010－63131930（邮购）

传　　真：010－63131930

网　　址：http://book.gmw.cn

E - mail：caomeina@gmw.cn

法律顾问：北京德恒律师事务所龚柳方律师

印　　刷：三河市华东印刷有限公司

装　　订：三河市华东印刷有限公司

本书如有破损、缺页、装订错误，请与本社联系调换，电话：010－63131930

开　　本：170mm×240mm		
字　　数：386 千字	印　　张：21.5	
版　　次：2020 年 6 月第 1 版	印　　次：2020 年 6 月第 1 次印刷	
书　　号：ISBN 978－7－5194－5770－9		
定　　价：99.00 元		

序

　　我们之所以能够有"大学"这样的物理空间，这样的师资配置，这样的组织构成，这样的学术活动，这样的教育形式，这样的文化传统，这样的活动理念，这样的精神家园，其实都离不开大学作为一种制度的存在。为什么中世纪大学出现以及近代中国出现高等教育成立大学时，大学都会着手制订大学校规？有章程，有公约，有规程，或章则，或学则，或学程等各种名称的制度，说明大学的活动离不开制度。后来，国家政府制订了关于大学的法律法规，与大学校规及教育行规并驾互补。大学制度在繁杂的教学、研究和行政事务中起到支撑作用，同时又经常被繁杂的事务所淹没和遮蔽。我们只有从大学的各项任务中把制度像医生做手术一样暂时剥离出来，才能看到它骨骼脉络的真实面貌。

　　我们今天常常提到的"大学传统""大学精神"和"大学水准"，这些无形的东西，其实是以制度和惯例为载体的，然后才进入教师和学生的意识，再成为国人和国际的口碑。所谓世界一流大学，当然也包括大学制度的一流。在国家提出建设世界一流大学的同时，我们不能不认真对待大学制度建设。

　　近年来，大学的改革与建设成为国家和大学高度重视的问题。国家教育事业发展"十三五"规划中，把"坚持依法治教"作为基本原则，明确提出"法治是实现教育现代化的可靠保障。要坚持依法行政、依法办学、依法执教，更加注重运用法治思维和法治方式推动教育改革发展，更加注重教育法律法规体系和执法体制机制建设，更加注重保障广大人民群众受教育权利和广大师生权益，更加注重保障人民群众对教育改革发展的知情权、参与权和监督权，依法推进教育治理能力现代化，为教育发展创造良好的法治环境。"在这种情形下，摆在我们面前的问题是大学如何法治化或制度化？核心问题在于改革和建立什么样的大学制度？2017年，我国大学"双一流"建设计划全面推开，大学的

"综合改革"中是否应该包括大学制度的综合改革?

近年来大学出现许多工作中的难题,无法律可依,也无行规和校规的规范可依。司法机关受理许多涉及大学纠纷的案件,在无法律可依或无规范可依的情况下,也很难从大学制度的特殊法理上加以合理的裁判和论证。这都与我们缺乏大学制度法理有关。因此,大学制度的法理具有重要理论意义和现实实践意义。我们把大学当作制度来研究的同时,试图澄清并避免把大学制度只看成是国法制度,而是当作国法、行规和校规的综合体系来探讨,把大学治理法治化拓宽到制度化和规范化意义上来研究。事实上,对于大学治理而言,光靠国法是远远不够也未必妥当。任何行业领域的法治,都不是单纯的国法治理,而是靠国法与行规齐头并进多管齐下。这才使行业法治有血有肉,有干有枝,主次互补,达到细节,整体盘活。

我们缺乏对大学制度的研究,特别缺乏大学制度的特殊法理。换言之,大学法律制度还没有把大学加以特别地对待。由于大学学术性所决定的特殊性,在制度上还没有被当作特别对象加以对待。今天,大学仍然需要法律的"特别"对待,不是因大学力量太微弱,而是因学术神经太纤细。本书正是基于这样的思考,从整体意义上的大学而不是某个大学,来论述大学制度的特殊性,来论述大学制度的完善。

孙笑侠

2020 年 3 月 25 日于上海

目　录
CONTENTS

一、大学制度的特别法理

大学离不开制度。近代中国出现高等教育、成立大学的时候，大学教育的先驱者都会着手制订大学校规。比如《京师大学堂章程》《齐鲁大学章程》《圣约翰大学章程》等，许多大学除章程之外还有自治公约，如《中国公学自治公约》，也有"规程""学则""章则"，如《燕京大学修学规程》《朝阳大学学则》《复旦大学学则训导规则》《国立辅仁大学学则》《国立武汉大学学则》等，尽管名称不同，但说明了大学离不开制度。后来，国家政府制订了关于大学的法律法规，与大学校规及教育行业规范并驾互补。再往更早看，中世纪的早期大学在萌芽的时候，就是伴随着制度的建立而成长的。有制度是一码事，而大学制度的优劣是另一码事。常常被人们提到的"大学传统""大学精神"和"大学水准"，这些无形的东西，其实是以制度和惯例为载体的。

在大学发展史上，存在着大学制度的"特殊性"，诸如特许、特权、特别法律关系、司法的特别对待等制度。中外历代教育家在兴办大学过程中，总是处在维护学术权的抗争中，而他们常常强调教育规律和学术规律。从理论上思考，其实这些教育和学术的规律转化到法理上，就构成大学的特别法理；转化到制度建构上，就是大学制度的特别性。同时，这种大学的特别制度除一般法意义上的国法（宪法、法律行政法规和规章）之外，还包括特别法意义上国法、大学行规和大学校规。仅仅关注和适用"一般法"意义上国法，则会对大学造成危害。此处进行考察的目的，在于强调大学的特别法律地位，强调大学制度中的特别法理。

（一）大学制度之"特别"

1. 早期大学"制度"历史考察

纵观教育之发达，先看其教育制度的完善。战国时期虽有《弟子职》，但它不是正式的教育制度。之所以说书院发展于宋代，是因为宋代书院出现了学规，如《白鹿洞书院揭示》以及朱熹确立的岳麓书院《书院教条》。因而出现应天书院、岳麓书院、白鹿洞书院、嵩阳书院四大书院并存的鼎盛时期之后，教育的制度化、规范化，才有正式的教育制度。大学教育的发达程度亦然——没有大学制度，就谈不上大学的发达。因此，民国早期的大学，官方有大学的官制、官规、学校通则，而大学要有章程、学程、学规、章则、训导规则或自治公约等。大学作为制度的形成，要追溯到大学形成的历史源头。

大学从中世纪形成至今，大学制度与大学发展不可分割、同步而生。大学不因它的教学仪式或校舍建筑与别的机构有什么不同，而是因其一套独特的以尊重学术和教育规律为核心导向的制度和惯例，使它与机关和企业等机构形成本质上的区别。大学制度的原理中所包含的法理，由高等教育规律、学术活动规律转化而成。800多年前①，在"大学"还没有固定的教学组织形式或仪式甚至没有建筑载体的时代②，就已经开始萌发这种制度和惯例。比如波洛尼亚或巴黎的"大学"以及后来在欧洲酝酿而形成的那些早期大学，之所以"摆脱了教会的仕女和附庸的地位""逐渐成为学者自治和自足的学术机构"③，是因为制度变革在起作用。欧洲最早的大学是因为"新的知识"传入某个地区或城市，因而创造了新的专门的学术职业，出现了"教师"和"教师会"，要加入这个阶层，就要被审查你是否具备当教师的资格，那么重点是考查你的某种知识。如果你作为一名学生要想当教师，那么你必须拥有准许教书的证明——这就是学位证书。一个文学硕士就是一个具备教授人文学科资格的人，一个法学博士就是获得合格证书的法律教师。你还要举行首次讲课，以接受对你知识的考查。这就是学位制度的由来。这样的活动需要有固定的组织形式，因此产生了系或院这样的大学组织形式，形成了须经过国家政府或教会等权威机构审批的制度，有正规的学位制度和惯例，有院长这样的职位。波洛尼亚和巴黎的大学的这些具有制度和惯例的组织形式，后来成为意大利、西班牙、法国西南部的大学组织制度的楷模。④ 在有些国家的历史上，只有有权授予学位的学校才称得上是

① 通常认为波伦尼亚大学是最早的大学，但没有证据证明它建立于1088年。1988年该校举行校庆时由一个委员会选定了这个"传统建校日"。参见希尔德·德·里德－西蒙斯. 欧洲大学史：第一卷［M］. 张斌贤，等译. 保定：河北大学出版社，2007：5.

② 哈佛大学文理研究院前院长哈斯金斯教授曾谈到，中世纪的大学，可能连教室都不存在。假如教师的家里没有合适的房间，他就在附近方便的地方租一间房子。中世纪时巴黎塞纳河左岸的一条街上，学生就坐在铺好的草上记笔记。［美］哈斯金斯. 大学的兴起［M］. 梅义征，译. 上海：三联书店，2007：29.

③ 杨东平. 大学精神——五四前后知识分子论大学精神之经典文献［M］. 台北：台湾立绪文化事业有限公司，2001：3.

④ ［美］哈斯金斯. 大学的兴起［M］. 梅义征，译. 上海：三联书店，2007：8.

大学①。

大学的结业考试及其学位授予，使大学"具有了按照超越其地域的标准来管理学习内容和结业考试的职责。这不仅使大学更加走向自治，而且对学术史和文化史产生了巨大的影响。由此，探索知识和传播知识的这一普遍价值（自古以来一直得到人们的承认）在大学中得到了制度安排"。② 更有意思的是，中世纪罗马的大学存在的各种学说、学派的冲突和纷争，还促进大学制度的完善和发展、大学内部协调冲突的规则和实践得到了加强，从而使大学成为教会、王室之外的第三种权力机构。③

从中世纪开始，大学是由内部成员控制和管理的。大学何以保持它的学术与教育的竞争力呢？这个问题的关键是关于教师地位和自由的制度安排。我们考察"教授"制度史，可以发现中世纪大学的"教授"这个因素，其"传承的线索仍未中断，与现代环境的差距没有人们常常料想那样大"④。大学是一个教师的学术共同体，同事之间形成了某种"专制"，这是一种学术权力的专制，是一种"邻人的专制"⑤，就是学术圈"同行的专制"，也就是共同体的议论加学者的自尊形成了压力。同行或同事之间的监督一定会透过你的自尊或脸面而产生巨大的约束力。这无疑是一种制度设计和安排。在神学最活跃时期的中世纪大学，也产生过教师学术自由（含教学自由）与学术责任紧张关系带来的问题——比如有教授因观点错误而被判处监禁，有教授犯逻辑错误"看起来与亚洲异教的观点相近"并混淆了两门早已由教父们确定的课程。这些教师都被处罚，但作出批评、判断和处罚他们的人同样是大学的同行，而不是哪个外在的权力主体。同事之间的监督，看起来是借助于道德、良知，其实却是一种奇妙的制度安排。假如一所大学，教师是被当作工厂里拿计件工资的雇员那样，受老板或监工的监督，那么他就会丧失掉学术的自尊和旨趣了，尽管他还有做人底线上的脸面，但也就仅此来维持他的雇工身份，把大学教师当作谋生的"饭

---

① 希尔德·德·里德－西蒙斯. 欧洲大学史：第二卷［M］. 贺国庆，等译. 保定：河北大学出版社，2007：51.

② 希尔德·德·里德－西蒙斯. 欧洲大学史：第一卷［M］. 张斌贤，等译. 保定：河北大学出版社，2007：19－20.

③ 希尔德·德·里德－西蒙斯. 欧洲大学史：第一卷［M］. 张斌贤，等译. 保定：河北大学出版社，2007：20.

④ ［美］哈斯金斯. 大学的兴起［M］. 梅义征，译. 上海：三联书店，2007：18.

⑤ "邻人的专制"是指在专业同事之间形成的专制式的无形压迫，作者说"对此，这个世界很少能够逃避"。［美］哈斯金斯. 大学的兴起［M］. 梅义征. 译. 上海：三联书店，2007：32.

碗"而不是学术志业，更谈不上"灵魂工程师"的理想。教师共同体的制度体系设计，正是充分利用了"邻人的专制"这个效应而发展并沿袭至今。凭这个制度机制，我们相信它能够发展出合理的学术评审制度和大学人事管理制度；凭这个制度机制，我们就有理由相信，学术自由是应该的，教授治校、大学自治是可能的。大学的教学内容与时俱变，科学知识会更新、新老教师会更替，但是涉及教授的地位、自由、标准、程序等方面的制度与惯例却被传承下来。

大学里的另一主体是学生，关于学生的制度，当然也可以追溯到中世纪的大学。据说巴黎国家图书馆的一份手稿上记录的有关 15 世纪的一本手册，非常系统地规定了学生的守则，涉及学生最常用的表达方法，"从校园生活中的礼节开始，因为服从老师以及对师长应有的尊敬是知识的开始，到学会如何问候老师，如何请假，如何为自己的不良行为辩解，如何邀请老师与自己的父母一起吃饭等"，"在学校，经过早晨歌唱课的'精神反思'，接着就是学习时间过后的身体的反思。因为刚刚吃饱的人想象力会受到阻碍"。"在午餐时或是在操场上的交谈中，学生们很容易在讲拉丁文时突然冒出母语来……"①，暂且不管这本手册的内容在今天是否合理，它至少给我们三点最基本的启示：第一，大学要有校规；第二，大学校规的逻辑起点就是"育人"；第三，大学可以根据自己的传统和教育理念，来设置学生的行为规范，严格程度可以甚于国法。假如今天某大学在校规里规定：本科生不得在租宿校外、本科生不得在学期间生育孩子。这虽然会引起争议，但我们认为该大学的教育理念支持这一校规，其出发点是严格地爱护学生。那么在学校与学生这种特别权力关系中，采取"法律父爱主义"的观点，做出比国法还要偏严格的、于法无据的规定，甚至与国法不一致的规定，也是可以理解的，在法律上也应该被允许。无论这所大学的校规多么严格或者多么宽松，都要从育人的理念出发，而不是为了监管、控制和惩罚。这正如立法时要考虑的是"善"法还是"恶"法的问题。

2. 大学享有"特权"的历史考察

在大学发展史上，基于学术性活动，教师和学生享有某些"特权"，即某种程度的特殊性保障。

大学发展史的早期，就曾形成这样"特权"制度。12 世纪攻读都会法的神职人员已经受到教会法的保护，而研习罗马法的平民学者和学生却还没有这些受保护的特权。因此腓特烈一世于 1158 年签署颁布的《真正的惯例》（Authentic Habita，后来被编入《查士丁尼法典》），给予那些长途跋涉来学习罗马法的

---

① ［美］哈斯金斯. 大学的兴起 ［M］. 梅义征，译. 上海：三联书店，2007：46.

学者以更大程度的安全保护，使其在城市里免受羞辱或因债务被拘押。最重要的特权莫过于增加了对司法权威的选择，当一位学者受到刑事或民事起诉时，他可以选择自己的老师或当地的主教担任法官。教会对大学的管辖权转交给了大学法庭，而后者则成为审理学术案件的正常法庭。而那些对学者实施犯罪的人和那些没能使赔偿生效的官员都会被处以重罚。大学师生与普通教士相比，享有更多的权利。这一特权制度在大学制度史上具有普适性，并一直延续了整个中世纪。① 在理论上，他们不会被无端指控，不受当地教会当局的司法管辖，可以向教皇或其代表申诉，他们享受教区的俸禄而无须在教区居住。② 司法管辖的特权很可能就是后来"司法的学术遵从"原则的前身形态。欧洲中世纪大学从教会、世俗群主和自治城市那里获得众多的特权，包括居住权和安全权、司法管辖特权、罢课权和迁徙权、担任执职的资格授予权、免税权和免役权。③ 德国海德堡大学成立时教皇教谕中就写着"大学的所有师生也和巴黎大学师生一样享有同样的特权：自由与豁免"④。

现代的欧洲大学仍然不乏这样的类似规定，比如在今天的法国，当教师被诉侵权时，有两个方面不适用一般损害赔偿条款：其一，高校教师由于执行职务所发生的侵权行为在普通法院受到追诉时，只在自己本人有过错时才负责任。对于教学和科研的公务过错，教师不赔偿责任。其二，在某些情况下，教师在从事正常的教学和科研工作时，不问所犯过错的性质如何，受害人不能追诉教师的责任，而是由行政主体代替教师负赔偿责任。例如公立大学教师由于监督疏忽导致学生对他人造成损害时，由行政机关代替教师负赔偿责任。⑤

美国也存在大学和师生的"特殊性保护""豁免权"乃至"特权"。比如1898 年"金奈尔诉芝加哥市"案中，由于学校没有提供安全网和防护措施而致使一位校工从学术房顶掉下来摔死，伊利诺斯州法院判决学校有豁免权。⑥ 学校和教师可以对学生进行体罚，对学生施加惩罚而产生的后果，法院认为学校

---

① ［英］艾伦. B. 科班. 中世纪的大学：发展与组织［M］. 周常明，王晓宇，译. 济南：山东教育出版社，2013：61 – 62.

② 希尔德·德·里德－西蒙斯. 欧洲大学史：第一卷［M］. 张斌贤，等译. 保定：河北大学出版社，2007：120.

③ 张斌贤，孙益. 西欧中世纪大学的特权［J］. 北京师范大学学报（社会科学版），2004（4）：16 – 23.

④ 周丽华. 德国大学与国家的关系［M］. 北京：北京师范大学出版社，2008：35.

⑤ 黄明东. 中美法高校教师法律地位比较研究［M］. 武汉：武汉大学出版社，2011：335 – 336.

⑥ 张维平，马立武. 美国教育法研究［M］. 北京：中国法制出版社，2004：109.

是对的，可以不承担法律上的赔偿责任。① 这些"特权"目的在于保障大学及其教师、学生能够相对独立、安心、稳定地从事教学和学习工作。当然，这种"特殊性保护"并不一定是为保护师生的教学和学习权。1969年"塔恩克对迪斯·穆尼斯独立学区"案也体现了这一特殊性保护：1965年，塔恩克在穆尼斯独立学区上高中时，与他的父母亲一起在袖子上戴着黑色袖章，以示对美国政府侵略越南的抗议。学校下令要求他们停学回家，直到他们不戴黑色袖章。联邦最高法院最终判决，学校不能因为怕引起骚乱而对学生言论权予以限制，学校当局在学生享有自己权利时可能引起的轻微骚乱应予以接受。除非学生的行为事实上干扰了正常教学秩序时，才可以发出禁令。这个案件不具有学术性判断，而是涉及学生的权利，所以法院可以通过审判直接干预大学的决定，一方面体现了对言论自由的尊重，另一方面也体现了对学生权利的特殊保护。

大学制度的一个普遍现象是给大学和师生形成了特殊性的保护。这些"特权"的制度安排可能会有一些历史性原因，随着现代社会的演进会发生变化，甚至可能废除某些不合理的特权。但是，其背后的法理——对大学的特殊对待——已经作为大学制度的惯例或传统。它之所以仍然是有必要的，是因为大学需要被特殊对待，被特殊的保护。1852年，牛津大学毕业的红衣主教纽曼（Gardinal Newman）在其所著的《大学的理念》一书中说，大学乃是"一切知识和科学、事实和原理、探索和发现、实验和思索的高级保护力量；它描绘出理智的疆域，并表明……在那里对任何一边既不能侵犯，也不能屈服"。② 国家和社会给予大学特殊的对待和保护，并不是基于校长、教授和学生中的个体利益，而是基于作为国家和社会利益一部分的大学学术的需要。

大学特殊性体现在制度上，就是在制度上把大学与机关、大学与企业加以区别对待。具体可能会涉及但不限于：（1）国家对大学学术权和师生学术权的特殊对待；（2）政府对大学拨款的制度安排；（3）大学对教师和学生权益的特殊对待；（4）司法对大学学术事务的特殊对待；等等。这些特殊制度安排与本文前面关于大学学术多样性和学术自由特性的意义形成对应和匹配。

3. 大学"特别"地位之逻辑起点

大学作为一套制度，并不是拥有一套"大学管理法"那么简单。要不然，我们中国现在的大学制度在数量上可以说已经很齐全了。建一套制度容易，但

----

① 美国直到上世纪70年代才开始通过司法判决逐渐取消大学的这种民事赔偿的豁免权。参见张维平，马立武. 美国教育法研究［M］. 北京：中国法制出版社，2004：109.

② 杨东平. 大学精神——五四前后知识分子论大学精神之经典文献［M］. 台北：台湾立绪文化事业有限公司，2001：3.

建一套合理的制度却很难。合理的标准就在于是否有益于大学水平的提高和事业的发展。一些国家都试图从法律上解决大学学术自主与国家控制之间的紧张关系，即大学与国家的关系，而且也有宝贵的可借鉴的经验。认识这个问题，存在三个逻辑相关的问题，即大学为什么要有"特别"地位（学术和大学理念），大学法律地位应该是怎样的（公法理论），如何配置好大学与国家的权利－权力关系（制度设计）。

学术和大学理念这一根本问题，历来学术界和教育家已经对学术自由和大学自治有充分论述。法律与之相接壤处，就是在法律上给予大学什么样的地位，以及法律配置给公立大学多大的学术权利和自由的问题。比如把公立大学定位为"公法团体"及公共机构（又称"公营造物"）的性质，使得公立大学成为一个"公法人"，前者强调以"人"为主体的公法人，后者强调大学是一个集合"人"与"物"的公法人①，或者，把公立大学定位为在国家委托下的"自治行政"② 地位，等等，要有一个确定的大学地位理论，从而法律上赋予大学哪些权利（或权力）以及国家政府权力的界定。

学术自由观念发端于希腊柏拉图和亚里士多德的观点，到中世纪大学兴起，大学的建立实际是为了学术免遭教会或政治力量的干预，再到 1698 年英国权利法案诞生而进入实定法。欧洲早期大学的学术自由梦想并不是凭空而来的，它是在反对教会和国王管制的实践中产生的，是在学术和教育实践中被证明是正确的大学理想和原则。据学者考证，中世纪大学的自由度实际上很高，唯有哲学和神学例外（哲学唯有在涉及到神学问题时，自由才受到限制），在法律、医学、语法和数学领域，人们只要愿意，一般来说都可以自由地教学和争论。③ 在 19 世纪以前，德国大学国家化的整个时期，国家权力仍然是尊重学术自由和大学自治的。历史上德意志地区各邦国为大学提供地产和资金，赋予大学迁徙、管理、司法豁免等特权，虽然国家也干预大学事务，但大都限于干预大学立法权、财产管理权，国家可通过法律和医科等几种重要的国家考试来调控大学的教学活动，起到"指挥棒"的作用。④ 有趣的是，15 世纪的海德堡大学关于"唯实论"与"唯名论"的两派对立的学术争端，官方未同大学商量而就此学

---

① 陈新民. 宪法学释论：第九版 [M]. 台北：台湾三民书局，2018：207.

② 董葆城. 教育法与学术自由 [M]. 台北：台湾元照出版有限公司，1997：127－130.

③ [美] 查尔斯·霍默·哈斯金斯. 大学的兴起 [M]. 梅义征，译. 上海：三联书店版，2007：33－34. 据该书作者哈斯金斯讲，在中世纪，没有哪个教授因鼓吹自由贸易或者自由兑换或社会主义或非抵抗而受到谴责.

④ 周丽华. 德国大学与国家的关系 [M]. 北京：北京师范大学出版社，2008：37－38.

术争议发布改革令。至此，我们可以认为这是对学术自由的干预，可是，该改革令明确宣布的却是"唯实论"与"唯名论"在海德堡大学并存。这不能不说是政治权威对学术自由和大学自治的一种高度遵从。①

学术自由在欧美的大学成为普遍的共识，同时学术自由不是放任和无限制。德国汉堡大学保罗·基尔希霍夫（Paul Kirchhof）教授在汉堡大学建校 600 周年的纪念文章中指出学术自由既有自由和权利、又有责任和义务的五层涵义：第一，学术是有计划的、有方法的、不受驾驭、严谨地对知识之探究和传播。学术自由在逻辑条理、因果关系及经验下得以运作。学术自由乃为一种经过大脑深思的自由，而非愚蠢的自由。第二，学术自由是共通联络的而非孤独的自由。学者可以对思想、行为及环境产生影响。然而只有在对他人的自由同样尊重时，学术自由方能受到尊重。过份强调个人自由将无法取得他人的尊重。第三，学术自由是自主的，而非闭门自守式的自由。学者的行为可以自我决定并且对其行为自我负责。第四，学术自由是防御性及可请求给付的基本权利，保障个人不受国家影响活动自如。第五，学术自由同时又要求学术研究者享有国家提供财力及机构支援之自由、研究内容决定之自由，然而研究却依必要拟好的草案及现时的规范来进行。②

我国在"五四"时期通常用"独立"与"学术独立""教育独立"③，或者学术独立与自由并论④。学术自由一直是大学的神圣梦想。学术活动只有在自由和免受干扰的状态下才能有学术、有思想，有利于社会和人类的进步。大学相当于一套制度的围墙，防御外部力量的侵入和干扰，只有在自治的大学里，学术才有自由的保障。因此，大学制度中还有一个具有价值观性质的核心原则，就是大学自治原则（University Autonomy）。"这不单保持学术的净洁，同时在政治上也就保持了民主"。⑤ 学术自由、大学自治是紧密联系在一起的。学术自由

① 周丽华. 德国大学与国家的关系［M］. 北京：北京师范大学出版社，2008：38.
② 董葆城. 教育法与学术自由［M］. 台北：台湾元照出版有限公司，1997：114.
③ 例如陈独秀著有《随感录：学术独立》，蔡元培著有《教育独立议》，参见杨东平. 大学精神——五四前后知识分子论大学精神之经典文献［M］. 台北：台湾立绪文化事业有限公司，2001：111，113.
④ 贺麟在《学术与政治》一文中提到"学术有学术的独立自由"。参见杨东平. 大学精神——五四前后知识分子论大学精神之经典文献［M］. 台北：台湾立绪文化事业有限公司，2001：118.
⑤ 出自贺麟《学术与政治》，原载 1941 年 10 月《当代评论》第一卷第十六期，参见参见杨东平. 大学精神——五四前后知识分子论大学精神之经典文献［M］. 台北：台湾立绪文化事业有限公司，2001：119.

可促进大学自治。① 学术自由是大学自治的前提保障，国法不保障学术自由，那么大学自治就失去理由，也失去保障。学术自由侧重于对国家政府的不干预的消极自由要求，大学自治侧重于大学与政府的分权关系和自身治理能力。

那么，大学自治与大学自主这两个概念到底是什么关系呢？在当代中国语境下称为大学"自主"，其实在本质上是一致的。因为自治和自主，强调的都是独立性，免除外部不合理的干扰和干预。历来对大学教育和学术进行干预的力量包括教会、政治和资本权贵，在中国，我们排除教会影响大学，也排除资本权贵影响大学（比如捐赠者不得干预大学事务），因此自治与自主在这些方面是具有共性的。如果说自治与自主有什么不同的话，则在于程度的差异。我国宪法与法律上的"自治"已经使用在少数民族区域自治、村民自治等领域的管理。但在企业经营权上却使用"自主"概念，比如企业自主权，没有说自治权。为什么这两种场合的用词有区别呢？这是因为，民族地方和村庄如果没有强调自治，就很可能因为各级政府一统到底，把地方和村庄都管起来；然而企业和大学本来在实际运行上就是独立运营的活动主体，工商局和教育局并不会也不可能代替企业和大学去运营。在这里，自治与自主在本质上是强调独立性运营，自己作主自己负责，这本来是没有区别的。自治和自主都是某个人或集体管理其自身事务，并且单独对其行为和命运负责的一种状态。其实"自治"不是绝对的自治，绝对的自治那叫"独立"。董必武先生在 1954 年起草宪法时就指出"'自治'本身就有限制"②。大学自治并非大学对所有校内事务完全自主决定，而重点在于对教学、研究、课程、师资人事等事务享有自治权。我国法律和政策上不用"大学自治"概念，而使用大学"自主"和大学"自主权"，是基于本国政治权力的文化惯性和社会潮流的发展趋势的一种折衷语辞。从根本目标上说，应该是尊重大学教育和学术规律，让本国的大学能够强大起来进入世界一流大学行列。

在中国现行制度中，我们避讳大学自治的概念，而是习惯于用"自主"，比如"大学自主权"。之所以避讳用"大学自治"，其隐性的理论逻辑是，中国的大学是要坚持一些根本的政治原则，大学人才培养有意识形态的特殊要求，所以中国大学并不是像西方那样自治的大学。我们一些人担心提出"大学自治"会使大学成为"绝对的"自治。但是需要厘清的是，实际上世界一流大学的自治也不是那么纯粹和绝对的，欧美的大学也要接受国家、政府或同业协会的管

---

① 胡适曾于 1922 年提到北大的"自治能力""自由风气不能结晶于自治能力的发展"等问题。

② 韩大元：1954 年宪法与中国宪政［M］．武汉：武汉大学出版社，2008：183．

理和指导。中国历史上，行政权特别强盛而干预甚至包揽许多本来属于社会主体享有的事权，与此同时，"举政府之力办大事"的经验也在教育领域得到延续，因此政府在对大学的管理中通过审批权、财物分配权、许可权、合并权、评审权和处罚权等权力，来紧紧抓住大学的命门，以至于大学异化成行政机关甚至失去自己治理和运营的能力。这种传统新世纪以来因受到世界教育和科技发展潮流的刺激也得到一定的缓减。从中国教育事业发展的态势来看，我们近年来也在减少教育领域行政权的数量，国家和政府并没有否定大学自主权，相反在政府管理层面加大大学自主权、减少行政权，这从教育主管部门的权力清单上是可以看到的。中央强调教育主管部门"应放的放，该管的管"，所以把一些教育行政管理权下放给高校。就权利和权力配置意义上说，大学自治与大学自主没有质的区别，只是权利多少和权利实现程度不同而已，前者在制度安排上程度更充分一些，后者是在大学制度不断完善、大学质量不断提高的过程中得以充分化。因此，这两个概念在政府"少管"这个意义上是同义词，是可以互换的。

在我国，大学只是被法律规定为"事业单位"，而"事业单位"这个概念是缺乏一套法理支持的。我国在公法理论上很少研究大学地位。大学与政府的关系虽然正在改革，但许多问题没有从理论上澄清。另外还须要说明，大学自治或大学自主不同于地方自治。大学自治主要是基于学术性，相对于政府及其他诸如资本权贵等势力，防止他们对大学教育和学术的干预。因此它与地方自治或村庄自治不同。地方自治基于民主理念，大学自治并非基于民主理念；地方自治基于选举，而大学自治则是基于学术；地方自治最重要的是财政自主，而大学自治并不是财政自主而是财政拨款。① 大学自主（自治）的核心是学术的独立与自主。因此，尽管大学要花央地政府财政或某财团的钱款，但不等于大学学术听从拨款出资方。大学需要法律上的特殊对待，不是因大学力量太微弱，而是因学术神经太纤细。

学术自由与大学自治理念的出发点或初心是什么？是为了大学或大学教师一己私利吗？我很认同这样的表述：学术自由和大学自治"是致志于追求知识，解决问题，从事批判性研究，使人类文化得以进步，保有高度的动能，在历史文化的传承与开创上，更有神圣使命"。② 大学之功能在于探索真理，传播知识，培养人才，服务社会，还要传承文化。因此在大学发展史上，尤其是近代

---

① 董葆城. 教育法与学术自由［M］. 台北：台湾元照出版有限公司，1997：164.

② 董葆城. 教育法与学术自由［M］. 台北：台湾元照出版有限公司，1997：173.

民主国家，大学的学术自由和自治会被作为一条基本原则确认下来。20 世纪 90 年代的德国高等教育改革中，"自治"再次成为流行词，但与以往不同的是：其一，大学自治不仅是大学的要求还是国家和政府的要求。其二，大学自治的实质是国家提高大学自我负责能力的一种制度安排。90 年代以来的德国大学不再拘泥于大学自治如何抵御外来干预，而是更加关注大学管理如何专业化以及如何提高管理效率的问题。因此，自治不是自由自在，不是独立王国，而是快速适应环境变化的能力。这种能力表现为大学根据自己的理念和判断，回应环境变化，而不是等候他人发出指令。①

（二）大学的特别关系与特别对待

1. 大学制度中的"特别"法律关系

大学内部的权利义务关系，有时可以不按照国法来处理。比如大学校规对学生的要求，实际上是对学生的自由作了不同程度的限制。这种校规上的纪律比国法要严。假如某大学规定本科生不得校外租宿，而国法上显然没有规定，那么这种限制自由的规定是否合理呢？它为何在常规情况下能够被学生和家长习惯上接受呢？当然在发生纠纷时，不排除学生和家长拿国法作依据来维权，而大学就说不清理由了。

法律理论必须解决这个问题。事实上早在 19 世纪的德国公法理论上已经解决了这个问题，它确认了这种"特殊性限制"的正当性，这就是"特别权力关系"理论。其含义是在公民和国家之间存在一种公法上的特别服从的权利与义务关系。具体而言，它强调国家或公共团体等行政主体，基于特别的法律原因，在一定的范围内，对相对人有概括的命令强制的权力，而另一方相对人却负有服从的义务，导致相对人义务的不确定，如士兵对部队纪律的服从，公务员对政府机关纪律的服从，公立学校要求学生服从的校规纪律，等等。在这种特别权力关系范围内所产生的权利义务，不同于国法上的一般公民的权利义务，它可以不必严格依循国法上的法律保留原则，即使无国法授权的依据，仍可限制其内部成员的权利。权力方可以依凭"目的趋向"来决定限制和惩戒，形成双方的非平等的关系。且不支持司法介入这类特别关系。②

特别权力关系的理论起源于 19 世纪德国宪法学家拉邦德（P. laband,

① 周丽华. 德国大学与国家的关系 [M]. 北京：北京师范大学出版社，2008：186.
② 陈新民. 中国行政法学原理 [M]. 北京：中国政法大学出版社，2002：63－64；翁岳生. 论特别权力关系之新趋势 [M]//行政法与现代法治国. 台北：台湾大学法学丛书，1990：131－158.

1831—1918）的国家法理论，奥托·迈耶（1846—1924）将其引入行政法理论体系并作了系统阐述。奥托·迈耶指出特别权力关系存在两个理论基础：一是某些关系中更强的依赖性；二是公共管理目的，即"相关人在一定程度上必须依照公共管理目的的需要而行事，而这总是意味着对现有自由的限制"。① 日本在明治时期的行政法不仅系统接受这一理论，而且在实践中将其适用范围作了扩大。② 我国台湾地区行政法则受德国和日本影响，同样继受并实践了这一理论。二战以后，由于世界范围内的"人权保障"观念的兴起，并随着德国基本法的颁布，特别权力关系理论在法理上和制度上逐渐被调整。换言之，这一理论不是被轻视或废除，而是有了更好的发展，无论是在理论上、在制度上，还是在实践个案中，都有充分的完善和积累。1956 年，德国法学家乌勒提出，特别权力关系可以分为"基础关系"与"管理关系"。对相对人身份的设定、变更或终止以及财产上的关系属于基础关系。这一基础关系实质上与国家、人民之间关系并无区别，因此，不能排除基本权利、法律保留原则的适用。而管理关系是指单纯的管理措施，比如对公务员的任务分配、对学生学业上的严格要求等。在管理关系中，一般不涉及相对人的个人身份，因此，行政主体可以自行制定严于国法的规则予以规范，而无需法律授权，由此产生的争议也不受法院审查。③ 在此基础上，德国联邦宪法法院通过判例提出"公民事务重要性"理论：某一个事务对于共同体或者公民越重要，对立法机关的要求就越高。因此存在一个阶梯结构：完全重要的事务需要议会法律独占调整，重要性小一些的事务也可以由法律规定的法令制定机关调整；一直到不重要的事务，不属于法律保留的范围。④ 1972 年，德国宪法法院采行了这一理论，否定了特别权力关系范围内无需法律根据即可随意限制个人基本权利的做法，认为只要涉及成员的法律地位，特别是基本权利的重要事项，即属于行政处分。⑤ 德国联邦宪

---

① ［德］奥托·迈耶. 德国行政法 ［M］. 刘飞，译. 北京：商务印书馆，2002：107 - 108.

② 如以美浓部达吉的见解为代表，特别权力关系的事项，包括：（1）公法上之勤务关系；（2）公法上之营造物利用关系；（3）对基于特许而从事国家事务者的监督关系；（4）特别之保护关系；（5）特别监视关系；如受刑人；（6）公共合作社与社员的关系等。参见翁岳生：论特别权力关系之新趋势 ［M］//行政法与现代法治国. 台北：台湾大学法学丛书，1990：137 - 138.

③ 湛中乐. 大学法治与权益保护 ［M］. 北京：中国法制出版社，2011：10.

④ ［德］哈特穆特·毛雷尔. 行政法学总论 ［M］. 高家伟，译. 北京：法律出版社，2000：110.

⑤ C. H. Ule，DasVerwaltungsprozessrenncht，9. Aufl.，1987，S. 193. 转引自吴庚. 行政法之理论与实用（增订八版）［M］. 北京：中国人民大学出版社，2005：147.

法法院通过一系列的判决，达成以下共识：在特别权力关系范围内，个人权利可受目的合理之限制，但涉及基本权利时，国会不应放弃制定法律之任务而听任行政主体裁量。①

观察我国各大学的校规，可以发现几乎千篇一律，不敢"越雷池一步"。各种缘由是很清楚的。在大学自主权不足的情形之下，就没有探索大学自主性制度的理论勇气。如何尽可能自主地根据自身的传统和特色来细化自己的校规，基于实践和理论发展的需要，我国可以借鉴国外关于大学地位和权利的法理。我们可以采用"特别法律关系"来替代"特别权力关系"。比如国外多数大学都规定，本科生不得校外租宿，这在它们国家的国法上也是没有规定的，这种限制自由的校规之所以得到认可，其背后有教育理念，也有法理的支持。允许校外租宿与否，都有合理性，允许虽然体现自由价值，但对于本科生而言，相对严格的纪律约束是符合这个年龄段学生成长规律的，由此校方所承担的责任更重。类似的情形还有很多。比如校规规定学生必须学会游泳才能毕业②，甚至有大学规定学生想留胡子就需要医生的证明。如果皮肤状况不适合刮脸，那么可以申请医生证明，就能拿到"特殊留胡须权"，不过只有一年的有效期。这些缺乏法律法规依据的校规是否有法理支持？更多的国外一流大学，在给予学生学术上的充分自由的同时，却在个人品行上有非常严格的行为规范要求。这是人才培养和教育的理念问题，也是大学制度的特别法理上需要解决的问题。

大学法有其特别法理，因此，不应该把它当作机关、企业及一般事业组织等法律主体来对待。比如我国劳动人事规章中的人事制度，目前已经改变一刀切的做法；而财政规章中的财务制度，不一定全都适用于大学科研活动，不宜一刀切地统一适用。此外，大学师生的学术研究中的言论权利，应当受到尊重和维护，把它区别于传播性的言论来对待。那么，在司法活动中，大学是怎样被特别对待的呢？下面就谈谈这个问题。

2. 司法对学术的特别对待："学术遵从"

大学事务涉及学术问题很专业也很特殊，那么，涉及大学学术性判断的纠纷在司法上如何进行判断？这是另一个关于大学制度特殊性的法理问题。法官的专业是法律学，而大学涉及法律学之外的所有学科领域，法官既不能拒绝受理案件又难以裁判学术性纠纷，那么，法官是如何判断的呢？

对此，一些国家形成了尊重大学专业性与自治性的传统，尽可能避免干涉

---

① 吴庚. 行政法之理论与实用［M］. 北京：中国人民大学出版社，2005：147.

② 哈佛大学曾于19世纪因家长的建议而采纳为相关规定。2017年清华大学出台校规，从2017级开始本科生必须会游泳才能毕业，一时间引发外界关注。

大学学术事务。比如德国联邦宪法法院在相关判例中认为："只要立法者在以上学术自由保障意义范围内采取充分程度之措施以确保组织上之相关基本权主体之自我决定，则其剩下的部分便享有裁量权。""只要教学与自由之诸结构能够获得充分确保，则立法者得自由形成相关基本权主体所得参与校务的种类与方法。"① 从中可以看到德国法院对大学特殊性的尊重。

法院特殊对待大学的态度和立场，最突出的是美国"学术遵从"（academic deference）司法原则。这个原则来自美国历史上第一起以大学为被告的案件。1779 年的布兰肯起诉威廉·玛丽学院。② 1779 年，威廉·玛丽学院因撤销文法学院而导致文法学教授布兰肯被解聘。布兰肯将威廉玛丽学院的校董会诉至法院，认为根据校规，校方无权在其无严重失范行为的情况下解聘教师。而校方聘请的年青代理律师约翰·马歇尔（John Marshall，1755—1835，后来成为第四任首席大法官）在无相同判例依据的情况下，应当参照凡慈善机构可免责（charitable immunity）的法律原则进行类推，认为法院对此案不具有管辖权。即使法院可审理此案，本校校董会也并未僭越大学的学术权力，因为法官不具有审查大学决定是否正当的法律基础。法院后来基本采纳了约翰·马歇尔提出的观点，据此，驳回布兰肯教授的请求。这起案件为法院在处理类似纠纷中保护大学自治所具有的特权、确立对大学倾斜性司法尊重的立场确定了基调。教育自主性的基本观念是，只有在超越教会、国家以及意识形态控制的环境中才能实现其功能，故高校必须尽可能地免受来自宗教、政府与社会舆论的压力。③从此，作为司法对于这种观念的回应，美国法院系统都十分克制地对大学学术进行审查。这不只是因为担心法官无法胜任审查大学学术性决议的能力，更重要的是尊重大学传播知识文化、促进科技进步的特殊功能。当然，布兰肯诉威廉·玛丽学院的个案判决早在 18 世纪就产生，但美国理论界关于"学术遵从"这一提法，则是在 1979 年才出现在哈里爱德华兹和弗吉尼亚诺丁合著的《高等教育与法律》一书中，此后即一直被沿用。对于"学术遵从"在美国是否构成一项独立的法律原则，美国法学理论界尚存争议。有学者指出，"由于法院从来没有发展出连贯的理论或形成同意的案例群体，故所谓的'学术遵从'，只能称

---

① 以上参考 BVerfG，Beschl. v. 26. 10. 2004，NVwZ 2005，S，315，320. 转引自黄锦堂. 德国大学法"新公共管理"改革之研究——兼论我国大学行政法人化相关草案［J］. 政大法学评论，2010（118）：202 – 203.

② Bracken v. Vistors of William & Marry College，5 Va. 573（1790）.

③ Leas Terrence，Ph. D. Evolution of the Doctrine of Academic Abstention in American Jurisprudence，The Florida State University，1989，pp. 1.

为司法克制态度在应对特定案件时的一种具体表现"，因此它被当代学者归纳为司法谦抑主义（Judicial minimalism）态度或"学术问题上的司法克制"（academic abstention）原则。① 在笔者看来，无论是司法的谦抑主义态度还是学术遵从原则，它都表明大学的特殊性，显示出大学制度的特别法理。

当年在美国，学生基于宪法而提起的诉讼常常得不到法院的支持。正如前述德国大学法上的"特别权力关系"原理一样，美国法院往往会认定高校与学生的法律关系同家长与子女的关系性质相同，故大学在对学生进行管理时事实上享有不受限制的权力。这一做法即"替代父母"的法律原则（In Loco Parentis Doctrine）。比如1928年的安东尼诉雪城大学案②，法院认定依据学生入学时与高校达成的协议，大学虽然不得恣意作出纪律处分决议，但在判断哪些行为将有碍于建立良好的校园学术环境与道德标准时，具有绝对的自由裁量权。故校方对学生作出处分决定时，仅需履行充分的说明义务。在师资人事管理方面，大学也拥有绝对的权力。1894年的吉莉安诉师范大学案即是很好的证明。③ 虽然在吉莉安与师范大学签订的聘用合同中明确约定了后者只能在教师存在严重失范行为的情形下才能作出开除决定，但威斯康星高等法院在判决中依旧认定，依据校规，师范大学作出开除决定的自治权不受该合同条款的限制。可见，二战前的美国大学几乎享有"免责"的特权待遇，像当时的慈善机构和家庭组织一样，高等教育机构几乎被排除在了法院的审查之外，且在某种意义上超然于法律。

当然，司法"偏袒"大学以及由此带来的担忧是一直存在的。大学如此这般的高度自治性会不会损害学生与教师的权益呢？这个问题在二战后得到司法上的微调和折衷。由于战后美国社会民主化、大学多元化、商业化开始影响传统的学术判断标准，政府开始越来越多地介入大学事务，比如通过各种社会计划以及对学术研究的支持，来规制大学学术自治权。到七十年代，美国通过国会一些保护民权（如劳动权、隐私权）的立法，使得法院截然"祖护"大学的态度开始有所动摇。美国法院在更大程度上认可了学生的言论自由以及"正当程序"权利——如果大学的决定程序不正当，就应当维护学生权益。这在学生

---

① 参见 Byrne J. Peter, "Academic Freedom: a Special Concern of the First Amendment", 99 Yale L. J. 251 (1989)。然而，司法对大学内部管理事项的有限性审查的倾向，得到了学界较普遍地认同。参见 Amy Gajda, The Trials of Academe（Harvard University Press 2009), Chapter. 2.

② Anthony v. Syracuse University 231 N. Y. S. 435 (1928).

③ Gillan v. Board of Regents of Milwaukee Normal School, 88 Wis. 7, 58 N. W. 1042.

权利与大学学术权力之间，用正当程序进行了一种折衷。但总体而言，这些冲击并未从根本上改变法院保护大学自治的基本态度。

这种学术遵从与限制大学自治的紧张关系，在法院看来仍然是可协调的。面对具有特殊性的涉及大学案件，是否遵从大学决议并以何种程度遵从，除了法官要对自己与大学的判断能力进行比较——看谁更适合作出最终决定之外，上世纪七八十年代的美国法院主要采用了两个实质性判断标准：第一，学术性标准。法院必须首先判断案件涉及的大学决定是否是一个实质意义上的学术决定。比如，在密歇根大学诉尤因案①的判决中法官指出，实质意义上的学术决议应当在很大程度上是学者和教师依据他们的专业知识而作出，通常具有一定程度的"主观性"和"任意性"，是教育者或学者作出的"职业判断"，故难以采用司法的程序性要求和理性标准加以审查。第二，社会效果标准。如果法院审查或推翻大学决定，有可能给大学带来"极高的成本与繁琐的工作，从而造成不合理的负担"② 时，法院往往更倾向于遵从大学决议。可见，大学学术性纠纷在司法程序中的审查，整体上仍然是被特殊对待的。

通过以上关于大学的特别法理的考察，我们可以了解到，一套完善的大学制度是以尊重大学之学术性和特殊性为前提的。大学制度首先要确立大学不同于机关、企业等一般法律主体的特殊性。大学历史及至今天的现实，仍然存在着"特许"、大学拥有某些具有正当性的"特权"、大学内部"特别法律关系"以及司法的特别对待，等等，从而呵护大学的应有地位和学术权利，这说明过去和未来都需要有大学的特别法理。

今天，大学仍然需要法律的特别对待，不是因大学力量太微弱，而是因学术神经太纤细。目前，我国法治化进程正在推进"依法治校"。大学法或大学制度不应该仅仅指"一般法"意义上的国法。仅仅强调和适用国法之"一般法"，而不重视建立"特别法"意义上的大学法，则对大学是一种危害。我们不仅要"依国法治校"意义上的法治化，还要"依规治校"意义上的法治化。通过同业行规和各自校规，来实现大学"特别法理"意义上之法治化和规范化。在制订国法时应当在制度上特殊对待大学及其学术性活动，同时，国法应当允许大学建立体现各自传统特色的内部特殊性制度，司法对待大学学术性纠纷要持"学术遵从"原则。一流大学首先要有一流的大学法律制度和一流的大学行规和校规。只有确立大学特别法律地位和特殊学术权利，才能保障和促进大学的改

---

① Regents of the University of Michigan v. Ewing, 474 U. S. 214（1985）.

② William A. Kaplin, Barbara A. Lee：The Law of Higher Education forth edution（Jossey－Bass Press, 2006）, pp. 126－139.

革、创新和发展，从而建设世界一流的大学。

（三）大学的法理关系

1. 大学的三类基本关系

大学事务和关系具有特殊复杂性，我们以往最常见的有三种论述方式，一是纵论大学理念，二是评说教育管理，三是研究教育规律。本文试图从另一个角度——制度的法理来论述大学，这就要从大学制度的"法理关系"出发。今天，把大学当作制度来对待，已经提到议事日程。怎样认识大学所涉及的"法理关系"，成为我们认识大学特殊复杂性的一个关键，也是大学制度化和法治化的一个关键。

以往关于大学关系的研究中，我们习惯于从教育学或管理学角度作出划分①，很少从制度上进行关系的划分，这种情况到90年代后期有所改变。到90年代末，有法学学者开始关注"教育法律关系"，有人提出教育的四种法律关系②。新世纪以来，随着教育事务诉讼增多，我国行政法学界开始重视教育法特别是大学法的研究③，对教育法研究起到重要的推动作用。然而，多数的教育行政法研究是从大学"主体"角度从实在法上划分大学法律关系④，而较少

---

① 我们习惯于把大学治理的关系作教育学上的分类，如"大学内部治理与外部治理关系分析"的"两分法"，或"大学与国家的关系、大学内部关系和大学与社会的关系"的"三分法"。或把大学内部关系分为"政治权、行政权、学术权和民主权等，这也是关涉大学相关主体的四项核心权力。比如秦惠民. 我国大学内部治理中的权力制衡与协调——对我国大学权力现象的解析 [J]. 中国高教研究，2009（8）：26－29. 揭示中国大学的这些关系和内容是从教育学上进行的，但深入到制度建设上，还要分析其中的法理，尤其是学术权与学术性关系的法理，从而对制度建构起到作用。

② 一是教育行政法律关系，二是教育经济法律关系（涉及国家对教育的财政拨款、国家征收教育费附加、国家对学校兴办产业及进行基本建设等采取优惠政策等），三是教育民事法律关系，四是教育者与受教育者之间的特殊法律关系。实际上，第二种关系就是行政法律关系，第四种关系特殊在哪里也语焉不详。参见顾明远. 教育大辞典 [M]. 上海：上海教育出版社，1998.

③ 比如湛中乐的《高等教育与行政诉讼》（主编，北京大学出版社2003年版）、《大学自治、自律与他律》（主编，北京大学出版社2006年版）、《公立高等学校法律问题研究》（合著，法律出版社2009年版）、《大学法治与权益保护》（中国法制出版社2011年版）等。

④ 比如徐显明教授讲"建立大学制度，守护大学精神，要正确地处理好三对关系，即大学与政府的关系、大学与社会的关系及大学内部的管理关系"。参见徐显明. 如何理解和守护大学精神 [J]. 大学（学术版），2012（6）. 比如从行政法律关系上，外部有大学与政府的法律关系，内部分为大学与教师的关系、大学与学生的关系，等等。参见湛中乐. 大学法治与权益保护 [M]. 北京：中国法制出版社，2011，7：38－45.

基于大学"事务"性质来划分大学"法理关系"。本文要阐述的重点，是基于大学事务之性质，特别是大学学术性事务，来探讨大学学术性关系的法理。

在此碰到一个前提问题，学术事务关乎法律和制度吗？有的学术事务不涉及法律，准确地说实在法对有的学术事务不作规定。因此，大学事务"关系"不能全部称为法律关系，而是一种"法理关系"。那么，学术事务在法律制度或其他制度上如何规定呢？要解决这个问题，首先要从大学的三类基本关系入手。

考察近年来涉及大学的纠纷，考察大学所开展的活动所涉及关系的性质，考察大学事务与权利义务的分类，我们可以初步发现：大学事务按其复杂程度可大致区分为民事事务、行政事务与学术事务三种性质不同的事务。比如学生租用宿舍、大学校舍或运动设施管理不善造成学生受伤，这属于民事关系。大学运行经费的划拨、招生数量的政府审批或许可、师生违纪的处分，这是行政关系。唯独涉及学术的关系和活动比较复杂，容易导致大学、教师和学生权益受损害。法学的任务就是要把行业（教育）事务和各种不同性质的关系，进行法理上的深入、细致、准确的阐释。

表1-1　大学三类事务及其基本关系

大学事务	基本关系	主体地位	典型事务举例
民事事务	民事关系	平等主体	如学校采购办公用品是作为市场交易主体、校长作为法人代表签订合同、师生租住校舍是承租方等
行政事务	行政关系	非平等主体	大学运行经费的划拨、招生数量的政府审批或许可、学生打架违纪处分等
学术事务	学术关系	独立主体	如对晋升职称的学术判断、对学生论文的学术判断等

在两种法律关系之外，还大量存在具有学术性质的权利义务关系，因而具有特殊性。比如学位委员会因学术原因决定不颁发学位证书给毕业生、学术委员会决定某教师不予晋升职称，这属于大学的学术性事务，因而产生了关系，暂且把它称为学术关系。它们被学位法、劳动法或其他法律规定之后，则受法律调整成为法律关系。但是它们一般是受大学学术规范的调整，法律要么不规定要么只是原则性的规定（如在宪法上规定大学自治或学术自由），这种关系是不是法律关系？有待后文进一步分析。

区分大学的三大类关系有怎样的意义呢？我们有时混淆学术性活动和行政性活动。比如，学位授予与否和学生的非学术性违纪没有直接关联，不应该因学生普通的违纪而作出不授予学位的决定。再比如学生拖欠学费是民事关系，学生学习权和学籍是学术关系，不能把两者混淆起来，以拖欠学费为做出开除学生学籍的决定的原因。又比如学校教室设置的安全监控探头，如果有师生提出异议，认为这触及他们的权利领域，同时也有人表示这是防范教室里的电脑被偷盗而表示支持，那么我们如何处理这样的事呢？如果监控探头是校方安装并对采集的信息进行使用，从三类关系上看，它显然属于行政性关系，那么它显然是行政行为。那么在教室安装 CCTV 探头，是否符合行政法的"比例原则"，就很容易找到法律上的答案。另外，大学中还有一些难以归类的关系，明显不属于学术性也不属于行政性或民事性关系，其权利义务并无规范依据的模糊内容。大学接受捐赠后与捐赠方发生纠纷，在法律上没有对捐赠方与受赠方作细致的权利和义务规定，我们必须先问：这属于什么法律关系？这在形式上是民事关系，但同时它又是学术关系，涉及教育法上的大学自治问题，捐赠方不得干预教育机构的自主权，作为特别法优于民事一般法，适用教育法上的特别规定。当然大学事务中的有些问题本身是惯例性的，需要各方有教育和学术的自觉性和责任感，需要加强大学的制度建设，也需要有法治意识和法治方式来处理。

在大学各种关系中，不排除有些关系具有多重性，比如大学与校长的关系。在行政关系上，大学校长是大学的行政事务的行政长官，全权负责大学的行政事务；在民事关系上，大学校长是大学法人的法定代表人；在学术性关系上，大学校长不是大学学术事务的判断者，而是行政管理者。大学内设机构如学术委员会、学位委员会、人事处、研究生院等机构作出的决定，虽然不是由校长作出的，但发生纠纷仍然是以大学为主体的，应由作为法定代表人的校长，承担行政责任和应诉任务。

大学的民事关系比较纯粹，因此将民事关系剥离之后，剩余的就是行政关系和学术关系。因此我们先阐明民事关系，再讨论后面两种关系。

2. 大学的民事关系

大学与教师、与学生之间存在着民事关系。大学因民事事务与校外其他主体产生民事法律关系。这些民事关系是比较纯粹的民事关系，不用考虑大学的特殊性，比如大学向银行的借款、与建筑公司关于校舍建设合同、师生租用学校宿舍所产生的租赁关系、师生借阅学校图书损毁的赔偿、师生因学校设施瑕疵而受到人身伤害的赔偿等，都适用一般的民事法律，比较纯粹。这种关系虽涉及大学但不影响其平等性质的权利义务内容，因此在现代大学法制度中没有任何例外，按照民事法律来解决。

然而，大学中的民事关系也会涉及学术因素，比如教师劳动报酬分配要根据教师的学术水平的认定，大学在知识产权侵权事务中涉及学术判断。由于教师具有劳动的特殊性，它不是纯粹的民事关系。教师作为劳动者的角色，一定程度上也大致包含了作为民事主体的部分权利，包括按劳取酬权、社会保障权、参加工会和参加工会活动的权利等，其义务包括遵守聘约规定的义务、遵守劳动时间的义务。因此大学的民事事务中存在着混合性质的关系，即学术性民事关系。

　　民事性关系只是大学关系中的一种，并且大学中的民事关系也只有部分事务属于纯粹民事性关系。在改革开放以来，特别是 20 世纪 90 年代以来，大学被学生起诉的案件频发，一方面反映了权利意识的增长以及法治化在高等教育领域的发展，另一方面，也反映了高等教育中暴露的教育与学术管理规范上的问题。但有必要指出的是，许多案件反映了一个社会对高等教育的误解，作为原告也往往误解了大学与他的关系——以为大学与学生之间只是民事关系，是甲方与乙方的关系，是一手交钱一手交"货"的关系。他们认为的"货"就是课程学分，就是文凭，把大学、教师与他的关系片面理解成商品交换关系。这是值得深思和及时纠正的倾向。

　　我国高等教育法第六十条第一款规定："高等教育实行以举办者投入为主、受教育者合理分担培养成本、高等学校多种渠道筹措经费的机制。"从大学学费标准的事实上看，我们的高等教育收费标准，并不是完全市场化的收费标准，而是由国家财政拨款补贴到大学教育的前提下，由受教育者合理分担部分培养成本。这也说明我们的大学教育不是商品交换关系。我们有必要强调教育活动不是一种商品交换活动，教育关系是一种具有教育特殊内涵的复合关系。

　　在大学事务中，同一件事也可能在处理的不同环节上形成不同性质的关系，甚至出现三种关系的前后关联并列。比如我国近些年出现学生拖欠学费的事案。[①] 拖欠学费原本属于民事关系，应当按照民事法律规定解决。但是一些大学出台了应对措施引起争议。比如暨南大学规定，新生是否交清学杂费不影响报到及宿舍入住，但会影响后续的注册和选课。华南某大学规定拖欠学费将不能登录教务系统参与选课和查分。暂且不论该规定是否合理，这属于大学的行政行为，形成行政性关系。如果我们从大学的学术特性来看，它属于大学自主制订校规的范围。但是，如果校规规定本校可以对拖欠学费者一律以开除或勒令退学等最严厉处罚来对待，则显然违背比例原则和教育良心原则，法理上就

----

① 不少大学都纷纷推出相关举措催缴学费，而关于学生缴学费问题也正在引发一场社会信用危机之争。

不应当支持这样校规。对于确实家庭经济困难的学生，学校依照规定以纯粹行政关系予以减免或补助，这是合乎法理和情理的。但是对于少数学生不认真学习且不认真履行学校校规，那么其学费的减免或奖助学金分配前，需要对其学习情况进行学术性判断，由校方组织一个委员会来做出学术判断，那么这个认定程序的活动就产生学术性判断关系。

表 1－2　大学制度之五种法理关系

	基本分类	五种法理关系	典型事务的权利义务	特点
大学制度之五种关系	民事关系	纯粹的民事关系	比如校长对外为民事全权代表，师生租用大学校舍的权利义务等	单一清晰
		涉学术民事关系	比如教师基本劳动工资额定和分配、知识产权侵权的赔偿等	民事涉及学术
	行政关系	纯粹的行政关系	比如师生有义务遵守财务报销规定、上课时间规定，大学对师生违反财务纪律或旷课有行政处分权等	单一清晰
		学术性行政关系（混合关系）	比如大学关于学位授予与否的决定，大学对教师聘任与晋升的决定，大学给各院系拨款、下拨招生名额等所产生的权利义务	行政混合学术
	学术关系	学术性判断关系（纯粹的学术关系）	比如教师对学生论文和课程学业的考核、是否同意招收某生攻读博士学位、答辩委员会是否同意通过学位论文等	单一清晰

3. 大学的行政关系

行政关系相比于民事关系会复杂一些。大学活动中有一部分是纯粹的行政关系，比如常规的校产管理、工资发放，比如大学师生因窃书、窃自行车、故意损坏公私财物等非学术性的行为而受到学校的行政处分，这就产生纯粹的行政性关系。然而，大学活动中多数行政性关系涉及学术因素，比如大学经费分配与预算管理中，涉及文科、理科、工科、医科、农科分别应该占据多少份额的时候，就涉及学术性。因此，大学实际上存在着两类行政性关系，一是不涉及学术因素的行政关系，可称为纯粹的行政关系；二是学术性行政关系，它不同于学术性判断关系，它在大学中是最容易混淆和出问题的地方，尽管在实践中对两者难以做出截然区分，但是如果没有这种区别意识，则容易出现问题。

（1）大学的成立、公立大学的财政拨款、学位授予权的拥有都需要由政府审批或许可，这是大学与政府的关系，属于行政关系中的哪一种呢？它并不是纯粹的行政，还关联到学术因素，涉及办学资质的学术判断，因此属于学术性行政关系。

此时涉及大学法律地位这一前提问题。就此，在各国有不同制度，比如当代德国法把大学看成是公法社团，德国大学纲领法第58条规定"大学为公法社团同时也是国家设施"。大学依行政组织法的归类属于公法自治团体，为"公法人"概念所涵盖，享有"公法人"立法自主权、人事自主权、组织自主权、财政自主权、计划自主权等。原则上，公法人不享有宪法基本权利，唯独大学例外。大学虽由国家所设，但学术自由是它的重要生活领域，其独立性应受保障。因此宪法保障其宗旨，即实现追求真理为目的的学术自由，而例外承认大学享有学术自由基本权利。德国法的这个定位，符合了大学的任务性质。一方面要完成学术、研究与教育有关的自治行政，另一方面也受国家的委托执行国家任务。①

我国在行政诉讼制度上把大学地位和性质作为行政主体，台湾地区也有个别学者认为大学具有"基层行政组织"的特性②。其实这个说法只说明大学法律地位的一个方面——只限于当大学在其行政活动中产生了争议，并不是说大学在从事其他活动时也属于行政主体。我们不能单一地说大学是行政主体，因此不如把大学法律地位定位于"公法上的自治组织"，公立大学则是公法自治组织和国家设施。大学与教师、与学生、与政府形成了各种关系，其中包括纯粹的行政关系。

（2）大学自主权形成了大学与政府的行政关系。我国《高等教育法》第32至38条规定的大学权利中，有招生方案制订权、学科与专业设置权、教学计划制定权、教材选编权、教学活动组织权、科研技术开发和社会服务权、境外交流权、内部组织机构设置和人员配备权、财产自主管理和使用权。这些法定的大学自主权利具有学术性因素，但本质上是为了与政府管理权划出界线，保障大学的办学自主权，因而大学与政府间属于学术性行政关系，当它有法律规定和调整时，便成为法律关系。因此大学与政府间发生此类争议时，可能出现行

---

① 董葆城. 教育法与学术自由［M］. 台北：台湾元照出版有限公司，1997：146 – 148.
② 我国台湾学者在理论上也把它认定为"具有基层官僚组织的特性"。参见秦梦群. 教育权、教育组织特性与法律保留密度［M］//苏永钦：部门宪法. 台北：元照出版公司，2006：489.

政法上解决争端和权利救济的问题①。

（3）教职员工的权利中有部分是以大学为义务主体的，教职员工的义务中有许多是以政府和大学为权力主体的。因此教工与大学、教工与政府的关系中有一部分构成行政性关系。大学教师除普通公民身份之外还有三重属性，一是作为公法上的广义公务人员身份（但不同于公务员），二是作为劳动者，三是作为教育者或学者。但从根本上讲大学教师角色具有学术性，因此比较特殊，需要慎重对待。教师作为公务人员的义务，包括对国家和人民的忠诚义务、保持人格品位的义务、某些方面的兼职禁止义务、收受不当财物的禁止义务等，这些义务也构成了纯粹的行政关系。教职工作为公法上的广义公务人员的权利，包括薪酬、费用请求权、获得社会保障等福利权、接受抚恤权、退休权、请求假期权。它们基本不涉及学术性因素。比如大学行政手续没有及时通知到晋升职称的那位教师，属于行政失误，产生的问题就属于纯粹的行政关系问题。大学教师与政府在涉及行政关系的纠纷，无论是否涉及学术性因素，均属于行政诉讼受案范围。②

（4）学生的权利中有部分是以大学为义务主体的，学生的义务中有部分是以政府和大学为权力主体的。因此学生与大学、学生与政府的关系中也部分地构成纯粹的行政关系。大学作为被政府授权进行教育和授予学位活动的主体，因而具有行政主体的性质和特点。比如大学对于学生违反校规的处分，就涉及制度上的权利义务分配关系。

学术性行政关系与学术的判断关系，它们的相似之处在于它们都涉及学术因素，但它们的区别在于：前者属于行政管理，后者属于学术判断。学术性行政关系是最复杂、最容易混淆和出问题的地方。

（四）"学术性行政关系"的法理

前面从行政角度，初步区分了"学术性行政关系"与"学术性判断关系"。由于后者是纯粹的学术问题，因此不在此处重点讨论的范围。大学最复杂和最特殊的关系在于涉及学术的行政。为了进一步厘清学术性行政关系，此节重点

---

① 比如西北政法大学因 2009 年申请博士学位授予权失利，针对陕西省教育厅产生行政复议继而提起诉讼。

② 比如 2015 年 7 月，湖南大学以"未完成合同约定的岗位职责"为由，对该校建筑学院副教授杨建觉、黄礼攸做出"不再续聘，终止劳动人事关系"的处理决定，并限期办理离校手续。两位被解聘的副教授不服学校的处理决定，多次向学校提出异议，质疑处理解聘事宜的"主体机构""学校对教师的评价体系"等。

讨论大学的行政与学术混合的关系。

1. 大学与政府之间学术性行政关系

大学拥有学术权，相对于政府是权利，政府应当予以尊重和维护。大学据此形成或派生出其他的一系列权利。比如政府之所以把学位授予权授权给大学行使，而不是政府自己把持，就是基于这种学术性。大学与政府间的学术关系，是行政关系，不是判断关系。政府与大学有分工和分权，这在大学法上要做出制度安排。哪些属于政府的，哪些属于大学的。基于此，大学拥有部分自治性的权力或权利，在我国法律上称为"大学自主权"，也是基于这个学术性特征。为什么大学不在工商局登记或接受处罚，而是在教育部登记或接受处罚？原因也在于此。大学在某些事务的权利或权力性质上，属于由政府授权行使的。我国行政法学者基本上持这种"大学被政府授权"的观点。①

2. 教师与大学、教师与政府的关系

（1）大学教师的职业定位

我们知道作为近代产物的"职业"制度，在牧师、律师、医师和教师等特殊专业中强调其职业的自治性。各国在制度上认为这四种"师"的职业是志业（profession），不只是谋生手段，还是为"群之利益"而工作，是资质、门槛和地位均高于普通行业的一种专业性岗位。大学的学术性自治与教师的专业职业性自治，互相印证，相得益彰。在我国，应该清晰地界定大学教师具有四重法律身份：一是教育者和学者，二是"特殊公务人员"②，三是劳动者，四是普通公民。像公务员执行法律那样，教师在执行教育法上的公务性职务。所以，把大学教师定为特殊的广义公务人员，这在法理上是可成立的。大学教师的薪酬是教师执行教育法上职务的一种对价，当发生薪酬争议时属公法上财产请求权。

---

① 我国行政法学者对此的看法是大学受政府的授权。比如姜明安教授就"刘燕文诉北京大学案"，发表的看法是：北大肯定不是行政机关，但是不是法律、法规授权的组织呢？《教育法》第28条授予学校和其他教育机构9项权利，法律在这里使用的是权利而不是权力，但这里的权利有些具有权力（行政权）的性质，例如，第三项的招生权，第四项的学籍管理和处分权（主要指其中的开除学籍权），第五项的授予学业证书（包括毕业证和学位证）权等即具有行政权力的性质。因此，北大在行使这些权力时，可以认为是法律授权的组织，可视为行政主体。参见人民法院网。

② 在我国台湾，公立大学的教师至少有两重身份，一是教育者，二是特别的公务员。参见李惠宗. 教育行政法［M］. 台北：台湾元照出版有限公司，2004：164.

日本①和韩国单独设置了教育公务员职系。但不管怎样，大学教师的第一重身份是具有本质性的。因此，涉及大学的学术判断，诸如师资学术水平的鉴定、与学位授予相关的学生学位论文的鉴定等活动，都是以大学的判断为准。当然，大学的学术判断需要通过学术程序由同行教授或学术委员会进行判断。因此，我们津津乐道的"梁启超向清华校长举荐没有学位的陈寅恪评上教授"，这个传说之所以是可信的，是因为让有学术判断力的学术权威推荐教师，是一种实质性学术评价②。

（2）大学法中的教师和大学一样拥有一部分学术权，相对于学生是权力，学生应当服从；另一方面，教师的学术权相对于学校和教育主管部门则是权利

教师资格取得之后，教师与学校产生了关系。在台湾地区，它是属于公法关系还是私法关系，一直有理论上的争论③。我们为什么把思维限定在这两个关系之中呢？其实它首先应该属于学术性关系。其次再区分在公立和私立的学校，这种学术关系也有差别。公立大学中的教师和学校之间是公法上的学术关系，公立大学的招聘公告、评审机构的组成、审查程序、签订协议等，都应当遵守行政法上的程序性条款。如果教师对此有异议，可提起行政诉讼。私立大学中的教师与学校的关系在整体上则属于私法上的学术关系。台湾有学者把它分为两个阶段，也是有一定道理的。以签约为界线，前面阶段他们的关系是私法关系，在签约之后，教师与学校的关系也是公法上的学术关系。④

（3）教师与大学、与政府之间的关系中形成了学术性的权利和义务内容

如前所述，在教师的四重身份中，作为教育者和学者，他/她的活动和权利是学术性的，包括讲学权、专业自主权、教师身份升等权、进修与学术交流权，有些国家和地区还有"与教职无关工作的拒绝权"。教师的教学自主权实为一种专业上的权利，因此称为"专业自主"⑤是十分妥当的。教师作为教育者和学者的义务包括从事学术研究的义务、遵循专业精神的义务（其底线是拒绝学术

---

① 日本自 1949 年颁布《教育公务员特例法》，将公立幼儿园到大学的园长、校长、教师、教育委员会的教育长的身份统一为"教育公务员"，建立了独立的教育公务员制度。建立教育公务员制度以来，其选拔、任命、工作评定、晋级、轮岗等一系列管理制度和措施，对吸引优秀人才进入教师职业、提高教师队伍质量和促进教育均衡发展起到了重要作用。

② 拙作. 论实质性学术评价——以社会科学为讨论范 ［J］. 中国社会科学论丛（冬季卷），2011（12）.

③ 李惠宗. 教育行政法 ［M］. 台北：台湾元照出版有限公司，2004：152 – 157.

④ 李惠宗. 教育行政法 ［M］. 台北：台湾元照出版有限公司，2004：157.

⑤ 我国台湾地区的《教育法》第 16 条第六款规定"教师之教学及对学生之辅导……享有专业自主"。

不端)、积极维护学生受教的权益、依照规定和约定履行任职职责的义务、培养学生健全人格的义务，即我国一贯强调的"育人"之师道义务。大学教师的学术性权利是宪法第 35 条规定的表达自由的范畴，也是我国宪法第 47 条规定的科学研究与文化活动自由的范畴。政府在面对教师的言论或论著观点时应当同时考虑两点：第一，要考虑言论权的宪法意义和内涵；第二，要考虑限制言论权的正当理由。① 前者是基于宪法来保障言论权，后者是限制言论的理由。用霍姆斯的话来说就是，是否具有"迫在眉睫的""刻不容缓的""明显而即刻的危险"。② 所谓"明显而即刻的危险"，比如要区分批评政府的言论与煽动颠覆政府的言论，须要考虑其言论的时间、场合和对象。当然，作为教师面对自己的教育对象，需要有学养、有理性。

3. 大学教师与学生的关系

（1）教师与学生之间的学术性关系，可以分层次地制度化

教师责任首要的是对他的学生应尽的义务。大学教师与学生之间是否等同于中小学的师生关系呢？两者显然是不同的。大学教师对大学生负有什么样的责任？这涉及到学术性的关系，因此有必要区分出层次，在大学教师守则中可以区分最低要求的责任和较高要求的责任，前者大致属于"职责"（制度范围），后者接近于师德（道德范畴）。首先是学生权利要求下的职责。从大学生角度讲，他们有学习权，包括学籍拥有权、学习内容自由、选系和转专业的自由、研究自由、校纪处分的申诉权、对学校涉及学习信息的知情权等。③ 因此，大学和教师有提供这样的机会的责任（职责）。对学生的"责任"是什么呢？学生的学习权涉及课程学习、社会实践、学位论文质量等，导师应当承担学术性职责。大学的师生关系较为复杂，原斯坦福大学唐纳德·肯尼迪校长区分了责任（responsibility）与道德（ethics），他举例说，比如课前认真充分地准备，还要保持较高的学术水平，花时间帮助学生解决（学术性）问题，对那些可能对学生产生不公正影响的问题保持某种独立和超脱等。但也存在难以区分的情

---

① 批评政府和官员的言论，即便是刻薄、尖锐的言词，只有在具有"确有恶意""明智陈述虚假，故意为之"的情况下才具有被限制的必要。这条宪法性原则来源于"纽约时报诉沙利文案"。"政府官员名誉受损，并不意味着我们要以压制自由言论为代价进行救济"。参见［美］刘易斯. 批评官员的尺度［M］. 何帆译. 北京：北京大学出版社，2011：182，186.

② 霍姆斯认为要保障言者不受事后追惩，唯一被排除在外的，是可能带来"明显而即刻的危险"，后来霍姆斯又为此加上"迫在眉睫的""刻不容缓的"两个限定。参见［美］刘易斯. 批评官员的尺度［M］. 何帆译. 北京：北京大学出版社，2011：8.

③ 李惠宗. 教育行政法［M］. 台北：台湾元照出版有限公司，2004：111.

形，如果一位教师生病了，另一位教师志愿补台。这种责任叫做"完全责任"（coverage），应该也是属于职业道德的范畴。① 大学教师对学生的身心健康和学习之外的行为有什么样的职责呢？这也是涉及职业道德的问题。教师不包揽学生生活及其所有责任，但应当关注自己学生的身心健康，包括对学生违法犯罪承担应尽的"注意义务"，发现问题及时与家长沟通，这是职业道德上的最低要求。

（2）大学招生中的考生与大学是什么关系？大学的招生简章属于什么性质？由于考生还不具有学籍，招生活动涉及学习条件的提供和收取学费的要约中具有一定民事行为的成份。它首先具有民事合同的要约性质。根据合同法原理，大学的招生简章不如实或实际上不按照要约中的内容（比如学校单方面减少招生数量）进行招生，那么它要适用合同法的民事责任条款。如果招生简章中规定身高、视力、健康②、家庭经济条件、民族等歧视性的不合理内容，则违背宪法的平等权保护条款，应当视为民事行为违反平等原则。但大学招生中对考生进行的考核与评估所形成的关系，从本质上讲还是学术性关系。在超过义务教育的阶段，诸如高中及高等教育阶段，学习权的取得，需要通过竞争机制，所谓择优录取原则，是普通接受的一项公平正义标准。因此，获得在大学学习权的前提是通过学术竞争获得教育机会。至于学术竞争的方式，可以是多样的，比如高考笔试、自主招生的面试、研究生招生的笔试或实质性学术审查等。只要是学术界公认的合理方式都可以成为这种竞争机制的组成部分，这在法理上可被认为是"正当程序"。

如果涉及需要作学术性判断的内容，比如招收有学术潜力的研究生，那么什么叫"有学术潜力"？这是需要进行学术判断的，因此招生录取关系除行政性关系之外还包含学术性关系。在我国司法管辖制度下，这类案件应当受行政诉讼法管辖。2003 年的闵笛诉苏州大学案中，原告闵笛认为苏州大学不录取他是行政不作为。被告则认为招生是法律赋予的民事权利，不是行政权力，因此不受行政诉讼管辖。法院认为，苏州大学是事业法人，根据教育法规定，学校招生录取行为是自主管理行为，不属于行政管理权范畴，并且闵笛还没有进入苏州大学，因此其受教育的权利还没有形成。因此驳回原告的诉讼请求。③ 这个

① ［美］唐纳德·肯尼迪. 学术责任［M］. 阎凤桥，等译. 北京：新华出版社，2002：23.

② 2008 年学生雷闯呼吁停止招生中限制乙肝病毒考生的招生简章，引发声援和全国性的关注。参见湛中乐. 大学法治与权益保护［M］. 北京：中国法制出版社，2011：252.

③ 湛中乐. 大学法治与权益保护［M］. 北京：中国法制出版社，2011：244－245.

案件中的双方观点及判决理由都混淆了一些问题，存在明显的错误。其一，原告的错误在于把招生录取行为看成是纯粹的行政行为，在他看来，录取考生就像申请工商登记一样，你不录取我你就是不履行职责。他有意无意地忽略了大学招录中的学术性判断。其二，被告苏州大学认为招生是法律赋予的民事权利，这是没有法律根据的，也是荒唐的。在我国教育法律体系中，从来没有把大学招生录取行为作为民事行为。大学招生录取行为，是学术性关系，是政府授权大学自主行使的一种特殊的具有学术性判断的权力。因此根据现行的司法管辖制度，是受行政诉讼管辖的。法院强调"苏州大学是事业法人"，"闵笛还没有进入苏州大学，因此其受教育的权利还没有形成"，这和行政诉讼管辖有何关系呢？这属于判断理由明显不当。尤其是法院已经强调了"学校招生录取行为是自主管理行为"之后，继续认为"不属于行政管理权范畴"，这是自相矛盾的。招生录取具有学术性判断的特点，是大学的自主管理行为，属于大学自主权范围，同时它从性质上是基于受委托的行政行为，因此招生录取行为是行政行为或行政行为的延伸，因此受行政诉讼的管辖也就当然成立了①。

（3）由于学生与学校及其教师之间具有学术性的关系，因而实际上是一种特别权力关系，在法理上成为学校和教师的教导和管教，产生的权力在台湾地区称为"管教权"，这种权利其实也是权力。它也具有法律父爱主义②的特点——学校和教师出于对学生的爱护而课以义务或限制其自由。它同时也包涵有伦理关系——学生对学校和老师的单方面服从，被一些国家和地区加以确认。这种基于学术和学习的动机而产生的特别权力关系，具有这样一些特点：①他与学校之间是不平等的关系，学校或教师作为特别权力主体对学

---

① "刘燕文诉北京大学案"，《中华人民共和国行政诉讼法》第二章明确列举了人民法院的受案范围和不予受案的范围，像刘燕文诉北大一案在法律条文中没有明确的受案依据，在其他相关的教育法律法规中也没有明确的法律支持，我国最高人民法院第一次以司法解释的形式确立了大学被诉讼的行政案件性质。两位律师提出的"北大虽然不是行政机关，但属于从事高等教育事业的公法人。北大进行学籍管理、颁发证书，是一种基于职权单方面作出的管理公共事务的行为，属于行政法意义上的具体行政行为"。这一观点得到法院的认同。2014年12月，我国最高人民法院发布指导案例38号"田永诉北京科技大学拒绝颁发毕业证、学位证案"，旨在明确高等学校可以成为行政诉讼的适格被告，人民法院对校纪、校规的司法审查权限，以及教育行政管理应当遵循正当法律程序原则等问题。本案作为我国首例大学生因受高校退学处理产生的教育行政纠纷案件，确认了高等学校作为法律法规授权组织的行政主体地位，可以成为行政诉讼被告。这对规范教育领域乃至其他法律法规授权的组织的管理活动具有积极作用和现实意义。

② 关于法律父爱主义请参见孙笑侠，郭春镇. 法律父爱主义在中国的适用 [J]. 中国社会科学，2006（1）：47－58，206.

生具有概括的支配权；②因而，学生的义务具有不确定性甚至在学术上有挑剔和近乎苛刻要求，学校或教师可以课予学生不定量的义务，比如限期完成额外课业，限期重写论文，在实验室反复实验直到得出结论为止等。③政府或学校在必要时可制定特别规则来限制学生的基本权利，并设定义务，无需要遵循法律保留原则。比如有的学校治学严谨，校规严格，规定在校本科生即使达到法定婚龄也不得结婚生小孩，违者作退学处理。这一校规虽与婚姻法相抵触，但在大学法的法理上仍然被认为是合法有效的。④对于违反特别义务的学生，学校可以制订特别命令对其进行处罚。⑤学生就其权利受到侵害或限制，不可通过常规的诉讼途径予以救济。① 当解决这类涉及学术性关系的纠纷时可能涉及法律，就有了学术性内容的特殊法律关系。尽管法律上不规定学术性判断的标准，但从形式上看，它在法律上仍然要进行法律分析或法理分析。

当然，学校和教师对学生的管教权的行使，应当遵循尊重人权原则、爱护学生原则、保密原则以及行政法上的其他原则，诸如比例原则等。

（五）如何特殊对待"学术性判断关系"

在大学制度或大学法上，如果说什么是最显著的特点的话，非"学术性"莫属。因为大学制度中的权利义务关系大都具有学术性的特点。这是由大学的功能和性质所决定的。

大学学术自主权、大学教师学术权与大学生的学习权，都具有学术性。大学生的权利与中小学生的权利存在一定的差别，前者的学术性更强更明显。所以大学生在法理上应当享有学术权②。大学开展的活动中，包括大量的学术性判断关系：①大学与政府的学术性判断关系；②教师与政府、教师与大学、教师与学生的学术性判断关系；③学生（考生）与大学、学生与教师、学生与政府的学术性判断关系；④其他学术性关系，诸如大学与专业院系、校长与教师、学术委员会与教师等都存在学术判断关系。

如前所述，行政关系分为纯粹的行政关系和学术性行政关系。在学术关系中，学术性行政关系又和学术的判断关系相联结。学术关系的本质是一种因涉及学术而形成的关系。学术性行政关系处于学术权利与行政权力的连接点上，因此它联接着行政又以联接着学术。然而学术性判断关系则不同，它是纯粹的

① 李惠宗. 教育行政法 ［M］. 台北：台湾元照出版有限公司，2004：99 - 100.
② 秦梦群. 教育权、教育组织特性与法律保留密度 ［M］//苏永钦. 部门宪法. 台北：元照出版公司，2006：516.

学术关系。准确地讲，它不是泛指所有涉及学术性因素的关系，而是涉及学术性"判断"的关系，比如某篇学位论文可否授予博士学位，某位教师的论著是否具备晋升教授的条件，均涉及学术性判断，因此进入学术性判断关系。这个判断主体显然不是大学的行政主体，而是学术主体，可以是教授会、学术委员会或权威同行专家。

1. 学术性判断在国法上如何规定

一部分学术性判断关系是应当由法律规定的，比如《学位法》上的关于学位授予的标准和程序的规定，因而使学术性判断关系具有法律性质和意义。学术性判断关系在多数情况下并不都有必要在法律上做规定，因此它们中许多关系并不都是法律关系。这也是学术自由和大学自治原则的内在要求。然而这并不说明它们不具有法理的支撑。学术性关系是一种十分特殊的关系，它本身不是财产权，但涉及人身权，行政权会触及它，一旦权力越界，则对它产生影响，学术的独立性会出现偏差。因此学术关系中存在一些特殊的法理，需要特殊对待。

学术性关系如何转化为学术性法律关系？正是基于大学的学术性关系，我们提倡大学应当有特殊的制度。除了宪法相关规定可以通过宪法解释之外，主要是靠《教育法》《高等教育法》《学位法》以及部委规章等来规定必要的学术性关系，但在具体事务运行上，毕竟国法不能代替大学行规和校规。因此，学术性关系转化为学术性法律关系应当从以下几方面作出考虑：①应当在教育法、高等教育法中确立一条原则或规则，允许大学联盟、专业（同业）协会和大学自身去完善大学制度，并允许大学制度在涉及教育和科研的学术性活动的权利义务内容与国法有差别对待的规则。这样一来，这种学术性关系就成为法律认可的关系，它自然而然就转化为学术性法律关系。②我们的各级立法机关应当改变教育立法观念，不能依赖数量有限的国法。这也是大学自治的应有之义。当然，制度建立的程序上可采取报请主管部门备案的方式。③大学制度规范应当增强自身的建章立制，减少对国法的依赖，特别是在涉及大学制度建设的特殊性方面，解放思想，澄清以往的对国法认识的误区，敢于进行制度建设上的突破。④大学联盟（诸如985、C9等）可以联合起来做一些对中国大学制度完善有益的大事。⑤大学制度创新的依据是什么呢？应当借鉴并吸收国内外高等教育的先进制度、国内外高等教育的行规、国内外高等教育理论的新知，沉淀并转化中国教育改革的成果到大学制度之中。为我国大学制度的内容的完善、丰富、细化、合理化作出贡献。⑥解决大学的同质化问题，也和大学的制度有关。同质化首先是把大学制度同质化。大学制度在一些基本问题上应该有制度的统一化，但不等于大学消除各自的教育理念和特色。

中国有的名校想提升自己的竞争力，可是被一些传统老学科过大的规模所困扰，办学资源分配上经常出现争论，传统优势变成当下劣势。如果从制度上进行自主性创新，根据自己的学术判断自主设计好自己的大学定位和发展规划，将能推动这个僵局的化解。以校规为主导的制度在大学治理中起到十分重要的作用。这样自主设计自己的大学制度，其理由就是大学具有学术性的关系，具有自治性。

2. 基于学术的特殊保障制度

在法理上，必要的"特权"具有实质上的合理性。在我国现行制度中还部分地保留某种"特权"，比如教师的特殊工作决定了教师没有劳动时间 8 小时工作制的限制，从夏季和冬季的学习效果和规律上看，给予师生较长的暑假和寒假，它并没有在劳动法中予以规定，但这是现实制度给予师生的"特权"。我国大学制度中是否有必要承认大学或教师的某些特权呢？我们还有许多棘手待决的相关问题，比如科研经费管理中的无序或严苛，都是由全国"一刀切"的财务制度所造成。① 国务院总理在 2017 年的《政府工作报告》中也提到，要让我们的科研人员摆脱那些琐碎的事务。大学科研经费的特殊性在于，科研经费的支出与机关、企业的支出不同，它作学术活动是由复杂的脑力劳动构成的，如何计算其研究的物化成本和智力酬金，不是财政部或者财务管理者所能够估算的。既然已经通过学术课题申请程序竞争性地获得拨款，那么就应当让课题负责人及课题成员在额度范围内按照科研经费预算进行自主支配。这项不采用常规财务规则的"特权"是合理的，应当给予认可的。另外，大学学术研究中的言论权，与一般法意义上的言论权不同，因为学术研究的宗旨是探索真理，何况客观上也是发表于极小众的学术性刊物，它显然不同于在大众刊物上进行宣传性的言论。我国宪法明确规定科研自由，就是基于学术活动的特殊性。大学科研人员的言论与课堂上的言论相比，也有一定的特殊性，应当注重对它的特别保障。

3. 学术性判断的特别程序

依一般的程序法理，学术性程序同样必须具有这样一些基本的正当性要素②：一是有对立面设置，有不同利益和主张的双方多方构成程序的对立面，

---

① 目前，虽然加强和加紧科研经费管理制度规范化，但科研经费管理制度可操作性差、科研经费预算管理不科学、劳务费支出规定欠合理等问题都不篮球充分调动高校科研创新积极性。参见陈菁. 高校科研经费管理制度存在问题及完善措施探析［J］. 中国管理信息化，2016（21）：9 - 13.

② 拙著. 程序的法理：第二版［M］. 北京：社会科学出版社，2017：22 - 29.

如同司法活动的控辩关系设置；比如举报人与被举报人之间的举证义务与辩解权利的对立面设置。二是有分化，即把决定者的权力分解给若干个角色分别行使，比如针对学术不端事件，把学术事件的调查者与决定者分开。三是通过形式化的程序，有意识地阻隔先入为主的结论，程序步骤不可逾越；比如调查取证在先，决定在后，决定前要有质证和验证，验证必须是多名同行专家等。四是直观的公正，让被不利决定的利益主体参与或直接了解决定的步骤；校务决策中的利害关系人应当有实体内容和程序的知情权，被处分的师生能够了解程序过程和处理结果。五是对等沟通和交涉，校务决策的利害相关人以及受处分当事人有为自己辩解的机会和权利。学术性程序可以是国法规定，也可以是校规，甚或是通行的不成文行规，比如从专家库中随机抽取多位专家进行匿名评审，就是学术性程序的行规之一。

大学的决定大都涉及师生权益，因而其决定的程序十分重要。尤其在涉及学术性判断的问题上，容易出问题，导致侵权和纠纷。以学位委员会决定不授予学位为例，学位法规定由校学位委员会终审，可是学位委员会采取不同学科的委员针对某一学科的学生进行投票，假如投票前有一个委员说一句话就容易误导票数，作出不授予学位的决定。事后发现不授予学位的决定却是无理由或有不合理的理由，唯一能够支持决定的理由是票数不足。这对于学生是多么至关重要的权益，可是在我们的《学位法》中就是这么规定的。几乎所有的大学都是按照这个程序进行的。在近年的诉讼中，已经被提出来——校学位委员会的审查只是形式审查，因为这个委员会是"外行审内行"，难以做到实质审查。可是投票决定的授予或不授予却是实质性的，学生起诉到法院之后，大学除了说这是投票结果，无言以对。因此，不记名投票的校学位委员会是一架始终潜伏着危险的机器，一不小心就触发诉讼。应该尽早修改《学位条例》中关于学位授予与撤销的决定程序。对于无形式瑕疵、也无实质争议的学位申请人，由专业学位委员会投票作出专业性学术决定。有形式瑕疵或者有内容疑异的学位申请人，校学位委员会有职权职责委托相关的委员会或专门小组进行充分调查，报给校学位委员会再作投票决定。这样就把"危险"限定在合理范围内。

4. 司法特殊对待大学学术性纠纷

当大学学术性纠纷被起诉到法院时，应当分为学术性行政关系与纯粹的学术关系，从而区别为适用和不适用"司法遵从原则"的两种情形。准确地讲，区别的关键在于是否属于纯粹的学术性判断，如果是，则不可诉。例如某文法专业教授对大学作出的撤销文法学院的决定不服，认为这个决定实际理由上是不合理的。这个案件应该看成是司法不遵从的案件。也就是说，法院可以维持大学的原决定。非学术性理由的，则可诉。在"甘露诉暨南大学"案件中，人民法院判决暨南大学败诉。认为《暨南大学学生管理暂行规定》第53条第（五）项第（五）项所称的"剽窃、抄袭他人研究成果"，系指高等学校学生在毕业论文、学位论文或者公开发表的学术文章、著作，以及所承担科研课题的研究成果中，存在剽窃、抄袭他人研究成果的情形。所谓"情节严重"，系指剽窃、抄袭行为具有非法使用他人研究成果数量多、在全部成果中所占的地位重要、比例大、手段恶劣，或者社会影响大、对学校声誉造成不良影响等情形。甘露作为在校研究生提交课程论文，属于课程考核的一种形式，即使其中存在抄袭行为，也不属于该项规定的情形。因此，暨南大学开除学籍决定援引《暨南大学学生管理暂行规定》第53条第（五）项和《暨南大学学生违纪处分实施细则》第25条规定，属于适用法律错误，应予撤销。①

　　本案的争点在于两个：一是它是否属于可以予以开除处分的"剽窃、抄袭他人研究成果，情节严重的"；二是课程论文可以例外吗？换言之，剽窃、抄袭是否只限于"毕业论文、学位论文或者公开发表的学术文章、著作，以及所承担科研课题的研究成果中，存在剽窃、抄袭他人研究成果的情形"。这两上问题的答案其实都很明显——第一个问题是暨南大学校规上规定的，并且只有学校有资格、有权力对两次抄袭作为"严重"与否的判断依据。第二个问题仅仅是法院的解释，非要生硬地把"课程论文"作为学术剽窃和抄袭的例外，不符合大学学术的客观实际，不能自圆其说。退一步讲，即便在这里界线并不显然具有确定性的情况下，人民法院这一判决也应该遵从大学学术性判断。所以此判决有失偏颇——不尊重大学的学术性判断，甚至涉嫌侵入大学自治的领域。正如暨南大学答辩所言，甘露连续两次的抄袭行为已经严重违反了《高等学校学生行为准则》《普通高等学校学生管理规定》以及《暨南大学学生管理暂行规定》，丧失了作为一名学生所应有的道德品质，应按照《暨南大学学生违纪处分实施细则》进行处理。即便如申请人所述，其行为属于考试作弊行为，而根据《普通高等学校学生管理规定》第54条第4项的规定，"由他人代替考试、替他人参加考试、组织作弊、使用通讯设备作弊及其他作弊行为严重的"，仍然可以给予申请人开除学籍处分。大学校规规定这种情形可以作出开除处分，大学作这样的处分，显然是有校规依据的，也是加强学风和校风的必要举措，属于其学术性判断权的范畴，法院应当予以遵从。该判决还可能助长大学不良风气，在法律效果和社会效果上均为失当。

---

① 最高人民法院再审判决书（2011）行提字第12号。

　　有些纠纷虽然涉及学术性因素，但实质上不是学术性判断或大学自治的问题。比如刘燕文诉北京大学案中，原告刘燕文的诉讼理由并不是被告北大的学术性理由，原告针对的是被告的决定程序——在拒绝给原告颁发博士学位证书之后，又拒绝给予原告申辩、申诉的机会，也未充分地告知原告拒绝给其颁发博士学位证书的理由，该行政行为违反了法律的正当程序原则。因此是可诉的学术性纠纷，应当受理并且可以改变大学的原决定。同样，于艳茹诉北京大学案中，北京大学在作出《撤销决定》前未充分听取于艳茹的陈述和申辩，这属于程序问题，不属于学术性理由，因此可受理并且可以改变大学的原决定。

　　在大学对教师不予聘任或晋升的决定中，如仅涉及大学内部学术性事务或理由的诉讼，司法可尊重大学的原决定①。司法对学术的尊重由来已久，而"学术遵从"的司法原则产生于美国。② 惟因非学术性理由的诉讼，才可由司法做出最终审查判断。大学中因学术性判断关系而发生诉讼的时候，其管辖属于行政诉讼还是民事诉讼呢？在我国，涉及大学行使政府授权的行政权，虽然具有学术性判断的内容，但是它被确定属于行政诉讼的受案范围③，在中国司法体制下，它应该是比较合理的。在一些国家，大学事务的司法管辖权在实质上并不那么重要。比如美国，法院受理的教育纠纷基本上按照民事诉讼程序进行。④ 这种不分案件性质全面受理的司法管辖制度，优点在于不拒绝受理案件，至少它全面地保护诉权。而在我国现有司法管辖制度下，还会对行政案件受理与否进行审查，超出受案范围的或法无明文规定的则不受理。

　　我们都知道大学制度很重要，一流大学建设的成败甚至取决于大学制度是不是一流。我们不敢说中国大学没有制度，但制度是否完备是另一回事。大学制度需要厘清涉及大学事务的各种复杂而特殊的关系。

---

① 如 2018 年北京海淀区人民法院就"方流芳诉中国政法大学案"作出的判决，指出本案主要涉及一级教授的退休年龄问题，"就退休年龄的认定……不属于法院受理的范围"，因此对被告的决定予以维持。见"京 0108 民初 12978 号判决书"。

② 来自 1779 年布兰肯诉威廉玛丽学院（Bracken v. Vistors of William & Marry College）。关于"学术遵从"的司法原则笔者将在另一文章进行分析。

③ 大学因学术性关系而导致的诉讼被作为行政诉讼，这源起于 1999 年的田永诉北京科技大学案件。北京市海淀区人民法院于 1999 年 2 月 14 日（1998）海行初字第 00142 号行政判决判被告北京科技大学败诉。本案被最高人民法院审判委员会于 2014 年 12 月 25 日发布为 38 号指导性案例。

④ 张维平，马立武. 美国教育法研究［M］. 北京：中国法制出版社，2004：134.

二、大学自治权的法律性质、内容和结构

"大学"（university）一词，源于拉丁语"universitas"。"universitas"的原意是指"全部的""整体的"等，与现代大学的意义大相径庭。而当时有另一词语"stadium general"，意指"教育与研究的组织或场所"，这比较接近现代大学的含义。中世纪后期，两个词汇的意义逐渐相融，"university"逐渐被称为"教授传授学术的场所"。"自治"（autonomy、self‑government），包含的意思主要是"自己做主，不受别人支配"。从语义上理解，大学自治权，即大学对于内部事务的自我管理、自我决定且不受外界不当干预之权力（抑或权利）。

关于大学自治权的法律性质，在我国学界并没有达成共识，主要有两种代表性观点：一种认为大学自治权是"国家授予的行政权"，即大学拥有的设置和调整学科专业、制定教学计划、选编教材、组织实施教学活动、开展科学研究、技术开发和社会服务等多项自治权，是基于《教育法》《高等教育法》《学位条例》等的"授权"；另一种认为大学自治权是大学固有的"自治权"，即大学自治权并非来自国家"授权"，而是根植于大学固有属性，本质上是自我管理的权利。①

（一）作为特许权的中世纪大学自治权

现代意义的大学，源于欧洲中世纪。谈论中世纪大学，最引人瞩目的是中世纪大学享有的广泛"自治权"。在多数学者心目中，中世纪大学已然成为"大学自治"的象征，是学术研究的理想王国。更有学者认为，西方大学自治理念即源自这种自治传统，中国大学之所以缺乏自治理念，主要因为中国大学缺少中世纪式的自治传统。那么中世纪大学究竟享有哪些自治权，其自治权性质及其发展与消亡情况如何，与现代意义的大学自治权是否相同？值得考察深思。

---

① 金自宁. 大学自主权：国家行政还是社团自治［J］. 清华法学，2007（2）：20‑35.

1. 中世纪大学自治权的主要内容

中世纪大学自治权，主要通过教皇、皇帝、国王、封建邑主、地方自治区邑所颁布的特权令状获得正式承认和保障，意在保证大学及其教师、学生等能相对独立、稳定地从事教育、科研及学习，归纳起来主要包括居住权、罢课权和迁徙权、免除税收和徭役权、司法自治权、颁发教学许可证权等。①

（1）居住权

中世纪通俗作家贺诺流斯有言，"人的流放是无知，他的家乡是科学"。②在中世纪，许多渴望知识的学者和青年为践行该理念，往往游学四方，相聚在异国他乡。但是，中世纪邦国林立，各国各邦的法律对外来人口设定了种种限制，严重制约了人们的迁徙和居住。来自五湖四海的学生和老师，需要获得"安身立足"和"旅行通关"权利，即"安然前往各种学问日夜进行不息之区""安然寓居其地、保无危险"，才谈得上静心尽力"求新、观察和研究"。为此，首先要保证他们在艰辛的旅途中不受阻碍，自由通行；其次，要在大学所处国家或城市获得居住许可，受到当地法律庇护。基于此，菲特烈一世通过了《完全居住法》，最早赋予了来波洛尼亚的学者们居住权利："他们……可以平安地到学习的地方并安全地居住在那里……保护他们免受任何伤害。"③ 居住权不仅赋予了师生们基本的公民权利和人身保护，同时给予一些普通公民们不能享受到的优惠。如大学所在的城市有义务向其提供适宜的房屋以供学者们居住和学习，学者们的财产免受非法的侵入；如果学者在住所遭到偷窃，可以得到赔偿；在房屋场地的租金方面，学者们可以享受各种优惠，等等。此外，师生们的住所免受噪音、臭恶气味等各种干扰。如在波洛尼亚，明确规定任何人不得在大学的周围或者学者们居住活动的周围经营手工业，因为这可能会对教学和学习活动带来不必要的干扰，如果违反该规定将会受到处罚。④

（2）罢课权和迁徙权

罢课权和迁徙权，即大学师生在认为教学、研究等活动受到不当干扰、权利受到不公平侵害时，为对抗大学所在城市的政权或者教会权，可选择罢课或

---

① 张斌贤，孙益. 西欧中世纪大学的特权 [J]. 北京师范大学学报（社会科学版），2004（4）：16 – 23.

② ［法］雅克·勒戈夫. 中世纪的知识分子 [M]. 张弘，译. 北京：商务印书馆，2002：44.

③ ［美］E. P. 克伯雷. 外国教育史料 [M]. 华中师大教育系，等译. 武汉：华中师范大学出版社，1990：169.

④ KIBRE P. *Scholarly Privileges in the Middle Ages*（Medieval Academy Books：No. 72）[M]. Medieval Academy of America，1961：28 – 30.

者迁往别处。之所以能获得这两项权利以对抗当权者，主要是中世纪大学能为当地带来极为可观的收入，而"宿舍、餐厅和教室由城市或地方业主所有"，一旦大学迁去别处，"将导致严重经济危机"。① 与此同时，当时大学还主要是师生的集合，少有大型图书馆、实验室等设施设备，迁移比较方便。如在 1231年，教皇格雷戈里九世（Gregory Ⅸ）授予巴黎大学的一项权利是在房价提高而受到损失，或者丢失东西或身体受到令人难忍的伤害，或受到非法的逮捕时，大学可以立即中止讲课。② 而中世纪最典型的一次大学迁徙事件，莫过于 1209年牛津大学近三千名教士、教师和学生集体迁出。事件起因是当时一位正在牛津大学学习的教士，由于偶然事故杀害了一名妇女后畏罪潜逃。城市执法警察逮捕了与他同住的三名教士并投入监牢。几天后，英王下令将三名教士处死。为了表示抗议，牛津大学全体成员举行了大迁徙。③

（3）免除税收和徭役权

中世纪的税赋名目繁多，如运输税、货物税、酒税、市场税和售货税、度量衡使用税、关税等④，但如果具有贵族或教士的身份就可以免除纳税的义务。城市或者世俗政权为获得大学在本区域的发展，纷纷开出各种各样的优惠条件作为吸引，其中就包括免除学生和教师繁重的税收负担。如 1340 年法王腓利四世（Philip Ⅳ）授予了巴黎大学免税特权，规定任何俗人，不论地位、声望如何，都不得对学生和教师以捐税进行勒索⑤。又如卢伯一世（Rupert Ⅰ）在创办海德堡（Heidelberg）大学时，对该校教师与学生赋予了以下特权："凡彼等当其犹在上述学校时，前往该校，或由校回家，经过所有吾属之地，均得自由携带求学应用之物，及维持生活必需之物件，无论在何种情境下，均不得令其负何种义务，并有扣留，征入口税、杂税、土货税，及其他种种勒索之事。"⑥ 并在随后文件中更具体明确地规定，对师生携带的一切物品都免除进口税、租税、

① ［美］伯尔曼. 法律与革命［M］. 贺卫方，等译. 北京：中国大百科全书出版社，1995：150.

② 张斌贤，孙益. 西欧中世纪大学的特权［J］. 北京师范大学学报（社会科学版），2004（4）：16 – 23.

③ ［美］E. P. 克伯雷. 外国教育史料［M］. 华中师大教育系，等译. 武汉：华中师范大学出版社，1990：179.

④ 金志霖. 英国行会史［M］. 上海：上海社会科学院出版社，1996：48.

⑤ ［美］E. P. 克伯雷. 外国教育史料［M］. 华中师大教育系，等译. 武汉：华中师范大学出版社，1990：176.

⑥ ［美］格莱夫斯. 中世教育史［M］. 吴康，译. 上海：华东师范大学出版社，2005：84.

监务税以及其他所有苛捐杂税，师生购买生活必需品也免除上述税收①。同时，大学内成员还获得了免服兵役的特权，确保学生和教师连续、稳定地从事学习和教学。如法国国王的特许状规定："除非危险即将来临，大学所有的成员都免除各种巡查和放哨的义务。"② 值得一提的是，免除税费主要针对大学、教师及学生，但有时候也扩及到与大学息息相关的人员，包括书商、往来信使、鸣钟人等。

（4）司法自治权

中世纪大学可以在自己的范围内设置特别法庭，遵循一套独立的司法程序，自主审理大学内部的各种纠纷，并免于受到教会法庭及普通司法体制的管辖。这意味着，如果大学成员是原告时，他们有权将被告传唤到大学内部法庭来接受审判，如果大学成员作为被告被指控时，也可以自由地在宗教法庭和大学法庭之间作出选择。如菲特烈一世授予波洛尼亚大学的《完全居住法》中特别规定了有关司法审判方面的特权："如果有人敢公然控告学生，无论其所据理由如何，终必归于失败，盖彼学生能尽召集原告于彼等教授或该城主教之前，而此等教授及主教，吾人早已赐以此等情境下之裁判权故也。但如原告又图与此学生赴其他裁判官之所，则虽有其理甚直，亦必败诉，盖以其立心不良而失之故也。"③ 此后，菲特烈二世（Frederick II）为了能在那不勒斯创建一所新大学，颁发特许状规定所有针对大学生以及教师的民事法律诉讼都交给大学的教师处理。又如在1244年，英王亨利三世（Henry III）给予了牛津大学教师广泛的司法权，可以审判债务纠纷、确定住房租金、租用马匹、违反合同、购买食物等诉讼案中涉及大学人员的案件。到1248年，国王甚至授予了牛津大学监督市内食品贸易的特权。

（5）颁发教学许可证权

教学许可证是在特定城市或主教辖区进行教学的一种许可。例如，在巴黎，根据宗教法的规定，只有巴黎教会中负责教育事务的教务长（chancellor）才有权颁发教学许可证。但随着大学的不断发展壮大，在教皇帮助下，大学逐渐从教务长的手中夺得了这一权利。1219年，教皇贺诺利斯三世（Honorius III）规定，只要学生达到了标准，不管巴黎的教务长是否愿意，大学都可以颁发教学

---

① ［美］E. P. 克伯雷. 外国教育史料［M］. 华中师大教育系，等译. 武汉：华中师范大学出版社，1990：175.
② 张斌贤，孙益. 西欧中世纪大学的特权［J］. 北京师范大学学报（社会科学版），2004（4）：16-23.
③ ［美］格莱夫斯. 中世教育史［M］. 吴康，译. 上海：华东师范大学出版社，2005：83.

许可证给他。1252 年，大学从教皇英诺森四世（Inno - cent Ⅳ）手中完全获得了此项权利。从原则上说，一个人若获得了教学的资格，那么这种资格在整个由教皇统治的基督教世界中都应该是有效的，可实际上却受到了限制。因此，为了能使自己的成员顺利地到各地传播和交流知识而不受阻碍，大学还需要获得颁发另外一种教学许可证的权利，即到各地进行教学的许可证。1292 年，教皇尼古拉斯四世（Nicholas Ⅳ）颁布训令，正式授予巴黎大学此种权利，规定：巴黎城内任何学生通过学习、考试合格后，都可以获得在他们系科担任教学工作的许可证，并且在其他地方也享有教学权利而无须考试和检查①。

（6）其他的特权

上述所列是中世纪大学在当时所享有的一些主要特权。除此之外，一些大学还获得过其他特权。例如，1319 年英王亨利二世（Henry Ⅱ）授予教龄达 40 年的大学教师，可以在他管辖的领域内享有同公爵、侯爵和伯爵一样在公共场合和私人场合携带武器的特权，以及保留四个有武器装备的侍从或奴隶的权利。在奥尔良大学，英王亨利四世（Henry Ⅳ）批准了德国民族团的学生可以佩带剑和匕首等武器。② 此外，大学教师还被授予"享有骑士的特权""有贵族所具有的财产和礼仪特权""博士的儿子被免除了获得学位的费用"等特权。

2. 中世纪大学自治权的性质及产生与消亡

"在十二世纪以前，古代的文化遗产（希腊与罗马文化）与基督教哲学所结合而产生的中世纪文化与学术，主要是由'修道院学校'与'司教座学校'所独占和垄断"③，此时没有产生大学的必要。但随着宗教运动和文化发展，人们逐渐认识到知识的重要性，对于知识的渴望也日益高涨。④ 在这种情形下，很多青年基于对知识的追求从五湖四海聚集在一起，进行学习和探讨；或者一些德高望重、知识渊博的学者们招引大量的学生前来学习。随着人员的增加，或者学生以教授为核心聚集成为一所"先生大学"（master - university），或者以学

---

① 张斌贤，孙益. 西欧中世纪大学的特权［J］. 北京师范大学学报（社会科学版），2004
  （4）：16 - 23.
② 张斌贤，孙益. 西欧中世纪大学的特权［J］. 北京师范大学学报（社会科学版），2004
  （4）：16 - 23.
③ 周志宏. 学术自由与大学法［M］. 台北：蔚理法律出版社，1989：9.
④ 此处所谓知识渴求，更多地是为了职业需求。"中世纪的大学在很大程度上是职业性学
  校，他们训练学生掌握一定知识，以为以后从事法律、医学、教学这些世俗专业或献身
  教会工作所用。神学这一科学皇后只是少数人所学的科目……一般学生所期待的只是
  在既定秩序的安全范围中获得报酬丰厚的就业"。详见［美］伯顿·R. 克拉克. 高等
  教育系统［M］. 王承绪，等译. 杭州：杭州大学出版社，1994：20.

生为主轴形成一所"学生大学"（student–university），前者以法兰西的巴黎大学（Universita de Paris）① 为代表，后者以意大利的波洛尼亚大学（Universita de Bologna）② 为代表。

中世纪是一个"社团组织的世纪，在每个城市里，只要某岗位上有大量的人，这些人就会组织起来，以便保护他们的利益，以及引入有利于自己的垄断机制"③。中世纪大学也具有显著的"行会组织性质"，这种具有特殊属性的大学都"只是十一世纪和十二世纪开始横扫欧洲城市的更大的社团运动的一个波浪而已"。而在这种情形下，"某些组织的存在取决于它拥有的法律地位……一个城镇要想得到认可，首要的事情就是争取授予特定的法律权利。一个行会、一所大学或任何其他合作团体，从获得它的特许权那一时刻起，才得以合法地存在"④。各种社团、团体，如教师共同体、商人共同体、手工业者共同体等，其内部自治是当时共同具有的属性，是历史悠久的罗马法赋予的法律地位。作为学生和教师共同体的中世纪大学，所以享有较大自治权，并非因他们是教师与学生组成的行会，而是因为当时所有其它行业社团组织也享有类似的特许权和自治权，甚至有很多中世纪城市，因为其法律身份是市民共同体，也享有很高的自治地位。如德意志帝国境内的法兰克福、科隆等，以及意大利的威尼斯等，在自己的领域享有高度自治权。

可见，"欧洲中世纪大学，是教师及学生为争取同业组织的自治权而聚集起来成立者。其主要目的是为了增强教师或学生团体的势力，而不像近代大学以争取研究的自由为首要目的"⑤。其高度自治权，毋宁是基于其行业组织地位，以及由于当时行业组织所应该享有的各种自治权而获得的教皇、皇帝、国王、

---

① 巴黎大学最初是学者们讨论哲学和神学问题逐渐发展形成的教师行会，教师在巴黎大学形成中占据主导地位，是学校机构负责人，管理学校行政事务，如制定教学纲要、进行学生管理、举行考试和授予学位等工作。其后北方所有成立的大学都仿照巴黎大学，成为以教师为主的自治模式。

② 波洛尼亚大学的很多学生是外国人，其中许多学生年龄较大，在自己国家有较大的影响并享有高贵的社会地位，有较强的管理能力和自理能力，管理着学校的日常活动，有关教席推选、学费数目、学期长短以及开课时间等，都由他们决定，而教师则处于附属地位。后来在南方新成立的大学，都以波洛尼亚大学为样板，成为以学生为主的自治模式。

③ ［法］雅克·勒戈夫. 中世纪的知识分子［M］. 张弘，译. 北京：商务印书馆，2002：59.

④ ［苏］A. 古列维奇. 中世纪文化范畴［M］. 庞玉洁，等译. 杭州：浙江人民出版社，1992：221.

⑤ 黄坚厚. 大学院校教师升等办法改进之研究［M］. 台北："行政院"研究发展考核委员会，1989：19.

封建邑主以及各自治城市所授予的特权，而不是作为学术真理探寻而享有的自主权。更确切地说，"中世纪大学特权的实质不是自由，而是特许权"①。

特权（Privilege）源于拉丁语"Privilegium"，指的是例外法条、特别颁布的法令，由此引申为优先权、特许权，是"对一个人或一个阶层的照顾性条件，对其负担或其他义务性规则的豁免"②。大学为获得更多自治权，除了教会及世俗政权主动授予之外，也充分地运用了"斗争"和"利用"的手段。③ 但随着中世纪大学获得各种特权之时代背景的消失，大学规模的增大，不动产享有的增多，迁徙自由受到严重制约；而教会势力的衰弱，世俗政权的强大，也迫使大学不断屈服于世俗政权，以前所获多项特权被不断地收回。典型的如巴黎大学，成立之初享有诸多特权，与教皇和国王都保持着密切关系，被誉为"国王的大公主""教会的第一所学校"，还是神学事务中的国际仲裁人。但巴黎大学享受特权不在于构筑一个独立的学术组织，致力于学术研究，而是意在获取独立的、强大的势力和地位。后来，巴黎大学因参与教派分裂斗争，在教会中的地位急速下降。而随着世俗政权的强大和国家的动荡，一方面，巴黎大学越来越依赖依附于世俗政权，获取其经济上和政治上的支持；另一方面，被卷入政治斗争漩涡，成为政治牺牲品。1437 年，查理七世撤消了巴黎大学的税务特权；1445 年，巴黎大学的法律特权被撤消，大学被置于议会管辖之下。1449 年，国王颁布了限制特权使用范围和防止特权滥用诏书。路易十二世在位时，取消其罢课权，巴黎大学一步步沦为了"国王的奴仆"。又如英王亨利八世与教皇决裂后，下令成立皇家委员会，对牛津大学和剑桥大学的日常工作进行督察，对学校的课程设置和教师进行管理，并强迫其交出曾经从教皇手中获得的特许状。

中世纪大学享有的各种特权，与学术自由理念、精神并没有多少关联，甚至在后期，大学保守主义者坚守着传统的自治权，以此抵制各种新思想和真理探索在大学的进行，更加背离了学术自由的理念。④ 例如，当时笛卡尔的学说

---

① 覃红霞. 中世纪大学自治的误读与重释 [J]. 高等教育研究，2017（6）：86－93.

② ［意］彼德罗·彭凡德. 罗马教科书 [M]. 黄风，译. 北京：中国政法大学出版社，1992：12.

③ 中世纪大学在斗争中争取特权，"首先靠它们的团结和坚定，同时它们以罢课和分离出去相威胁。还有一点，就是大学有一个至高无上的同盟者"。同时，由于教会和世俗权力间的紧张关系，生活在其夹缝中的大学，利用其对双方皆有利的处境，从双方获得各种特许权。详见 ［法］雅克·勒戈夫. 中世纪的知识分子 [M]. 张弘，译. 北京：商务印书馆，2002：63.

④ ［法］雅克·勒戈夫. 中世纪的知识分子 [M]. 张弘，译. 北京：商务印书馆，2002：115.

在很多大学都被禁止讲授。为打破这种僵化局面，甚至依靠世俗政权建立新大学。典型的如后来基于"哲学自由"理念而建立的哈雷大学和哥廷根大学，直至以"教学自由""研究自由"为基本原理组建的柏林大学之诞生，才真正意义上开启了以追求学术自由为基础的大学自治权。

当然，在一定程度上也不可否认，"学术自由的思想之提出以及永久而严密地保护它的需要，可能是中世纪大学史上最宝贵的特征之一"。"虽然大多数的毕业生都成了旧制度保存的技师而不具有创新的精神，但是自十三世纪以来，大学一直是欧洲各时期有争议的政治和神学问题公开辩论的传声器"①。毕竟，中世纪大学向渴望学术自由的学者们展现了一幅"学术理想王国"的美丽幻景。

3. 柏林大学：构建了以学术自由理念为基础的大学自治

中世纪大学主要受制于教会。随着世俗政权的强大，君主为冲破教会对大学的控制，一方面使出浑身解数，对大学或打压或笼络②；另一方面逐渐建立起自己的大学。以德国为例，基于"哲学自由"理念相继建立了哈雷大学（1694年）和哥廷根大学（1737年）等。这些大学逃离了教会控制，却又落入了世俗政权的"虎穴"。如在哈雷大学建立时，君主即兼任校长，并规定大学教授"禁止写作一切违反王室和国家利益的东西"。而"哥廷根七教授事件"③ 便是对抗这类侵害学术自由行为的突出表现。

在1806年普鲁士与拿破仑作战中，德国战败而签下了屈辱的合约。为此，当时的普鲁士国王菲特威廉三世表示，"这个国家必须以精神上的力量来弥补它在物质上的损失。正是由于穷困，所以要办教育。"④ 并且认为"大学是科学工作者无所不包的广阔天地，科学无禁区，科学无权威，科学自由"⑤！在政府大力支持下，由著名教育思想家洪堡主持建立了以"教学自由"和"学习自由"为基础原理的柏林大学，由此推动了一场全新的大学自治权之发展，有效地保护了学术自由权的实现。

---

① Alan B·Cobban. *The Medieval University*：*Their Development and Organization*，Methuen & Co Ltd，1975：235.

② "中世纪末期的大学成为重要的政治力量，在社会各阶层的斗争中发挥了积极的，有时是突出的作用"。[法] 雅克·勒戈夫. 中世纪的知识分子 [M]. 张弘，译. 北京：商务印书馆，2002：63.

③ 因反对汉诺威国王废除1833年自由宪法、恢复旧宪法的举措，1837年12月14日，哥廷根大学七名教授被免去教职，亦称"哥廷根七君子事件"，其中包括著名物理学家威廉·韦伯，著名的童话家格林兄弟等。

④ 李工真. 德意志道路—现代化进程研究 [M]. 武汉：武汉大学出版社，1997：57.

⑤ 肖海涛. 一种经典的大学理念——洪堡的大学理念考察 [J]. 深圳大学学报（人文社会科学版），2000（4）：77–83.

洪堡在其 1810 年的备忘录中写道："国家绝不能指望大学同政府的眼前利益直接相关联系起来，却应相信大学若能完成它们的真正使命，则不仅能为政府眼前的任务服务而已，还会使大学在学术上不断提高，从而不断地开创更广阔的事业基地，并且使人力物力得以发挥更大的功用，其成效是远非政府的近前布置所能意料的。"① 同时，针对当时比较有影响力的学者纽曼的大学观——认为大学只是传授既有知识的场所，洪堡提出大学不仅是传播既有知识的场所，从事"学术的创造""学术自由""教学自由"和"学习自由"在大学同样重要。②

柏林大学的自治权，可以说是近现代大学自治权的原型。其走出了中世纪大学自治权的行业特权性质，也超越了"哲学自由"思想形态，而迈向了为保障学术自由，并以保护学术自由为基础的大学自治权。这种理念，很快便在德国推广，并且在世界各地被承继和发扬开来。但是，仅仅依靠理念上主张大学自治权来对学术自由的保护，还是远远不够的。在柏林大学建立不久后，由保守的奥国首相梅特涅支配的"德意志联盟"于 1819 年制定了"卡斯巴敕令"（Curlsbad Decress），为防止民族思想和自由精神引发革命，对大学采取了严厉的检查制度，并且设置了"政府代表"，以此来监视大学教授的教学和讲演，同时要求各邦必须对有危害国家安全和国家机关存在之基础的大学教师予以罢免。这一事件给予学者们沉重的打击，所以当 1848 年普鲁士发生革命后，为了保障学术自由不再受任意干涉，以杜宝根大学为首的几乎全德国的大学代表都聚集在耶那（Jena），督促普鲁士国王废止了"卡斯巴敕令"以及相关侵害学术自由的法令，并在当时起草的"法兰克福宪法"中首次规定了"学术及教学是自由"。③ 这一重大举措被誉为"德意志特有的现象"，由此在全世界拉开了宪法保护学术自由的序幕，从此学术自由从一种理念之存在形态真正走进了宪法的殿堂。虽然在后来其受宪法保护的地位之真正确保还历经了许多的波折，④ 但是这一划时代的意义是无法被抹杀的。德国也正是基于此种"德意志特有的现

① ［德］弗·鲍尔生. 德国教育史［M］. 腾大春，腾大生，译. 北京：人民教育出版社，1986：126.

② 周志宏. 学术自由与大学法［M］. 台北：蔚理法律出版社，1989：16.

③ 周志宏. 学术自由与大学法［M］. 台北：蔚理法律出版社，1989：16－19.

④ 如在纳粹时期，学术自由权受到严重践踏，甚至被一些学者滥用而为纳粹政府效力。要求任何一个大学权威机构的人员录用决定都必须由教育部门予以最后的决定，而教育部长将重点考察其政治性是否可靠。战后的联邦德国，再一次吸取了教训，在基本法第 5 条第 3 项规定："艺术与学术、研究与教学均得自由。教学自由不得免于对宪法之忠诚。"此举促使了世界许多国家加强了学术自由在宪法中的保护。

象"，极大促进了本国学术研究，在当时的学术创新中走在世界前列，并由此促进了德国工业化的迅速发展。

该发展历程，充分说明不仅学术自由权需要大学自治保护，并借以实现；同时学术自由权之宪法保护，对大学自治权之保护和发展也有着基础性作用。仅仅主张大学自治权，但是如果大学自治权之核心的学术自由权之保护得不到法律的捍卫，所谓的大学自治权也只是"无源之水，无本之木"，终归是昙花一现。

（二）学术自由权：大学自治的理论基础

"学术自由"，在德文中表示为"Wissenschaftsfreiheit；Freiheit der Wissenschaft"和"akademische Freiheit"；英文中表示为"Academic Freedom"；日文中表示为"学问の自由"。"akademische Freiheit"为德国学术自由概念的传统用语，意指大学教师享有的"教学自由"和学生的"学习自由"。同时，"akademische"一词源于柏拉图的"学园"（Akademy），兼有"学院的""大学的""学术的"等意思。故"akademische Freiheit"也具有"大学的自由"之含义。①

1. 学术自由权之发展概述

（1）作为观念意义上的学术自由

学术自由的观念源远流长，最早可以追溯到古希腊哲人的思想。英国学者伯里曾断言：古希腊人对人类文化的最大贡献，莫过于他们是思想自由和言论自由的创造者。② 苏格拉底也曾说"世界上谁也无权命令别人信仰什么，或剥夺别人随心所欲思考的权利"③。苏格拉底不仅是这么说的，而且也是这么做的，他为了践行"自由地追求一种论点，而不论引向何方"而获罪于当时的社会名流，被加诸以"不敬神罪"和"毒害青年罪"。④ 即使在面临着生命即将被剥夺的时刻，依然坚持"假使你们提议释放我而以我不再探讨真理为条件，那么我就说……我只服从我所能相信使我在做这件事业的神，却不服从诸位，我一日有气有力，一日不肯舍弃我研究哲学的自由"⑤。最后，苏格拉底以生命捍卫了这种追求真理的自由。不仅如此，他的学生以及学生的学生都继续着这种

① 周志宏. 学术自由与大学法［M］. 台北：蔚理法律出版社，1989：5.
② ［英］J. B. 伯里. 思想自由史［M］. 宋桂煌，译. 长春：吉林人民出版社，1999：9.
③ 金耀基. 大学之理念［M］. 北京：生活·读书·新知三联书店，2001：172.
④ ［古希腊］柏拉图. 柏拉图全集：第一卷［M］. 王晓朝，译. 北京：人民出版社，2002：10.
⑤ ［英］J. B. 伯里. 思想自由史［M］. 宋桂煌，译. 长春：吉林人民出版社，1999：15.

捍卫。"柏拉图与亚里士多德都坚持二元世界的观念：一为理念世界，二为现实世界。他们认为学者的生命应该奉献于永恒不变的世界……要做到为学术而学术"。① 怀揣着这种信念，柏拉图创办了"学园"，以开放性的研讨学风著称，为学术研究奠定了一种风范。

而作为近现代意义的学术自由，则起源于 19 世纪的德国，是科学技术发展和理性主义高涨的产物。柏林大学的创建，充分展现了学术自由的必要性和重要意义。近代学术自由的观念产生于德国，却在美国得到了充分发展。美国在发展初期，大学主要从事一些宗教性质的教育，教师没有任何学术自由可言。但随着大学之于科技发展、政治民主培育等的重要意义的彰显，德国的学术自由思想不断被留学德国归来的美国学生所提倡。当时美国的大学逐渐走出了宗教的阴影和束缚，但是却逐渐沦为了工业巨子们的利益竞争场所，大学教师作为一种雇员身份，经常受到任意解聘。在这种情势下，催生了美国大学教授协会（AAUP）在 1915 年的成立，其主要目的是为了保护大学教师的权益，并在 1915 年宣言中首次提出美国式的学术自由。在 1940 年的"学术自由与长期聘任制度"宣言中，再次明确了学术自由的原则，以及为了保护学术自由的"长期聘任制度"。

（2）作为法定权利的学术自由

柏林大学成立不久，保守的奥国首相特涅策划了"德意志同盟"，制定了"卡巴斯敕令"，对大学的思想自由予以压制和迫害。该事件的发生，让学者们感觉到学术自由仅仅作为理念被提出和坚持是远远不够的，必须寻求法律上的保护和支持，于是引发了观念层面的学术自由向法律权利意义的学术自由的转变。

在宪法规范中对学术自由提出明文保障，最早出现于德国法兰克福宪法草案，该草案第 152 条规定："学术及教学是自由的。"虽然该宪法草案最终没有得以落实，但该规定被随后的德国魏玛宪法完全继受，并在其第 142 条规定："艺术，学术及教学是自由的，国家应予保护并奖励之。"二战后，学术自由逐渐为世界其他国家的宪法普遍吸收，进而成为国际社会明确予以保障的基本人权之一。据对世界 142 部宪法的统计，其中有 34 部规定了学术自由，占 23.9%。② 如阿根廷宪法第 14 条："居民有学术研究及演讲之自由。"韩国 1948 年宪法第 19 条："国民有学术及艺术之自由。"意大利宪法第 33 条第 1 项："艺

---

① 周光礼. 法律制度与高等教育 [M]. 武汉：华中科技大学出版社，2005：48.
② ［荷］亨利·范·马尔塞文，格尔·范·德·唐. 成文宪法的比较研究 [M]. 陈云生，译. 北京：华夏出版社，1987：161.

术与科学自由，讲授自由。"苏联 1977 年宪法第 47 条："根据共产主义建设目标、保证苏联公民享有从事科学著作、技术创造和艺术创作的自由。这一自由的保证是：广泛开展科学研究、发明和合理化建议活动，发展文学艺术。"① 特别值得一提的是德国和日本两国，因为受军国主义影响，二战时期学术自由受到极端地践踏和侵害，两国在战后予以特别强调。② 虽然在宪法条文中明确提出学术自由的国家和地区并不是很多，但多数都有类似的规定和精神，可以通过宪法解释予以推论出来。而学术自由被纳入美国宪法中，更体现了当代法治国家对于学术自由之保护的重视。美国宪法制定者在制定宪法时，就没有想到过要对学术自由予以保护，但是，这并不妨碍美国大法官们的创设。通过一系列的案例，美国最高法院将学术自由权定性为"第 1 修正案的特别关切"，③ 并且不断发展其理论，成为了世界上保护学术自由权的典范。

　　学术自由作为一种观念在我国也长期存在。④ 但是，将学术自由上升为法律权利，则是晚近才出现的。1922 年曾在上海召开"国是会议"时提出的宪法草案第 91 条就规定："学术上之研究为人民之自由权，国家宜加以保护不得限制之。"这可以说是我国历史上在宪法性文件中首次提出了"学术研究自由"。抗日战争结束后，各党派共同召开政治协商会议，曾经议决十二项宪法原则，其中的第 11 条第 4 款规定："文化教育，应以发展国民之民族精神、民主精神、与科学知识为基本原则，普及并提高一般人民之文化水准，实行教育机会均等，保障学术自由，致力发展科学。"⑤ 新中国成立后，除 1975 年颁布的宪法外，其他几个宪法文本中都有类似提及学术自由。如 1949 年的《中国人民政治协商会议共同纲领》43 条规定："努力发展自然科学，以服务于工业农业和国防的建设。奖励科学的发现和发明，普及科学知识。"1954 年的《中国人民共和国宪法》第 95 条规定："中华人民共和国保障公民进行科学研究、文学艺术创作和其他文化活动的自由。国家对于从事科学、教育、文学、艺术和其他文化事业

①　谢海定. 作为法律权利的学术自由权［J］. 中国法学，2005（6）：16－32.

②　德国基本法规定："学术、研究及教学系自由。"日本宪法规定："学问自由应予保障。"

③　可参见案例：*Adler v. Board of Education of the City of New York*（1952）；*Keyishian v. Board of Regents of the University of the State of New York*（1967）；*Edwards v. Aguillard*（1987）等。

④　关于我国历史上是否存在学术自由的观念，颇有争议，通说持肯定态度。最重要的依据乃我国历史上私人讲学的兴起和发展，例如，先秦的"百家争鸣，百花齐放"以及宋朝的"四大书院"。

⑤　北京大学法律系宪法教研室资料室. 宪法资料选编：第二辑［M］. 北京：北京大学出版社，1982：199.

的公民的创造性工作，给以鼓励和帮助。"现行《宪法》第47条规定："中华人民共和国公民有进行科学研究、文学艺术创作和其他文化活动的自由。国家对于从事教育、科学、技术、文学、艺术和其他文化事业的公民的有益于人民的创造性工作，给以鼓励和帮助。"从本条文看，并没有"学术自由"的明确规定，那么我国宪法是否保障学术自由权呢？根据王德志教授的研究指出，"把我国宪法第47条概括为'文化权利'或者'文化活动自由'，是我国学者的主流观点，并且普遍把'科学研究自由'作为'文化权利'的一种形式或下位范畴，或者是'文化权利'的组成部分。而把'文化权利'的内容进一步细分，并从中挖掘其'学术自由'的独立价值，还没有成为我国学术界的主流观点"①。但也有不少宪法学者认为，通过对现行《宪法》解释，我国也有"学术自由权"。如林来梵教授指出，"我国现行宪法没有明文规定'学术自由'。然而，宪法第47条中的从事科学研究的自由以及从事教育事业的权利，则相当于或包含了外国宪法中的'学术自由'"。而且"即便在近代具有一定专制主义传统的宪政主义国家里，其宪法虽然并不彻底保障一般国民的言论自由等表达自由，但是唯独对文化活动的自由，尤其是对学术自由网开一面，予以全力保障"。②

联合国大会于1966年12月16日通过了《经济、社会和文化权利国际公约》，其第15条规定，"缔约国承担尊重科学研究和创造性活动所必不可少的自由之义务"，这标志着学术自由权的保护已经从国内扩展到国际，具有了国际普遍人权的性质。1990年通过的《学术自由和学者的社会责任——达累斯萨拉姆宣言》，更明确地提出了学术自由权的保护以及限制，其第19条规定："学术团体中附有研究职能的所有成员，有权遵照科学探索的普遍原则和方法，不受干预地从事研究工作。尤其是，除非基于公众健康、道德的理由，或者是在国家及其独立面临明显而即刻的危险之情况下，（研究工作可以被施以一定限制）而且这些限制措施被证明为对一个民主社会的存续来说为正当和必要，研究人员有权获允不受任何阻碍地从事研究。"

2. 从基本权利之宪法功能来理解学术自由权

基本权利，在现代民主法治国家中居于基础地位，无论是对法治秩序的建构，还是公民权利的保护，都具有重要意义。为此，基本权利也从原来主要的防御权功能逐渐发展出了其他各种新兴功能，以便充分地保护基本权利之实现。

---

① 王德志. 论我国学术自由的宪法基础［J］. 中国法学，2012（5）：5 - 23.
② 林来梵. 从宪法规范到规范宪法：规范宪法学的一种前言［M］. 北京：法律出版社，2001：158 - 159.

对于基本权利的功能及具体内容，学者间虽无统一论述，但大致相当。综合各种学说，主要包括防御权、给付请求权、参政权、客观价值决定功能、程序保障功能及制度性保障功能等。① 作为重要的基本权利之一的学术自由权，无疑也具有这些功能。而对于这些功能的认识，有利于充分地认识学术自由权的内涵及大学自治权的理论基础。

（1）作为防御权的学术自由权

防御权，亦即免于国家干预的权利，是基本权利最原初的，也是最根本的作用。这是自由资本主义盛行时所主张的"国家管得越少越好，国家活动应该只限于维持社会的安全与防止危险"的体现，是为人民构建一个"独立自由的空间"，在该空间人民有独立自治权，国家原则上不得干涉。比如，德国基本法中的基本权利在产生之初就被赋予了对抗公权力，防止公民的自由、财产和权利受到国家侵害的使命。可以说，基本权利防御权功能，是基本权利功能体系的本源。学术自由权，作为探索真理的一种权利，更明显地体现了这种防御性。"标签压倒了信条，也压倒了理论观点；一百面旗帜以告诫的口气讲话，压倒了一百个演讲"。② 学术活动是特别需要独立权利的，只有在不受到任何外在力量干涉下，只沿着实事和真理去探索，方可发现真理。作为防御权的学术自由权，赋予人民对抗公权力的无端干预，为学术活动的开展构筑了一道法律防线，确保了学术的独立、自由。学术自由权具体包括研究自由、讲学自由和学习自由，所以其防御权也体现在这三方面。

其一，研究自由。研究，意味着以一种严谨的态度有计划地对真理的探索，并以系统的、条理性的方法予以阐述和表达以获得新知识为目的的活动。③ 研究活动是必须保持对真理的虔诚追求，在这一过程中，必然会对既有的支配体制、价值观念、社会秩序提出批判及怀疑，同时也会对既有的权威和教条提出挑战，从而容易遭到打击和迫害。④ 而且，研究常常表现为学者内心的一种精神自由，对于这一领域的限制应该采取特别谨慎的态度。但是，研究活动的展开，特别是在现阶段；常常需要表现为外在性的行动。如对研究对象的选择和

---

① 法治斌，董保城. 宪法新论［M］. 台北：元照出版公司，2004：130.

② ［德］古斯塔夫·拉德布鲁赫. 法律智慧警句集［M］. 舒国滢，译. 北京：中国法制出版社，2001：122.

③ 对于何谓"研究"，以及何谓"学术"之概念，学界有从形式上、实质上或者两者结合的角度予以界定，甚至有学者主张学术定义的禁止说，认为对于学术之概念的认定同样属于学术自由保护的内容。详见周志宏. 学术自由与大学法［M］. 台北：蔚理法律出版社，1989：40.

④ 许庆雄. 宪法入门［M］. 台北：元照出版公司，2000：84.

实证分析，对资料的运用等，也应该得到保护。值得提出的是，对政治活动或者意识形态等领域的研究，如果仅仅是将此作为研究对象开展学术研究，并没有将此运用于社会实践中，是可以归于研究范围的，应该受到学术自由权的保护。但如果是通过此项研究并运用于社会现实以期达到一定的政治目的，就成为了一项政治活动，而不再是一项单纯的学术活动，不应该再受到学术自由权的保护。研究自由的防御性，表现为赋予研究者享有一定的自由空间，该空间具体表现在：在知识的发现、阐明以及传达时，以"学术的自我规律性"为基础所包含的过程、行为方式与决定。① 而关于研究自由权的主体，不仅包括从事学术研究的学者个人及研究团队，同样也包括作为组织存在的大学以及其他研究机构，所以相应地这些组织也享有一定的"自由空间"，受到学术自由权的保护。

其二，教学自由。研究自由，其中也包括了将研究的内容公布于众，而这种公布与传达的方式表现为多种多样。如通过出版、学术交流、演讲以及在讲坛上传授等。教学自由，其实可以被包含在广义的研究自由内，以达到"教学相长"，促进研究的进行。但是，由于教学自由的相对独立性，所以将其区别于其他的传达方式而被予以特别阐述。教学自由的防御权性质，主要表现在讲授的方法、讲授的内容及形式等不受到外界的指令或者干涉，不能基于此教师讲授的内容、方式等给予其不利处罚，如不予职称晋升、将其解聘等。

其三，学习自由。学习自由是否能作为学术自由的一项内容，具有较大争议，但学术界通说认为是属于的。比如，19世纪学术自由概念在德国正式形成时期，洪堡等教育学家特别强调学习自由。在世界大学会社《利马宣言》第9条规定："高等教育的学生均享有学习的自由，此种自由包括从可选课程中选择学习领域的权利及其所得的知识和学历得到官方认可的权利。高等教育机构应该以满足学生的专业需求和渴望为目标，国家应该为学生提供追求其学习的充分资源。"② 大学生不同于一般的中小学生，其并不再是作为单纯的教育客体存在，在接受知识的同时也在进行创新和研究。特别是对于高年级的大学生，学习既有知识已经让位于对未知领域的探寻。所以应该将其归入到学术自由的范围内予以保障。同时，大学生的学习主要是以学术的发展和研究为基点，如为了学术上的自我发展，可以一定程度地自由选择研究方向，研究方法以及选择

---

① 许育典. 学习自由 VS. 学习权/受教育权——从学术自由评大法官释字第563号解释 [J]. 成大法学，2004（7）.

② 谢海定. 作为法律权利的学术自由权 [J]. 中国法学，2005（6）：16－32.

课程等。①

总的来说，学术自由权的这种防御权作用，目的在于尊重学术的自身规律，为学术活动创造一个相对自由、独立的空间，而免于政治、宗教、经济、种族等因素的不当干扰和侵害。如，在大学教师职称评审中，其学术能力、研究能力等不应该由"外行意见"决定，特别是不应该被非学术性原因所左右；在大学教师职务聘任中，不能基于政治、种族等非学术性因素而遭受拒聘、停聘、解聘等。

（2）学术自由权的请求给付权作用

基本权的积极请求权，与消极防御权是相对的是指公民基本权利所具有的可以请求国家作为某种行为，从而享有一定利益和支持。基本权的此项作用，是伴随着工业文明的发展而逐渐显现的。在工业文明的冲击下，贫富差距越来越大，许多人由于各种原因而失业，生活极度贫困甚至难以维持生计。国家不能再停留于仅仅维护基本的秩序和安全，而必须进一步关怀人民生活，承担相应义务，从过去"守夜人"变身为人民"从摇篮到坟墓"的照顾者。

学术自由权的实现也面临着这个问题。在以往，学术活动可能仅仅是个人的独立行为，只要有基本生活保障，便可以独自进行。但随着科技发展，越来越多的学术活动需要借助强大的资金支持、团队合作。"今日在学术研究领域内动辄需大量人力、财力及物力之支援，始足以进行有意义研究与教学工作。因而，过去私人研究、讲学的方式在今日学术工作上，已难以产生任何作用。反而，在公立、私立大学，或者学术研究机构内从事专业研究与教学的学者，在充分人力、物力与财力的支持下，以及学者具有公务员或雇员身份的保障下，始能真正发挥研究、教学的功能"。② 可见，学术自由权的给付请求权功能应受到重视并予以实现。如德国联邦宪法法院在一则有关大学名额限制的判决中指出，"现代国家愈致力于市民的社会安全与文化促进时，则市民与国家间之关系，除了保障免于受国家侵害之基本权自由外，亦愈有向国家要求给付以担保基本权实现之补充请求关系"。③

根据基本权给付请求权功能，权利主体是否有直接向国家要求给付的权利，

① 但这种自由还是有一定限制，因为学生毕竟是作为受教育者，在大学内必须受到大学教师的指导，以及大学为了保证教育的质量，提升毕业生水平，可以强制学生选修某些课程、参加课业考试等。

② 董保城. 教育法学与学术自由 [M]. 月旦出版社股份有限公司，1997：120.

③ 关于"大学特定学系入学许可名额限制"之判决 [G] //李震山，等译. 德国联邦宪法法院裁判选辑（二）. 司法院印行，1991：71.

国家对此项请求又是否有保障的义务？学界有两种不同观点：即否定说与肯定说。通说为否定说，即认为作为基本权利享有者的个人或者组织，不能以基本权利的请求权功能向国家直接提起给付请求。但这并不意味着此项权利没有任何意义。按照有些学者见解，应区分两种不同性质的请求权，即"原始的给付请求权"和"衍生的给付请求权"，对于后者应该予以保障。① 以学术自由权为例，如果学者仅仅基于自己的学术活动需要，直接向国家要求提供资助，如某生物学家意欲从事基因研究，但无资金购买研究设备，乃基于学术自由权直接向国家提出履行给付义务的请求，则这种请求权不能得到保障。但如果国家为了学术活动已提供了一定的物质条件，如同样是上述生物学家，因为国家在推进基因科学研究中，建立了国家重点实验室，拥有该实验室的某大学在招聘大学教师时，该生物学家有公平公正获得聘任的权利，该请求权即属于衍生给付请求权，应得到保障。值得提及的是，由于基础科学对国家提升竞争力、发展科学技术、传承人类文明的重要性，且现在普遍受到忽视导致基础科学研究缺乏资源，研究者应该被赋予倾斜性的给付请求权。且由于学术研究对大学保障学术发展和教育功能之实现起着基础性作用，虽然作为个人的学者和作为组织的大学，没有直接基于学术自由这一基本权利请求国家给付，但国家应该倾斜性地增加财政拨款，资助大学的人事、财政及组织等。诚如李克强总理在中国科学院第十九次院士大会和中国工程院第十四次院士大会上指出的，"杰出科技人才是国之重器，财政等相关政策要向他们予以倾斜"。

概言之，大学教师为实现个人的学术自由权，往往通过大学来享受到国家的资助和给付，获得开展研究的资源和条件。而这些均有赖于在职称评审和职务聘任中，享有被公正评审的权利，以及对大学提供的岗位和职务享有公平竞聘权，而大学也有义务根据公平公开公正原则进行评审和聘任。

（3）学术自由权的参政权作用

关于基本权利的该项作用，指的是人民参与政治思想之决定权与政治意见之形成权，亦即参加国家治理权的行使。在广义上，参政权还包括公民依法服公职的权利和一部分的请愿权利。

学术活动应该对政治保持中立，但这并不意味着，对政治问题不能从事研究。学术自由对政治的影响作用，特别是对民主思想的影响与促进，在近现代民主发展历程中是有目共睹的。学术自由之价值，不仅仅在于研究，还有对民主价值的促进。为此美国有判例指出，学术自由更应该受到保护，并且发挥其

---

① 法治斌，董保城. 宪法新论［M］. 台北：元照出版公司，2004：133.

对社会之批判功能。① 而且，"在现代民主、开放的多元社会中，对于所谓的'参政权'意义之理解，不宜局限于'选举权'及'应考试服公职之权利'，尚应包含其他具有政治之基本权利，如言论、集会、结社之自由等"。通过出版、言论等亦可以引导国家政治意见之形成。② 且学术自由的观念基础之一为"政治论"，③ 学术自由作为一种特殊的言论自由，具有弘扬民主，开启思想并防止"多数人暴政"的作用。对于身兼学者与一般公民身份的大学教师而言，其言论应该受到鼓励和特别保护，同时大学在进行职称评审和职务聘任时，一方面，应该充分考虑其社会服务和批判社会的功能，另一方面，不应该基于正当范围内之政治的、社会的批评而给予不利对待。

（4）学术自由权的客观价值决定作用

基本权的客观价值决定，或称"客观价值秩序,④ 有别于上述三种个人主观公权利，乃基于人性尊严、人权尊重的理念产生的客观价值。由于人权理念的发展以及高度工业化引发的各种犯罪、环境污染等侵害基本权的事实，使得基本权的侵害不再局限于国家权力，同时也须防止国家之外的第三者，如个人、企业、社会团体等。基本权的客观价值"辐射"及于所有的法律秩序，由此产生国家保护义务和宪法第三人效力。⑤

学术自由权，作为一项重要的基本权利，其客观的价值主要体现在进行知识创新、传承精神文化、提升全民科学素养，甚至于科学技术已成为最重要的社会生产力。学术自由之客观价值还体现在为国家立足于世界之林、增强综合竞争力作出重要贡献。所以国家不仅有义务在立法、行政与司法中对此种客观

---

① *Sweeay v. New Hampshire*，354. U. S. 250（1957）.

② 李建良. 基本权利理论体系之构成与其思考层次［J］. 人文及社会科学集刊，1997（9）.

③ 布鲁贝克提出学术自由的合理性基础有"认识论、政治论和道德论"。详见［美］约翰·S. 布鲁贝克. 高等教育哲学［M］. 王承绪，等译. 杭州：浙江教育出版社，1987：21.

④ 此项基本权功能，是德国联邦宪法法院通过"吕特案判决"发展出来的。"基本权利主要是人民对国家的防卫权；但在基本法的各个基本权利规定里也体现一种客观的价值秩序，被视为是宪法上的基本决定，有效适用于各法律领域"。详见：关于"吕特事件"［G］//黄启祯，译. 西德联邦宪法法院裁判选辑（一）. 司法院印行，1990：100.

⑤ 自德国在"吕特"案件中提出"第三人效力"以来，基本权的此项功能在日本、美国等也得到发展。在日本、德国有"直接效力说"和"间接效力说"，后者为通说；在美国则发展出"国家类似说"。晚近的日本学界认为"间接效力说"将"某些基于私人纯然的事实行为所构成的人权侵害行为排除在宪法所能抑制的范围"，故而主张借鉴美国的"国家类似说"。详见林来梵. 从宪法规范到规范宪法：规范宪法学的一种前言［M］. 北京：法律出版社，2001：100－103.

价值秩序予以尊重和保护，而且当这一客观价值秩序遭受到国家之外的第三人侵害时，国家有提供保护的义务，从而完成其作为一个文化国的任务。一方面，国家不能制定压制学术自由的法律法规，对于学术研究和学术评价，应该尊重学术基本规律，而不能基于政治、经济、宗教等缘由不当干涉教师的职称评审职务聘任；另一方面，对于其他组织或者个人压制学术自由的行为，国家有提供保护的义务。

（5）学术自由权的程序保障功能

基本权利之实现和落实，需要借助于一定的程序方可达致。如果基本权的实体地位并没有给予程序方面保证，基本权将无法确保获得的实现。"基本权利的保障功能，或可以定义为课与国家提供适当程序之义务，以积极营造一个适合基本权实践的环境，帮助人民基本权落实的一个功能"。① 这一程序保障功能，同时具有积极面向和消极面向。"积极面向的目的在于营造一个适合基本权实践的环境；而消极面向之目的则在于事先通过适当程序的采用，防止或者减少侵害的发生"。②

学术自由权的实现，在某种程度上更有赖于程序保障。如，职称申请、职务应聘、研究项目争取以及防止不适当之解聘等，涉及到太多的专业性判断，而对于专业判断的实质审查必须奉行"适当克制"原则，只有通过程序的公平、公正、公开，来确保结果公正。由此而言，如果没有正当程序的设置和保障，学术自由权利之实现将大打折扣。

（6）学术自由权的制度性保障功能

基本权利的制度性保障功能，源于卡尔·斯密特所提出的"制度性保障"概念③，但是两者含义已经发生变化。二战后，"制度性保障"仍然被德国沿用，并且与"基本权利"相结合，成了保护基本权利的一种制度设置，而基本权利则成为一项制度的"核心价值"，立法者或者宪法解释者对于某一制度的建

---

① 许宗力. 宪法与法治国行政［M］. 台北：元照出版公司，1999：170.
② 许宗力. 宪法与法治国行政［M］. 台北：元照出版公司，1999：172.
③ 卡尔·斯密特当初提出"制度性保障"概念，乃因为在魏玛时期，虽然宪法中已经规定了基本权利，但当时此基本权利规定并不能约束立法者，立法者常通过立法形式将这些基本权利架空。为此，斯密特将"制度"与"基本权"予以区别，认为在国家法制化之前，人民基于生活的需要和习惯而形成的一些制度，对于生活的维系和社会的发展具有重要意义，必须将其法制化，并在此过程中应该尊重这些制度的"核心价值"，不得随便废除。这些制度主要有：婚姻制度、私有财产权制度、大学自治制度、节假日休假制度等。制度性保障发展至今，已然背离了当初的设定，而成了保障基本权利的一种制度设置。详见［日］芦部信喜. 宪法：第三版［M］. 林来梵，等译. 北京：北京大学出版社，2006：74－75.

构、废止以及改变，都不能够侵犯这一核心价值。国家为了人民基本权的实现，有义务积极地建构一些制度，将制度作为促进基本权实现的保障。亦即对于宪法上各基本权利"国家均负有使之实现之任务。为达成此项任务，国家自应就各个权利之性质，依照社会生活之事实及国家整体发展之状况，提供适当之制度的保障"。

学术自由权，作为一种基本权利，同样具有制度性保障功能。学术自由的制度性保障，即表现为：为了人民学术自由的自我实现，国家有义务建构和资助有利于人民从事学术活动的制度，并在宪法上加以保护，而这一制度就是大学自治。大学虽然作为国家资助建设的一种机构，但是对于国家之权力的介入仍然具有严格的限制。大学作为一个学术研究和教学之场所，其核心价值乃在于学术自由权之保护以及实现，而不是履行国家的行政任务。如何保障大学自治，并通过合理制度的设计，使大学自治权的运行充分保障学术自由权的实现，将是学术自由权之制度性保障功能的核心所在。

3. 学术自由权与大学自治

如前所述，学术自由权作为一项基本权利，具有防御性、请求权性、客观价值秩序功能以及制度性保障功能等。学术自由权的实现，一方面需要保持相对独立的空间，免遭不当干涉；另一方面需要国家社会给以一定保障，维护其客观价值。为达到这两方面的条件，必然地要求国家创设一种制度保障。大学自治作为一种制度设置，正是基于该项需求，由国家为学术自由权的保障提供的制度设置。通过大学自治，学术自由的独立空间得以维系，学术自由之实现的各种物质保障、程序保障等都得以兑现。

（1）关于学术自由权与大学自治的关系

关于大学自治的理论基础，学术界有不同看法，典型的有以下两种：

第一种观点：必然结果说。这是美国的主流学说，即认为大学自治乃是"机构性学术自由"，同样受宪法之保护。通过考察学术自由权在美国法律中的保护历程可以发现，美国联邦宪法法院于1952年作出的 Adler v. Board of Education of the City of New York 审判中，大法官道格拉斯和布莱克在反对意见中第一次提出了学术自由权的概念，此时的学术自由权主要是大学教师的学术自由权，而没有提及大学也享有学术自由权。[1] 在1957年的 Sweezy v. New Hampshire 案中，法兰克福特和哈兰大法官在协同意见书中引用"南非的开放大学"，提出了学术自由权的四项基本内容，这似乎包含了大学在内，但是并没有

---

[1]　*Adler v. Board of Education of the City of New York.* 342 U. S. at 508（1952）.

明确。① 而直到 1978 年的 Regents of the University of Califoria v. Bake 案中，提出了"机构性学术自由"（institutional academic freedom），亦即认为作为"宪法第 1 修正案之特别关切"的学术自由也可以被大学机构主张，而不仅仅限于大学教授。② 这一学说成为美国的主流学说，并为美国法院援用至今。与此说类似的学说，在日本也被学者主张，即"当然结果说"，是日本早期的通说。

第二种观点：制度性保障说。此乃大陆法系国家的主流学说。在德国，宪法上虽然没有对大学自治加以明文规定③，但学理上通说认为大学自治是宪法上学术自由的一种制度的保障，进而使其获得了宪法上的地位。在德国，自魏玛宪法以来，大学自治在学说上就被认为是学术自由的一种"制度保障"，认为德国基本法第 5 条第 3 项关于"艺术、学术、研究与教学均属自由，讲学自由不得免除对宪法的忠诚"的规定，既有保障每个人有从事学术的自由权，同时还具有保障制度的作用，而为德国大学的基本权利。④ 1973 年德国联邦宪法法院对"制度性保障说"给予了宪法上的肯定，其在对 Nieder – Sachsen 邦临时大学法做出违宪判决时指出：国家必须通过人事上、财政上与组织上的措施，来促进对自由的学术的照顾，以为学术自由活动提供使其能发挥功能的制度。在以公共措施建立与维护的学术活动领域，以及给付行政领域中，国家必须以适当的组织上的措施来关切，在不侵害学术活动的基本权利的程度内，如何顾虑到学术之地位及其他法定任务，以及不同参与人的基本权利，而能促进这一基本权利。⑤

在日本，主流学说也持"制度性保障说"。如，日本学者阿部照哉认为："大学自治，系为使大学这种学术研究的中心机关，从外来势力的束缚中解放，能自治、自律地遂行其原本的机能，而以研究教育机关为对象，所被承认的客观制度。在此意义上，大学自治是为实质保障学术自由的制度性保障。"⑥ 我国

① 例如，包含了"由谁来教？"以及"由谁来学？"两项，乃典型的从大学的角度来考察的内容。*Sweezy v. New Hampshire.* 354 U. S. at 262 – 265（1957）.

② *Regents of the University of Califoria v. Bake*, 438 U. S. at 311 – 312（1978）.

③ 德国有些邦宪法明确规定了大学自治权利。如，Rheinland – pfalz 邦宪法规定，"大学有自治之权利，其研究与教学的自由受保障，国立大学之神学院仍受保障"；Saar 邦宪法规定："大学有自治之权利，研究与教学之自由受保障，学生在其自身事务之处理上，以民主方式参与之。"详见周志宏. 学术自由与大学法［M］. 台北：蔚理法律出版社，1989：55.

④ 董保城. 教育法学与学术自由［M］. 月旦出版社股份有限公司，1997：121.

⑤ 蔡震荣. 关于"大学组织"之判决［G］//德国联邦宪法法院裁判选辑（四）. 司法周刊杂志社，1993：100 – 158.

⑥ ［日］阿部照哉·池田政章. 宪法：下［M］. 周宗宪，译. 北京：中国政法大学出版社，2006：198.

学术界不少学者对该说也持肯定态度。如，林来梵教授认为："在我国，现实中的大学自治，实际上已可理解为从事教育、学习和科学技术研究所必不可少的、并为现行宪法直接地或间接地所认肯的一种客观的制度。"①

除上述两种典型学说外，还有一些代表性学说。如，有美国学者认为大学自治乃根源于结社自由之"结社自由说"；大学是代理行使个人享有的学术自由权的"代理说"；以及日本学者持有的将大学自治视为保障大学机能的"机能自由说"、大学自治是基于宪法第 26 条所保障之国民受教育的权利之"宪法 26 条说"等理论。② 值得提及的是，关于私立大学的大学自治，其理论基础有美国的"哲学表达说"，以及台湾学者提到的"私人兴学自由说"等。

（2）我国大学自治应理解为学术自由的制度性保障

关于我国的大学自治，建议从学术自由的制度性保障来理解，即采用"制度保障说"。主要基于三方面考虑：其一，制度性保障被认为是基本权利客观价值秩序的延伸，籍着基本权利客观价值保障一个自由而且有秩序的生活领域，不仅立法者不得任意废除或侵害该制度的本质或宪法地位，而且国家也有义务以法律行为构造一个合乎宪法所揭示的保障价值。对于我国而言，大学自治缺少传统理念的支持，主要是基于事后的建构和创设，制度性保障说，对于我国大学当下相对缺乏自治权的现状，在建构意义上显得更加重要，也更有利于对大学自治权的发展和保护。其二，我国的法制体系主要参照和借鉴的是大陆法系，根据学术自由权的制度性保障功能推导出大学自治，更符合我国法律体系的性质。其三，当然结果说将学术自由权和大学自治等同起来，并没有凸显出大学自治的制度性质和手段性，如果区分大学的制度性和学术自由权的核心价值，则可以更好促使大学以学术自由为中心，完善各项制度，以学术自由之主体的权利保护为圭臬，而不是追求大学自身独立的价值和利益。

需要特别强调的是，制度性保障最初提出时，是为了赋予某些制度以宪法位阶上的保护，使其不能被国家立法所否定。先于法律制度存在的作为社会生活事实的大学自治，被列入其中，亦即大学自治作为一种值得追求的制度而被法制化。虽然后来制度性保障学说发生了改变，成为了与基本权利密切相关的、其目的在于为基本权利的实现提供法律上的制度保障。但是这不可否认大学自治在西方国家的传统。所以，大学自治在西方很大程度上是作为一种历史传统而受到法制的保护，并且在当下的生活中不断地发展。而对于我国，由于缺乏

---

① 林来梵. 从宪法规范到规范宪法：规范宪法学的一种前言［M］. 北京：法律出版社，2001：100 - 103.

② 周志宏. 学术自由与大学法［M］. 台北：蔚理法律出版社，1989：203 - 207.

大学自治的传统，大学作为一种被引介而来的全新制度安排，并不是作为一种先在的生活事实存在，而是基于学术自由权之保障予以建构的，大学自治作为一项制度更多的是一种建构，体现了国家的一种制度给付。① 这也无怪乎我国将大学自治权视为一种国家授予的权力，而不是基于大学基于学术自由权而衍生的权力。

（三）大学自治权的法律性质

1. 大学自治权的法律性质

（1）大学自治权的双重属性

如前所述，大学自治乃是学术自由权的一种制度性保障，其产生的基础是基本权（right）的保护之需求。大学自治权，则是大学自治这一制度运行中所体现的权力（利）。任何一项法律制度，② 其实质都是一项权力（利）的运行或实现方式，并因此构建出一系列法律关系。例如，监护制度，乃是基于监护权的运行这一核心，构建的一系列法律关系。大学自治权，作为大学自治这一制度运行的表征，对内应该是一种"管理权"，而对外则应该是一种"权利"。对内之管理权，乃在于为了大学自治之运行实施的管理，其目的在于实现学术自由权提供一种秩序和保障。管理者和被管理者具有一种隶属关系，这里不管是学术事务的管理还是非学术事务的管理，都应该具有"权力"的性质。③ 但是对外，则是大学基于个体的学术自由权而享有的一种拟制的"集体学术自由

---

① 根据基本权利的请求权功能，基本权主体可以享有给付的请求权，而对于给付的内容，可以表现为物质、程序以及制度等。张翔. 基本权利的受益权功能与国家的给付义务[J]. 中国法学，2006（1）：21 - 36.

② 制度都应该存在着一些基本的要素，包括权力（权利）、物质基础、主体等，而权力（权利）应该是最基础的、核心的要素。例如，大学自治作为一项制度安排，其运行必须有一定的场所、人员等构成大学，但是最主要的是在法律上有一系列的权利（权力），这样才可能运转起来。

③ 权力具有强制性、单方性等，但是权力之强制性和平等、自由及协商的价值并不必然地相冲突，甚至是一种保障和体现。如，在学术界，为了整个学术环境的维系和学术工作的有序进行，必然需要对学术活动进行一定的评价，并且基于这种评价进行资源配置与安排等。这种评价和配置无疑具有一种"权力"的属性，但是这种权力是一种基于学术评判的权力，其目的不在于压制学术自由，乃在于保护学术自由。所以，对于大学内部之学术管理，并不能"谈权力而色变"，关键是看权力的内在因子包含着什么，权力由谁来行使，权力的来源属于什么等。如美国著名的高等教育学家伯顿·R. 克拉克所言："专业的和学者的专门知识是一种至关重要的和独特的权力形式，它授予某些人以某种方式支配他人的权力"。详见［美］伯顿·R. 克拉克. 高等教育系统——学术组织的跨国研究［M］. 王承绪，等译. 杭州：杭州大学出版社，1994：121.

权"，以此预防国家权力的侵害，国家可根据法律予以适当干涉和监督，但是绝对不是一种行政隶属关系。

大学自治权对内表现为一种"管理权力"，但因为大学承担的是一种公共事务，履行法律赋予的、文化国应该承担的"公任务"，所以其内部的管理权与一般的私法人主体内部的管理权在性质上应该有所区别，毋宁应该将管理权的行使，当作一种"公权力的行使"，而不仅仅是一种"私法性的行政管理"。但是这种"公权力"和传统意义上的"行政权力"又是不一样的。主要表现为：首先，其产生的基础不同，大学自治权产生于"基本权利"，与国家权力处于相互独立地位；行政权产生于"国家权力"，属于国家权力的一部分。其次，其存在和履行的任务不一样，大学自治权乃为"公任务"之实现，即完成文化国之建设所产生的公益性的任务，而行政权在于完成"国家任务"。

概而言之，大学自治权具有双重属性：一方面，对外大学自治权是免于政府、教会或其他任何社会法人机构控制和干预的权利，是一种公法性质的消极的自由权利。[①] 也就是说，当大学受到来自国家公权力（特别是行政权）的不当干预时，可以以大学自治权对抗来自公权力的侵害。国家对于大学的监督必须遵从法律保留原则以及比例原则，依法进行。另一方面，对内大学自治权表现为一种自治管理权力，目的在于维系学术自由权赖以实现的独立、自由空间，并以学术自由权为圭臬。这种自治权力具有公权力属性。

（2）大学自治权的内在结构及其运行

大学自治权对外表现为一种拟制的"集体学术自由权"，作为一个整体而防止国家高权以及经济、宗教等之侵害。但是对内作为一种管理权（力），却并不是一个整体，毋宁是一个分化的结构。我们必须明确的是，大学自治作为一种基本权的制度性保障，其价值的核心在于学术自由权的实现。但是大学自治权并不等于个体的学术自由权。如大学内部的教授组成的评审委员会，在对一个教师的职称申请进行评审时，评审委员会作为一个整体拥有并行使一项具体的大学自治权，对于每一个教授个人，则只是行使大学自治权的"机构人"，[②] 而不是作为一个个体在行使自己的学术自由权。大学教授行使大学自治权，乃是

---

① 详见湛中乐，韩春晖. 论大陆公立大学自治权的内在结构——结合北京大学的历史变迁分析［M］//湛中乐. 大学自治、自律与他律. 北京：北京大学出版社，2006：57.

② "机构人"称谓，在此想表达的意思是教授此时并不是作为一个自然个体，而是被赋予机构属性，行使的是大学自治权，而不是学术自由权。当然，这一大学自治权的行使，也体现了学术自由权的实现，即体现在两方面：一则是作为被评审者所享有的主观公权利（学术自由权），一则是学术自由权的客观价值。

大学自治的具体表现，而不是个体学术自由权的表现。也就是说，大学自治权作为一种管理权，具有非个人性质。虽然是以保护学术自由权为圭臬，但是并不等同于个体学者的学术自由权。

根据学者的研究，可以将大学内部的自治权划分为以校长为首的行政权力和以学者或专业教师群体为代表的学术权力，从而使大学内部学术性的学科与行政性的组织系统并存，学术管理与行政管理并存，学术权力与行政权力并存。① 两者都是为实现大学自治之内在价值而存在，但是两者具有不同的权力基础和特性，从而导致了其运行的方式具有较大的差异。

对于学术权力而言，由于"学术权力的合理性与合法性，主要来源于专业和学术能力，而不是来源于职务与组织……学术权力在性质上是一种完全不同于行政权力的'权力'"。② 学术权力是一种专业权力，"专业权力像纯粹的官僚权力一样，被认为是产生于普遍的和非个人的标准。但这种标准不是来自正式组织而是来自专业。它被认为是技术能力，而不是以正式地位导致的'官方能力'为基础的"。③ 这决定了权力行使的机构必须充分地具备专业能力，而不是类似于官僚组织的上级地位。大学内部以校长为首的行政权力，即是基于行政官僚组织意义上产生的，其权威来自于职级的更高位阶。但是大学内部以校长为首的行政权力并非与政府机关的行政权力完全相同，而且，尽管需要强调它与学术权力之间的区别，但更要看到它们之间的联系，学术自由不仅是学术权力行使的前提，同样是行政权力行使的前提。离开了这一点而谈两种权力的区分，没有太大意义。④

（3）大学自治权的异化

大学自治作为一种制度性保障，其具有内在的核心价值，基于这种核心价值，其对外表现为不允许各种不当干涉，包括国家权力以及其他非学术性力量的干涉。如果受到这种干涉，则意味着大学自治权受到侵害，也即作为一种制

---

① 有学者认为，行政权力和学术权力的"二元化权力结构是高等学校组织在权力配置上与企业、政府机关等非学术性组织的重要区别"，"学术权力作为一种内在力量发挥着支配作用，行政权力则作为一种外在的结构形式维系着高等学校组织的存在和发展"。详见劳凯声. 中国教育法制评论：第 1 辑 [M]. 北京：教育科学出版社，2002：171；张德祥. 高等学校的学术权力与行政权力 [M]. 南京：南京师范大学出版社，2002：19-27.

② 劳凯声. 中国教育法律评论：第 1 辑 [M]. 北京：教育科学出版社，2002：173.

③ [美] 伯顿·R. 克拉克. 高等教育系统—学术组织的跨国研究 [M]. 王承绪，等译. 杭州：杭州大学出版社，1994：128.

④ 谢海定. 作为法律权利的行使自由权 [D]. 北京：中国社会科学院研究生院，2004：97.

度保障的大学自治受到冲击和侵害。同时，大学自治权基于大学自治制度的核心价值，即学术自由的价值而具有特定的价值内涵，即实现和保护学术自由的价值。为了维护和实现这一价值，必须借助于自治权行使的主体和行使的方式。如，如果由教授依据学术标准来衡量一个学者的学术能力，则意味大学自治权内涵的价值即学术自由权得以实现，而如果由一个外行依据非学术标准①来衡量一个学者的能力，则意味着对于大学自治权内涵的价值之背离，毋宁是对于大学自治权存在基础的违反，从而造成大学自治权的异化。这种异化可以定义为主体异化。另一种异化乃是实质异化，即掏空大学自治权的内在核心价值的异化。如虽然是由教授委员会行使职称评审权，但是在行使评审权中以名额、性别、种族等为标准，而不是以学术等综合能力的标准来进行职称评审，这种情形即形成大学自治权的实体异化。为了进一步保证大学自治权不至于异化，我国学者提出了将大学自治权分为"学术权力"和"行政权力"。这一划分是值得肯定的。但是应该注意的是，不管是前者还是后者，其价值核心都是"学术自由权的客观价值"之实现，并由此促进作为学者个人的主观公权利的学术自由权之实现。

2. 大学自治权的双重法律保留

法律保留原则，又称为积极依法行政原则，源于市民法治国时期所产生的代表性理论，即"越好的政府是管理最少的政府"。关于法律保留原则的功能，有学者从历史发展变迁的角度提出，君主立宪时代，它是侵害保留，目的在于限制行政机关侵害公民基本权利；民政宪政时代，则是国会保留，目的在于防止立法机关恣意授权立法。② 也有学者指出，法律保留原则同时具有两种功能，一是作为限制基本权利的手段，二是作为不依法律不能限制基本权利的界限。③

（1）针对大学自治权之法律保留

如上所述，大学具有对内自治管理权，表现"规章制定权"和"规章执行

---

① 外行不可能借助一套学术标准来衡量某位教师的专业能力。因为，学术标准作为一种品质和能力表征，乃出自于内行学者，如果一个外行人员利用某种量化的标准来衡量一个教师，这里存在两种可能性：一则这种量化在一定程度上表现了学者的能力，但是组成量化的标准必须是属于学者制定的，所以外行只不过是没有自己独立意志的工具；二则由于学术的标准之模糊性，过于借助化量标准，必然导致学术评价的失真，这就是我国现阶段职称评审中出现的问题。因此，不是说一个由外行为主体的评聘委员会按照学者制定的标准来进行评审，便是尊重学术自治，毋宁是对于大学自治权的异化。

② 叶海波、秦前红. 法律保留的时代变迁——兼论中国法律保留制度的功能［J］. 法学评论，2008（4）：3 - 8.

③ 胡锦光、朝大元. 中国宪法［M］. 北京：法律出版社，2007：202 - 203.

权"等，但是大学自治并不意味着大学享有"治外法权"，同样必须受到法律的限制和监督，适用法律保留原则。主要表现为以下两种情况：

第一种：基于学术自由权的内在限制之法律保留

学术自由权，作为一项基本权利，并非绝对的权利，具有权利的内在限制性。"所谓内在制约，指的是宪法权利在其自身的性质上理所当然地伴随的，存在于宪法权利自身之中的界限"。① "内在制约'具体来说，是由不可侵犯他人的生命与健康；不可侵犯他人作为人的尊严；在与他人的人权相冲突时，有相互调整之必要这种观点所引出来的界限'；或者认为内在制约是'对个人之人权相互之间所存在的矛盾冲突的调整，以及被认为作为自由国家的最低限度之任务的社会秩序的维持和危险的防止'，等等"。② 学术自由权的行使，必然会伴随某种形式的外在性，这种行为可能与其他的权利主体或者其他的权利发生冲突，"尤其是一个主体毫无节制地滥用自己权利的时候，这种情形就会更加凸显"。③ 学术自由权的这种内在限制必然传导至大学自治权，从而使大学自治权的行使可能伴随着与其他权利的相互冲突。例如，对于一个教师的解聘行为，属于大学自治权的行使，但是相应地可能会与该大学教师的工作权、平等权等发生冲突，如何对这两者予以平衡，必须寻找一条宪法权利冲突的解决之路。④ 而表现在此处，则意味着大学自治并不是赋予大学一个"治外法权"的空间，毋宁同样须要受到法律保留原则、比例原则以及司法审查等法治原则的调整。

但是这一原则的贯彻也是新近的事情。在很长一段时期，大陆法系国家，⑤由于受到"特别权利关系理论"影响，大学和教师之间的关系被认为是一种内部管理关系，大学可以在一定范围内对教师为概括性的命令，而不需要受到法律的限制。直到 20 世纪五十年代乌勒（Ule）提出了"基础关系"与"管理关系"的理论，这一现象才慢慢得以改观。依据乌勒的理论，如果涉及"基础关

---

① 林来梵. 从宪法规范到规范宪法：规范宪法学的一种前言 [M]. 北京：法律出版社，2001：99.

② ［日］芦部信喜. 宪法：第三版 [M]. 林来梵，等译. 北京：北京大学出版社，2006：88.

③ 林来梵. 从宪法规范到规范宪法：规范宪法学的一种前言 [M]. 北京：法律出版社，2001：99.

④ 国外宪法学界发展出了"利益衡量理论"。关于基本权利之冲突以及解决之道，详见熊静波. 基本权利冲突：以表达自由与人格权为例 [D]. 杭州：浙江大学光华法学院，2005.

⑤ 英美国家虽然不存在大陆法系的"特别权利关系理论"，但是在大学中同样存在排除法治原则介入的现象，例如英国大学长期存在"巡视员"制度，而在美国大学和教师的契约关系开始不受"正当程序"的保护，只能通过大学内部的途径予以解决。

系"，即可能导致特别关系的成立、变更与结束的行为，例如教师的解聘、续聘、晋升等，应该被视为行政处分行为而纳入行政诉讼的调整范围。① 1972 年，德国宪法法院采行了这一理论，否定了特别权力关系范围内无需法律根据即可随意限制个人基本权利的做法，认为只要涉及成员的法律地位，特别是基本权利的重要事项，即属于行政处分。② 例如大学与教师之间的关系，在作出处分变化时，必须纳入法律的权利义务关系予以调整。一言以蔽之，基于学术自由权的内在限制，一方面，大学基于学术自由权，享有受宪法保障的自治权；另一方面，大学享有自治权并不代表其是个"治外法权"的领域，特别是在涉及到大学组织成员的基本权利时，不能以大学自治权侵害之。

基于学术自由权的内在限制所产生的对于大学自治权的法律保留，却常常为人所忽视。大学自治权之核心价值乃在于学术自由权，但是学术自由权的享有主体不同，特别是由于学术自由权内部的下位法益，即研究自由、教学自由和学习自由，常常为不同的主体所享有，因此会常常产生各自的冲突。例如作为学术自由权主体的教师，往往注重研究自由，因此其要求大学自治权更多地体现保护教师的研究自由，而学生的学习自由权则更多地要求教师注重教学自由权。在大学制定其发展规划时，如果过于注重大学的研究功能，而轻视教学功能，这是否是学术自由权的一种异化？是否应该适用法律保留原则？这关系到的又是一个权利冲突的问题，不过此权利冲突更多表现的是不同主体之间的冲突，面对这种冲突，同样必须适用法律保留原则，即宪法保留。具体而言，如果大学在制定其规章时，过于注重教学自由而轻视研究自由或者过于注重研究自由而轻视教学自由，也许会产生违宪的可能。③

第二种：基于学术自由权的外在限制之法律保留

"所谓的外在限制，则是从某一权利的外部所加诸的，并为宪法的价值目标

---

① 翁岳生. 行政法与现代法治国家 [M] //台湾大学法学丛书编辑委员会. 台湾大学法学丛书. 台北：三民书局，1990：145.

② C. H. Ule，DasVerwaltungsprozessrencht，9. Aufl.，1987，S. 193. 转引自吴庚. 行政法之理论与实用：增订八版 [M]. 北京：中国人民大学出版社，2005：147.

③ 当前大学教师的评聘中"重研究、轻教学""重学术论文、轻教学业绩"的现象还比较突出，但是也有很多大学已经给出了解决的方案。如，在《浙江大学专业技术职务评聘工作实施办法》《上海大学专业技术职务聘任实施细则》等规定中，对教师的技术职务岗位作了细分，分为教学为主、研究为主、教学与研究并重等职务岗位，并对不同技术职务岗位明确了不同的评聘标准。

本身容许的制约"。① 即国家基于公共利益、公共安全等对于学术自由权的限制。② 根据学术自由的价值论观点，学术自由权所探索之真理对于社会和国家都具有一定的价值，特别是随着科学技术的发展，科技对于国家的繁荣和安定起着日益重要的作用。在"国家安全""公众健康""社会道德""生命伦理""经济发展""现代化建设""社会秩序"等名义下，限制、克减、剥夺包括学术自由权在内的公民自由之立法，逐渐增多③。如，各国对于"克隆技术"研究的限制，对于"人兽杂交"实验的禁止等。布什政府在"9·11"事件发生后，制定并发布了《采取适当措施阻击恐怖主义法案》，该法案与学术相关的规定包括：学术研究，学术成果发表，学者之间的交流、教学、学习等各个方面，尤其是对外来移民和外籍人员的学术活动设置了各种严厉的限制措施。随后，英国颁布了《出口控制法》，对于技术的出口、交流，以及对于对科学研究、交流的过程及其成果的发表提出了非常严格的控制措施。关于这些限制是否侵害了学术自由权和大学的自治权，后面将予以讨论，但是这类限制的存在，必然要求大学不能只是追求构建一个学者独立王国，而同时需要肩负一定的社会责任。联邦德国宪法法院在"关于'大学组织'之判决"中明确写道："国家对其大学学术经营的组织，应对于每个学者研究与教学行为之自由以任一可达到的尺度实现之。但这并非意味着，国家得以忽视那些大学亦应满足之其他得以保护之利益与需求。大学已无法分离而单独处理；因为训练也应是一个学术的训练。此外，教育与训练功能在现今的大众大学中，不再设定在'纯粹学术'的标准上，今天的大学优先考虑尽可能教育大量的专业人才，以符合逐渐学术化职业实务之要求。因此，大学不仅是为学术原有规定所执行之个别研究与教育过程提供场所，而且也是一个公共被控制之教育与研究政策的对象与手段。大学中学术组织之形成应顾及这些不同方式的功能"。④ 对此，美国密歇根大学前任校长詹姆斯·杜德斯达也指出："由于公立大学的服务授权，它们比起私立

① 林来梵. 从宪法规范到规范宪法：规范宪法学的一种前言 [M]. 法律出版社，2001：100. 在日本学说中，也有将此外在制约，即"公共福祉"认为是内在制约的一种表现而已，故归为"一元的内在制约说"。详见 [日] 芦部信喜. 宪法：第三版 [M]. 林来梵，等译. 北京：北京大学出版社，2006：87.

② 例如，德国基本法第5条第3项规定："艺术、学术、研究与教学均属自由，讲学自由不得免除对宪法的忠诚。"其中关于讲学自由，定下了宪法的最后底线，成为学术自由在宪法上的界限，这充分体现了西德基本法的"战斗的民主主义"。详见周志宏. 学术自由与大学法 [M]. 台北：蔚理法律出版社，1989：19.

③ 谢海定. 学术自由—侵权与救济 [J]. 现代法学，2005 (6)：35 – 45.

④ 蔡震荣. 关于"大学组织"之判决 [G] //德国联邦宪法法院裁判选辑（四）. 司法周刊杂志社，1993：100.

大学有着更广泛的任务，要服务于更多的选民。"但是，"虽然社会对公立大学要求的很多项目是有益的和合适的，但决不能让这些项目使大学远离学习这一基本任务。换句话说，不能让这些边缘的作用和任务降低教学、学习和研究这些核心任务的地位"。① 所以这种限制必须接受宪法保留原则和法律保留原则的制约。② 这也是联邦宪法法院在"关于'大学组织'判决"中所说的，"若国家在其形成自由权的范围内对学术行政组织之形成，拟顾及到大学成员个别群族之不同利益及功能时，则其应顾及到依基本法第 5 条第 3 项并联结基本法第 3 条第 1 项大学教师之较高地位"。即意味着对于法律保留之保留，或曰限制之限制。

（2）适用于国家之法律保留

根据学术自由权的基本权利属性，其具有客观的价值。作为一种价值秩序，国家有义务提供一种制度性的保障，而且对于该制度的设置不能够剥夺该项基本权利的核心价值。也就是说，立法者对于大学制度享有一定程度的形成空间，可以用法律来建构大学制度的基本框架，但是，立法者对于大学自治权的核心价值不能进行创设，而是遵从和保护。否则，如果制定了与宪法保护该项基本权利之意旨相左的法律，将可能把该制度的核心价值掏空而令其徒有其表，不能够起到保护基本权利客观价值之实现的目的。故此，基于大学自治的核心价值即学术自由权而产生的大学自治权，如果是基于学术自由权的本质原因而产生的权利，则不应该予以限制和剥夺。③

但是，源于基本权利的内在限制和外在限制，国家立法者亦可以对其予以一定范围内的限制。对此，林来梵教授曾指出，"由于大学自治是以一种制度的存在而得到保障的，为此在不完全否认或取消这种制度或对这种制度的本质内容进行制约的前提下，并不妨碍国家权力在合宪的范围之内对大学自治的具体内容进行合理的界定"。④ 而作为国家权力机关之一的行政机关，基于相同理由

---

① ［美］詹姆斯·杜德斯达，弗瑞斯·沃马克. 美国公立大学的未来［M］. 刘济良，译. 北京：北京大学出版社，2006：17 - 20.

② 蔡震荣. 关于"大学组织"之判决［G］//德国联邦宪法法院裁判选辑（四）. 司法周刊杂志社，1993：100.

③ 在美国，大学具有宪法上的地位，被称为政府的"第四部门"。如在 *Drake v. Regents of the University of Michigan* 以及 *Sterling v University of Michigan Regents* 案中，法院认为，立法机关没有权力对学术政策发号施令。这两个案例也同时表明，大学董事会的权力，和立法机关一样是源自于宪法，是（与立法、行政、司法）地位相等的第四政府部门。而州教育委员会对宪法上自治的大学并不享有实质性的管辖权。

④ 林来梵. 从宪法规范到规范宪法：规范宪法学的一种前言［M］. 北京：法律出版社，2001：100 - 103.

也可以实施对于大学的限制和监督，只是这种监督必须基于法律或者行政规章作出。大学自治乃是基于学术自由权的功能而产生的一项制度，故而这种制度的实现必须基于学术自由权的实现而设计。对于不属于学术自由的事务以及不利于学术自由权实现的权力，则应该被施以法律保留。

如，美国政府立法者常常以附条件拨款的方式来限制大学，以其接受自己的某些教育政策为交换条件而提供拨款。对于这种情形，美国存在几种态度：第一，极端地反对，认为立法者无权制定法律来对大学的学术政策和行政管理指手划脚；第二，极端地附和，认为只要是立法者认为适当的附带条件，便具有不容置疑的权力附带条件；第三，在利益的权衡中寻找平衡，认为有权力限定，但是这种立法性的附带条件应该受到一定的制约，但是如何制约却并不存在一个实定法意义上的黄金分割点，必须在实际中考虑各种条件予以平衡。由于公立大学对联邦拨款和州拨款的依赖性，所以常常在这种制约中游离，或者妥协接受或者断然否拒。这类限制是否合法合理，是否会侵害到大学自治权，其判断便常常落在了法院的头上。通过法院判决的发展，一般而言，这些拨款限制主要有：适用规定的会计方法，提供合于目标的报告，完成维持大学所有部门的目的，以逐条限制方式分配资金以及限制用于特定的目的等。而对于限制学院某一学系支出的总额、约定某一大学计划必须设立于某一地区或者指定给予特定机构而不允许大学董事会予以分配等，都被认为是无效的。①

3. 代表性国家及地区的大学自治权内容

大学自治权乃基于宪法位阶的学术自由权而产生，其本质上属于学术自主权，范围的界定必须根据学术自由权的客观价值之维护为圭臬。因此，原则上只要是大学为达致研究与教学之功能所必要的合理事项，都属于大学自治的范围。但是，诚如上述所言，大学不属于一个"治外法权"的空间，基于学术自由的"内在限制"和"外在限制"，大学行使自主权的空间应受法律之限制、国家之监督，只是基于大学自主权的核心价值保护，这种限制和监督必须接受宪法保留和法律保留双重限制。下面列举几个代表性国家和地区大学的自治权内容：

其一，我国大陆：①根据社会需求、办学条件和国家核定的办学规模，制定招生方案，自主调节系科招生比例；②依法自主设置和调整学科、专业；③根据教学需要，自主制定教学计划、选编教材、组织实施教学活动；④根据自身条件，自主开展科学研究、技术开发和社会服务；⑤按照国家有关规定，自主开展与境外高等学校之间的科学技术文化交流与合作；⑥根据实际需要和精

① 周志宏. 学术自由与大学法［M］. 台北：蔚理法律出版社，1989：116-117.

简、效能原则，自主确定教学、科学研究、行政职能部门等内部组织机构的设置和人员配备；⑦按照国家有关规定，评聘教师和其它专业技术人员的职务，调整津贴及工资分配；⑧对举办者提供的财产、国家财政性资助、受捐赠财产依法自主管理和使用。①

其二，德国：①全体教师的构成、学术与非学术工作人员的聘任；②学期学习计划的制定、考试的举行；③教授资格的授予及剥夺、博士学位授予权、教师的补选权；④学习形态以及对学生的惩戒权。②

其三，日本：①大学教授及其研究人员人事上之自治；②大学之设施与学生管理上维持秩序之自主权能。③

其四，法国：教育、科研、管理和财政四个方面。④

其五，美国：①指定资金试用于特殊目的；②支出费用只受审计监督；③决定大学雇员分配、工作负担、薪资和升迁；④选择教师、行政人员及学生；⑤建立有关等级、学位授予、开设课程及发展计划上的学术政策；⑥研修有关学术自由，成长比例以及研究和服务活动的行政之政策等。⑤

上述所列大学自治权的内容，主要是根据部分代表性学者之观点或者研究报告归纳总结而来，所以可能还有不周全之处，同时上述各个国家和地区在大学自主的内容界定上也具有很多的不同。但是不管各国的政治、经济、法律、社会条件以及对大学之信赖度如何不同，大学作为学术发展圣殿，作为提升文化知识、传授科学真理的地方都是不容否认的。

通过上述列举可以看出，虽然不同国家在大学自治权范围界定上均不同，但是为实现大学之基本功能，除我国外，都承认大学在人事，特别是教师人员录用、考评、晋升及给予薪资待遇方面，几乎享有不受到限制的自治。对于其他方面的自治权，可能会由于国家政策，国家对大学之价值取向等有所不同。

4. 我国大学自治权之检视

（1）我国大学自治权的发展及其困境

我国缺少欧洲古典意义上的大学自治观念，故而不可能根据自身的力量孕育出近现代意义上的大学，只有通过积极主动地引介或者通过消极被动地接受。

① 《中华人民共和国高等教育法》第 33 - 38 条、第 41 条、第 42 条的规定。

② 周志宏. 学术自由与大学法 [M]. 台北：蔚理法律出版社，1989：58.

③ ［日］芦部信喜. 宪法：第三版 [M]. 林来梵，等译. 北京：北京大学出版社，2006：149 - 150.

④ 王敬波. 高等学校与学生的行政法律关系研究 [D]. 北京：中国政法大学，2005：20.

⑤ 周志宏. 学术自由与大学法 [M]. 台北：蔚理法律出版社，1989：121.

清政府的"闭关锁国"政策封闭了了自己，却未能阻止外人的侵入。大学制度正是在国家面临巨大危机时，被强制地接受以达致富国强兵之目的。这种工具主义的思维使我国的大学长期难以摆脱政府的影响而成为一个自治的实体。①

新中国成立初期，国民党统治时期的大学经过接管改造和以高等学校院系调整为中心的教育改革，承担起培育建国人才甚至推行意识形态的任务，培养了"战斗在各条战线上的广大有文化的劳动者和各方面工作的骨干力量"。② 为了保证大学有效地完成任务，政府部门不仅在行政上对大学进行管理，且直接介入大学的学术性事务，每所大学的上面都有行政的"婆婆"。其间虽然也讨论过有关权力下放问题，如1958 年 4 月 4 日，中共中央发布了《关于高校和中等技术学校下放问题的意见》，教育部根据这一意见精神，会同有关部门将原来属于中央直接领导的 229 所高校中的 187 所下放到地方领导，下放幅度达到81.66%。但是这仅仅是上下级政府之间对大学之管理权限的调整和分配，从另一方面恰恰表征了大学自治权的严重缺失。

在1985 年 5 月 27 日，中共中央颁发了《关于教育体制改革的决定》，在对当时教育存在的主要问题进行分析总结中，第一条即是："在教育事业管理权限的划分上，政府有关部门对学校主要是对高等学校统得过死，使学校缺乏应有的活力；而政府应该加以管理的事情，又没有很好地管起来。"明确提出要"从根本上改变这种状况"，指出"当前高等教育体制改革的关键，就是改变政府对

---

① 何兵，赵鹏. 从专业课程设置分析大学自治与政府管制 [J]. 行政法学研究，2005 (2)：24 – 31. 其实这种情形在许多国家都有所体现，包括柏林大学，其创办也是基于"国家在物力上的损失必须在精神上得到补救"。1887 年的日本东京大学建立时，曾颁布的《帝国大学令》第 1 条就指出："帝国大学以根据国家需要教授学术技艺、探究深奥学问为目的。"美国的大学起初在于宗教目的，后来为了工商业发展，最后才确定了其自治地位，而苏联时期的大学更是目的和功能专一，等等。这些都表现了强烈的政治目的或者经济目的。而只有国家政治、经济、社会生活发展到一定阶段，通过大学的教授及社会各界有识之士的争取和推动，大学自治权才得以被尊重和不断完善。这种发展的历程在我国亦活生生地得以演绎。教授治校的制度，也曾经在我国有过。蔡元培校长领导下的北京大学，以及随后的西南联大等，都曾提倡过"学术独立""反对党化教育""教育独立""学术与政治分治"等主张。尽管很多学者极力地提倡，但是在国民党统治时期，政府常常采用直接命令的方式来干预大学的事务，从办学经费，学生招录，课程安排，学生考试，到老师的招聘、考核，等等，都由政府予以统一规划管理，当时大学享有的自治权非常有限。

② 从某种意义上而言，这是无可厚非的。诚如洪堡所言，大学对于国家应承担责任，但是这种责任的实现不能急功近利，而需要长期等候。试想，面对我国当时"一穷两白，百业待兴"的窘境，如何有资本去等待？但是，这毕竟是一种权宜之计，所以待到经济有所发展之后，必当进行"长远投资"，充分保障学术自由权，方可收获更多。

高等学校统得过多的管理体制。在国家统一的教育方针和计划的指导下，扩大高等学校的办学自治权"，使得"高等学校的潜力和活力得到充分的发挥"。《决定》中关于扩大高等学校办学自治权的主要方面，是要"改革大学招生的计划制度和毕业生分配制度"，具体来说，是指"在执行国家的政策、法令、计划的前提下，高等学校有权在计划外接受委托培养学生和招收自费生；有权调整专业的服务方向，制订教学计划和教学大纲，编写和选用教材；有权接受委托或与外单位合作，进行科学研究和技术开发，建立教学、科研、生产联合体；有权提名任免副校长和任免其他各级干部；有权具体安排国家拨发的基建投资和经费；有权利用自筹资金，开展国际的教育和学术交流，等等。对不同的高等学校，国家还可以根据情况，赋予其他的权力"。①

1993 年 2 月 13 日，中共中央、国务院在《中国教育改革和发展纲要》中又指出，要"深化高等教育体制改革。进行高等教育体制改革，主要是解决政府与高等学校、中央与地方、国家教委与中央各业务部门之间的关系，逐步建立政府宏观管理、学校面向社会自主办学的体制"。其中，在政府与高等学校关系方面，"要按照政事分开的原则，通过立法，明确高等学校的权利和义务，使高等学校真正成为面向社会自主办学的法人实体。要在招生、专业调整、机构设置、干部任免、经费使用、职称评定、工资分配和国际合作交流等方面，分别不同情况，进一步扩大高等学校的办学自主权"。高等学校要"善于行使自己的权力，承担应负的责任，建立起主动适应经济建设和社会发展需要的自我发展、自我约束的运行机制"。而政府要"转变职能，由对学校的直接行政管理，转变为运用立法、拨款、规划、信息服务、政策指导和必要的行政手段，进行宏观管理"。

1995 年《教育法》通过列举方式名列了学校的权利。1998 年《高等教育法》确认了高校的自主地位，并对高校的自主事项做出了法律上的规定。

历经了多年的发展，我国在大学自治权方面，如果仅从纵向分析，无疑取得了突飞猛进的发展。但是，距离真正意义的大学自治，可谓"路漫漫"矣。2003 年北京师范大学"中国教育发展报告"课题组对当前我国的教育改革方面的进展状况进行了一次全国范围内的专家调查，结果令人忧心。在反映大学自治权的重要方面，比如招生、专业设置、机构设置及干部任免、经费使用和职称评定等方面，否定性意见高达百分之五十以上。同时，令我国政府头痛的是，在实施大学放权中，常常上演着一种怪象，即"一放就乱、一收就死"，经常陷

---

① 尽管在实际实施过程中高等学校所获得的自治权远未达到《决定》中所给予的自由度，但是，我们仍然可以说，《决定》给予了高等学校新中国成立以来从未有过的自治权。

于"放权""收权"的怪圈之中。①

（2）我国大学自治权的法律性质

扩大大学办学自治权，在我国较长一段时期里并不是关于扩大和保护学术自由的概念范畴。② "高校自主权是政府逐渐下放部分对高校的支配权而形成的，它是一个政府主动让予权力的权力转移过程"。③ 国家和教育部仅仅将大学自治权当作国家行政权的"延伸"，④ 而否认其是大学自身基于学术自由权所产生的"自生权力"。既然是一种授权，则授权的大小，授权的目的以及授权后的行使等，都仍将遵循行政权的规律。这种模式，被解读为除了法律规定的那些属于高等学校的权力外，其他剩余的所有权力都属于政府。⑤ 所以，教育部可以视情况而定，单方地决定权力授予的大小，而没有法律上的义务。而且，权力虽然被授予了大学，但是大学组织严重"官僚化"，运作方式与国家行政并无太大大区分。孟德斯鸠曾指出："一切有权力的人都容易滥用权力，这是万古不变的一条经验。有权力的人们使用权力一直到遇有界限的地方才休止……从事物的性质来说，要防止滥用权力，就必须以权力约束权力。"⑥ 权力下放后下级教育行政主管部门或者大学行政人员行使，但由于我国法律法规及治理能力跟不上，特别是大学规章制度有待完善，反而使权力的运行更加成了"无缰的野马，

---

① 周光礼. 法律制度与高等教育 [M]. 武汉：华中科技大学出版社，2005：148 – 178.

② 熊庆年. 对落实高等学校办学自主权的再认识 [J]. 复旦教育论坛，2004（1）：65 – 68.

③ 劳凯声. 中国教育法律评论：第1辑 [M]. 北京：教育科学出版社，2002：66.

④ 关于大学自治权的"行政授权属性"，也得到了最高人民法院的肯定。如在《最高人民法院公报》所公布的《田永诉北京科技大学拒绝颁发毕业证书、学位证书》一案的判决书中，就指出，"在我国目前的情况下，某些事业单位、社会团体虽然不具有行政机关的资格，但是法律赋予它行使一定的行政管理职权。这些单位、团体与管理相对人之间不存在平等民事关系，而是特殊的行政法律关系。他们之间因管理行为发生争议，不是民事诉讼而是行政诉讼"。详见最高人民法院. 田永诉北京科技大学拒绝颁发毕业证、学位证行政诉讼案 [J]. 中华人民共和国最高人民法院公报，1999（4）：141.

⑤ 申素平. 高等学校法人与高等学校自主权 [J]. 中国高教研究，2005（5）：7 – 9.

⑥ [法]孟德斯鸠. 论法的精神：上册 [M]. 张雁深，译. 北京：商务印书馆，1997：154.

信由驰骋"。这样一来，导致"一放则乱便不足为怪了"①。但是这种"乱"，根源是"放"的理念和方式出了问题，而不是该不该放的问题。

我国应该转变观念，意识到大学自治权之法律性质的特殊性，大学自治权不是一种行政权，更不是政府授予的、可以随时收回的行政权。国家具有维护和促进实现学术自由权的客观价值、履行自己的"文化国"之义务，但是国家的这种义务主要体现在创设一种自治的大学制度，借助这一制度的设置，完成自身的国家任务。国家给付体现的是一种制度给付义务，而不是控制。而受国家之委托接受发展教育之公任务的大学，应该按照学术自由权的特性，建构一个学者的自由空间，以此实现学术的繁荣，教育的昌盛。

---

① 这里也向我们警示了一点：即任何权力（包括权利）的行使都必须在一定的制度和法律环境下进行，否则会产生各种侵害或者被侵害的局面。我国大学的自治权，同样面临着这个问题，由于我国大学自身的制度建设并不健全，而具体行使大学自治权的组织和个人，同样可能产生腐败和混乱，致使大学自治权沦为"权力游戏"。如，我国近来许多学术腐败、招生黑幕便是明证，但是这并不能够否定大学对于自治权的享有。国家的监督力度和大学自治权的范围之间存在一种博弈和张力，需要达致一种动态的平衡，国家可以通过加强监督的力度，对大学自治权予以规范，而不能够因噎废食，剥夺大学自治权。

三、大学自主的界限[①]

（一）大学自主界限的理论构建

从世界视野出发，当代大学已失却中世纪时期的广泛自治权。民主、法治观念的日益普及冲击着原本平静的大学自主秩序。在法治国的要求下，曾经支撑着大学取得辉煌功绩，且一度被认为确定无疑的大学自主规范、纪律，其正当性却日渐被质疑。那么，在当今宪政体制之下，大学自主应该如何作为，才能既回应民主、法治的需求，又不至于违背学术规律的本质要求，则有待于大学自主界限之合理确定。大学自主界限的厘清当然需要在微观层面，结合大量事实细节才能得出更精确的答案。但是，如果是从理论上作一个宏观的、概括的界定的话，那么最重要的就是确定大学之使命。只有清楚大学为了什么而存在并运行着，才能合理地划定其运行的边界。其中大学独特的根本使命，又构成其之所以会得到外部势力尊重的根本原因。有鉴于此，本部分通过提炼大学的根本使命，来厘清其自治的边界。由于大学天然具有世界性格，学术规律的共通性使得这样的提炼、界定具有普适意义，尤其是对于中国——由于缺乏悠久的大学自主传统与培育自治的环境，而未能建立起成熟的现代大学制度，这样的界定更加具有启发意义，能对中国高等教育事业的建设作出回应。

1. 厘清中国大学自主界限之必要性

正如本文在引言部分所提到的，厘清中国大学自主之界限具有重大的现实意义。换一个角度来说，正因为有着显著的现实意义即功利价值，而有必要对大学自主界限作出清晰的厘定。

首先，大学自主界限之厘清有助于更精确地解决中国目前正蓬勃兴起的高等教育纠纷。大学身份具有多元性与复杂性，需要在具体法律关系中分析、把

[①] 本章作者管瑜珍系浙江大学光华法学院法学博士，浙江警察学院副教授。刘晶晶博士撰写了第三节。

握。构成我国大学之主体的公立大学不仅仅是在法律法规授权下，行使公权力的行政主体，而且也应是在学术规律约束下，有其自身运行逻辑的自治体。大学所为行为究竟属于行政领域，而需要运用行政法予以审查，还是属于社会自治领域，司法应予以尊重，则有待于大学自主界限之厘清。然而，有些大学行为应属于行政行为还是自治行为并不是那么容易就分得清。一些大学行政行为因其受到学术规律的间接影响，或者为了大学自主行为更有效展开，也应被赋予一定的自治空间。对于这些大学行为，应在何种程度上享有司法遵从，换言之，应遵循何种限度对其进行司法审查也必须以大学自主界限的精确界定为前提。

其次，大学自主界限之厘清有助于更准确地解读中国目前纷繁复杂的高等教育立法。我国行政权膨胀的事实反映在高等教育领域就是教育行政主管部门通过制定各种规范性文件对大学施展全方位的指导、监督。随着法治观念在社会各层面的推开，教育行政主管部门对高等教育领域的监管逐渐走上了法治的道路。其中，标志性立法有1995年的《教育法》与1998年的《高等教育法》。然而，在这些法律法规以及教育行政主管部门根据法律法规授权所制定的部门规章中，教育行政主管部门依旧一权独大。对于这些立法，应当如何看待？过于宽泛的教育行政权是否侵入了本该属于大学自主的领地？需要指出的是，基于学术规律的客观要求，大学应被赋予自主决定权之共识的逐渐达成，以上两部法律中分别规定了大学自主权。那么，这里的大学自主权是否就是对大学自主地位的确认？大学所享有的自治范围是否应限于这两部法律的列举呢？以上种种疑惑的解答都不得不依赖于大学自主地位的确立与自治界限的清晰厘定。

再次，我国高等教育管理体制改革的推进也有待于大学自主界限之厘清。政府对高等教育管束太多，以至于阻碍了高等教育的发展，这已经受到越来越广泛的关注。1985年5月，中共中央、国务院在北京召开全国教育工作会议，讨论并颁布《中共中央关于教育体制改革的决定》。① 1992年8月，原国家教委印发《关于国家教委直属高等学校内部管理体制改革的若干意见》，首次明确"国家教委直属高校是国家教委直接管理的教育实体，具有法人地位"。1995年，《教育法》的颁布，使得公立高等学校管理体制改革的变化有了正式的法律

---

① 《决定》指出："当前高等教育体制改革的关键就是改变政府对高等学校统得过多的管理体制，在国家统一的教育方针和计划的指导下，扩大高等学校的办学自主权，加强对高等学校同生产、科研和社会其他方面的联系，使高等学校具有主动适应经济和社会发展需要的积极性和能力。"湛中乐. 大学法治与权益保护［M］. 北京：中国法制出版社，2011：74.

依据，正式确立了高等学校的法人地位，使得高等学校具备自主办学的实体地位。而这一规定在 1998 年的《高等教育法》中再次得以确认。在 2010 年颁布的《国家中长期教育改革和发展规划纲要（2010—2020 年)》中，进一步提出要完善中国特色现代大学制度。虽然在此国家政策中，我们依旧看不到大学自主的字眼，但大学自主的基本元素已经得到强调。比如，在《纲要》的第 40 条第 1 款提出："充分发挥学术委员会在学科建设、学术评价、学术发展中的重要作用。探索教授治学的有效途径，充分发挥教授在教学、学术研究和学校管理中的作用。"这里讲的教授或学术委员会对大学学术事务的主导决定权正是大学自主的核心。紧接着的第 40 条第 2 款，更加明确指出："尊重学术自由，营造宽松的学术环境。"所谓"宽松的学术环境"可被解读为"大学自主的环境"，而"尊重学术自由"正是之所以要实施大学自主的核心理由。《纲要》的规定，为确立我国大学自主的地位提供了政策可能性。而这一政策的具体落实，大学自主制度在中国的确实建立，从而推进我国高等教育管理体制的革新，显然还需要从理论上做好更扎实的准备，其中之一就是厘清大学自主之界限。

此外，厘清大学自主之界限，也是克服大学自主这一制度自身局限性，并更好地保障大学教师、学生等相关人权益的需要。大学自主制度在保障大学持久活力、实现大学根本使命的同时，却也可能成为实现"学术自由"的阻碍。对于大学自主制度的不足，德国著名学者雅斯贝尔斯曾经做过深入的思考、分析。他认为，"在大学里面，即便是最好的制度都有可能退化或者被扭曲"。[1]比如，大学拥有选拔自己新成员的自由，而这个自由也应该会倾向于做出最好的选择。但在实践中，这套人才选拔的制度往往会倾向于选择第二流的人物。害怕遇到竞争的念头，甚至会在动机最为诚实的人身上激发起某种恶性的力量。[2]"大学制度很容易被权欲熏心的学者所利用，成为他们手中的工具，这些人会或多或少不留情面地利用自己的名望、关系和朋友来提携某些人"。[3]因为大学自主制度存在此不足，所以不应该完全放任其自决，而需要受到一定的来自国家或社会的限制。我国大学自主实践虽然并未充分展开，但同样的问题却也存在。不少大学学者确实认识到"学术自由"对发展中国高度教育的重要性，而积极向西方国家借鉴建立学术同行评审等大学自主制度，但却忽略了学者在

---

[1] 卡尔·雅斯贝尔斯. 大学之理念. 邱立波，译. 上海：上海世纪出版集团，2007：109.

[2] 卡尔·雅斯贝尔斯. 大学之理念. 邱立波，译. 上海：上海世纪出版集团，2007：109 – 110.

[3] 卡尔·雅斯贝尔斯. 大学之理念. 邱立波，译. 上海：上海世纪出版集团，2007：112.

享受自由追求真理、开展教育同时，也肩负着"学术责任"。① 正是在这样的背景下，一些弱势的大学教师与掌握着学术强权的资深教授所组成的大学管理层之间难免会出现矛盾。比如 2003 年，华中科技大学教师王晓华不服学校的职称评审而提起诉讼，就将这一矛盾上升到司法解决的层面。在此意义上，大学自主界限之厘清有助于规范大学自主行为，并保护大学内相关人权益。

2. 中国大学自主界限的宪法规范基础

综上所述，基于我国的现实要求，有必要厘清大学自主之界限。这也是推进我国大学建设以实现强国之梦的前提。然而，这一强烈的现实需求一直未获得规范上的回应。大学自主之界限涉及大学与国家之间的关系，理应由宪法性法律来规范。但是，由于缺失相关明确宪法条文，中国大学自主之内涵与界限一直处于不确定的状态。那么，我们能否运用规范分析的方法，从现有的宪法条文中来推断出大学自主之内涵与界限呢？

我国现行《宪法》中与大学自主最具关联性的条款是第 47 条。该条规定："中华人民共和国公民有进行科学研究、文学艺术创作和其他文化活动的自由。国家对于从事教育、科学、技术、文学、艺术和其他文化事业的公民的有益于人民的创造性工作，给以鼓励和帮助。"第 47 条规定的我国公民从事科学研究的自由、文艺创作的自由、其他文化活动的自由以及从事教育的自由，而作为我国公民之一的大学教授当然也享有从事科学研究、教育的自由。这一从事科学研究、教育的自由，可对应于外国宪法中的"学术自由"。比如，德国《基本法》第 5 条第 3 款规定："艺术与科学、研究与讲学均属自由，讲学自由不得免除对宪法之忠诚。"② 德国学界结合立法史，③ 将这一条解释为"学术自由"条款。我国《宪法》第 47 条的规定，从内容上来看，非常接近于德国《基本法》对学术自由的这条规定。而"学术自由"正是在当今的法治国家中，大学自主之所以得到尊重的核心理由。那么，我们又能否从《宪法》第 47 条中推出"大学自主"的规范内涵呢？

从德国经验来看，大学自主一直未获得宪法的明文规定。自《魏玛宪法》以来，学说上的通说一直是将"大学自主"作为学术自由的一种"制度性保

---

① 在我国，一些学者，比如孙笑侠教授，早已注意到"学术自由"与"学术责任"两者关系。孙笑侠. 学术自由与学术责任［J］. 法治与社会发展，2005（1）.

② 林来梵教授也认为我国宪法第 47 条相当于或包含了外国宪法中的"学术自由"。参见林来梵. 从宪法规范到规范宪法：规范宪法学的一种前言. 北京：法律出版社，2001：158 – 159.

③ 比如《魏玛宪法》第 142 条规定，"艺术、学术及其教学是自由的，国家应予保护并奖励之"。

障"。这一制度性保障的地位经由 1973 年德国联邦宪法法院对纳德 - 萨克森（Nieder - Sachsen）邦临时大学法违宪判决中获得了肯定："国家必须透过人事上、财政上与组织上之措施，来促进并资助对自由的学术之照顾以及其之传与后代。亦即对于自由之学术活动提供使其发挥功能之制度"。① 我国的情况是否有共通之处，而也可将"大学自主"视为对第 47 条"学术自由"的制度性保障呢？从理论上来看，我国大学教师学术自由的保障即"自由研究与教育"的实施，同样需要国家在人事、财政、组织上提供一个自由的环境。大学自主与学术自由有着天然密不可分的关系，这一规律在我国也同样适用，学术自由需要"大学自主"这一制度性保障。从事实上来看，"我国的大学也拥有一定的自治传统"，② 而且，当前的国情需要我国建立大学自主制度并厘清其界限，这也使得大学自主成为我国宪法所期待的一种制度。在"制度性保障"这一理论框架下，可尝试对我国的大学自主制度之界限作出进一步厘清。根据德国宪法理论，所谓"制度性保障"是保障为法所承认之制度。对此制度，不能以单纯法律加以去除，若加以限制，则不能侵害其核心。也就是说，宪法保障的是这些制度的"本质内容"，对制度的核心部分，国家不得通过立法予以侵害，但可对其周边部分进行界定和变更。那么，大学自主制度的"核心部分"或"本质内容"如何确定，对其周边部分又可作出怎样的界定和变更呢？德国的学界一直没有给出统一而明确的答案。实际的做法是"除了依各邦大学法所规定者外，仍须视个别情形及事务性质而定"。③

可见，虽然通过借鉴德国等域外经验并结合我国国情，可期待我国宪法上的"大学自主"制度，但对这一制度界限之厘清，却并没有确定的、详尽的经验可以借鉴。因此，本文尝试从理论到制度设计上来厘清大学自主之界限。其中，对大学自主界限之理论构建应该着眼于世界，以达成共识的现代大学制度为依托，因此而提炼的规范应该是普适的。当然，理论上的构建只是从宏观上粗略地划定大学自主界限的大体框架，具体规范必须落实于相关制度设计当中。各国因历史传统以及政治、经济、社会等国情存在差异，大学自主之界限在与具体制度相结合时，必然产生相异之规范。因此，从具体制度设计上来厘清我

---

① 周志宏. 学术自由之过去、现在与未来［M］//李鸿禧. 台湾宪法之纵剖横切. 台北：元照出版社，2002：228.

② 林来梵. 从宪法规范到规范宪法：规范宪法学的一种前言. 北京：法律出版社，2001：160.

③ 周志宏. 学术自由之过去、现在与未来［M］//李鸿禧. 台湾宪法之纵剖横切. 台北：元照出版社，2002：230.

国大学自主界限时，则应以我国现行的法律制度为依托。当然，考虑到我国大学自主实践并未充分展开，难以为制度分析提供足够丰富的素材，本文坚持以比较研究为主要方法，以中国问题为导向，在具体的制度情境下，提炼大学自主界限之应然规范，并结合中国实践来为厘清中国大学自主界限指明方向。接下来，本文遵循以上思路，从理论到制度设计上来厘清大学自主之界限。

3. 厘清大学自主界限之根本标准

在从理论到制度设计上来厘清大学自主之界限之前，需要解决的一个前提问题就是，厘清大学自主界限所应遵循的根本标准，即大学享有排除国家等外部势力干预的自治地位的核心理由。大学之所以享有自治地位，一方面有其历史逻辑，是自中世纪大学诞生之日起的社会自治理念的延续。另一方面，更为重要的是，在当今的民主法治社会下，大学自主地位的确认与坚持，出于对"学术自由"这一受宪法保障价值的尊重而获得其正当性。

（1）根本标准：学术自由

在历史传统与现实需求的双重作用下，当代大学一般都承载着三大价值：研究价值、人文（教育）价值、民主价值。其中，研究价值是指大学作为学者共同体所享有的"探求真理、获取新知"的价值。人文（教育）价值则指大学所承载的保留并传承知识秩序的价值，强调大学生必须在统一的知识体系中获得一致的教育，并形成独立、自由的思考能力。民主价值则将大学教育视为工具，强调其为社会提供利益。① 大学的三大价值相互影响、相互牵制，紧张而持续地并存于大学之中。研究价值与人文（教育）价值皆主张以专业学术竞争力来衡量大学教师、学生的能力，并坚持固有学术规律对大学行为的约束，因而又可并称为"学术自由"。"学术自由"以是否遵循固有学术规律为本质要求来评价大学行为，并以此作为根本理由支持大学自主。与之相反，民主价值则强调以特定的标准，比如是否忠诚于民主观念或者是否有利于社会经济发展的需要等，来衡量、评价大学行为，并最终决定该大学行为能否得到国家等外部势力的尊重。本文主张，大学自主的核心理由应为"学术自由"，厘清大学自主之界限，或者说，判断某大学行为位于自治范围而能得到国家等外部势力尊重的根本标准在于，该行为遵循了客观学术规律，具备"学术自由"。以下分别从法规范、法理层面予以论证。

当然，也有一些学者对宪法保障大学自主之理由作出不同解释，认为大学

---

① 对当代大学三大价值的提炼参考了美国学者 Byrne 的研究，See J. Peter Byrne, "Academic Freedom: A Special Concern of the First Amendment", 99 *YALE L. J.* 251 (1989).

自主不但在于保障其学术自由，也应扩及包含"基本民主价值"。比如美国著名教授霍维茨（Horwitz）认为，对大学自主的宪法保护可以被认为并不首要地保护学术与教育，而是保护大学作为"民主社会的小模型或入口"。① 这一主张并非空穴来风，而与美国大学悄悄发生的变化有关。

从 19 世纪开始，美国大学以前所未有的热情参与到服务社会的浪潮中。而之所以会出现这种情况，跟联邦政府的引导、投入有关，是政府借大学来推行其民主价值。这一发展过程又分为两个阶段。第一，是赠地运动。亚伯拉罕·林肯（AbrahamLincoln）于 1862 年签署了莫里尔法案。该法案规定，联邦政府依照每州参加国会的议员人数每人拨给三万英亩土地，并将这些赠地所得的收益在每州至少资助开办一所农工学院，主要讲授有关农业和机械技艺方面的知识。赠地运动是回应美国当时迅速发展的工业、农业发展的需求而出现的。为此而专门建立的大学目标不在培育绅士，而在于培育专业人才；通过与农业和制造业有关的技术发展相关的研究，而服务于社会上的需求。这样，大学校园成为美国人去得最多的地方之一，原先的象牙塔开始向社会中一切合格的青年人开放。② 第二个阶段始于第二次世界大战期间联邦政府对科学研究的资助，比如政府拨款建立的麻省理工学院的林肯实验室、芝加哥大学的阿尔贡实验室等。这些一流大学被联邦政府征募到国防和科技发展方面。此后，联邦政府一直以资助为形式（比如 1960 年给高等教育拨款 15 亿美元），影响着大学研究的形式与性质，大学研究被引导至三大主要领域：国防、科学与技术发展、卫生保健。③ 这样，教授也被引导得更关心华盛顿、政府基金的态度，而不是所在大学同行的评价。

美国大学的这一变化，使其不再是纯粹的学术事业的追求者，其所作的行为不仅致力于实现"学术自由"，也为了实现"民主价值"。那么，这些旨在实现"民主价值"的行为，是否也应该属于"大学自主"的核心地带而受到宪法的保障呢？对此，伯恩（Byrne）教授曾做了深入的分析。他认为，大学最重要的职能在于研究与教育（人文），此外也承担旨在实现特定意识形态导向目的之职能。这一职能被称为"民主职能"，其与大学的主要职能处于紧张关系之中。大学自主应当只覆盖大学的主要职能——研究与教育，而不包括大学的民主职

---

① Paul Horwitz, "*Grutter's First Amendment*", 46 *B. C. LREV.* 461（2005）.

② 克拉克·克尔. 大学之用［M］. 高戈等，译. 北京：北京大学出版社，2008：27.

③ 克拉克·克尔. 大学之用［M］. 高戈等，译. 北京：北京大学出版社，2008：28 - 31.

能，后者不受宪法保障而隶属于民主选举的官员的规制。① 的确，民主价值的推广事实上会阻碍知识的探求。因为，民主价值的推广意味着灌输特定的思想，而一旦推广某种思想被确认为大学的核心职能，那些被认为与此思想存在内在或暗含的冲突的学术工作可能就会被压制。而这显然将阻碍"真理的探求、新知的获取"这一更根本的大学使命的实现。而针对霍维茨教授等人的观点，伯恩教授作出了激烈的反驳。他认为，如果大学自主远离学术与教育的智识价值，那么其作为一项宪法权利将毫无意义。② 的确，如果宪法保障大学自主是为了或者说也应该包括保障大学所追求的民主价值，那么，就可能造成逻辑上的混乱。从宪法理论出发，受宪法保障的权利或价值享有高于国家法律的地位。即使是在德国，将大学自主视为一项受宪法保障的制度，立法规制也不能危及该制度的核心。而大学的民主价值往往与国家意识形态主张的推广密切相关，隶属于国家的立法规制。若将其作为宪法所保障的"大学学术自治"价值的组成部分，那么其能否因为受宪法保障就可对抗国家立法规制呢？这岂不是违背了大学民主价值的原本性质？

（2）法规范层面之分析

在当今宪政体系下，大学自治呈现为两种规范形态。一是作为宪法上的制度性保障，比如德、日等国。在这些国家，大学自治之所以获得宪法保障的地位，是为了充分保障大学研究教育的学术自由。比如，如前所述，③ 在学界达成充分共识的基础上，德国联邦宪法法院通过判例，确立了大学自治的核心理由："国家必须透过人事上、财政上与组织上之措施，来促进并资助对自由的学术之照顾以及其之传与后代。亦即对于自由之学术活动提供使其发挥功能之制度。"④ 换言之，大学自治之所以能得到国家等外部势力的尊重，在于其承载的学术自由。而大学研究与教育的学术自由也构成了划定大学自治范围或界定大学自治界限的根本标准。同样如前所述，从我国现行的宪法规范当中，也可以推出大学自治的内涵，及其为保障"学术自由"的制度目的。换言之，"学术自由"也同样构成厘清我国大学自主界限的根本标准。

大学自治的第二种规范形态是作为宪法判例所确认的机构自由权——大学

---

① J. Peter Byrne, "Academic Freedom: A Special Concern of the First Amendment", 99 *YALE L. J.* 251 (1989).

② J. Peter Byrne, "Constitutional Academic Freedom after Grutter: Getting Real about the Four Freedoms of a University" 77 *U. Colo. L. Rev.* 929 (2006).

③ 参见前文 3.1.2 部分。

④ 周志宏. 学术自由之过去、现在与未来 [M] //李鸿禧. 台湾宪法之纵剖横切. 台北：元照出版社，2002：228.

学术自由。比如美国联邦最高法院通过一系列判例逐步确认了作为机构的大学享有宪法所保障的学术自由。在这些判例中，大学自治被确认为是"大学在关乎学术研究、教育等核心学术事项上享有排除政府等外部势力的自主决策权"。① 大学之所以得以自治，不是因为其民主价值，而在于其学术自由。换言之，厘清美国大学自治界限的根本标准同样在于学术自由。这一论断得到了美国司法界相关判例的佐证。其一，便是探讨学术自由第一案的斯威齐（Sweezy）案。②

在该案中，最高院禁止新罕布什尔州检察长就演讲的政治内容审问一名新罕布什尔州立大学的客座演讲者斯威齐。虽然拒绝审问的裁决建立在古怪的理由上——审问违背了正当程序，③ 但法院激情洋溢地表述了它在争议案件中发现的价值：

美国大学自由的重要性几乎是不证自明的……学术在怀疑、不信任的氛围中无法繁荣发展。教师和学生必须一直得以自由地探索、研究，以及评价和获取新的成果和理解，否则，我们的文明将停滞并消亡。

弗兰克福特（Frankfurter）大法官在本案并存意见（concurring opinion）中进一步认为，在学术领域，"思想与行为被推定为免受政治当局的审讯"，④ 并主张"将政府排除出大学智识生活"。⑤ 其通过援引非法律渊源，即南非学者阐述的大学"四项重要自由——大学在学术领域可以自主决定谁教、教什么，怎么教，谁被教"⑥，来赋予学术自由以法律内涵。弗兰克福特大法官的表述被认为是对学术自由的首次正式探索。虽然法院对学术自由这一新宪法权利论证不足，既未援引已达成一定社会共识的传统学术自由来为宪法性学术自由正名，

---

① J. Peter Byrne, "Academic Freedom: A Special Concern of the First Amendment", 99 *YALE L. J.* 251 (1989).

② Sweezy v. New Hampshire, 354 U. S. 234 (1957). AF 首次在最高院被使用是在 Adler v. Board of Education 案的不同意见中。同年，在 Wienan v. Updegraff 案中，AF 作为赞同意见出现。首次以多数赞成意见出现是在 Sweezy 案中。

③ 美国高等教育法专家 J. Peter Byrne 主张，高等教育领域纠纷的关键并不在于程序问题，因该领域的特殊性而适用不同于普通行政领域的程序规则，更加重视长期的教学、师生关系等，而不仅仅强调对抗性。*See* Byrne, "Constitutional Academic Freedom after Grutter: Getting Real about the Four Freedoms of a University", 77 *U. Colo. L. Rev.* 929 (2006).

④ Sweezy, 354 U. S. at 266.

⑤ Sweezy, 354 U. S. at 262.

⑥ Sweezy, 354 U. S. at 263. 这是来自开普敦大学、约翰内斯堡大学的南非学者们在一次学术会议上提出的，呼吁一个建立在自由大学之上的自由社会——这被认为是最辛酸的陈述。

又未从宪法规范层面寻求学术自由的规范意旨，更未在宪法价值秩序内展开细致地利益衡量、价值衡量，而只是用一些带有强烈感情色彩的散文式言语赞美此自由。① 但是，法院已经清晰地表达了这一层意思，即司法对大学内行为的保护，是基于对该行为所具有的"学术自由"而非其他价值的保护。正因为该行为致力于"正当学术目的"，所以能得到司法的支持。

　　"学术自由"作为大学自治之所以得到尊重的理由也可以在凯伊西安（Keyishian）案中找到。② 在该案中，法院拒绝将纽约范伯格（Feinberg）法——禁止雇佣颠覆分子的法律——适用于纽约州立大学的教授，理由是该法规定得过于模糊、宽泛。法院发现，根据该法的某些规定，对马克思主义者或其他革命著作、观点抱有同情的课堂行为也可归于鼓吹推翻政府的非法行为。这会导致教授慑于该规定而在选择、处理授课内容上受到影响。因此，该规定被认为过于模糊、宽泛而不合宪。法院强调，影响学术自由的规则必须足够明确，使之不会阻碍宪法权利的行使。然而，具有讽刺意味的是，这一观点本身对学术自由的范围也表述得相当模糊。法院对于受保护与可惩罚学术言论之间的区别，并未阐释清楚。其更多的是怀疑法令而不是阐明一项宪法权利，因而只是再次热情而辞藻华丽地赞美了学术自由：

　　"我们国家郑重承诺保护学术自由，这不仅仅是教师而是我们所有人共享的先验价值。因此，该自由是第一修正案的特殊关注，绝不会允许法律给教室披上正统的罩布。对宪法自由的谨慎保护，没有什么地方比美国学校更为活跃了。教室是特殊的'思想市场'。国家的未来依赖于通过高强度的思想交流而训练出来的领袖，他们在不同意见中而不是权威指导下发现真理。"③

　　从这段中被广为引用的判词可以看出，本案法院沿袭了斯威齐案的功利主义论证路径，通过主张学术自由的社会效用，尤其是强调其在培养未来政治领导人中的作用，来赋予其正当性。比斯威齐案更进一步的是，法院开拓了对宪法性学术自由的权利论证路径：以宗教式激情颂扬学术自由的固有价值来证成学术自由。其主张学术自由是对社会每个成员都有意义的"先验价值"，并认为这一价值会在批判权威教条以及容忍异议的文化互渗过程中得以建立。不但如此，法院还明确指出学术自由是"第一修正案的特殊关注"，在一定程度上解决

---

① 这反映出法院最关心的还是宽泛法定调查权的危害——麦肯锡主义的重要工具，或在当时其并不愿勾画清晰的、确实的第一修正案权利。*See* J. Peter Byrne，"Academic Freedom：A Special Concern of the First Amendment"，99 *YALE L. J.* 251（1989）.

② Keyishian v. Board of Regents of Univ. of State of N. Y.，385 U. S. 589.

③ 385 U. S. 603.

了学术自由的出身问题——将之置于传统宪法权利框架之下，确证了学术自由的宪法地位。

（3）法理层面之分析：基于大学根本使命的提炼

学术自由是厘清大学自主界限之根本标准，不但可以从法规范层面予以分析，也可从法理层面获得理论支撑。从理论上来说，要厘清大学自主之界限，首先必须清楚大学为何需要自治。而大学自主的理由又必须向大学所肩负之使命去追寻，亦即大学为什么而存在，基于此存在理由，又应享有何种程度的自治权。其中，大学根本使命之履行是大学之所以需要自治的根本理由；大学为履行其根本使命所为之行为则构成大学自主之核心地带。那么，大学根本使命是什么？是为实现其学术自由？抑或民主价值？鉴于美国是当代大学之重镇，在世界大学教育上竞鞭领先，今日之美国大学正逐渐成为世界各大学的理想模型，因而本部分选择美国大学来分析当今大学理应且实际所肩负的根本使命。由于美国大学自治的现状深深植根于历史长河之中，本部分首先从历史事实出发，并结合教育学理论中对大学自治基本理念的提炼，来提炼当代美国大学根本使命，并进而提出厘清大学自治界限之根本标准。

在欧洲国家中，英国是最固守古老传统、最为保守的。中世纪大学的形式在英国被最为忠实地保留了下来。随着英国殖民者对美洲大陆的开发，这样一种形式的大学被带到了美国。当时的美国学院如中世纪的大学一样，是国家之手所不能介入的场所，学院的内部与外部事务的管理，不受国家的干预与影响。学院是自己吸纳捐款、自给自足、自我管理的机构。

与中世纪的大学类似的是，当时美国学院的师生以一种类似修道院的形式共同生活，需要遵守大学自己设定的严格内部纪律。学院的主要功能也是传授知识，总的教育目标也是为绅士提供对其素质培养所需要的广博而精深的文化，因而，侧重训练年轻人的宗教虔诚与精神纪律，以为成为神职人员、绅士职业者（如法律业者或医生）而做准备。教学的内容只涉及语言、历史、数学、哲学等通识文化的内容。教学方法则采用经院式的方法。科学研究和专业教育被认为是学院本义之外的东西。因而，也没有人认为学院教授的职责是产出学术，别说是批评占优势地位的教义或追求真理。[1] 当时的美国学院对科学研究的漠视，很大程度上是由于神职人员掌控了对学校的管理。因而，强调教学内容和教师人选与该教派的信仰一致。学院内教师完全受到教会的支配，其虔诚度和

---

[1] J. Peter Byrne, "Academic Freedom: A Special Concern of the First Amendment", 99 *YALE L. J.* 251 (1989).

良好的道德被认为远比学术能力重要。① 当时的教师只能在特定教派的教义下从事教育，否则就可能失去教职。这一状况也与中世纪大学相似，只有学院的自由，几乎没有教师、学者个人的自由，即使存在自由，也非常有限。

南北战争后，随着美国社会经济的发展，高等教育结构发生了根本改变。② 更多实用课程被引进美国大学课堂，社会实用价值开始被重视。然而，中世纪大学教育的思想——传授全面、广博的知识，培养具有自由知识的绅士，却一直为美国大学所保留（尽管在某些历史时期，社会实用教育被赋予更多的关注），而成为美国大学所致力实现的根本使命之一。这一根本使命用英国著名的教育家约翰·亨利·纽曼（John Henry Newman）所提炼的大学基本理念来表述，就是"自由教育"。

纽曼有关大学理念的基本主张在于：大学"是一个传授普遍知识的地方"③。大学教育之目的在于提供"自由教育"，培养绅士，使之成为具备"自由、公平、冷静、克制和智慧为特征的终生思维习惯"的人。④ 具体来说，这一主张又包括以下两方面。首先，他认为，"大学的目的是理智的而非道德的"⑤。大学教育的目的是理智训练，发展人的理性，而不是培养高尚的道德情操，不是进行宗教训练。其次，纽曼主张，大学教育应"以传播和推广知识而非增扩知识为目的"。他认为"如果大学的目的是为了科学和哲学发现，我不明白为什么大学应该拥有学生"⑥。

纽曼论证的逻辑起点建立在所有的知识构成一个完整体系的认识上。他认为所有的知识是一个整体。构成知识的各门科学之间有着千丝万缕的联系。它们内部协调统一，相互补充，相互纠正，相互平衡。因而，如果过分突出一门科学，对于其他科学是不公平的。忽视或取代一些科学，则会使其他科学偏离正确的目标。而这样的态度被引入大学教育的话，也会产生类似的后果。如果学生读书只囿于一门学科，那么这种劳动就会助长片面追求某种知识的倾向，

---

① R. Hofstadter & W. Metzger, *The Development of Academic Freedom in the United States*, Columbia Univ Press（1955），P152 - 163.

② 参见前文 2.2.2 部分。

③ 约翰·亨利·纽曼. 大学的理想 [M]. 徐辉，顾建新，何曙荣，译. 杭州：浙江教育出版社，2001：1.

④ 约翰·亨利·纽曼. 大学的理想 [M]. 徐辉，顾建新，何曙荣，译. 杭州：浙江教育出版社，2001：22.

⑤ 约翰·亨利·纽曼. 大学的理想 [M]. 徐辉，顾建新，何曙荣，译. 杭州：浙江教育出版社，2001：1.

⑥ 约翰·亨利·纽曼. 大学的理想 [M]. 徐辉，顾建新，何曙荣，译. 杭州：浙江教育出版社，2001：1.

这样做就会限制学生的心智发展。因而，理想的大学教育就应该扩大大学所要传授的学科范畴，传授学生"普遍知识"。纽曼认为，虽然学生不可能攻读对他们开放的所有学科，但生活于代表整个知识领域的人中间，受其熏陶，必将获益匪浅。在一个学习普遍知识的场所，一大群学识渊博的人埋头于各自的学科，又互相竞争，互相尊重，互相磋商，互相帮助。在这样的环境中，学生所接受的教育就被称为"自由教育"（liberal education，又被翻译为博雅教育）。学生得益于多样化的、自由、博雅的教育环境，从而形成自由、公平、冷静、克制和智慧的终生思维习惯。这样的习惯使其不依赖于特定的教师，就能自主进行终生学习。①

在此基础上，纽曼指出，为知识本身而追求知识，是进行自由教育的重要途径。他认为，知识本身即为目的，这是人类心智的本性。"知识不仅仅是达到知识以外的某种东西的方式，或是自然地发展某些技能的基础，而且是自身足以依赖和探求的目的"②。知识的培养主要不是直接为了满足物质的舒适与享乐，为了生活和做人，为了健康，等等。相反，只有当我们的物质和政治要求得以满足之后，不再受职责与生活累赘困扰之后，我们才有条件"渴望看、听、学"。接着，纽曼指出，"知识本身即为目的"的知识是自由知识或绅士知识。大学教育就是为了获取这种知识，推行自由教育。纽曼认为，自由教育与探究是心智、理智和反思的操作活动。"自由知识本来就是为了引起我们思索，自由知识立足于自己的要求，不受后果支配，不期望补充，不受目的的影响，也不会被任何技艺所同化"③。在自由教育中，知识本身即为目的，而并非以掌握某一技艺，达到某种结果为导向。纽曼指出，真正高贵的知识，值得追求的知识，并不在于它能带来实际用途，而是因为"知识内部含有一种科学或哲学的胚芽"。"知识是一种习得的精神启示，是一种习惯，是一笔个人的财富，是一种内在的禀赋"。④ 大学是传授这种知识的场所，应被视为"教育"机构，而非"教学"机构。后者教授的主要是实用方法，包含在靠记忆、传统及使用就可以掌握的规则中，对心智本身很少或几乎没有什么影响。而教育则是对学生的智

① 约翰·亨利·纽曼. 大学的理想［M］. 徐辉，顾建新，何曙荣，译. 杭州：浙江教育出版社，2001：20－22.

② 约翰·亨利·纽曼. 大学的理想［M］. 徐辉，顾建新，何曙荣，译. 杭州：浙江教育出版社，2001：24.

③ 约翰·亨利·纽曼. 大学的理想［M］. 徐辉，顾建新，何曙荣，译. 杭州：浙江教育出版社，2001：28.

④ 约翰·亨利·纽曼. 大学的理想［M］. 徐辉，顾建新，何曙荣，译. 杭州：浙江教育出版社，2001：33.

力品格、性格的形成起作用。在此基础上，纽曼进一步指出，知识的本质既非实用的，也非道德的。大学教育的根本在于智识的培养，而不是道德培育。

综上所述，结合纽曼的大学教育理念，美国大学的基本理念或根本使命之一就在于"自由教育"。所谓的自由教育重视知识的一体性，认为大学之根本使命在于传授全面、广博的知识，培育社会习俗所需要的具有自由知识的绅士。为实现"自由教育"这一根本使命，就应该做到"为知识本身而追求知识"，这是"进行自由教育的重要途径"。如果为了民主价值或其他价值而来追求知识，则会偏离自由教育的宗旨。而"为知识本身而追求知识"要求根据知识的固有属性，传播知识的本质规律，而不是其他标准如意识形态的要求，来安排教育活动。对知识的固有属性与传播知识的本质规律，显然只有大学才真正了解、掌握，因此，应由大学根据相关教育规律来自主安排教育活动，实施大学自治，政府等外部势力不应干预。

美国大学所肩负的第二个根本使命则来自于德国。19 世纪的德国大学，通过科研核心地位的确立来改革大学，从而促进德国科学文化的发展，使得德国大学一跃而成为世界各国朝圣之所。德国大学的崇拜者中就包括了美国。19 世纪，有超过 9 千的美国人在德国留学，尤其是在 19 世纪后半叶，留德的美国人数更是激增。[1] 这些人回国后，带来了德国大学的先进方法与理念，并以与美国历史、国情相协调的方式移植了德国大学的经验。其中，最为显著的就是一改美国大学对科学研究的漠视态度，而学习德国大学重视科学研究的价值。这些改革者受到德国学术自由理念的鼓舞，希望学院转变为致力于利益无涉之研究的真正意义大学。作为表现之一，研究院或研究型大学逐渐在美国各地建起。

在向德国大学学习而重视学术研究的过程中，美国著名学者与教育家亚伯拉罕·弗莱克斯纳（Abraharn Flexner），通过撰写了《现代大学论——美英德大学研究》一书，首次对当时发生在德国的大学理念革新进行了系统的阐述，提炼了大学的"学术研究"价值，一定程度上促成了"学术研究"作为美国大学根本使命的确立。在该书中，弗莱克斯纳分析德国大学的革新，强调研究对于大学的重要性，肯定发展知识是大学理念之一，但认为应该坚持研究与教学的统一。

弗莱克斯纳认为，德国大学虽源于中世纪，"但柏林大学的兴建，使旧瓶装

---

[1] R. Hofstadter & W. Metzger, *The Development of Academic Freedom in the United States*, Columbia Univ Press（1955），P367－368.

入了新酒，旧瓶也因此破裂"，① 从此，有别于纽曼笔下牛津大学的新的大学理念开始形成。这一革新的发生是长期酝酿的结果，得益于从康德到黑格尔、洪堡等数代人的努力。德国大学的革新之所以举世瞩目，在于其对"研究"的重视。正是大学重视研究，从而促使德意志民族在政治上失意之时，却收获了精神文化的繁荣。然而，弗莱克斯纳认为，德国大学并未因为重视研究而忽略教学，其既重保存知识，又重增进知识，即做到教学与研究相统一。在这其中，一个显著的特征就是教与学的自由。教师可以在教学内容、教学方式等方面享有完全的选择自由。教师享有"学术职位拥有者不听命于任何人的尊严"，② 学部、教育部都不会横加干涉。弗莱克斯纳进一步认为，德国大学的组织大多数是有利于维护这一自由的。虽然德国大学的经费几乎完全依赖国家拨款，但有"法律、理念和传统"③ 作为安全屏障，保障了德国大学的自主权与独立性。

在对德国模式进行分析的基础上，弗莱克斯纳提出，现代大学最重要的职能就在于研究，"在尽可能有利的条件下深入研究各种现象：物质世界的现象、社会世界的现象、美学世界的现象，并且坚持不懈地努力去发现相关事物的关系"。④ 在其看来，大学研究应为基础研究或纯研究，是个人通过静思而做出的艰苦努力，目的必须是无私利的，研究者必须是客观的。而大学得以完成研究这一职能，除了"要图书资料和实验室，但还需要安静，尊严，不受琐事干扰的自由，高层次的社交活动和知识交流，充足多样、满足个性的生活"。⑤

这样，通过改革者们的努力，以及弗莱克斯纳等学者的总结提炼，来源于德国的"学术研究"逐渐被确立为美国大学的又一根本使命。"学术研究"这一根本使命的实现，也同样需要自由、宽松的外部环境。学术研究是以各种物质现象、社会现象、美学世界的现象为研究对象，而努力去发现相关事物的关系。这一以"探求真理、获取新知"为目的的研究行为主要是人的精神活动，从行为的性质上，不适于也不易于对其施加控制。正如著名哲学家密尔所论证

① 亚伯拉罕·弗莱克斯纳. 现代大学论——美英德大学研究 [M]. 徐辉，陈晓菲，译. 杭州：浙江教育出版社，2001：272.

② 亚伯拉罕·弗莱克斯纳. 现代大学论——美英德大学研究 [M]. 徐辉，陈晓菲，译. 杭州：浙江教育出版社，2001：278.

③ 亚伯拉罕·弗莱克斯纳. 现代大学论——美英德大学研究 [M]. 徐辉，陈晓菲，译. 杭州：浙江教育出版社，2001：305.

④ 亚伯拉罕·弗莱克斯纳. 现代大学论——美英德大学研究 [M]. 徐辉，陈晓菲，译. 杭州：浙江教育出版社，2001：18.

⑤ 亚伯拉罕·弗莱克斯纳. 现代大学论——美英德大学研究 [M]. 徐辉，陈晓菲，译. 杭州：浙江教育出版社，2001：20 - 21.

的，个人的认识有可错性，但人类仍能进步，原因在于"人类心智的一种品质，它是有智慧或有道德的存在者当中每件高尚事情的根源，也就是说，人的错误是可以纠正的。他凭借讨论和经验能够纠正自己的错误"。① 正因为人有纠错能力，所以压制思想、意见的行为就是不明智的。"如果该意见是对的，那么他们就被剥夺了一次错误换取真理的机会；如果该意见是错的，那么，他们就失去了差不多大的收益，即从真理与错误的碰撞中产生的对真理更加清晰的认识和更生动的印象"。② 为此，作为精神活动的学术研究应该在自由、宽松的环境下进行，即使该研究是错误，也应该让其通过与真理的碰撞，而更清晰、更生动地展现真理。唯有如此，才有可能最大限度地获取新知、探知真理。

此后，经历社会更迭，"学术研究"与"自由教育"一直被奉为美国大学所肩负的两大根本使命，是其之所以存在的最终理由。即使在工业社会迅猛发展而掀起"专业化"狂潮时，此两大根本使命也从未被完全掩盖掉其光芒。鉴于美国大学乃当今世界大学之翘楚，是各国大学争相学习、模仿的对象，因而，"学术研究"与"自由教育"这一学术自由也可被确认为一般大学所肩负的根本使命。

无论是大学中旨在培养有着"独立、自律、负责"品性之大学生的自由教育行为，还是"探求真理、获取新知"的学术研究行为，都需要在自由、宽松的环境下进行。如果有外部势力（如捐赠者、宗教团体、国家）以其意识形态主张或利益取向来影响甚至直接干涉大学的研究与教育行为，则会构成对大学及其师生创造力、活力的遏制，从而影响大学探求真理、传播新知、培养自律公民的根本使命，并进而间接影响其社会效用的实现——在现代社会，大学已被广为认可是"国家经济繁荣、工业成功、工农业产品有重大改进、新沟通方法获得意外使用的基础"。③ 必须以尊重大学固有学术规律为前提，只有充分保障大学及其师生享有"根据（学术）职业规范与标准来追求其学术事业之自由"，④ 大学的根本使命才得以实现，其社会效用才能充分发挥。换言之，大学之所以自治的根本理由在于"研究与教育"的学术自由。学术自由而非其他，是厘清大学自主界限之根本标准。

---

① 密尔. 论自由 [M]. 顾肃，译. 南京：译林出版社，2010：21 – 22.
② 密尔. 论自由 [M]. 顾肃，译. 南京：译林出版社，2010：18 – 19.
③ Frank H. T. Rhodes, *The Creation of the Future：The Role of the American University*, Cornell University Press, 2001, P1.
④ Finkin and Robert C. Post, *For the Common Good：Principles of American Academic Freedom*, Yale University Press 2009, P149.

4. 大学自主界限之理论框架

综上所述，大学所承载的"学术自由"是厘清大学自主界限之根本标准。这一论断可以从各国的法律规范层面予以验证，同时，也是大学实现其"研究与教育"之根本使命的必然要求——由于学术的固有规律性，要充分实现大学之根本使命，则必须由大学内具有专业素养的学术共同体通过合理的方式和程序自行决定，而排除非学术、非专业因素的影响。

在确定"学术自由"是厘清大学自主界限之根本标准以及国家等外部势力尊重大学自主之根本理由的前提下，我们还有必要对大学自主之界限作出更为清晰的厘定。因为大学内的所有事务并非都是具有"学术自由"的学术事务，而且与学术有关的、具有"学术价值"事务也并非都享有同等程度的国家尊重。本文以不同大学事务与"学术价值"关联度不同，以及受固有学术规律约束程度的不同，而将大学事务分为核心学术事务、学术行政事务、纯粹行政事务。不同的大学事务位于不同大学自主区域，对应不同大学自主强度。具体来说，核心学术事务是为实现大学根本使命——研究与教育——所为之事务，位于大学自主的核心地带，享有国家等外部势力最高程度的尊重。学术行政事务是与大学研究、教育之核心学术事务直接相关或为保护之而实施的事务，间接受到学术规律的约束，因而位于大学自主的缓冲地带，在受行政法约束的前提下，享有·定的自治空间。而纯粹行政事务是指与大学之核心学术事务并不相关的事务。此类事务虽不受学术规律的约束，但处理不好会影响大学学术事务的实施，因而，大学的判断在遵守行政法以及国家业务指导的前提下应得到一定程度的尊重，而位于大学自主之外围地带。以下分别详述之。

本文尝试构建的大学自主界限理论框架可能过于理想化，在具体实践中会面临"学术事务"与"行政事务"到底如何区分的困境。但不管怎样，这一理论努力为更精确地对待大学自主行为指明了方向，也一定程度上改善了目前各国对大学自主范围的规范与理论探讨上过于模糊而显得混乱的局面。①

---

① 比如，德国学界对大学自治范围有两种学说：机能说与历史传统说，然而，此两种学说都很难确切提供区别的界限，因此除了依各邦大学法所规定者外，仍须视个别情形及事务性质而定。周志宏. 学术自由之过去、现在与未来［M］//李鸿禧. 台湾宪法之纵剖横切. 台北：元照出版社，2002：230. 日本关于大学自治的范围，判例与学说上的见解并不一致，学说也并未达成通说。一般认为，大学自治的范围包括人事、校舍与学生管理、预算管理方面的自治。而对于不同类型的事务之间是否享有同等程度的自治则没有更详细的区分。参见芦部信喜. 宪法［M］. 林来梵，凌维慈，龙绚丽，译. 北京：北京大学出版社，2006：149.

（1）核心地带：核心学术事务

大学的"自由教育"与"学术研究"这两大根本使命的实现均需要自由、宽松的环境。因此，大学自主作为一项制度才有存在的必要。换句话说，我们之所以保障大学自主，根本目的在于保障大学在学术规律约束下，但独立于外部势力地自由追求学术事业，以实现其"自由教育与学术研究"的根本使命。"学术研究与自由教育"是大学所承担的、有别于其他组织的独特使命，那些为了实现"自由教育与学术研究"这一根本使命所从事的大学行为被认为是具有"学术价值"行为，是大学作为学术组织体所要予以处理的"核心学术事务"，位于大学自主的核心地带。此"核心学术事务"，受固有学术规律的约束，应得到国家等外部势力最高程度的尊重。外部势力若以"民主"或其他标准来强行约束之，则可能会阻碍大学根本使命之实现。

这里，所谓的尊重意味着，致力于实现"自由教育与学术研究"这一"正当学术目的"的行为由大学自主决定，其他外部势力不得横加干涉。对于政府而言，对大学自主核心地带的尊重，就是要求立法机关对此领域应慎重规制，甚至不予规制；行政机关只能依据立法机构所制定的法律作相应监督，而不能直接予以业务指导；司法机关对位于此核心地带的大学行为则主要进行形式审查，审查其是否符合普遍的学术规律与该大学的学术规范，一般不进行实质性审查。当然，该核心地带包括"学术研究"与"教育"两种类型的行为，此两种行为在性质上，以及与民主价值的关联度上皆有所不同。因此，国家对其予以尊重的程度亦有所区别。区别主要表现在对两者的立法规制方面，对此的详细论述将在下文的分别予以展开。

然而，需要注意的是，大学根本使命的实现不仅需要在自由、宽松的环境下进行，也需要科学、合理、符合基本学术规律的行政活动辅以实施。因为"研究与教学必须在一个'外在'自主的组织形态下，才能真正的自由发挥"。①如果大学对此辅助性的行政活动根本就没有决定权，而听任非学术的外部势力指挥，则必然最终会影响其根本使命的实现。因而，为保障大学对其核心学术事务的学术自治并进而实现其根本理念，则必须赋予大学对其行政事务在一定程度上的自主决定权。而根据大学行政事务性质的不同——纯粹行政还是学术行政，其所享有的自治程度又有所不同，从而构成了大学自主的外围地带、缓冲地带。

---

① 李建良. 大学自治与公立大学公法人化——以德国公立大学制度发展为借镜［M］//李建良. 宪法理论与实践（二）. 台北：新学林出版股份有限公司，2007：271.

（2）外围地带：纯粹行政事务

然而，在大学的行政事务中，哪些属于纯粹行政，哪些属于学术行政并不那么容易区分，一直是理论难题。对此问题，德国学界存在着两种学说。一为机能说——行政事务达成的机能直接与研究、教学活动相关联或用以保护这些活动，此类行政事务属于教育行政，而享有一定的自治权限。反之，则为国家行政，隶属于国家规制，只享有即为有限的自治权。二为历史传统说——只有那些在大学历史上、传统上形成的教育行政自治事项才属于宪法所保障的大学自主范围。① 然而，两种学说都无法提供确切的区分标准，在实践当中，仍然需要视个别情形及事务性质而定。

可见，在行政事务管理方面，大学自主的范围并非简单的机械式方法可以确定。实际上，各国基于其各自不同的大学历史、法律制度、经济社会等条件而在自治范围的划分上存在差异。本文认为，若要从理论上尽可能合理地界定大学在行政事务上的自治范围，必须综合考虑两大因素，即该事务是否与研究、教育之大学根本使命之达成直接相关或为保护之而实施，以及我国历史上以及在当前的法律制度、社会条件等所决定的既存大学行政自治的事实。以此两大因素为判断标准，并结合具体事务的性质，便可做出相应的判断。

基于以上分析，所谓的纯粹行政事务是指该行政事务与学术研究、自由教育之大学根本使命之达成并不直接相关，而只是为了保证大学的基本运转所实施的行政管理事务。纯粹行政事务由于并未涉及学术专业性，而不属于国家等大学外部势力必须予以尊重的大学自主核心地带。但"学术研究、自由教育"之大学根本使命之达成，需要必要的行政手段予以辅助，比如提供适当的校舍、学校运营经费的分配等。对公立大学的这些行政手段，若使其完全隶属于国家规制，则势必会最终影响到大学根本使命的达成。因此，也应赋予大学对此类纯粹行政事务一定的自治权，而将其归为"大学自主的外围地带"。所谓的"外围地带"，意味着这部分纯粹行政事务所享有的自治权限最小，对此，国家仍可通过立法予以规制，授权相关行政机关进行业务指导，若因此发生争议，司法也可对之进行实质性审查，以确保其合乎国家法律的规定。所谓的享有"一定程度自治权"是指，对于此类纯粹行政事务，国家各个部门（包括立法、行政、司法）在坚持"合法性"原则的前提下，应遵循大学本身的优先判断。

参考目前国内外的司法实践与学说主张，我们可以尝试着对此纯粹行政事

---

① 周志宏. 学术自由之过去、现在与未来［M］//李鸿禧. 台湾宪法之纵剖横切. 台北：元照出版社，2002：230.

务予以如下类型化：一为校产管理自治，即对学校内部设施的管理上，国家机关应遵循大学本身的优先判断；二为财政自治，即大学经费之分配、预算之编制等享有一定自主权限；三为行政职员人事自治，即大学中相关行政职员的确定任命主要由大学自主决定。

（3）缓冲地带：学术行政事务

在大学自主的核心地带与外围地带之间，存在着一个区域。该区域主要覆及大学的"学术行政事务"。大学对其"学术行政事务"所享有自治限度既不及具有"学术价值"之"核心学术事务"，又高于前述的"纯粹行政事务"。因此，由"学术行政事务"所构成的这个区域，本文将之命名为"大学自主的缓冲地带"。

至于何谓"学术行政事务"，以上文分析为基础，我们便可较容易得出答案，即所谓学术行政事务是指该行政事务与大学学术研究、教育的核心学术事务直接相关或为保护之而实施的事务。此类"学术行政事务"主要是有关学生管理的事务，比如涉及学生的转学、退学、日常管理、校园秩序的维持等事务。当然，有关"学术行政事务""纯粹行政事务"之间的区分并不这么容易，这里，只是从理论上进行概括的表述。实际上，各国往往根据本国的教育历史传统、政治制度、社会条件等作出不同的界定。因此，具体的区分还需要结合各国的实际情况，并在个案中，依照个案具体情形而定。

由于"学术行政事务"并不直接涉及学术判断，不需要运用学术专业知识与经验，因此，不享有具有"正当学术目的"之"核心学术事务"所享有的高强度的自治权，不能排除国家等外部势力对该事务的干预。同时，在当今法治国背景下，大学师生的权益保护日益受重视。大学对"学术行政事务"的处理是否侵害到师生的权益，是一个需要警惕的问题。对此，法治国下的政府有介入该事务处理的正当性。然而，"学术行政事务"毕竟与大学学术研究、教育的核心学术事务直接相关或为保护之而实施，此类事务的处理涉及一定的学术背景，客观上受到学术本质规律的间接约束，因此，享有一定程度的遵从。对于国家而言，其对"学术行政事务"的尊重介于"核心学术事务"与"纯粹行政事务"之间。出于保障大学师生权益等考虑，国家仍可通过立法对该类事务予以规制，司法也可对之进行实质性审查，以确保其合乎国家法律的规定。可见，大学就该事务享有的自治权远小于"核心学术事务"。但是，行政机关只能对其进行法律监督，而不能予以专业监督。这是"学术行政事务"的自治程度高于"纯粹行政事务"的地方。

（二）我国大学自主权

如前所述，我们可以尝试从理论上构建大学自主的界限。然而，不得不承认的是，这样的理论构建，即使尽量精细，但也仍需与我国相关实践相结合才有意义。因此，接下来的两节将从我国大学自主权的现有规定，以及大学自主权与政府行政权、法院司法权的相互关系等方面进一步探讨大学自主界限，从而进一步完善大学自主界限理论。

1. 我国大学自主权的现有规定

大学"自主权"最早出现在人们视野是在 1979 年 12 月 6 日《人民日报》上几位大学领导人的文章中。在该文章中，作者们呼吁"给高等学校一点自主权"。1985 年，《中共中央关于教育体制改革的决定》第一次明确提出"扩大高等学校办学自主权"，并从招生、教学、科研、财务、人事等方面对办学自主权做出了阐述。1986 年，国务院制定了《高等教育管理职责暂行规定》，在《中共中央关于教育体制改革的决定》的基础上，对高校办学自主权做了更为具体的规定。1998 年 8 月 29 日通过的《中华人民共和国高等教育法》从法律上正式明确了大学"依法自主办学"原则。2010 年 7 月 29 日，中共中央、国务院颁布了《国家中长期教育改革和发展规划纲要》，在第 13 章"建立现代大学制度"中，进一步提出"落实和扩大学校办学自主权"。2015 年 10 月 24 日，国务院印发了《统筹推进世界一流大学和一流学科建设总体方案》，在该方案的"改革任务"部分，再次明确了"坚持面向社会依法自主办学"。

由上可知，我国大学自主权伴随着我国教育体制改革而生，并随着教育体制改革的深化而日渐重要，成为教育体制改革的关键词。在以上这些文件中，1998 年的《高等教育法》为大学自主权提供了正式的规范基础。首先，《高等教育法》明确了大学自主办学的法人资格，其第 30 条规定："高等学校自批准设立之日起取得法人资格。"法人资格的确立使大学自主办学权的展开成为可能。其次，《高等教育法》通过第 32 条到第 38 条，规定了大学自主办学的七项权利，分别是大学的招生权、学科和专业设置与调整权、教育教学权、自主科研与社会服务权、开展对外科技文化交流和合作权、机构设置和人事管理权、经费管理使用权等。这七项办学自主权秉承了 1985 年以来，党和国家改革高等教育管理体制中所主张的"松绑高等教育行政干预、扩大高校自主办学权"的精神，也与其他国家和地区所推行的"大学自治"制度有相似之处。有些学者甚至将《高等教育法》中对大学自主办学事项的列举视为大学自治在我国的本土化演绎。① 再次，《高等教育法》通过规范政府对高校自主办学的干预，比如政府的高等教育发展规划权、对高校校长和副校长的任免权、对办学水平与教育质量的监督和评估权等，间接保障了高校的办学自主权。

以上这些规定为我国大学办学自主权提供了法律保障。通过划定大学自主办学的权利范围，明确了政府与大学在高等教育领域的权限划分，从而推进了我国高等教育体制改革。然而，有关我国大学自主权的现有规定仍有不周到之处，给人们留下了不少困惑。第一，我国大学办学自主权的法律地位不清，大学自主权是否就是大学自治权仍有争议。如前所述，《高等教育法》列举了高校享有的七项"自主"办学权，规定了这些大学自主办学权是否就意味着大学享有自治权，不同学者有不同解读。阮李全、蒋后强教授认为，办学自主是西方大学自治在我国的移植，是一个中国化的学术概念。② 湛中乐教授则主张，办学自主权不等同于西方传统的大学自治权，它的提出有特定的时代背景和特定的内涵。③ 徐显明教授更直接地指出，"大学自治这个概念，原则上不适宜于目前中国高等教育体制"，"对中国高校办学体制的表述，还是'依法办学'为好，而不可谓之'自治'"。④ 因为大学自主办学权的法律地位不清，其不能像其他国家的大学自治权一样享受宪法保障的地位，导致实践中出现教育部规章等低位阶的规范来规制大学自主权行使的局面。第二，现有规定中，大学自主办学权缺乏扎实的理论基础，而导致在具体个案争议中，大学自主办学权的界限难以明确。德国、美国等国家的大学自治以学术自由为其理论根基，因此，大学自治的界限以"是否妨害学术自由"为判断标准。在个案争议中，即使是遭遇大学自治行为与大学教授行为相冲突的难题，也可据此做出判断。而我国的大学自主办学权因为缺乏类似学术自由这样的理论基础"作为秉要执本的依据"，⑤ 而导致在个案中难以界定其权利界限，导致高等教育领域的纠纷往往难以得到具有说服力的解决。第三，现有规定中，只列举了高校七项办学自主权，

---

① 张振华，刘志民. 高校办学自主权评价指标体系构建及落实现状分析 [J]. 南京农业大学学报：社会科学版，2012 (3).

② 阮李全，蒋后强. 高校办学自主权：由来、要素、含义、走向 [J]. 国家教育行政学院学报，2014 (8).

③ 湛中乐，韩春晖. 论大陆公立大学自治权的内在结构——结合北京大学的历史变迁分析 [J]. 中国教育法制评论，2006 (6).

④ 徐显明，黄进，潘剑锋，韩大元，申卫星. 改革开放四十年的中国法学教育 [J]. 中国法律评论，2018 (3).

⑤ 湛中乐，尹婷. 论大学自治——兼析《高等教育法》中的"自主办学"[J]. 陕西师范大学学报（哲学社会科学版），2018：47 (1).

而对有可能威胁大学办学自主权行使的政府特别是教育行政机关的相关权限并没有做出相应规范。《高等教育法》列出了包括七项自主权在内的大学自主办学正面清单，但由于人理性认识的局限性以及社会处于不断发展当中，这样的正面清单难以涵盖高校应享有的自主办学的所有领域。那么，在《高等教育法》未列举的领域，高校是否享有办学自主权就往往沦为教育行政机关裁量的对象。在这些领域，教育行政机关之手仍然深入到各高校，甚至因此束缚了大学的发展，而产生"高校办学空间受到禁锢、高校办学活力难以焕发、教育行政部门易产生权力寻租现象、管理成本高昂效率低下"等问题。① 那么，在追求强国复兴的新时期，如何定位政府在高教领域的地位，如何界定政府尤其是教育行政机关干预大学办学的权力界限，并在此基础上，推进教育行政机关改革，也成为保障大学办学自主权的关键。

2. 我国大学自主权与教育行政机关的改革

《高等教育法》中关于高校自主权的规定真正从"纸面"走向"行动"，关键是能得到政府，尤其是教育行政机关的支持和配合，特别是政府不能入侵原本属于大学自主办学的空间。这就要求厘清政府与大学在高等教育领域各自的权力与责任。在权责清晰的前提下，政府尤其是教育行政机关要积极转变理念，以"松绑高教事务管理"为方向，推进教育行政管理体制改革。

中华人民共和国成立初期，我国效法苏联，建立教育行政体制。教育部和相应国家部委主管大学。国家统一招生、统一分配，在专业设置、课程设置、教材编写和使用上也高度统一。大学内部设置与国家行政机关各部门相对应的行政管理部门，大学基本上是政府的附属机构。② 改革开放以来，针对我国政府高度集中管理高等教育领域事务这一现象，党中央、国务院多次下达文件对教育管理体制进行改革，成效显著，基本改变了"大学是政府的附属机构"的局面。然而，这并不意味着大学已经成为能自主办学，不受政府干预的机构。相反，教育行政机关之手依然牢牢握住大学。以学科、专业设置为例，《高等教育法》第 33 条规定，"高等学校依法自主设置和调整学科、专业"。至于高等学校应如何依法设置和调整学科、专业，《高等教育法》并没有做出进一步的规范。倒是教育部通过制定《普通高等学校本科专业目录》和《普通高等学校本科专业设置规定》做了相应规范。但这种通过教育部规章来直接制定专业目录

---

① 尹晓敏. 浙江省高校依法自主办学负面清单管理改革研究 [J]. 现代教育科学·高教研究，2015（5）.

② 湛中乐，尹婷. 论大学自治——兼析《高等教育法》中的"自主办学"[J]. 陕西师范大学学报（哲学社会科学版），2018：47（1）.

以及设置专业课程的做法，显然违背了近年来党和国家"松绑高等教育管理"的精神，也乃至可以说是对《高等教育法》授予高等学校"设置和调整学科、专业"自主权的侵犯。

因此，有必要地进一步推进教育行政机关的改革，切实落实高校办学自主权。近年来，在党和国家"简政放权"的改革背景下，教育部也持续大力推动高等教育领域的"去行政化改革"。2013年，党的十八届三中全会通过《中共中央关于全面深化改革若干重大问题的决定》，提出"深入推进管办评分离，扩大省级政府教育统筹权和学校办学自主权，完善学校内部治理结构。强化国家教育督导，委托社会组织开展教育评估检测"。在该《决定》为高等教育改革指明了方向之后，2014年国家教育体制改革领导小组办公室发布《关于进一步落实和扩大高校办学自主权完善高校内部治理结构的意见》，对落实高校办学自主权做了具体部署。该《意见》明确指出："深化教育行政审批、制度改革，探索实施高校依法自主办学负面清单管理，清单之外的事项由高校自主行使并依法接受政府、社会及校内监督。"通过负面清单管理模式，弥补了《高等教育法》中只规定了高校办学自主权正面清单的不足，更加清晰地厘清了高校与国家特别是教育行政机关在高等教育领域各自的权责界限。在此基础上，2015年，教育部颁布《关于深入推进教育管办评分离促进政府职能转变的若干意见》，做出了更具体的指示："在有条件的地方和学校开展负面清单管理试点，清单之外的事项学校可自主施行，要尽量缩减负面清单事项的范围，更多采取事中、事后监管方式。"

在这些文件的指导下，教育部不断完善其负面清单管理模式，推进教育管理体制改革。在江苏省、浙江省的改革试点基础上，教育部向全国公布其"权力清单"。截止2014年2月，教育部分四批取消或下放了行政审批权，保留行政审批24项，包括非行政许可审批13项，行政许可11项。"权力清单"的公布标志着教育管理体制改革向前迈进一大步。然而，我们看到，在保留的24项行政审批中，教育部还继续保留着"全国普通高校本科生分学校招生计划、研究生分地区分部门分学校招生计划审批""高等学校面向全国招生和跨省招生生源计划审批""国家和省级教育考试机构与外国及港澳台地区考试机构或其他组织合作举办境外考试审批"等部分应属于《高等教育法》所规定的高校自主招生权、对外交流合作权、人事管理权等。这显然还远远未达到党和国家所提出的"简政放权"的改革目标。因此，在接下来几年中，教育部继续在听取社会各方面意见的基础上，进一步推动行政审批事项的取消和下放。截止2018年，教育部权力清单中保留的涉及高等教育领域事务的就只剩下"实施本科及以上教育的高等学校（含独立学院、民办高校）的设立、分立、合并、变更和终止审批""中央部属高等学校章程核准""硕士、博士学位授予单位及其可以授予硕士、博士学位的学科名单审核""高等学校教授评审权审批"等九项审批事项了。① 与 2014 年清单相比，教育部 2016 年清单进一步缩减了行政审批事项，但在对外交流合作、人事管理等方面还留有"简政放权"的空间。从全国各地的情况来看，以上权力清单已经进入实施阶段。当然，教育行政机关的放权必然带来相关人利益的削减，难免会有改革阻力。而各高校是否能如期接手其办学自主权，真正建立起现代大学制度也仍是未知数。此外，还需要注意的是，教育行政机关的简政放权并不意味着教育行政机关退出高等教育领域。相反，在当下中国，简政放权的同时，教育行政机关仍需加强对各高校的监督，以促进各高校治理能力的提升。教育行政机关的改革在路上，教育行政机关的改革也仍需和各大学继续磨合，才能携手实现强国复兴梦。

3. 我国大学自主权与政府行政权的分权配置关系

如前所述，我国《高等教育法》列举大学自主办学事项，从正面给出了大学自主办学权清单。教育部则出台自己的"权力清单"——其能干预高校的事项仅限于清单上列举，而从负面划定了大学自主办学权的范围。从目前的两份清单来看，教育行政机关和各高校在对外交流合作、人事管理等方面仍存在着交叉重叠。这就决定了今后继续深化教育管理体制改革的必要性。那么，改革应当如何进行以更合理地配置我国大学自主权与政府行政权？又应如何判断这些改革的正当性？本部分将围绕上述问题，从理论上进行初步探讨，以期为将来的教育管理体制改革提供些许指引。

首先，要明确大学自主权与国家行政权分权配置的基础或原则。换句话说，在高等教育管理领域，我们用以划定大学与国家教育行政机关各自权限范围的原则或标准是什么。如前一节所论证的，"学术自由"是大学之所以享有排除国家等外部势力干预的根本标准。在这里，"学术自由"也应当成为划定大学与国家教育行政机关各自权限范围的根本标准。我国大学之所以享有办学自主权，在于只有实现大学办学自主才能保证"学术自由"的实现。大学办学自主权的目的在于积极促进学术自由的实现，大学办学自主权的行使必须有利于强化学术自由的保障。也就是说，哪些领域属于大学自主的范围，哪些领域可以由国家行政权干预，应以是否与"学术自由"保障相关作为判断标准。"学术自由"已越来越为党中央、国务院所重视，并被写进了一些重要的政策文件中。比如

---

① 中华人民共和国中央人民政府. 教育部权力清单. ［Z］2016－07－26.

在2010年的《国家中长期教育改革和发展规划纲要（2010—2020年)》第40条第2款，明确指出："尊重学术自由，营造宽松的学术环境。"以党和国家的这些文件为导向，在今后的修法中，也完全可以把"学术自由"写进《高等教育法》，将之作为大学自主权的理论基础。

其次，可分类建立我国大学自主权与国家行政权的分权配置关系。虽然有学者主张，教育行政机关应全面退出微观层面的大学办学领域，而只从宏观层面为大学发展制定统一规划，但本文认为，在现阶段，各大学仍未建立成熟的现代大学制度，其行为常常出现失范的情况，因此，政府不应完全退出高等教育管理领域。为此，一方面，政府行政机关可通过财政拨款、评估等加强对大学治理的监督，另一方面，对具体的大学事务，教育行政机关可以针对事务性质的不同，而进行不同程度的介入。如本章第一节所述，根据大学事务所涉领域的具体性质，可将其分为三种类型，对应不同的大学自主、教育行政机关可以介入的强度。

一是直接涉及教学研究的纯粹学术事项。对于纯粹学术事项，大学享有最大自主空间。对此类事项，教育行政机关只能进行法律监督，即只能在有法律明确规定的前提下，才可依法进行监督，以最大程度地保障大学的"学术自由"。二是无关乎学术的纯粹行政事项。比如，预算、财政等相关领域事项。对此，教育行政机关不但能进行法律监督，还可以进行专业监督，审查该行为是否"合乎特定目的"。通过专业监督，教育行政机关可以兼顾大学学术目的实现以及公共利益的维护。三是介于两者之间的学术行政事项。对第三类事项，教育行政机关在法律监督的同时，可根据具体事项施以一定程度的专业监督。当然，基于所涉事项而对大学与国家间关系予以类型化的做法仍过于理想化了。实践当中，纯粹学术事项与纯粹行政事项很难截然区分，而法律监督与专业监督的具体应用也有待于进一步细化。因此，若要更精确地把握大学与国家间关系，仍需在有关大学自主基本理论的指导下，结合具体案例具体分析。

再次，我们可以尝试建立"我国大学自主权与国家行政权的分权配置关系"的个案分析框架。在具体个案中，教育行政机关的管理行为是否符合上述"我国大学自主权与国家行政权的分权配置关系"，可以遵循以下分析路径。第一，教育行政机关管理行为正当与否取决于该行为是否对大学学术自由产生"根本危害"。至于如何判断是否构成"根本危害"，可以参考德国联邦宪法法院的相关判例："只要立法者在以上学术自由保障意义范围内采取达充分程度之措施以确保组织上之相关基本权主体之自我决定，则其剩下的部分便享有裁量权。""只要教学与自由之诸结构能够获得充分确保，则立法者得自由形成相关基本权主体所得参与校务的种类与方法"。① 这一标准在中国语境下可以表述为，只要能充分保障学术工作者的参与权，保障学术研究之自由形成，那么，教育行政机关的管理行为就符合正当性的论证要求。第二，具体来说，可以从以下几个方面来更细致地考察教育行政机关的行为：（1）该行为本身是否侵害学术自由基本权主体的参与权。学术自由基本权主体又包括大学以及大学教师等相关人。教育行政机关的行为是否压制了相关主体对大学事务的参与权；（2）教育行政机关的行为所引发的争议是否具备可诉性。如果该争议缺乏救济途径，那么其正当性也难以证成；（3）教育行政机关的行为是否为相关学术自由基本权主体的自由教学、研究预留空间。若教育行政机关的行为完全挤压了学术自由基本权主体的学术自由空间，那么其正当性将难以证成。

（三）美国"学术遵从"的司法原则

尊重大学的专业性与自治性，尽可能得避免干涉大学事务，是美国法院在审判涉及高等教育机构的案件时的一贯态度。② 在处理以高等教育机构为主体的各类案件的两百年历史中，美国法官曾依据不同的法律理论与司法方法，尽可能地遵从高校在学术研究、人事管理、学生录取、教学与纪律管理等内部管理事项方面作出的决议。法院的这一克制态度被学者归纳为"司法的学术遵从"（academic deference）或"学术问题上的司法克制"（academic abstention）原则。③ 这一概括的原则在何种社会历史背景下产生？又是如何在此两百年间顺应大学的发展变化而不断演变的？具体又曾表现为何种法律形式呢？

---

① 以上参考 BVerfG, Beschl. v. 26.10.2004, NVwZ 2005, S, 315, 320. 转引自黄锦堂. 德国大学法"新公共管理"改革之研究——兼论我国大学行政法人化相关草案［J］. 政大法学评论. 118：202 – 203.

② Leas Terrence, *Ph. D. Evolution of the Doctrine of Academic Abstention in American Jurisprudence*（The Florida State University, 1989）, p. 76.

③ 美国学术界对这一原则采取了不同的提法：这一提法最早出现在哈里爱德华兹和弗吉尼亚诺丁合著的《高等教育与法律》（1979）一书中，此后一直被沿用。虽然对于"学术遵从"首否构成一项独立的美国法律原则，在美国高等教育法学理论界尚存争议。有学者指出，"由于法院从来没有发展出连贯的理论或形成同意的案例群体，故所谓的"学术遵从"只能称为司法克制态度在应对特定案件时的一种具体表现，参见 Byrne J. Peter, "Academic Freedom：a Special Concern of the First Amendment", 99 *Yale L. J.* 251（1989）。但美国司法有限审查大学内部管理事项的倾向无疑得到了学者的普遍认同。参见 Amy Gajda. *The Trials of Academe*［M］. Boston：Harvard University Press, 2009：Chapter. 2.

1. 18 世纪末至第二次世界大战：对高校自治的绝对保护

美国历史上第一起以高等教育机构为诉讼主体的案件发生于 18 世纪 90 年代。① 1779 年，因课程调整而被解聘的文法专家布兰肯教授（Bracken）将威廉与玛丽学院（William & Mary College）的校董会诉至法院，提出依据校规，校方无权在其没有严重失范行为的情况下做出解聘决定。而校方的辩护律师，日后的大法官约翰·马歇尔（John Marshall）却提出，依据慈善机构免责（charitable immunity）的法律原则，法院对此案不具有管辖权。② 即便法院有权审理此案，校董会也并未僭越其权力，因为法官根本没有任何审查大学决议是否明智的法律基础。法院最终据此驳回了布兰登的诉请。③ 作为大学与法院的第一次遭遇，这起案件为美国法院在处理类似纠纷中倾斜性地保护大学自治的立场奠定了基调。

自建立伊始，美国的大学即笃信学术自治的理念。依照当时的主流观点，教育只有在超越教会、国家以及主流意识形态控制的环境中才能实现其功能，故高校必须尽可能地免受来自宗教、政府与社会舆论的压力。④ 作为司法对这种观念的回应，在第二次世界大战以前，美国的大学几乎享受着"免责"的待遇，像当时的政府机构、慈善机构和家庭组织一样，高等教育机构几乎被排除在了法院的审查之外，且在某种意义上驾临于法律之上。⑤ 由于法院一方面担心不具备专业知识的法官无法胜任裁断学术决议的能力，同时又极其尊重高校传播知识文化，促进科学与技术进步的重要社会功能。故在这一段近两百年的历史中，法院在审查高校活动的过程中几乎无一例外地体现出了克制态度。

具体而言，法院针对高校中的不同法律关系，采用了不同的法律理论以确保大学享有最大程度的自治权。就外部关系而言，法院以联邦宪法与州宪法为基础，保护大学自主权免受政治力量的侵害。通过 1819 年的达特茅斯学院诉伍德沃特案，⑥ 法院建立起了对私立大学的宪法保护。法院认定达特茅斯学院建校时获得的特许状（charter）具有契约性质，受到联邦宪法的保护，故政府对于学院的操控侵害了学院的合同权利，构成违宪。在判决书中，法官马歇尔阐

---

① Bracken v. Vistors of William & Marry College, 5 Va. 573 (1790).

② 慈善免责原则源自 19 世纪的英国，意指慈善组织免于承担侵权法上的责任。

③ Amy Gajda. *The Trials of Academe* [M]. Boston：Harvard University Press, 2009：20 - 24.

④ Leas Terrence, *Ph. D. Evolution of the Doctrine of Academic Abstention in American Jurisprudence* (The Florida State University, 1989), pp. 1.

⑤ D. Bickel & Peter F. Lake. *The Rights and Responsibilities of Modern University* [M]. Durham：Carolina Academic Press, 1999：22.

⑥ Trustees of Dartmouth College v. Woodward, 17 U. S. (4 Wheat.) 518 (1819).

述了这样的观点："社会将不仅受益于私立大学的存在，更将受益于这些机构持续的独立性。"这起案件因为确立了对契约的宪法保护而在美国法律史上占有重要地位。而从保护大学自治的角度而言，这起案件从宪法的高度确立了对政府干涉高校内部事务的禁止。

但从另一个侧面而言，学生与教师的权利却在这一时期成为了法院绝对态度的牺牲品。学生基于宪法而提起的诉请往往得不到法院的支持。一方面，宪法仅约束国家行为（state action），而美国的高校同国家发生联系是在19世纪中叶以后的事情；而另一方面，接受高等教育被定位为"特权（privilege）"而非权利，故依据宪法理论，高校可以合宪地剥夺学生的"特权"①。与此同时，在其他类型的法律关系中，法院认定高校与学生的法律关系同家长与子女的关系性质相同，故大学在对学生进行管理时事实上享有不受限制的权力②。这一做法即"替代父母"的法律原则（In Loco Parentis Doctrine）。以1928年的安东尼（Anthony）诉雪城大学案为例③，法院认定依据学生入学时与高校达成的协议，大学虽然不得恣意作出纪律处分决议，但在判断哪些行为将有碍于建立良好的校园学术环境与道德标准时，具有绝对的自由裁量权。故校方在对学生作出处分决定时，仅需履行充分的说明义务。法院在对大学的相关决议进行干涉时总是慎之又慎。

而在人事管理方面，大学在这一阶段也拥有绝对的权力。无可否认，保护雇员权利的法律规范在这一历史阶段存在整体上的欠缺。在现代劳动法与民事权利保护规则确立之前，雇员一方往往难以获得司法救济。但比起其他机构的员工，大学的教师们的处境则更为不利。为维护学术自治，即便在能够找到有利于教师一方的法律依据的情况下，法院仍坚决地维护大学决议。1894年的吉莉安（Gillan）诉师范大学案即是很好的证明。④ 虽然在吉莉安与师范大学签订的聘用合同中明确约定了后者只能在教师存在严重失范行为的情形下才能作出开除决定，但威斯康星高等法院在判决中依旧认定，依据校规，师范大学作出开除决定的自治权不受该合同条款的限制。

---

① Michael A. Olivas. *The Law and Higher Education*：*Cases And Material on Colleges in Court*，[M]. Durham：Carolina Academic Press，2006：Chapter 2.

② William A. Kaplin. "law on the Campus，1960—1985" [J]. *Journal of College and University Law*，1985，（12）：269–299.

③ Anthony v. Syracuse University 231 N. Y. S. 435（1928）.

④ Gillan v. Board of Regents of Milwaukee Normal School，88 Wis. 7，58 N. W. 1042.

2. 二战后至 20 世纪 80 年代:"学术遵从"的理性化

第二次世界大战以后,美国高校的整体环境发生了极大的变化。首先,大学的规模在战后急剧扩张,学生与教师的数量开始迅速增加。不同社会阶层与背景的成员涌入高校,带来了更多样化的理念,并逐步开始改变旧有的"游戏规则";其次,通过各种社会计划以及对学术研究的支持,美国政府开始越来越多地同高校发生联系。私人基金会也逐步增加了对大学建设的投入;再次,这一阶段发生的一系列社会运动与政治运动,如民权运动、反战运动,也给校园环境带来了极大的冲击。大学越来越多地同外部社会发生联系,使高校在法律上的特殊地位变得难以维系。①

20 世纪 70 年代,美国国会进行的一系列立法活动直接影响了大学中的法律关系。1972 年,国会修改 1964 年民事权利法(Civil Rights Act of 1964)中的第 12 条,将对于种族与性别歧视的禁止拓展到了之前不受约束的高校雇佣关系中。同年颁布的教育修正案(the Educational Amendments of 1972)第 IX 条规定,接受联邦经费的高等教育机构禁止进行任何形式的性别歧视。1973 年的康复法(rehabilitation act of 1973)规定,禁止歧视"符合聘用标准的残疾人";1974 年的巴克利修正案(Buckley Amendment of 1974)以保护隐私权为目的,对学生资料的运用进行了规定。② 这些成文法规的实施为诉讼提供了新的法律平台。

在这些因素的影响下,法院"袒护"高校的绝对态度开始有所动摇。首先,宪法的相关理论在这一时期得到了重要的发展。法院在更大程度上认可了学生的言论自由以及"正当程序"权利。以 1972 年的希利诉詹姆斯案(Healy v. James)为例,法官鲍威尔(Powell)在判决书中指出:"虽然大学的管理者享有广泛的裁量权,但学生的权利在受到侵害时同样应当得到救济,大学的环境虽然特殊,但并不能完全被排除在宪法的约束之外。"而道格拉斯法官则在不同意见书中进一步指出,向高等教育机构的管理层致敬的世代已经结束,在学生的新观念和高校的传统观念与教条发生冲突时,没有理由给予大学特权。③

但总体上而言,这些冲击并未从根本上改变法院保护大学自治的基本态度。

---

① Leas Terrence. *Ph. D. Evolution of the Doctrine of Academic Abstention in American Jurisprudence* (The Florida State University, 1989), pp. 23 – 24.

② Amy Gajda. *The Trials of Academe* [M]. Boston: Harvard University Press, 2009: 6.

③ Healy v. James, 408 U. S. 176

美国法院在这一时期首次确认了对"学术自由"的宪法保护。① 这一宪法权利的确立同美国大学教授协会（The American Association of University Professors, 下问简称 AAUP）的长期斗争有着密切的联系。该协会在《1940 年关于学术自由原则与终身教职的宣言》（1940 Statement of Principles on Academic Freedom and Tenure）中提出"教师应当在研究与发表成果"以及"课堂讨论"中享有充分的自由。与此同时，AAUP 还建立起了非官方的大学调查与监督制度。这些行动极大地改善了美国大学教师在大学中的处境，成为了约束高校的"软法"。

1957 年，在斯威齐（Sweezy）诉新汉布什尔州案中，② 美国最高法院采纳了 AAUP 倡导的"学术自由"概念中的主要因素，将其作为宪法第一修正案所认同的价值。这起案件的多数意见以教师个人基于第一修正案而享有的学术自由权为基础，认定政府对于教师在课堂上的言论自由的干涉违反宪法。③ 而法官弗兰克福特（Frankfurter）则在对判决结果的并存意见书中（concurring opinion）表达了对于学术自由更为激进的保护态度。他们认为这起案件的要害并不在于对教师个人学术自由的干涉，而提出应当直接建立对"政府干涉大学学术活动"的宪法禁止，即高等教育机构为主体的学术自由。依据法官弗兰克福特的观点，保护大学的学术自由是出于社会整体利益的需要，他提出，"知识是社会的基本需要"，"除非在必要的紧急情况下，政治权力必须避免介入这项自由的活动，这不仅是基于政府利益的考虑，同时也符合人民的福祉"。④ 他还引用了南非开放大学的宣言以界定大学学术自由的核心内容，指出"影响大学氛围的最重要的四项自由为：大学基于其学术标准而自主决定由谁授课，教授什么内容，教学方法以及学生录取标准的自由。这一解释成为了其后美国法院认定大学自治权限的重要判断标准。⑤

此外，在密苏里大学诉霍洛维茨（Horowitz）案中，美国最高法院更明确表

---

① 美国第一修正案意义上的"学术自由"保护包括两层含义：首先，以高等教育机构为主体，以保护大学自治为核心内容；其次，以教师或学生为主体，保护个人的言论与研究自由。这两方面的保护在某些法律纠纷中，特别在涉及教师与高校关系的法律纠纷中会发生冲突。参见 Rornald Dworkin. *Freedom's Law：The Moral Reading of the American Constitution* [M]. Boston：Harvard University Press，1996：Chapter 2.

② Sweezy v. New Hampshire，354 U. S. 234，236 – 237（1957）.

③ 在 1978 的加利福尼亚大学诉巴克案中 Regents of the University of California v. Bakke 438 U. S. 265（1978），美国法院第一次通过多数意见确立了对高等教育机构学术自由的宪法保护。

④ Sweezy v. New Hampshire，354 U. S. 234，236 – 237（1957），261 – 262（Frankfurter，J.，concurring in the judgment）.

⑤ Regents of the University of California v. Bakke，438 U. S. 265（1978）.

明了反对将严格的宪法正当程序要求带入大学争端的立场。指出大学的良好氛围有赖于教师与学生之间，以及他们相互之间的良好关系，在性质上属非对抗性，过分严格的程序要求有百害而无一益。同时，大学制定自己政策的自由，也不应当受到正当程序要求的过分束缚。①

3. 20 世纪 80 年代至今："企业化"的大学带来的新挑战

自 20 世纪末期起，美国高等教育机构的法律地位继续顺应外部社会环境的变化而变化。一方面，二战后美国高校的变化趋势持续带来影响；而另一方面，新的社会变革也不断给大学带来新的法律挑战。首先，随着民权运动的深化，大学不仅需要面对上一历史阶段倡导的性别与种族平等问题，残疾、同性恋等群体也开始在校园中要求平等的待遇；其次，由于 80 年代美国经济的衰退，政府与私人基金的支持开始跟不上高校的发展，负面影响首先落在了低收入家庭与弱势群体的肩上，新的民事权利纠纷由此产生；再次，1994 年后，强制退休被美国成文法所禁止，在职位有限的情况下，高校中教师新老交替的矛盾开始凸显，曾在高校制度中处于核心地位的"终生教授制度"受到了越来越多的攻击。②

在这一阶段美国的大学出现了商业化、多样化、科技化以及全球化的趋势。具体而言，"高效益"与"高回报"的商业化标准开始影响传统的学术判断标准；多元化的文化因素与多样化的生活方式在校园这一紧密联系的社团中发生碰撞，引起新的纠纷；万维网的广泛运用给学生纪律管理，知识产权保护以及学术行为的监督都带来了新的挑战；而全球化的影响则主要体现在了国际交往的增多以及学生与教师成分的变化上。③ 这些变革给高校带来了更多的法律责任与法律纠纷，以大学为主体的法律诉讼的数量在这一阶段急剧增加。根据韬睿－通能咨询（Tillinghast－Towers Perrin）在 1997 年对教育机构法律责任保险所进行的调查，90 年代中期，此类法律诉讼的数量在五年间整整翻了三倍，大学内设的法律顾问机构无论在作用上，还是在处理案件的数量上，都达到了前所未有的程度。④

为了回应高等教育领域所产生的变革，美国法院自 20 世纪末起，逐渐改变

① Board of Curators, Univ. of Missouri v. Horowitz, 435 U. S. 78 (1978).

② William A. Kaplin, Barbara A. Lee. *The Law of Higher Education* [M]. San Francisco, CA: Jossey－Bass Press, 2006: 6－24.

③ William A. Kaplin, Barbara A. Lee. *The Law of Higher Education* [M]. San Francisco, CA: Jossey－Bass Press, 2006: 18.

④ Amy Gajda. *The Trials of Academe* [M]. Boston: Harvard University Press, 2009: 3.

了旧有的克制态度，变得越来越热衷于处理高等教育机构的内部事务。2007 年，法院甚至将被认为是大学自治制度核心的"同行评审"，也被纳入到了司法审查的范围中。① 大学自治同司法审查之间原有的平衡在社会变革的冲击下被打破。面对社会对于大学内部管理活动合法性要求不断增加的现实，坚守完全遵从大学决议的作法变得不再现实。在审查高校决议的过程中，法官们的立场从绝对捍卫学术的秩序与权威转变为对正义性的强调。而在新的成文法规定以及新的民事权利保护要求的武装之下，司法在此类纠纷的解决中开始发挥更大的作用，态度也变得更为积极。

4. 学术遵从：司法在干涉大学事务上的克制

在两百年的发展历程中，美国的学术遵从原则经历了从绝对保护大学自治向合理保护的过渡。而在过去的 30 年间，面对急剧变革的大学环境，学术遵从原则必将面临新一轮的调整与变化。总体上，我们可以对这一原则中相对稳定的部分作出如下的归纳。学术遵从原则是指司法在学术问题上对专业意见的遵从，法院在审理以高等教育机构为主体的案件的过程中，将尽可能地避免干涉依赖专业知识与教学经验而作出的高校决议，其中包括学生的录取与评定、教师聘用、晋升与终身教职资质评定等，对于此类问题，法官将不以他们自己的判断来取代大学专业性的判断。② 这一法律原则建立以司法对于高等教育机构专业性的认可为基础。一方面，法院认为高校的教育者与管理者们掌握着他人所不具备的专业知识、教育技能与道德品行，故作为学术环境的"外行人"的法官难以取代他们的角色；而另一方面，法官注意到了学术环境的特殊性，认为司法对大学自治的干涉无疑将打破其内部微妙的平衡，进而严重阻碍高等教育机构的正常运作。

学术遵从的原则贯穿着美国法院审理此类案件的每一个环节，并在不同类型的诉讼中以不同的形式架构。在宪法诉讼中，大学或者大学教师可以基于第一修正案的学术自由而提出要求法院遵从的诉请；在成文法案件中，学术遵从往往被建立在规范解释的基础上。由于美国国会在制定相关法律规范时业已确立了遵从学术决议的立场，故法院在作出裁断时亦须持相同的态度。在其他类型的案件中，特别是在以普通法为基础的合同或者侵权类诉讼中，公共政策或

---

① Qamhiyah v. Iowa State University, 245 F. R. D. 393 (S. D. Iowa 2007)。在本案中，法院命令爱荷华大学提供 41 份涉及原告对终身教授评定中的歧视指控的文件，包括评审委员会的报告草案，记录以及相关的电子邮件。

② Leas Terrence, *Ph. D. Evolution of the Doctrine of Academic Abstention in American Jurisprudence* (The Florida State University, 1989), p. 257.

法律政策的考量则可能成为学术遵从的基础。

在裁判具体个案的过程中，对于是否给予高校决议以遵从以及何种程度的遵从，法院主要采用了以下三个判断标准。第一，学术性标准：这也是运用这一原则的首要标准，法院必须首先判断案件涉及的高校决议是否是一个实质意义上的学术决议。法官斯蒂文森在密歇根大学诉尤因案①的判决中指出的，实质意义上的学术决议应当在很大程度上是学者和教师依据他们的专业知识而作出，通常具有一定程度的"主观性"和"任意性"，是教育者或学者作出的"职业判断"，故难以采用司法的程序性要求和理性标准加以审查；第二，判断能力标准：法院需要比较自己与高校在裁断系争问题上所具备的能力，决定哪里一个机构更适合作出最终决定。这一个标准同上文所诉的"学术性"标准密切相关。例如，法官在审查涉及高校惩戒决定的纠纷而非涉及教学决议的纠纷时，其对前者具备更高的裁断能力。类似的，如果引起争议的是高校的决议程序而非决议内容本身，则法院具备更高的裁判能力；第三，社会效果标准：当法院审查或推翻高校决议将极有可能给高等教育机构带来过分负担，并进而影响其执行教育职能时，法院往往更倾向于遵从大学决议。这一标准源于法院对于此类案件整体社会效果的考虑以及对保护大学教育功能的强调。在贾农诉芝加哥大学案②中美国最高法院指出，当司法审查将给高等教育机构带来"极高的成本与繁琐的工作，从而造成不合理的负担"时，法院即应当遵从高校决议。③ 而在这三个主要判断标准之外，法官通常还会考虑被诉大学的属性以及大学内部决议程序的合理性。

依据上述因素，法官将在审理具体个案的过程中，灵活采用不同的审查标准以及与之相适应的证明标准。总体上，美国法院的采用的审查标准可以分为三类，其中遵从程度最高而审查程度最低的为"（非）武断而恣意（Arbitrary and Capricious）"标准，大学只需要证明自己作出的决定并非没有理由或者非理性；其次为实质证据标准（Substantial Evidence），大学被要求出示清楚而有说服力（clear and convincing）的证据；而要求最高的标准为重作审查（De Novo），法官几乎完全不遵从大学决议，而要求其出示全部的关联证据，全面审查决议。这样的作法给予了法院应对高校复杂环境的充分的灵活性。④

---

① Regents of the University of Michigan v. Ewing, 474 U. S. 214 (1985).

② Cannon v. University of Chicago 441 U. S. 677 (1979).

③ William A. Kaplin, Barbara A. Lee. *The Law of Higher Education* [M]. San Francisco, CA：Jossey – Bass Press, 2006：126 – 139.

④ 在美国，由于私立高校不受宪法的约束，故往往比公立高校拥有更大的自主办学空间。

（四）大学自主界限的司法实践

面对大学与其学生之间的诉讼时，我国法院常以"尊重大学自主"之名来回避司法审查。然而，受侵害的权利得到救济是人类普遍的正义诉求，在受害学生群体不停为自己权利而斗争时，我国司法界也悄悄发生了变化。最高人民法院于 2011 年审结的再审案件——甘露诉暨南大学开除学籍决定案，在保护大学生合法权益上迈出了重要的一步。但这一刊登在最高人民法院公报上的甘露案，在关照甘露受教育权同时却忽略了法律论证的一般方法，这在法学界引来一片质疑之声。① 同时，该判决忽略了暨南大学是享有一定学术自主权的主体，仅将其行为视为一般行政行为来分析论证，更未对甘露的受教育权与暨南大学的利益做恰当的衡量，因而，在积极救济甘露受教育权的同时有过度介入大学事务之嫌。

那么，甘露案受质疑的根源在哪里？法院在审查大学诉讼案时，应如何协调学术遵从的传统与救济学生权利的要求？而这一协调立场又应如何体现在具体的审查技术上？下文将围绕以上这些问题展开探讨。

1. 高校诉讼困境之源：国家与大学间关系规范的缺失

甘露案的基本案情是：甘露原是暨南大学硕士研究生，其于 2005 年参加现代汉语语法专题科目的撰写课程论文考试时，先后两次提交的考试论文，都被任课老师发现是从互联网上抄袭。2006 年 3 月 8 日，暨南大学给予甘露开除学籍的处分。甘露不服，向广州市天河区人民法院提起诉讼。在被判"维持开除学籍的决定"后，甘露向广州市中级人民法院提起上诉。广州市中级人民法院维持了原判。甘露又向最高人民法院申请再审，最高人民法院提审了本案。本案的焦点问题是：甘露两次抄袭他人论文作为自己的考试论文的行为是否应给予开除学籍的处分。对此，一审、二审法院均持肯定态度，而最高人民法院作出了否定的回答。②

对于甘露案，最高人民法院的论证重点是：甘露在课程论文中的抄袭行为是否属于《普通高等学校学生管理规定》第 54 条第（5）项的规定"剽窃、抄

---

① 陈金钊，杨铜铜. 重视裁判的可接受性——对甘露案再审理由的方法论剖析 [J]. 法制与社会发展，2014（6）；蔡琳. 不确定法律概念的法律解释 [J]. 华东政法大学学报，2014（6）；施立栋. 立法原意、学术剽窃与司法审查——'甘露案'判决论理之检讨 [J]. 行政法论丛，2013（00）；吕玉赞. 案件说理的法律修辞方法选择——以甘露案再审判决书为例 [J]. 东方法学，2015（1）.

② "甘露不服暨南大学开除学籍决定案"，载于《最高人民法院公报》，2012 年第 7 期。

袭他人研究成果"。对此，本案法官以"立法本意"来解释"剽窃、抄袭他人研究成果"，而将其限定为"高等学校学生在毕业论文、学位论文或者公开发表的学术文章、著作，以及所承担科研课题的研究成果中，存在剽窃、抄袭他人研究成果的情形"。其认为"甘露作为在校研究生提交课程论文，属于课程考核的一种形式，即使其中存在抄袭行为，也不属于该项规定的情形。因此，暨南大学开除学籍决定援引《暨南大学学生管理暂行规定》第 53 条第（5）项和《暨南大学学生违纪处分实施细则》第 25 条规定，属于适用法律错误，应予撤销"。

然而，这一直接诉诸"立法本意"的限定解释方法遭到了诸多法学者的质疑。有学者认为，该案法官"既未提供相应的立法资料，也未提供相应的法律规范的规定或是法教义"，而"无从证成其解释的合理性"。在此基础上，该学者甚至认为"本案中法官所限定的'剽窃、抄袭'并非基于歧义而产生，也非基于概念外围的不确定性通过学术判断而形成"，是本案法官"不需要解释而强加解释"。① 但从本案的判决书来看，原告及其代理律师一直主张对甘露行为应定性为"考试作弊"而非校方认定的"剽窃、抄袭"，可见，其对"剽窃、抄袭"的概念存在争议，是需要解释的。至于应如何解释"剽窃、抄袭"，有学者敏锐地觉察到高教领域的"剽窃、抄袭"与著作权法领域"剽窃、抄袭"的区别，而主张"对学术剽窃行为的认定，不必像著作权法那样以剽窃作品的公之于众为前提，而重在判定其行为是否构成了对学术同行竞争关系的侵害和对作品受众信赖利益的辜负"。② 问题是，为什么高教领域的"剽窃、抄袭"享有这一特殊性而应予以区别对待？进而追问，在尊重大学领域纠纷特殊性的同时，是否以及应如何实现法治的一般价值与相关人权利保护？遗憾的是，目前就甘露案展开的讨论，多是围绕法律论证的一般理论展开，而未深入探讨高教纠纷的特殊性，而难以为这一领域纠纷提供有意义的理论总结。北京大学湛中乐教授对高教纠纷有持续的研究，也认识到"大学的多重角色，使得校规的具体法律地位一定程度上呈现扑朔迷离的状态"，但湛教授背离了法律解释的一般路径，而径直诉诸"价值冲突处理方法"，③ 其论证的合理性能否被广泛接受不得不让人存疑。

---

① 前引，蔡琳文。
② 施立栋. 立法原意、学术剽窃与司法审查——'甘露案'判决论理之检讨 [J]. 行政法论丛, 2013（00）.
③ 湛中乐. 教育行政诉讼中的大学校规解释——结合甘某诉暨南大学案分析 [J]. 中国教育法制评论, 2012（00）.

总之，无论是最高院还是法学界均未能对甘露案给出具有说服力的判断。究其根本在于，我国大学与国家间的关系缺失立法上与理论上的清晰界定，导致司法机关无法正确把握审理此类案件所应秉持的立场。最高人民法院在甘露案中回避了"大学与国家间关系"这一敏感话题，忽略了大学本应是享有学术自治权的主体，而仅将其视为一般行政主体，因此其在本案中对甘露受教育权的救济是否合理、公正，是否因为未对甘露受教育权与暨南大学利益做衡量分析而导致"过度救济权利"，则难免让人怀疑。同样，"大学与国家间关系不清"也是导致甘露案前，各法院对涉及大学纠纷消极不审的根源。

那么，在国家与大学间规范缺失的情况下，司法应如何审理大学与学生间纠纷呢？从世界范围来看，多数国家未以明确的立法语言来具体界定大学自主范围，而是在司法审查尤其是具有实效的违宪审查制度运作过程中来个案地探讨这一问题。我国法官尤其是最高人民法院法官也同样不需要等待立法对国家与大学间关系规范的确定，而完全可以在个案中，以充分地说理与论证来尝试划定两者之间的界限。众多个案集腋成裘，最终形成确定的国家与大学间关系的规范。而在规范形成的同时，个案之争也得以解决。本文写作目的旨在为我国的国家与大学间关系规范经由司法审查途径事实上形成之前提供些许理论支持。

2. 司法立场：有限的学术遵从

大学与国家间关系之规范在很大程度上受制于一国的教育历史传统、社会观念、政治体制等，可以说或多或少离不开"政治决断"，属于事实问题。但是，由于学术规律的必然性，以及大学天然具有世界性格——"大学之世界精神是一座无远弗届的桥梁"，① 在这些纷繁复杂的事实背后，亦可发现存在着具有普适性的规范。基于上述认识，本文回溯大学发展历史来探求大学之所以享有排除国家干预的自治地位的理论逻辑，并重点选择现代大学制度实践较为完备且相关司法审查较为成熟的美国等国家和地区为研究对象，提炼出大学与国家关系之应然规范，并结合我国高教法领域相关事实，推出我国特别是司法机关处理大学与国家关系所应遵循的基本规范。

（1）大学学术自由的理论逻辑

真正与现代大学有传承关系的学术组织乃始于欧洲中世纪。中世纪大学在自治城市、行会蓬勃兴起的背景下自发产生。当时的大学自主属于社会自治的范畴，其之所以获得国王、教会的认可，而具有法律效力，与大学所推行的

---

① 金耀基. 大学之理念［M］. 北京：生活·读书·新知三联书店，2001：75.

"传授知识之博雅教育"宗旨密不可分。中世纪大学的宗旨是教授或学习特定的知识，"是为绅士提供社会习俗对其提出的素质要求所需要的更加广博、更加精深的文化熏陶"。① 因此，在中世纪社会结构中，大学处于权力与特权的中心，受到国王、教皇的保护甚至是遵从（defer）。② 而这样一种重要性或特殊地位，通过学者们持续研究教义与法律中的重要问题，以及对宗教与社会事务表述其研究结果而得以加强。③

除了"传授知识之博雅教育"这一宗旨让大学获得不同于一般自治体的自治地位外，"致力于探求真理的科学研究"这一宗旨也是大学之所以得以自治的重要理论逻辑。1810 年，威廉·冯·洪堡（Wilhelm von Humboldt）在柏林大学的组织计划中指出，"大学的本质在于，大学始终要将学术当作一个尚未完全解决的问题加以处理，并且持续地探索，从而学术的理念在于去除任何形式的国家干涉……国家必须确保大学的自由"。④ 在他看来，"特立独行和崇尚自由是科学王国里流行的原则"。国家不应该干预大学内部事务，"应当铭记的是，国家不要也不可能对大学的工作越俎代庖，一旦干预往往就会成为一种障碍"。⑤ 在洪堡等人的倡导下，保障大学的学术自由逐渐成为德国社会共识。1848 年 10 月，几乎全德各大学代表齐集耶拿，要求在宪法中保障"完全的教学与学习自由"。不久之后，普鲁士国王下令废除压制学术自由的法令，在当时草拟的《法兰克福宪法》中，首次将保障学术自由的条文列入宪法基本权项目中。该宪法第 152 条规定："学术及其教学是自由的。"虽然该宪法因国王拒绝接受而流产，

① 弗里德里希·包尔生. 德国大学与大学学习［M］. 张弛，等译. 北京：人民教育出版社，2009：1.

② R. Hofstadter & W. Metzger, *The Development of Academic Freedom in the United States*, Columbia Univ. Press（1955），P5 – 6.

③ 比如，在 14 世纪早期，巴黎大学的神学家以其对知识的权威掌控力，甚至使教皇约翰二十二世威信扫地，不得不向知识权威低头。教皇作为秘密神学家，支持有关天福直观（指圣徒灵魂在天堂对上帝的直接认知）的教义——这是神学家们在一个世纪前就明确宣布反对的。在该事件中，巴黎大学神学家重申了其早期判断，并恳求法国国王实施之。在巴黎大学神学家们的坚持以及国王的支持下，教皇不得不做出"谦卑的认错"回应，"好像他是巴黎大学的年轻学生，因为异端邪说而面临着失去学士学位的风险"。Rashdall, *The University of Europe in the Middle Ages*, Ⅰ, 553. 转引自前引 8，R. Hofstadter & W. Metzger 书，P7.

④ 李建良. 大学自治与公立大学公法人化——以德国公立大学制度发展为借镜［M］//李建良. 宪法理论与实践（二）. 台北：新学林出版股份有限公司，2007：243.

⑤ 这是洪堡在就职演讲中，对大学组织工作的原则阐述的观点。参见前引，［德］弗里德里希·包尔生书，第 54 页。

但此规定在稍后制定的《普鲁士宪法》第 20 条中仍被采纳，正式成为宪法一部分。①

受德国启发，越来越多的国家如意大利、奥地利、日本等国将保障学术自由写进宪法。② 一些国家如美国，则以判例（如斯威齐案等）的形式确认了大学学术自由的宪法地位。③ 自此，国家与大学间关系得到初步划分。以"传播知识和科学研究"为内容的大学行为属于大学自主的范畴，国家不予干涉。从各国的司法实践来看，作为国家代表之一的各国法院，普遍相信大学内的科学争议应通过科学方法而不是诉讼来解决，而往往对大学纠纷不予受理。即使受理了这一类型诉讼，也认为"只有学者能够深刻理解它（高深知识）的复杂性"，④ 所以选择由学者自己来解决这一领域中的问题。因此，审理大学纠纷时，法院往往倾向于尊重大学的主张。在国家与大学关系通过立法或判例得以确立的前提下，司法机关处理大学纠纷就有理可据而更加自信。对那些以"传播知识和科学研究"为内容的大学学术决策，法院更加坚定地秉持其一贯的学术遵从司法立场。

然而，需要指出的是，各国虽普遍确认了大学学术自由的宪法价值，但对于大学在什么范围内享有自由，并未清晰界定。以美国为例，联邦最高法院在论证大学学术自由的正当性基础以及由此确定的自由范围时，显得含糊不清。比如，在斯威齐案中，最高法院将"学术自由"作为赋予学术自由以宪法地位的正当性基础——"学术在怀疑、不信任的氛围中无法繁荣发展；教师和学生必须在任何时候都能够自由地进行探索、研究和评论，以获得新的进展和新的知识，否则文明将腐败并死亡"。⑤ 这里，我们可以推出宪法保障大学学术自由在于保护大学的学术价值。而在凯伊西安案中，最高法院又认为保护学术自由

---

① 此后，对学术自由的宪法保障为以后德国宪法所继承，成为德国宪法的一个特色。例如，魏玛宪法第 142 条规定："艺术、学术及其教学是自由的，国家应予保护并奖励之。"而考虑到纳粹政权期间，学术自由非但未被保障，还被少数学者滥用而为独裁政权做帮凶，德国基本法第 5 条第 3 项规定："艺术与学术、研究与教学均是自由的。教学自由不能免除对宪法之忠诚。"周志宏. 学术自由之过去、现在与未来［M］//李鸿禧. 台湾宪法之纵剖横切. 台北：元照出版社，2002：19.

② 谢海定. 作为法律权利的学术自由［J］. 中国法学，2005（6）.

③ 管瑜珍，陈林林. 作为宪法未列举权利的学术自由——美国最高法院的判例与法理［J］. 浙江社会科学，2011（12）.

④ 罗伯特·波斯特. 民主、专业知识与学术自由［M］. 左亦鲁，译. 北京：中国政法大学出版社，2014：31.

⑤ Sweezy v. New Hampshire, 354 U. S. at 250 – 251（1957）.

是为了保护思想市场——"教室是特殊'思想市场'①。国家的未来依赖于通过高强度的思想交流而训练出来的领袖，他们在不同意见中而不是权威指导下发现真理"。② 这里，大学学术自由的范围又应该覆盖大学的"民主价值"。联邦最高法院判例的不一致导致了学术界对大学学术自由是否应同时覆盖学术价值与民主价值这一问题争论不休。这一混乱导致的直接结果是美国各级法院做出的有关学术自由的判例欠缺一以贯之的理论基础而杂乱无章。学术自由的界限或国家与大学间的关系需要新的判例来更明确的界定。而这一规范上的需求在大学商业化发展以及法治、权利理念深入推广的社会背景下变得更具现实迫切性。

（2）大学自主与权利保障的碰撞：有限学术遵从司法立场的确立

随着传统大学向"巨型大学"的转型，大学的商业化趋势越来越明显，已不复当年纯粹以"传播知识与科学研究"为宗旨的大学。③ 尤其是随着各国以"权利"来思考其期待的取向不断加深，简单地给大学行为贴上"学术标签"就排除国家干预已不再具有正当性。越来越多的大学纠纷走上司法救济之路。以美国为例，20 世纪 90 年代以来，涉及大学的诉讼案件量翻番。④ 在过去，这些争议不会超出系主任办公室的范围，而现在，大量的争议最后都出法院来做出终局裁决。⑤ 这些变化的事实再加上前文所述大学与国家间关系在规范上的不足，迫切需要更明确而具体地界定国家与大学间的关系。

以美国为例，近年来，联邦最高法院通过一系列判例更为细致地探讨了国家与大学间关系的界限。其中，具有里程碑意义的判例有格鲁特尔（Grutter）案、⑥

---

① 这一隐喻最先为霍姆斯大法官在 Abrams v. United States, 250 U. S. 616（1919）中使用。霍姆斯大法官在他对此案做的著名异议中写到："对真理的最好检测是在市场竞争中认可思想"。参见 250 U. S. 630（1919）。

② 385 U. S. at 603.

③ Amy Gajda, *The Trial of Academe: the New Era of Campus Litigation*, Harvard University Press 2009, P15 - 16.

④ Tillinghast - Towers Perrin, *A Summary of Findings from the* 1997 *Educators Legal Liability Coverage Survey*（New York: Tillinghast - Towers Perrin, 1998）. 转引自上书, P3.

⑤ Frederick Schauer, "Is There a Right to Academic Freedom?" 77 *Colorado Law Review* 907（2006）.

⑥ 虽然有学者更倾向于将此案视为对长久以来的悬案——大学"纠偏行动"的合宪性做出决断，但随后的司法实践证明，真正具有生命力的还是判决中确立的大学行为司法审查框架。Robert C. Post, The Supreme Court, 2002 Term - Foreword. "Fashioning the Legal Constitution: Culture, Courts, and Law", 117 *HARV. L. REV.* 4（2002）. 甚至一些学者对 Grutter 案是否包含真正的学术自由仍抱有怀疑。See Richard H. Hiers, "Institutional Academic Freedom - A Constitutional Misconception: Did Grutter v. Bollinger Perpetuate the Confusion", 30 *J. C. & U. L.* 531（2004）.

费雪（Fisher）案。格鲁特尔案重申了"大学学术决策应得到遵从"的司法传统。① 学者们通过解读该判例，对大学学术自由正当化基础逐步达成共识——是为保障学术研究、知识的获取而非保护思想市场。在此基础上，有学者深入挖掘大学学术自由宪法化的根源并非传统的民主正当价值，而在于"民主胜任"价值：保障大学以及身处其中的学者追求知识、科学研究的自由有助于增强个人认知能力，从而使其有能力参与公共对话，胜任其作为公民的民主角色。②

然而，在司法实践中，下级法院对格鲁特尔案再次确认的"学术遵从"进行了过度解读。甚至不少法院未经衡量学生等相关人权益与大学学术利益，而简单、直接地采纳了大学主张，直到费雪案的发生。③ 本案中，德克萨斯大学奥斯汀分校在研究生入学中将种族作为一个因素考虑，并承诺提高少数裔的入学率。一个叫费雪的高加索人，因入学申请被拒提起诉讼，主张大学在入学政策中考虑种族因素侵犯了其平等保护权。地区法院对大学决策予以遵从，第五巡回法院维持地区法院的判决，该案被诉至最高法院。肯尼迪大法官代表法院撰写了多数意见，认为第五巡回法院没有遵循格鲁特尔等案所确立的规则对大学决策进行严格审查，因而该判决无效。④ 肯尼迪大法官分两步细化大学责任，明确法院对此类案件所应持的态度。首先，根据格鲁特尔案确立的规则，大学关于"多样性对于教育任务而言非常重要这样的教育判断是我们应该遵从的"。⑤ 在此意义上，地区法院与巡回法院做出的考虑到大学的经验与专业应遵从大学决策的决定是正确的。其次，法院应深入审查此教育任务的具体实施是否满足严格审查的要求。"严格审查"要求法院仔细审查大学为获得多样性这一目的而采用的考虑"种族"因素这一手段，是否经过了审慎的设计而避免构成种族歧视；并且，是否"严肃且善意地考虑了可行的种族中立措施"⑥。在举证责任分配上，原告只需承担初步举证责任，而大学则需承担最终的举证责任。法院需要对此决策所涉及的所有证据进行严格、深入的审查与分析，才能接受大学的主张。即使在高等教育语境中，"严格审查"的标准都不得放低。地区法院与上诉法院犯了相同过错，即没有严格执行"严格审查"标准，没有审查大

---

① 前引，管瑜珍、陈林林文。
② 前引，［美］罗伯特·波斯特书，第36、71页。
③ *E. g.* Flint v. Dennison, 361 F. Supp. 2d 1215, 1221（D. Mont. 2005）; Nieman v. Yale Univ., 851 A. 2d 1165, 1172（Conn. 2005）.
④ *Fisher*, 570 U. S. ＿ ＿ ＿ ＿ （2013）.
⑤ *Grutter*, 539 U. S. at 328.
⑥ 同上引，at 339 - 340.

学是否提供了足够证据来证明其决策，而是简单地遵从大学的"善意"。① 费雪案澄清了实践中对格鲁特尔案的误解，在确认司法应遵从大学学术决策的同时，强调了如果该大学决策涉及学生的人权，就应该接受"严格审查"。法院应对涉案大学利益与学生权利等作恰当地比较与衡量，而不是盲从大学决策。

同样，在其他国家和地区，随着权利斗争的风起云涌，司法对大学决策的绝对遵从也在悄悄发生着改变。比如，在德国，随着行政法理论从"特别权力关系"到"特别管理关系"再到"重要性理论"的变迁，大学不再是法治的最后一块乐园，也需"接受公共权力行使一般要求之约束"。② 再如，在我国台湾地区，"大法官"针对台湾政治大学民族学系硕士班学生退学案做出的释字第563号，初步建构了司法对大学自主的正当性审查模式，即大学"有关章则之订定及执行自应遵守正当程序"。而随后针对考生郑某提请的声请案所做出的释字第626号，更是确立了实质正当性审查模式。在该号解释中，"大法官"在理由书第三段指出："系争'中央警察大学九十一学年度研究所硕士班入学考试招生简章'乃警大为订定入学资格条件所订定之自治规章，在不违背自治权范围内，固不生违反法律保留原则之问题，但仍受'宪法'所规定基本权之拘束。"③

综上所述，我们可以总结出司法审查大学决策的基本框架。一方面，考虑到大学学术自由对于国家、社会发展的重要意义，司法给予大学学术决策一定的遵从。另一方面，大学并非免于法治约束的自由王国，其应做到的最低法治化要求就是保证所为之行为在国家的宪法体系下，遵循宪法的整体价值追求，并与宪法所保护的其他具体价值，比如人权保障的价值相协调。而这一态度，本文将之提炼为"法治下的有限学术遵从"。

（3）中国确立有限学术遵从司法立场的基础

由于大学天然的世界品格，以及学术规律的共通性，前文所述其他国家、地区确立的司法机关与大学之间的规范可以作为一种比较法渊源，用于分析中国高教领域的法律纠纷，并可结合当下中国体制，建立我国自己的规范。

虽然我国缺失国家与大学间关系的明确规范，但可运用法解释学方法，从现有法律规范中挖掘出大学与国家间关系的规范内涵。综观我国《宪法》，最相

---

① *Fisher*, 570 U. S. ＿ ＿ ＿ ＿ （2013）.

② 前引，湛中乐文。

③ 周慧蕾，孙铭宗. 论大学自治权与学生权利的平衡［J］. 行政法学研究，2013（1）.

关的条款是第 47 条。① 虽然，多数宪法学者从公民的经济文化权利的角度来解释这一条款，但也有学者大胆指出从宪法第 47 条可以推导出学术自由。② 更有学者如林来梵教授在此基础上继续深入挖掘而引出"大学自主"理论，③ 将中国的大学自主界定为对学术自由的制度性保障，并从理论上对国家与大学间的关系进行了粗略的界定："在不完全否认或取消这种制度或对这种制度的本质内容进行制约的前提下，并不妨碍国家权力在合宪的范围之内对大学自治的具体内容进行合理的界定。"④

以上述学界的研究为基础，本文主张从我国《宪法》第 47 条中可推出大学与国家间关系的规范。具体而言，这一规范应包含两个层面的内容：第一，从《宪法》第 47 条可以推出保障大学学术自由的规范内涵。因为在我国，大学是最主要且最专业的从事传播知识、科学研究的机构。所谓的科学研究在很大程度上是指大学及其内部人员开展的研究工作。所以，《宪法》第 47 条所保障的"中华人民共和国公民有进行科学研究、文学艺术创作和其他文化活动的自由"，也必然要求保障大学开展科学研究等活动的自由。同时，这一规范因为大学所承担的"传播知识、科学研究"的职能而获得正当性——因为"充分的、不受限制的自由"是"一切科学活动的命脉"。⑤ 而这一正当性又可从前文对其他国家大学自主实践的比较研究中得到佐证。第二，如同人享有的学术自由受到内在制约，大学学术自由也应有其界限。也就是说，国家权力在合宪范围内，在不妨碍"大学自主决策"的前提下，可对大学自主决策的具体内容和方式进行合理界定。这是大学行使其学术自主权的内在要求，而在大学自主实践并不足

---

① 该条规定："中华人民共和国公民有进行科学研究、文学艺术创作和其他文化活动的自由。国家对于从事教育、科学、技术、文学、艺术和其他文化事业的公民的有益于人民的创造性工作，给以鼓励和帮助。"

② 比如肖蔚云教授指出：文化活动自由也称为学术自由，这是一项范围很广的权利自由。对这项权利自由的确认和保障，是国家贯彻实施公民思想自由和表达自由原则的一个具体体现。肖蔚云. 宪法学概论 [M]. 北京：北京大学出版社，2002：210.

③ 比如，林来梵教授认为，"具有一定专业性的文化活动又主要是以大学这种组织实体为中心而开展的，故尔对科学技术研究的自由、文艺创作的自由以及从事教育的权利的保障，就必然要求对大学自治进行保障。"其运用了规范分析的方法指出，"大学的自治与从事科学技术研究的自由以及从事教育的权利具有密不可分的关系，因此，从注释宪法学的角度上来看，其第 47 条也当然地蕴含了保障大学自治的规范内涵。"林来梵. 从宪法规范到规范宪法：规范宪法学的一种前言. 北京：法律出版社，2001：160.

④ 林来梵. 从宪法规范到规范宪法：规范宪法学的一种前言. 北京：法律出版社，2001：160 - 161.

⑤ Walter P. Metzger, "The 1940 Statement of Principles on Academic Freedom and Tenure", 53 *Law & Contemp. Probs.* 3, 12 - 13 (1990).

够充分的当下中国，这样的界定又有利于引导大学谨守其学术自治边界，以"符合学术规律"为标准去做出相关决策，而不是以学术之名恣意妄为。以上规范在司法语境中，可转化为：司法机关对大学基于学术规律、遵守学术规范而做出的决策应予以尊重，但同时也应审查该决策是否在合宪范围内，是否符合现行法律法规的规定。简言之，司法审查大学纠纷应坚持有限学术遵从的立场。

20 世纪初，蔡元培先生引进德国的"学术自由""教授自治"等制度来推行中国大学制度改革。20 世纪 80 年代后，随着"文革"期间被破坏的大学教学秩序逐渐恢复，以及域外高等教育研究成果的大量引介，建立以尊重大学学术自主性为特色的现代大学制度又重新受到了重视，并于近年被写进了《国家中长期教育改革和发展规划纲要（2010—2020 年)》。我国高等教育改革的这一事实为前文确立的国家与大学间关系规范提供了社会基础。同样，在司法实践中，国家与大学间关系规范也在摸索中发展。

首先，如前所述，自 20 世纪 90 年代以来，随着《行政诉讼法》的实施，越来越多的高教纠纷开始寻求司法救济。田永诉北京科技大学拒绝颁发毕业证书、学位证书案等判决的作出,① 被认为是"司法的阳光照进了大学的殿堂"。然而，随后的刘燕文诉北京大学拒绝颁发博士毕业证书案,② 经二审法院发回重审之后，一审法院却因为承受了"司法审判干预学术判断"的舆论压力，而以"超过诉讼时效"为由，驳回起诉，回避了审查。③ 刘燕文案后，众多法院追随了该案"司法不干预大学学术判断"的态度。有的法院则虽受理了案件，但在说理论证时，往往简单采信大学的主张，而没有对原被告争议焦点给出法院自己的审查意见。比如，在林群英诉厦门大学博士生招录案中,④ 对于原被告争议的焦点——《法学院录取调剂办法》中规定的"各指导教师从报考自己的考生中按总成绩（初试和复试成绩的综合）从高到低录取"中的"报考"如何界定上，法院直接采用了厦门大学的主张，将"报考"解释为"不但包括初

① 参见北京市海淀区人民法院行政判决书（1998）海行初字第 142 号，载于《最高人民法院公报》，1999 年第 4 期。

② 参见北京市海淀区人民法院行政判决书（1999）海行初字第 104 号。

③ 比如，中国人民大学法学院的王利明教授认为，学术评价属于高等院校的自主权，法院受理此类案件妨碍了高校的自主权，国外也没有法院受理的先例。法院不能做力所不能及的事情，如果做了也是无法执行的，那是司法资源的浪费，因为学术问题太复杂，法院的受理代替了一种学术评价。参见《学位之争能否启动司法程序》，载于 2000 年 1 月 10 日《检察日报》第 3 版。

④ 参见福建省厦门市思明区人民法院（2005）思行初字第 80 号、福建省厦门市中级人民法院（2006）厦行终字第 29 号。

试前的报考，也包括初试后征求考生调剂意愿时在调剂申请表中的报考行为"。至于为什么采用这一界定，法院并没有做出任何说明。总之，在涉及大学与学生的权利之争时，我国在司法实践中逐渐发展出"学术遵从"的司法立场。

其次，近年来，权利救济的呼声日益高涨，司法机关在审查高教纠纷时也悄悄发生了立场转化。其中，最高人民法院对甘露案的再审判决可以说是此类案件的典型。在该案中，最高院一改以往各级法院对大学主张盲目遵从的传统立场，认为"违纪学生针对高等学校做出的开除学籍等严重影响其受教育权利的处分决定提起诉讼的，人民法院应当予以受理"，救济了甘露的受教育权。然而，最高院仅将被告"暨南大学"视为法律法规授权行使行政权力的行政主体而忽略了大学基于学术规律的客观性而享有学术判断自主权的一面。因此，在解释"剽窃、抄袭他人研究成果"这一概念时，没有分析该概念是否属于暨南大学可以自主解释的范围，更没有在衡量大学与学生利益的基础上论证该解释可享有多大程度的司法遵从。① 可见，在司法立场的选择上，虽然最高院不再盲目遵从大学的决策，但完全忽视大学自主权的做法，违背了前文所述的基于学术规律客观性而应充分保障大学"根据（学术）职业规范与标准来追求其学术事业之自由"②，这一做法也不符合世界各国尊重大学自主的潮流。

总之，从我国大学纠纷的司法审查事实来看，司法机关中存在"学术遵从"的传统，并于近年发生"权利救济"的转向。这为我国确立有限学术遵从的司法审查立场积累了实践基础。然而，由于"国家与大学间关系"规范的不明确，之前的"学术遵从"往往忽略了权利救济与其他法治价值，而甘露案中最高人民法院的"权利救济"转向又是建立在无视学术遵从司法传统的基础上。本文认为，在之前司法实践的基础上，并以甘露案为契机，可将大学纠纷司法审查推入第三阶段，即"法治下的有限学术遵从"阶段。也就是说，司法在审查大学决策时，要把握的基本立场是，首先要尊重大学基于学术规律的客观性而作出决策的自主性；在尊重大学自主的前提下，也要注意保障学生等相关人的权利尤其是基本权利；从而将对学术客观规律的尊重与权利保障等法治价值的推广相融合。

---

① 最高院认为"《暨南大学学生管理暂行规定》第53条第（5）项规定，以及《暨南大学学生违纪处分实施细则》第25条规定，系依据《普通高等学校学生管理规定》第54条第（5）项的规定制定，因此不能违背《普通高等学校学生管理规定》相应条文的立法本意"。

② Finkin and Robert C. Post, *For the Common Good*: *Principles of American Academic Freedom*, Yale University Press 2009, P149.

3. 司法审查技术：从合法性到合理性审查

那么，在个案审查中，"法治下的有限学术遵从"这一立场又如何体现在具体的审查技术上呢？本文认为，法院应兼顾行政行为司法审查的一般法理以及大学作为学术自治体的特性，坚持合法性审查与合理性审查相结合，并在每一环节中，针对大学学术自治特性，给予该行政行为特殊关照。本部分以甘露案为分析对象展开具体考察。

（1）合法性审查：学术规律约束下的法律解释

合法性审查是审查一般行政行为的首要标准。① 同样，审查大学行政行为首先是审查该行为是否符合法律、法规、规章等。根据最高院的解释，法院在审理高等院校行政行为——做出的开除学籍等严重影响学生受教育权利的决定时，"应当以相关法律、法规为依据，参照相关规章，并可参考涉案高等院校正式公布的不违反上位法规定精神的校纪校规"。这是大学行为顺应法治化的必然要求，在中国语境下，也有利于保障我国高教法制的统一，促进各高校行为的规范化。② 但与审查一般行政行为不同，对大学行政行为进行合法性审查是要在尊重大学学术自主的前提下，确保大学行为未超越法治框架。具体表现在解释相关法律规范时，一方面要遵循学界达成共识的法律解释的一般方法，另一方面要抓住此类法律关系的特殊性，特别是涉及学术事务的，法律解释还需在学术规律的约束下进行。

以"甘露不服暨南大学开除学籍决定案"为例，该案判决理由最让人诟病的是，法官对"剽窃、抄袭他人研究成果"这一法律用语进行解释的时候，没有遵循法律解释的一般方法，更未顾及学术规律的特殊性。③ 首先，法官以"立法本意"来确定"剽窃、抄袭"内涵的做法违背了法解释学中解释方法的适用顺序。从法理上说，"由一般的语言用法获得的字义构成解释的出发点"。④最高人民法院在《关于审理行政案件适用法律规范问题的座谈会纪要》（2004年）中也明确指出，"人民法院对于所适用的法律规范，一般按照其通常语义进行解释；有专业上的特殊涵义的，该涵义优先；语义不清楚或者有歧义的，可

① 胡锦光. 论我国抽象行政行为的司法审查［J］. 中国人民大学学报，2005（5）.

② 由教育主管部门制定的规章也有可能逾越大学学术自主的范围而对大学造成不当干预。鉴于规章合宪性审查的复杂性以及在我国实施的困难，本文并不打算处理这一棘手问题。但本文提出的司法与国家间关系的分析框架或许可以为行政机关尤其是教育主管部门与国家之间的关系提供借鉴。

③ 比如，《普通高等学校学生管理规定》第54条第（5）项规定："学生有下列情形之一，学校可以给予开除学籍处分：（5）剽窃、抄袭他人研究成果，情节严重的。"

④ 拉伦次. 法学方法论［M］. 北京：商务印书馆，2003：219-220.

以根据上下文和立法宗旨、目的和原则等确定其涵义"。而本案法官越过应优先适用的文义解释、体系解释，而不恰当地适用历史解释——直接根据"立法本意"来解释法条含义。这既违背了法律解释的一般方法，也与最高院的一贯做法相违背。

其次，法官在直接诉诸历史解释来明确"剽窃、抄袭"的内涵时，未能提出必要的论据对"立法本意"进行说明，因而未能正当化其对"剽窃、抄袭"内涵的限缩解释。那么，本案涉及规章的"立法本意"是否能探求到呢？一般而言，"认识参与法律准备及起草工作者之规范想法的根源有：不同的草案、讨论记录及添附在草案中的理由说明"。① 探求本案所涉"立法本意"则需要找出制定《普通高等学校学生管理规定》时的立法资料，且应当是形成于立法当时的历史文献，而不应是审判时再向立法机关咨询时得到的答复。在本案中，制定于 2005 年的《普通高等学校学生管理规定》并没有公开的立法草案说明，也没有公开的立法讨论过程的资料可以查询。在从法史资料中探求立法者本意的努力无果后，我们只能试图从最后正式出台的法律文本中还原"立法本意"。而这一通过现有法律文本来探求法律条文背后客观含义的路径"已经与借助立法史探求规范内涵的历史解释方法相距甚远"。②

那么，回到法解释学一般路径上来，首先需要确定的是能否借助文义解释的方法来明确"剽窃、抄袭"的内涵。文义或称字义，有"依普通语言用法构成之语词组合的意义，或者依特殊语言用法组成之语句的意义"。③ 在解释法律用语的内涵时，"一般按照其通常语义进行解释；有专业上的特殊涵义的，该涵义优先"。④ 具体到本案中，我们首先要确定，"剽窃、抄袭"在法律上是否存在着特殊语言法。在国家版权局版权管理司所作的一个答复中，提出"由于抄袭物须发表才产生侵权后果，即有损害的客观事实，所以通常在认定抄袭时都指经发表的抄袭物"。⑤ 据此可知，在著作权法语境中，所谓的"剽窃、抄袭"是有限定内涵的，只限于"公开发表作品"中的"剽窃、抄袭"，需具备

---

① 拉伦次. 法学方法论［M］. 北京：商务印书馆，2003：209.

② 前引，施立栋文.

③ 拉伦次. 法学方法论［M］. 北京：商务印书馆，2003：200.

④ 参见最高人民法院在《关于审理行政案件适用法律规范问题的座谈会纪要》（2004 年）。

⑤ 《国家版权局版权管理司关于如何认定抄袭行为给青岛市版权局的答复》（权司［1999］第 6 号）。

向不特定人公开的特点。而本案法官对"剽窃、抄袭"的限缩解释，① 或许正是参考了国家版权局版权管理司的做法。

然而，如前所述，基于学术规律的客观性，大学在学术决策上享有自主权，而不能简单地将民主国家的规则强加于大学，国家版权局版权管理司对"剽窃、抄袭"的界定不能适用于大学领域。那么，大学学术领域是否存在着"剽窃、抄袭"的特殊用法呢？鉴于"一个共同体当中，只有能够为多数人公认的正义观念才能够自己并得以维持"。② 对"剽窃、抄袭"的解释也应基于大学学术共同体的主导正义观念。虽然，我国高等教育法律规范没有对"剽窃、抄袭"做出具体的解释，但教育部社会科学委员会2004年通过的《高等学校哲学社会科学研究学术规范（试行）》第七条中对学术引文做了规范："引文应以原始文献和第一手资料为原则。凡引用他人观点、方案、资料、数据等，无论曾否发表，无论是纸质或电子版，均应详加注释。凡转引文献资料，应如实说明。"这一规范以"违反学术道德的学术不端行为"定位"剽窃、抄袭"，并明确了构成"剽窃、抄袭"不以是否发表等向不特定人公开的方式为限，不以是否侵犯他人知识产权为要件，只要采用了别人的作品而不详加注释就是"剽窃、抄袭"。《高等学校哲学社会科学研究学术规范（试行）》虽然不属于具有法律约束力的规范，但这一"高校师生及相关人员在学术活动中自律的准则"，③ 是各高校据以制定其学术规范的基础，在大学学术共同体内"能够为多数人认可并遵守"。因此，该规范所设定的标准理应作为解释高等教育法律规范中"剽窃、抄袭"的内涵。回到甘露案，因为"剽窃、抄袭"的内涵是可以确定的，且在大学学术语境中，应界定为"引用他人作品而不详加注释的行为"，那么，甘露先后两次向课程老师提交（虽未公开发表）"采用了别人的作品而不详加注释"的课程论文的行为可认定构成"剽窃、抄袭"。

总而言之，在对大学行政行为进行合法性审查时，既要遵循法律解释的一般方法，又因涉案此类法律关系的特殊性，特别是涉及学术事务的，法律解释还需在学术规律的约束下进行。或许，我们还可做进一步的考察，如何判断涉案大学事务是否属于学术事务而需要遵循学术规律。对此，本文主张，法院应对大学的判断给予较大程度的遵从。"探索真理的研究与培养独立意识的自由教

① "'剽窃、抄袭他人研究成果'，系指高等学校学生在毕业论文、学位论文或者公开发表的学术文章、著作，以及所承担科研课题的研究成果中，存在剽窃、抄袭他人研究成果的情形"。参见最高人民法院判决。

② 齐佩利乌斯. 法学方法论［M］. 金振豹，译. 北京：法律出版社，2009：83.

③ 《高等学校哲学社会科学研究学术规范（试行）》第二条。

育"是大学得以自治的核心理由，如果在界定是否属于"学术事务"上司法机关干预过多，则可能侵害到大学自主。只要大学是善意的，并能以充分的说理以及充足的实证数据来证明，法院就应采纳大学所提供的证据，认定该大学事务属于学术事务。那么，大学怎么论证才算说理充分呢？本文认为，大学可从固有价值和功利价值入手证明。比如，在甘露案中，首先，大学需论证其对"剽窃、抄袭"行为进行规制的固有价值，即对该规制进行价值分析，证明其有助于探求真理或开展自由教育。其次，大学需论证其对"剽窃、抄袭"行为进行规制的功利价值，即从该项规制在现实的实践效果来佐证该学术目的确有功利价值。为此，可以援引专业研究成果、来自实务部门的数据总结等予以说明。①

如上所述，甘露行为构成"剽窃、抄袭"，但这一剽窃行为是否"情节严重"而可施以"开除学籍"的处分？"情节严重"属于评价性概念，对此概念，无论是教育部还是暨南大学都没有规范性文件做出解释。那么，暨南大学在本案中针对甘露的剽窃行为的"情节严重"认定，并做出"开除学籍"的处分是否恰当、合理呢？

（2）合理性审查：大学利益与学生等相关人权利的衡量

在高等教育领域，由于考虑到大学学术事务的专业性，国家在规制大学事务时给予其比一般行政主体更大空间的裁量范围。比如甘露案所涉及的"剽窃、抄袭"的规制，对于"情节严重"到何种程度而可处以"开除学籍"，教育部规章并没有细化规定，而由各个高校自己制定规则或在具体案件的处理中具体把握。与此同时，仍有一些大学事务尤其是涉及学术的，国家法律规范没有作出规制而留待大学自己解决。那么，对于这些大学自主决策的事项以及大学享有较大空间裁量权的事项，法院是继续审查，还是遵从大学的判断呢？

本文认为，日益呈"巨型化"趋势的大学拥有日益巨大的势力，即所谓的"社会性权力"。② 此社会性权力往往与法律法规授予的国家权力交织在一起，难免染上"公权力"色彩。其运用很可能会侵害大学生等相关人权益，甚至是基本权利。近年来时有发生的学生告大学等案件已证明这一点。对这些受到侵害的权利，没有相应救济机制的话显然与现在人权保障的理论主流相违背，也无法体现党的十八届四中全会中提出的"依宪治国"的精神。因此，本文主张

---

① 以上思路借鉴了美国联邦最高法院在 Grutter 案中的论证路径。

② 芦部信喜. 宪法 [M]. 林来梵，凌维慈，龙绚丽，译. 北京：北京大学出版社，2006：96.

应对大学行为进行合理性审查。①

第一，比例原则。

涉案大学行为往往涉及到侵害相关人基本权利，法院应就涉案大学利益与学生基本权利之间进行权衡。② 而无论是作为制度性保障（如德国），还是作为言论自由的特殊关注（如美国），大学学术自由都不具有当然的优越性。因此，需要确定一种有条件的优先关系，进而完成目的合理性论证。在这里，"比例原则"是建立有条件的优先关系的最重要技术标准。以比例原则为标准，法院审查大学行为就要分析大学为实现其目的而采取的手段是否妥当而有助于该目的之实现，是否必要而不可替代，是否为最小侵害而能将对其他宪法价值的损害控制在最小范围内。从各国大学诉讼的司法实践看，大学行为一般都能通过"妥当性"审查。而"最小侵害性"审查则因主观性太强、不易把握，而不为法官们所青睐；或者，在审查中，其作为一个重要考量因素，被"必要性"原则所吸收。因此，"必要性"审查更为突出地成为各国判断大学行为是否能获得司法支持的重要标准。③ 所谓"必要性"，是指大学为实现特定目的而采用的方案是最后方案，别无其他选择，或者是几个可供选择的方案中的最优方案。④这里，法院审查的核心技术就是，审查大学是否"严肃且善意地考虑了可行的替代性措施"。需要指出的是，在用比例原则这一法治工具作为标准来审查大学行为方面，法院显然更有专业优势。因此，这里，大学不能获得司法遵从。虽然法院可以考虑大学的经验和专业，但是，大学有举证责任，而法院有义务对大学决策所涉及的所有证据进行严格、深入的审查与分析，才能判定大学为达成某一正当学术目的而采取的手段是必要的。

以上述思路来重新审视"甘露"案，判断暨南大学的行政处分是否合理，涉及到对甘露"受教育权"这一基本权利与大学学术利益——维护学术共同体成员的竞争利益，促进大学学风端正并进而发展繁荣其探求真理的学术事业之

---

① 这一主张也能得到我国新《行政诉讼法》的支持。参见新《行政诉讼法》第 70 条："行政行为有下列情形之一的，人民法院判决撤销或者部分撤销，并可以判决被告重新做出行政行为：（一）主要证据不足的；（二）适用法律、法规错误的；（三）违反法定程序的；（四）超越职权的；（五）滥用职权的；（六）明显不当的。"

② 陈林林. 裁判的进路与方法——司法论证理论导论［M］. 北京：中国政法大学出版社，2007：164 - 167.

③ 比如，美国最高院近年的几个重要判例：*Grutter v. Bollinger*, 539 U. S. 306（2003）. *Fisher v. University of Texas at Austin*, 570 U. S. ＿＿＿＿（2013）. 日本也有类似案例，如"拒绝学习剑道适用技术的案件"，参见前引芦部信喜书，第 136 - 137 页。

④ 因为"裁量决定不应为恣意所支配，而必须至少就裁量者的意图而言尽可能在多种解决方案中做出恰当的选择"。参见齐佩利乌斯书，第 152 页。

间的衡量。为此，要以"比例原则"为标准建立起有条件的优先关系。在此，承担最终举证责任的暨南大学论证其学术利益优先于甘露的受教育权，关键是要向法庭证明，其在决定给予有"剽窃、抄袭"行为的甘露以"开除学籍"的决定之前，充分考虑了"开除学籍"以外的其他替代性手段。为此，大学需要在理论上论证，首先，是否有其他替代性手段可以实现本案的学术利益。根据教育部规章以及暨南大学相关违纪处分规范，除了"开除学籍"，还有警告、严重警告、记过、留校察看四种处分类型。而这四种处分类型，从性质上来看，是可以实现"维护学术共同体成员的竞争利益，促进大学学风端正"的学术利益。因此，"开除学籍"并非达成本案学术目的之唯一手段。那么，在有多个方案可供选择的情况下，大学需要继续论证，其做出的"开除学籍"决定之前，"严肃且善意地"讨论并考虑了其他可采用的方案，而"开除学籍"是其中最优方案。为此，暨南大学应当提供做出涉案决策的机构就此事的讨论记录，尤其是对其他可替代性方案的讨论记录；并附相关实证数据、调研报告等，作为最后决策的支撑材料。然而，虽然"开除学籍"的决定较之"警告、严重警告、记过、留校察看"这四种可替代处分方式更为严厉，更能实现大学"维护学术共同体成员的竞争利益，促进大学学风端正"的学术利益，但这一处分方式，让甘露遭受的不利益如此之大以至于直接损害了甘露的"受教育权"。这一明显的不利益与大学给予此不利益所能实现的目标利益相权衡，大学"开除学籍"的决定不能满足最小侵害的要求，因而其最优性无法理性地证成。同时，经验告诉我们，在衡量涉案方案与其他替代方案时，"各个方案的高低优劣无法按照普遍适用的标准来判断，从而最终只能根据个人的价值观念和合目的观念做出选择，并且这种选择甚至可能仅仅是一个'尝试性的'决定。"[1] 当所谓的"最优先性"并不能保证是毫无异议的判断，尤其是这些"尝试性决定"可能涉及相关人的基本权利，就应该在更为谨慎地考虑、论证之基础上做出决定。而一个留有余地的选择就是尽量避免决定损害基本权利。综上所述，甘露案中，暨南大学对甘露在课程论文中的"剽窃、抄袭"行为处以"开除学籍"的决定，违背了比例原则的要求，其正当性难以证成。

第二，同行评审原则。

在合理性审查阶段，还需要注意一个在甘露案中并不突出却往往是其他高教纠纷焦点的问题，即学术规范的要求问题。从各国大学诉讼司法实践来看，法院认为"只有学者能够深刻地理解它（高深知识）的复杂性。因而，在知识

---

① 前引，[德]齐佩利乌斯书，第153页。

问题上，应该让专家单独解决这一领域中的问题"。① 所以，法院在审理大学纠纷时，往往把是否给予符合学术规范来决定是否给予以及给予多大程度的遵从。其中，被不同学科公认的且为法院认可的就是"同行评审"的要求——法院会采信的专家知识必须通过"该证言的推理或方法在科学上可信的评估"，这种评估部分地取决于"该理论或技术是否经过了同行评审或出版"。② 由于学术规律的客观性与普遍性，我国法院在对大学行政行为进行合理性审查时，也应遵循同行评审原则。这要求由同专业领域的人以"专业竞争力"为基准评审师生的学术能力，并做出学术决策。一方面，评审需以"专业竞争力"为基准，而不能考虑种族、肤色、国籍、政治主张等非专业因素。另一方面，更为重要的是评审或做出学术决策的主体须是同专业的人。换句话说，只有同专业的人能做出学术评审。

当然，在甘露案中，是由担任本课程的专业老师就甘露的课程做出"抄袭"的判断，在此判断基础上，学校做出开除甘露学籍的决定。显然，该专业老师有这样的专业能力做出这一学术判断。因此，同行评审在甘露案中并未成为原被告争议的焦点。而在著名的刘燕文案中，原被告争议的"校学位评定委员会是否有权做出不批准刘燕文博士学位的决定"，其背后隐藏的即是"同行评审"原则是否应予以适用的问题。北京大学根据《学位条例》和《学位条例暂行实施办法》规定学位评定主体分为"院系学位论文答辩委员会""校学位评定委员会"以及根据学科而一般设置在院系的"学位评定分委员会"。③ 其中，校学位评定委员会被要求"负责对学位论文答辩委员会报请授予硕士学位或博士学位的决议，做出是否批准的决定"。这里，"做出是否批准的决定"前应进行基于专业竞争力评判的实质审查还是以程序审查为主的形式审查，则语焉不详。刘燕文案原被告正是针对这一问题产生了争议。校学位委员会一般是各专业的权威教授或学校管理者组成，委员们往往具有不同的专业背景，当然也只精通本专业领域的专业问题。如果由这样的专业多元化组织对刘燕文的"专业竞争力"进行专业衡量，显然违背"同行评审"的要求，不能得出令人信服的专业决定。因此，本文主张，校学位委员会只能就答辩委员会的决议进行"形式审查"——只能以程序为主进行审查，而不能对刘燕文博士论文的专业水准做出

① ［美］约翰·S. 布鲁贝克. 高等教育哲学［M］. 王承绪，等译. 杭州：浙江教育出版社，2002：31.
② 罗伯特·波斯特. 民主、专业知识与学术自由［M］. 左亦鲁，译. 北京：中国政法大学出版社，2014：13 – 14.
③ 详见《北京大学学位授予工作细则》第15、19 条。

一个新的判断。然而，在刘燕文案中，北京大学校学位委员会是对论文的专业水准进行了"实质审查"，从而做出刘燕文的论文未达到博士论文水平的认定。这显然违背了同行评审的要求，不应获得司法支持。

在当今社会，大学已不再是中世纪时单纯的精英教育机构，而是顺应社会需求，呈现"民主化""服务型"等多重面向。这种变化为司法介入大学纠纷的审查提供了可能性。而民众权利意识的普遍觉醒更让这一司法审查变得迫切。本文提供的分析框架明确了司法审查大学行政行为应把握的尺度，并借此促进大学谨慎而全面地考虑相关因素，避免恣意做出决策。我们无法否认大学学术自治与法治之间存在着张力，本文努力平衡两者之间关系的分析框架就是尽量调和两者之间的张力。当然，这样的分析框架不可能是完美无缺的，也从来不存在一劳永逸的完美平衡方案，而需随着大学诉讼的开展，继续深入讨论，且不断完善之。但或许，我们在司法领域勾画的大学与司法机关间关系的经验，可为厘清大学与其他国家机构——比如教育行政主管部门的关系提供参考，并进而明确我国宪法上大学学术自由的界限。在此基础上，期待能为我国的高等教育法制改革提供些许理论支持。

四、大学自治权与大学教师评聘

（一）大学教师职称评审及职务聘任的法律性质

1. 问题的提出

（1）几则代表性案例

一是"西北大学林某案"①。西北大学教师林某在 2000 年申报教授任职资格，并通过了专业技术职务评审委员会评审，但未获得聘任。林某遂向法院提起行政诉讼。西安市碑林区人民法院认为，聘任关系是在平等自愿基础上建立的，不在行政法律关系调整范围内，故驳回林某诉讼请求。2001 年 11 月，西北大学教师职务评审委员会以林某在职称评定中"弄虚作假"为由，取消林某教授任职资格，西北大学据此作出《关于取消林某教授任职资格的决定》。林某再次提起行政诉讼。碑林区人民法院一审判决撤销西北大学做出的《关于取消林某教授任职资格的决定》。西安市中级人民法院终审判决维持原判，认为西北大学作为授权行政主体，做出的《关于取消林某教授任职资格的决定》属具体行政行为，且涉及林某个人权利，属于行政诉讼受案范畴。

二是"华中科技大学王某案"②。华中科技大学讲师王某因未被评为副教授，向校方、湖北省教育厅申诉后，向教育部申请行政复议。学校认为王某未主持或参加过国家科学研究项目，不具备副教授条件，而王某认为此"框框"没有依据，要求撤销《华中科技大学申报专业技术职务的条件》。教育部认为，华中科技大学有制定具体评聘条件和程序并组织评审的权力，且评审行为是学校内部正常管理活动，不属具体行政行为，故对王某的复议申请不予受理。王某以教育部为被告提起行政诉讼。北京市第一中级人民法院认为，根据高等教育法规定，评聘教师职称资格及其它专业技术人员职务是高校自治权，任职资

---

① 吴蔚. 教师资格被取消老师状告西北大学 [N]. 华商报，2003 - 3 - 13（5）.
② 那日苏. 职称评审未通过走上公堂讨说法 [N]. 法制日报，2003 - 6 - 19（6）.

格的评审和授予行为属学校行使自治权范畴，而非具体行政行为，故做出维持教育部行政复议不予受理的判决，驳回原告其它诉讼请求。王某上诉，北京市高级人民法院终审维持原判。

三是"华中科技大学邹某案"①。华中科技大学物理系副教授邹某因未被评为教授，向教育部提起行政复议申请。教育部出具《行政复议终止审理决定书》称："根据高等教育法第37条规定，评聘教师及其他专业技术人员职务是高等学校的自主权……属于高等学校行使自主权的范畴"。"被申请人华中科技大学评定邹某不符合教授任职资格的行为并非具体行政行为"。邹某不服，向北京市第一中级人民法院提起诉讼。

（2）职称评审权法律性质之争

大学教师职称评审，包括职称评审行为和职称授予行为，即根据教师的专业属性，确定相应职称序列，由特定主体根据特定标准，对教师所具有的学识、专业能力和贡献做出专业评断，并赋予相应职称称号的法律行为。

根据《高等学校教师职务试行条例》第2条及《高等教育法》第47条规定，我国实行大学教师职务制度，职务名称分为助教、讲师、副教授和教授。评审主体包括教育行政机关和根据法律法规授权的大学。大学根据其办学规模及质量，相应地被授予评审讲师直至教授资格的权力。对教育行政机关的评审权之法律性质尚无异议，均认为属行政权；但对大学的职称评审权之法律性质，则存在较大分歧。

其一，行政授权说。该观点认为大学行使的职称评审权是由法律和教育行政部门授予的行政权力。如有学者指出，大学教师职称评审权属于行政权，为贯彻大学人事自治而将部分评审权下放到大学，这是行政授权；职称评审制度，主要有职称的评审行为和职称的授予行为，评审行为只是专业性判断，没有独立的法律意义，而职称授予行为才是具体行政行为；虽然职称授予行为是具体行政行为，且是受益行政行为，但该种"受益"属于法律上的利益，而不是法律上的权利，故不能提起诉讼。② 司法实践中，如"西北大学林某案"中，西安市碑林区人民法院及西安市中级人民法院均认为，西北大学的评审权属行政授权，大学评审行为属具体行政行为。如果进一步拓展，可追溯到"田永案"③

---

① 邹建锋：华中科大两教师不满职称评定将教育部告上法庭［N］. 中国经济时报，2003 - 11 - 5（4）.

② 叶必丰，周佑勇. 论教师职称授予行为的法律性质［J］. 江西社会科学，1998（12）：118 - 119.

③ 北京市海淀区人民法院，（1998）海行初字第142号.

和"刘燕文案"①。在这两个开创性案件中，法院将大学作为"行政授权组织"列入行政诉讼受案范围。

其二，大学自治权说。在华中科技大学的"王某案"和"邹某案"中，大学享有的教师职称评审权被定性为"大学自治权"，是"大学的正常管理活动"。如，在"王某案"中，教育部认为，华中科技大学经国家批准具有评审副教授职称资格，具有制定具体评聘条件和程序，并组织相应教师职务委员会的法定权力，教师职务评审委员会的评审行为不属于具体行政行为，因不符合条件而未能通过教师职务评审，属于学校内部正常管理活动。同时，北京市第一中级人民法院认为，根据《高等教育法》规定，评聘教师职称资格及其他专业技术人员职务是高等学校的自主权，高校技术职务评聘委员会任职资格的评审和授予行为属于高等学校行使自主权的范畴，评聘委员会审定不符合副教授任职资格的行为并非具体行政行为。

（3）职务聘任合同法律性质之争

教师聘任是一种用人制度，相对于教师的"委任"和"派任"制度，体现的是作为用人单位的大学和教师之间的聘任合同法律关系。教师聘任制度，主要是关于学校根据工作需要设置特定岗位，按照岗位特点聘请具有相应能力的教师从事教学、研究等活动，并提供相应职务保障和待遇的一系列制度性规定。

我国实行教师职务聘任制度已有 30 多年历史，但关于教师聘任合同关系是何种法律性质，却颇有争议。主流学说认为是平等的民事契约关系，或者说劳动合同关系；但也有不少学者认为应定性为行政契约，甚至应将教师视为国家公务员。在"西北大学林某案"中，林某虽然通过了教师资格评审委员会评审，但并没有被西北大学聘任，这体现了法律规定的"评聘分离"原则，与我国当时"评上即意味着聘上"的现实背离。而林某主张基于"评聘结合"原则要求被聘任，倒是我国当时现状之写照。该案法院判决认为，"聘任关系是在平等自愿的基础上建立的，不是行政法律关系调整范围"，坚持了"民事契约关系说"。在"华中科技大学邹某案"中，对邹某停课而不是解聘，在法律上属于什么性质的行为，以及某些高校实行"末尾淘汰制"等，如果纳入到教师聘任制度中应该如何解释？教师遭受被解聘、停聘以及不续聘等不利处分时，是否应该享有相应的程序保障，以及对处理不服时，应该遵循什么路径救济？这些问题，由于对教师聘任契约之法律性质界定不清，引发了许多困惑，严重影响到教师的权益保护。

---

① 北京市海淀区人民法院，（1999）海行初字第 103 号。

2. 大学教师职称评审

（1）我国教师职称评审概述

职称制度作为一种标志学术水平的职衔制度，既是历史产物，也是国际惯例。我国大学教师职称制度经历了较为曲折的发展历程，并仍在继续深化探索中。

中华人民共和国成立初期，职称评审缺乏相应规定，提升副教授以上须经教育部审批。

1960 年，国务院颁布《关于高等学校教师职务名称及其确定与提升办法的暂行规定》，明确高校教师职务名称和提升的条件及办法，教育部主导审批评审程序。

"文化大革命"时期，高校职称评审工作全面停止。

1978 年，国务院批转《教育部关于高等学校恢复和提升教师职务问题的请示报告》，把教授提升由教育部审批，下放到由省级政府审批，并注重对教学科研成绩的考核。

1983 年 9 月，由于职称制度本身的缺陷以及经验不足和历史遗留问题太多等原因，中央书记处和国务院决定暂停职称评定工作，进行整顿。

1986 年 1 月 24 日，中共中央和国务院转发《关于改革职称评定、实行专业技术职务聘任制度的报告》，在总结过去职称评定工作经验的基础上，改革职称评定制度，而改革的中心是实行专业技术职务聘任制度，并相应地实行以职务工资为主要内容的结构工资制度。

1986 年 3 月，实施《高等学校教师职务试行条例》，标志教师职称聘任制度正式启用。随后，经当时的国家教委和有关部门批准，高校教授、副教授任职资格评审权被大幅下放，并被赋予高校行使。其中，享有教授评审权的高校，在 1986 年有 32 所，1988 年增至 48 所；具有副教授评审权的高校，1986 年有 9 所，1988 年增至 60 所。

1989 年，教师专业职称评聘工作暂停。

1991 年 4 月 10 日，当时的国家教委、人事部印发《关于高等学校继续做好教师职务评聘工作的意见》，共 17 条，要求各地高教行政部门、有关部委及高等学校，根据首次评聘工作的情况，重新组建教师职务评聘组织，开展教师职务评聘工作，同时对高校教师职务评聘工作的指导思想，组织领导，考核工作，评聘分开等提出要求。这以后，专业技术评聘工作逐步正常化，每年举行 1 次。

在发展演变过程中，职称与用人、户口、档案、学历、资历等关系密切，承载着学术评价以外的功能过多，但随着学术自由权不断受到重视和尊重，大学自治权不断得到贯彻落实，这种现象有所缓解。

目前，有关职称评审的法律法规主要有：《教师法》《高等教育法》《高等学校教师职务试行条例》《关于＜高等学校教师职务试行条例＞的实施意见》《高等学校教师职务评审组织章程》等。通过规范分析，职称评审制度可概述如下：

其一，关于"职称"概念，从法律规范分析看，乃是"相应等级职务的任职资格"。有学者将大学教师"职称"等同于"职务名称"，这与现行法律规定不符。① 根据法律规定，我国实行"教师职务制度"，教师职务任职条件在《高等教育法》中做了原则性规定，在《高等学校教师职务试行条例》中做了详细规定，并同时规定了任职条件之资格审查及根据审查结果决定是否授予"符合任职资格条件"的证明，即赋予相应"职称"而非"职务"。

其二，实行"评聘分离"的职务聘任制度。根据现行法律规定，职称评审只是实行"教师职务制度"的前置性条件，获得职称只意味着具有应聘某职务的任职资格。只有符合任职资格，即获得职称的教师方可受聘于某一职务，但并不意味获得某职称的教师一定可以获得聘任。实践中，职称评审与职务聘任并没有分离，往往获得某一职称，即意味着要获得聘任。

其三，职称具有终身性、统一性等特征。只要通过评审授予某种职称，即意味着永远享有该职称。职称的统一性表现在两方面：其一，认为所有职称在全国各个学校通用；其二，对职称的评审标准统一规定，这不利于人才的多样化发展和大学特色办学。这在过去人才稀缺，评价体系不健全的时候，有利于加强教师管理，保证整体素质，但随着学术群体的成熟和大学自身的发展，该模式受到了极大挑战，实践中也逐渐背离该项法律规定。

其四，职称肩负着"无法承受之重"。过去职称制度设定中，包含历史、政治、经济等多方面因素考量，但近年来学术分量不断增大，职称评审逐渐回归本源。职称主要扮演着"职务准入资格"角色功能，因此其取得不仅仅是基于

---

① 关于职称与职务的关系，在我国运用比较混乱，有学者研究指出，"职务和称号是两个含义不同的概念：（1）称号标志着所具有的水平和能力，职务是根据工作需要设置的岗位；（2）称号不受定额限制，职务则有相应定额；（3）称号由专家评定，职务则由行政领导聘任或者任命；（4）称号不与工资挂钩，而职务直接与工资挂钩；（5）称号是终身拥有的，职务则有期限"。详见熊新华. 高校教师职称问题探源［J］. 高等工程教育研究，1995（2）：37－47.

"学术上和专业能力上的评断"，某种程度上成了"利益分配"的衡量准则。①

总的来说，我国职称评审制度走过了一条曲折的发展道路，并向着一种更合理的趋势发展，即"逐步实行聘任制，不断下放评审权"等。客观地说，《高等学校教师职务试行条例》在当时的历史条件下能够做到如此，已然是很大的进步和开明。但是，我国高等教育发展又逾30多年，伴随着改革开放的浪潮、经济腾飞的喜庆，高等教育在各方面取得了很大发展，但对于高等教育发展的重要制度——人事制度的关键环节，教师的职称评审，却仍然在适用30多年前的条例。所幸，在"职称改革领导小组"及各大学、教师的努力下，旧的制度内涵已然发生突变。大学被授予的职称评审权不断增多，这是一个好的、必然的发展趋势。

（2）当下教师评聘的三种模式

关于职称改革的呼声由来已久，实践探索也逐步深入。如，1999年山东农业大学实行"只聘不评"的职称改革；2001年中国科学院取消职称评审制，全面贯彻岗位聘任制改革②；2003年辽宁省转发《关于在事业单位实行人员聘用制实施办法》通知，继而全省高等学校全面实施教师职务"以聘代评"制度；2015年，山东省发布《关于深化高等学校教师职称制度改革的实施意见》，提出要"建立健全与事业单位聘用制度和岗位管理制度相衔接、符合高等学校教师职业特点的职称制度"。明确规定"政府部门不再组织评审高校教师专业技术职务资格，不再颁发专业技术职务资格证书，由学校自主评价、按岗聘用"。从目前我国的评聘模式来看，主要有以下三种：

其一，"只聘不评模式"，以中国科学院、山东农业大学和上海大学等为代表。这种模式是把传统意义的职称评审搁置一边，而按照学校发展规划，实行按需设岗、按岗聘任、能上能下，把每个岗位的聘任过程作为人才评价的过程，同时加大对平时的考核力度。

其二，"评聘结合模式"，以北京大学，清华大学、浙江大学等为代表。这种模式淡化职称、强化岗位，只有岗位空缺的时候，在岗位聘任的同时进行职称评审，职称附属于岗位。这样强化了每个学校、每个岗位的独特性，解决了

---

① 这从我国不同职称享有不同的待遇中可见一斑，这些待遇包括工资、退休养老金、学术资源获取资格等，可以说，职称不仅仅是荣誉，更意味着生存，意味着学术发展的资本。

② 2001年4月21日，中国科学院人事工作会议宣布，将在全院内停止专业技术职务任职资格的评审，全面推行岗位合同聘制。时至2001年3月底，中国科学院所属136个单位56000人实行聘用合同制。

"评"和"聘"两张皮、两套系统的问题。例如，清华大学实行"非升即走"的政策，对一定期限内未能评上某专业技术职称的，不再予以聘任；浙江大学制定《教师及其他专业技术职务评聘工作实施办法》，将"评"和"聘"结合在一起。

其三，"评聘分离模式"，这是我国当前教育法律法规确定的模式，把"评"和"聘"分开进行，评审由教育主管部门或大学进行，聘任由大学决定，通过评审并不一定被聘任。

上述三种模式，都会涉及一些共同问题：

首先，都逃不过运用某种方式对受聘的教师进行学术能力等方面的评鉴。对于"只聘不评"模式，其实并没有说不"评"，而是将"评"融入到"聘"的环节，亦即在岗位聘任时，对前来受聘的人进行"评定"。对于"评聘结合"模式，其教师评审的实质与"只聘不评"模式并没有去区别，都是结合本校设定的岗位条件进行人员评定。"评聘分离"模式，则把"评"和"聘"作为两个平行的、单独的行为进行。

其次，三种模式中都涉及对教师权利的保护问题。传统的职称评审模式，采取职称终身制，对已被评上的教师而言，权利之保护可以说达到了最大化，但在职称的结构和比例不变的情况下，申请者越到后面申请越难。而"只聘不评"模式和"评聘结合"模式，打破了职称终身制，随之而来的是，如果某教师在某岗位任职期限届满离开后，通过什么样的形式来证明其所具有的"学术层次"，虽说这种"形式化"的证明能力在许多高水平的大学内，已逐渐被淡化，但在当下这种职称体系内，对这些少数的制度开拓承受者的权利如何保护，是一个值得重视的问题。

最后，三种模式都必须面临一个聘后评审的问题。"只聘不评"模式对于聘后的教师，应该如何予以评鉴？以便发挥激励机制，显然会自身再发展出一套等级序列，例如在实行终身制的德国，同为教授，但是对于教授又分为三级：C_2、C_3、C_4。对于"以聘代评"，可以继续援用先前的职务等级序列，这不成问题。"评聘分离"，则将这种激励机制过于压在一次性的职称评审阶段，职称终身制，能上不能下，自然会导致教师队伍中的"懒人现象"出现。

（3）美国、德国及中国台湾地区大学教师评审概览

其一，美国：评聘相对分离模式

在美国，没有我国当下意义的职称，其相应制度即学衔制度（academic rank）。学衔"代表教师本身所具有的学术水平，它反映教师从事教学和科研工作的能力。学衔同时代表教师在学校内的职位，教师一旦离开原来所在的学校

而为另外的学校所聘任,则需要重新评定学衔"①。学衔的种类各州甚至各大学都不一样,一般分为讲师(instructor)、助理教授(Assistant Professor)、副教授(Associate Professor)、教授(Professor)四级。根据美国联邦宪法第十修正案,"凡未经宪法规定授予联邦政府行使或者禁止州政府行使的各种权利,一律保留给州或者保留给人民行使"。而在宪法中没有关于教育权的规定,所以各州担负起发展教育的责任,公立大学都属于州立大学。但是各州对于大学教师的学衔评审并没有具体的规定,完全属于各自大学的自治权行使。

美国大学教师职称评审的标准、程序等均由各校自行规定,且由于美国大学类型多,有私立公立之分,四年制与两年制之别,等等,所以对教师升等的审查并无一套通行制度,甚至在同一所学校,不同学院也有很大区别。所以不同大学间,往往是人在则学衔在,人离则学衔废。当然,学衔毕竟是大学通过相应程序和标准对教师的学术等各方能力的评价,虽然很多大学在聘任某位教师时,并不一定会保留其在原学校的学衔,但他原来的学衔会是一个重要的参考因素。美国大学教师在获得终身教职之前,任教校方会根据其教学和科研表现予以综合性评价,给予相应学分,如果期间转聘到其他大学,其获得的学分可继续累积。但对已获得终身教授的教师,转聘另一大学时,一般情况可继续保留终身教授职衔。

美国教师和大学间是契约关系,且很多大学都实行了长期聘任(academic teaure)的制度。取得长期聘任前,需经过一段时间的考核,即试用期。试用期教师,往往采取"非升即走"(up or out)政策,即大学在初次聘任某位教师时签订试用合同,一般1—3年一签,在这段时间内,大学会对教师进行综合考察,主要方式就是教师的学衔晋升。如果大学教师晋升申请获得通过,即表明其学术能力和潜力复合要求,常常会得到续聘。但是职位是有限的,大学对于获得晋升的教师没有必须聘任的义务,如果在试用期间的教师其试用合同期满后,该大学内的职务设置已满,可能不会得到续聘。但如果一位教师在规定年限内不能得到晋升,即意味着其学术水平和能力有待提高,学校通常会不考虑续聘。②

虽然大学对教师的学衔评审享有自治权,但为保护教师权利,AAUP、地方

---

① 陶遵谦. 国外高等学校教师聘任及晋升制度[M]. 上海:华东师范大学出版社,1984:72.

② 也有例外,如在北卡罗来纳大学,规定教师因"生育、抚养小孩、健康问题等类似原因,导致不能预期晋升,可延长不超过12个月的聘任期限,为其提供机会证实自己的学术能力。"还可能因大学缺少教学人员等被续聘,这都取决于大学的自主决定。

性教师组织和某些相关专业团体会对其制衡。AAUP 一般与学校签订协议，当晋升中发生争议时，派出代表进行调查和协商，但并无强制力，学校可能会对作出的建议不予采纳。但 AAUP 可以通过公开谴责，或将其列入黑名单，提醒教师不要前往该校任教，甚至采取中世纪大学遗留下来的学术作风，进行最后通牒、罢课、罢教。①

总的来说，美国职称评审并没有独立存在的意义，其主要是大学对本校教师学术能力、职业能力等方面的评价形式，体现了大学自治权。其目的在确定是否聘任以及如何聘任等，是服务于教师职务聘任的制度设计。而学术组织及国家立法、行政和司法对该评审行为，主要是间接式监督，保证其程序上公开公平公正，以维护大学教师权利。

其二，德国：以选代评结合模式

德国没有独立意义上的职称评审，大学内各职位都按定额设置，且各个职位上的教师都有相应的学术职衔。学术职衔即职务名称，学术职衔随职务的变化而变化，如职务取消，学术职衔也归于消灭。大学需要教师时，会通过招聘程序，按照国家对于各职位的教师之最低要求，结合学校自身需要，对外招录，而非采取校内人员逐级晋升办法。招聘中的各种审核与评价，即对某教师是否能胜任该职位或职衔的条件进行考量。所以说，德国不存在独立意义的职称评审过程与权限划分，招聘教师由校教授会进行，提出"三人名单"，联邦教育部长官仅履行任命义务。②

德国年轻人若从事研究生涯，须先经过大学毕业考试，并通过考试进入博士生学习。该博士阶段教育不同于一般国家教育过程，没有固定形式的教学培养，主要在专任正教授指导下，参加研究工作，撰写博士论文。取得博士学位者首先担任学术助理，并由隶属的专任正教授指导完成教授升等资格论文。能完成教授升等资格论文方可冠用 Dr. Habil。但如果没有专任教授职缺，只能被聘为大学讲师，也可以在大学里开课。通常担任最长六年聘期的大学讲师后，可取得大学教授职位，并冠上 Prof. Dr. 头衔。

近年来，这种教授遴选办法受到批判，主要因其使多数学术后备人才得不到教授席位而承担巨大职业风险。按照该方法，要获得教授资格，一般需在获

---

① Walter P. Metzger. *The 1940 Statement of Principle on Academic Freedom and Tenure*, Law and Contemporary, Vol. 53, No. 3, Freedom and Tenure in Academy：The Fiftieth Anniversary of the 1940 Statement of Principle. (1990), PP3 - 77.

② 陶遵谦. 国外高等学校教师聘任及晋升制度［M］. 上海：华东师范大学出版社，1984：169 - 170.

得第一个学位以后长达 12 年的学术研究工作（博士阶段：4—5 年，教授资格获得 7—8 年），主要依靠限期职位的收入或争取奖学金来支撑。而每年有很多获得大学教授资格的学术后备人员申请有限的教授席位，僧多粥少，造成大量积压，导致 40 多岁的中青年不得不走出高校另谋职业。这种巨大的职业风险严重挫伤了青年人从事学术工作的动力和创造力。德国教授第一次任职，平均年龄在 40 岁以上，远远高于美国及其他欧洲国家。为此，1999 年初，德国联邦教育和科学部长发表"变革的勇气：德国需要现代高校"的改革建议书，拉开高等学校改革序幕。同年 6 月，联邦教育和科学部任命一个由 18 人组成的专家委员会，起草高等学校人事和工资改革方案。次年 4 月，该委员会提交"高等学校公职法改革报告"，并于 9 月提出"面向 21 世纪的高等学校公职法改革方案"。① 在人事改革中，专家委员会建议，德国联邦政府取消教授备选资格考试，参照美国设立"助理教授"职位，缩短教授资格获得时限，以便学术后备人员早日开展学术和科研工作。助理教授属过渡性职位，独立于教授的统领，具有独立的科研和教学权利，并有一定任期年限。在此年限内接受大学考核，对符合要求的公开聘任为教授。助理教授仿照教授聘任程序聘任。②

值得一提的是，在日本教师也属于国家或者地方公务员，也没有独立意义的教师升等程序，"日本，虽有教授、助教授、讲师、助手等职位，但是其升等办法并非由助手升讲师、由讲师升助教授，再由助教授升教授四个固定等级"。一般而言，教授职位出现空缺，然后由教授会组织公开考选，教授会根据本校的需要进行招录，然后由文部省任命。也就是说，在日本没有独立的职称，教师的职位与职称合二为一，职位的考选就是职称的评选。

其三，我国台湾：评聘分离、评审权不断下放

台湾地区与大陆的职称评审有很多相似之处。即长期以来，教师的职称评审都掌握在教育行政部门的手中，但是随着大学的发展，特别是大学自治权的发展，教育部逐级将权力下放到有一定条件的大学自行审评。

台湾地区自戒严解禁后，特别是大学法修订以来，大学自治权得到快速发展。台湾地区学者也意识到，大学教师职称评审属于大学内部的自治权。在当下的台湾地区，职称升等仍然有两种路径：一个是由授权学校自行审理，并报"教育部"核准，另一种是经学校初审，然后由"教育部"复审。职称在台湾地区也是终身制，但这些都遭到了极大批判，很多学校逐渐实施"评聘分离"，

① 胡劲松. 德国联邦政府高等学校人事和工资改革政策评述 [J]. 比较教育探究, 2001 (2): 12 – 17.
② 蒋晓伟，张海舟. 德国的教授制度 [J]. 社会, 2001 (11): 7 – 9.

出现低职高聘和高职低聘。这意味着大学自身在招聘教师时，又进行一次人才评价工作。这不得不让人拷问这种职称的评审究竟有多少意义？而且，由于职称的终身性质，导致职称的评审中同样出现名额限制问题，这必然使"职称"成为一种特权，职称的评审不仅取决于学术，而是包含了各种非学术的因素。

（4）评聘结合：我国大学教师职称改革的方向

职称改革中，一方面大学希望得到更大自治权，另一方面国家也逐渐将评审权交由大学行使。对第一方面，从目前情况来看，有的地方采取"只聘不评"予以获得，即索性不再适用职称评审，直接以聘任代替职称评审，最典型的如上海高校。① 另一种，实行"评聘结合"，将"评"和"聘"合二为一，典型的如山东省、浙江省高校。对第二方面，这些年来，教育主管机构陆续将大学教师职称评审权下放到高校。如，根据国务院 2012 年 9 月发布的《关于第六批取消和调整行政审批项目的决定》，高校副教授评审权审批工作由教育部下放到省级人民政府教育行政部门实施。为此，浙江省 2013 年下发《关于做好高等学校教授、副教授评审权申报有关工作的通知》，授予浙江工业大学海洋科学等15 所高校、48 个学科具有副高级专业技术资格评审权，同意金华职业技术学院机械工程等 4 所高职院校、9 个学科设立副高级专业技术资格评审组。又如，山东省 2015 年下发《关于深化高等学校教师职称制度改革的实施意见》，指出"政府部门不再组织评审高校教师专业技术职务资格，不再颁发专业技术职务资格证书，由学校自主评价"。要求"实行业内评价，由学校成立评价委员会（或专家委员会）或委托第三方评价机构，对竞聘人员的品德、知识、能力和业绩等情况进行评价，提出拟聘推荐人选"。而"人力资源社会保障部门依照相关法规和政策加强对高校教师职称评聘工作的监督管理，教育部门和学校（单位）主管部门对学校（单位）开展自主评价、按岗聘用的情况进行评估和检查"。

仅从当下法律规范分析，大学教师职称评审属于国家行政权的行使，评审权具有国家行政权力属性，职称评审应该被界定为一种具体行政行为。但从近年职称改革情况看，这种"国家授权"已被多数大学或科研机构所规避。大学在人员聘任、教师激励等方面，都需要建立教师学术、教学等能力的评价机制，这种评价因学校特色而异。职称评审制度设定的主旨应该是对学术、教学等能

---

① 根据《上海市高等学校岗位设置管理实施办法》（沪教委人〔2010〕68 号）规定，各个大学根据本校的规划设置出相应的专业技术岗位责任、招聘条件、评价方式等。如上海大学根据《上海大学教师职务聘任条例（试行）》《上海大学专业技术职务聘任实施细则》等规定，聘任评价大学教授。

力评价，并以此决定某教师是否具备被聘任为特定教职的资格与能力。其目的是为大学更好地招聘和培育优秀教师，提升教师学术能力和大学教学、研究功能。同时，也有利于教师学术发展、权利保护。可以说，职称评审不仅是大学的选才制度，也是教师的利益保护制度，具有以下特征：

首先，以学术为圭臬。评价主体须是学术同行，评价标准和考量因素须围绕学术展开。职称评审属大学自治权的适用，具体表现为学术权力的运行，而学术权力源自专业知识，所以职称评审应该免受学术以外因素的干扰。

其次，具有显著的特殊性。职称评审主要关注教师的研究、教学和社会服务等能力，判断这三项能力，往往是借助较为原则性的基准进行，不能过于客观量化，且不同大学、不同学科等难以通约。不同大学对人才的要求不一样，或者侧重研究型、或者侧重教学型，或者注重理论创新，或者注重实践经验，等等。而不同学科，也有不同要求，如自然科学注重理论创新，人文学科注重传承积累等。如果将不同学校和学科的职称按统一标准评定、管理，将与学术的本质属性相悖。

再次，具有暂时性。虽然学术能力具有累积性、连续性，但职称评审主要是对过去能力的评判和证明。当前评审标准中越来越多地关注学术潜力，但不能改变职称评审的事后性。职称终身制应该被打破，教师权利保护不能借助"刻舟求剑"式的职称称号，而应建立有效的聘任制度，借助职位的稳定性保障。

最后，作为聘任制实施的辅助手段。"评是一种认证机制，经专家评审所获得的职称，反映专业技术人才的现有专业技术水平或具备从事某一专业技术工作的能力和资格；聘是一种使用机制，专业技术人员上岗任职后，必须履行岗位、完成工作任务或任期目标，才能享受规定工资及相关待遇。"① 如果没有评，就无法决定应该"聘"谁。要保障大学用人自治，必须保障大学评人自治。

总之，职称评审属于大学自治权行使范围，与职务聘任实为一体。基于职称评审和职务聘任的统一性，"评聘结合"模式将是职称改革的趋势和方向，既有利于职称评审与职务聘任有机衔接，也有利大学自治权与教师权利保护的共赢。

---

① 盘名德. 科技团体全面承接政府职称评审职能的影响因素探析［J］. 兰州学刊，2007
（6）：43－45.

3. 大学教师聘任制度

大学教师聘任制，是指大学教师与大学之间，就任职期限、任职条件以及双方的权利、义务和责任等达成协议，依据该协议形成特殊的任职服务关系的制度。① 我国的教师职务聘任制度，其目的也在于在保障大学自治用人的基础上，如何有效地保护大学教师的权利。而在一个特定的法律体系中，大学教师的聘任合同之法律性质，对于权利的保护无疑具有基础性的作用，在很大程度上标示了契约关系的订立原则、契约关系的内容以及契约纠纷的救济。

（1）我国大学教师聘任制度

现阶段，主流学说认为大学和教师的法律关系属于平等主体之间的私法契约。当然也有争议，如杨建顺先生认为，"鉴于教师的崇高使命，考虑到教师职务的特殊性，将教师作为公务员来定位，是必要的，也是可能的"。② 主流学说将大学教师聘任契约视作种民事契约，可能存在以下几个方面考虑：

其一，从当前法律规范分析。《公务员法》没有将教师纳入公务员系列，且《教师法》将其定位为专业技术人员。如果要强调大学的法人地位，根据我国法律规定及主流学说，大学只有在民事领域内、行使民事权利方可作为法人存在，而在公法领域内并不具有法人资格。所以，大学作为事业单位法人，与其教员的关系，在当下只能被定位为民事契约关系，而不能被定位为公法契约。

其二，从历史发展情况分析。大学教师曾长期实行"派任制"，具有干部身份。后来实行聘任制，目的在给大学更多用人自治权。对来之不易的自治权，大学也乐意通过平等民事契约来行使，这样少了很多限制。对教师而言，也乐意摆脱过去那种"身不由己"派任，希望自由择业、自由流动。

其三，基于权利救济考虑。当前，我国公法契约不发达，且受行政诉讼受案范围限制，救济途径也不畅通。行政诉讼救济方式在当下法律体系内并不比民事诉讼救济来得有效，这成为学界将教师聘任契约定性为民事契约的主要考虑。

其四，程序性保障缺失。目前，并没有专门的行政程序法，在签订行政契约的程序性保护不能充分实现。在教师权利保护方面，行政契约比之民事契约的优越性主要体现在契约制定过程中，行政契约会受到诸多程序性限制，从而增强对教师权利的保护。但行政程序性法律在我国并不完善，在聘任契约签定中，不仅不能得到其好处，反而会使教师受到压制，倒不如寻求民事契约式的

① 劳凯声. 中国教育法制评论：第 1 辑［M］. 北京：教育科学出版社，2003：244.
② 劳凯声. 中国教育法制评论：第 1 辑［M］. 北京：教育科学出版社，2003：255.

平等。

（2）德国、日本及美国大学教师的法律地位

德国大学专任教师根据工作性质不同，主要分为担任教席的专任教授、学术与艺术助教、主任助教、主任工程师以及学术与艺术协助人员。其中，担任教席的专任教授，根据各邦大学法规定，属各邦教育部长任命的高等文官公务员，并为终身职；对于其他类型教师，根据德国联邦大学基准法规定，同样属国家公务员，但不享有终身职，有一定任期。对于各类大学教师工资待遇，基于其公务员身份，德国联邦俸给法给予了明确规定。可见在德国，教师享有公务员身份，德国的大学和教授间虽然也缔结任用契约，但该契约被定性为行政契约①。

在日本，依据教育公务员特例法规定，国立大学教师为国家公务员，适用国家公务员法；地方公立大学教师为地方公务员，适用地方公务员法，均具有公务员身份，属特殊公务员。

德、日两国大学教师的公务员身份，无疑明证了教师与大学间公法上的法律关系。但需指明的是，两国教师虽然属公务员且由国家最后"任命"，却也仅有任命之名，而无任命之实。简言之，大学教师作为特殊公务员，在被任命前都须经大学自主选任，充分保障大学用人自治权，同时尊重教师意愿。但选录行为受行政法原则和行政程序法保护，大学教师权益有较全面的保护。如德国的"三人名单"，联邦教育官员只具有微弱的裁量权，一般仅是确认行为。

从对教师的最终聘任权限来看，美国大学较之德、日两国大学有根本性区别，即教师之最终聘任权在大学而非政府。在美国，"已经得到社会承认的学院和大学，无论公立或者私立，都有权不经政府审查自行任命教授。"② 虽然英美都将教师与大学间的关系定位为契约，但没有明确是"公法契约还是私法契约"。如在美国，公、私立大学教师之聘任契约的保护有明显区分，在公立大学受到正当程序和宪法第 1 修正案保护。虽然经过"类似国家行为"说，私立大学教师也部分受到宪法第 1 修正案保护，但与公立大学教师的地位仍存在很大不同。而且，美国长期聘任制度也为大学教师之保护奠定了基础。公立大学与教师间的契约关系被认为是"公共雇佣"（public employment），和一般私法契约不同，其契约内容很多在州法中明确规定，亦即州法的许多规定被视为契约中的默认条款。

---

① 翁岳生. 行政法学 [M]. 北京：中国法制出版社，2000：769.
② ［美］德里克·博克. 美国高等教育 [M]. 乔佳义，译. 北京：北京师范大学出版社，1991：4.

（3）我国大学教师聘任契约应定性为公法契约

我国现阶段对教师聘任合同的定性，一方面，有制度方面原因，即大学成为公法人的制度环境不存在；另一方面，因权利救济途径缺失，且行政程序法、行政契约不完善，导致公法契约的优越性得不到彰显，所以被认定为私法契约。但这只是权宜之计，将聘任合同确定为公法契约，才是教师权利保护的长远之计。

首先，德、日、法、美立法中，关于公立大学教师的法律地位，或给予公务员式保障，或定性为公法契约，而美国公立大学教师聘任契约为公共契约，较之私立大学教师私契约受到更加完备的保护。虽然这不能成为当然理由，但值得借鉴。

其次，公法契约对教师权利保护更积极有效。私法契约遵循私法自治、契约自由等原则，双方当事人只要在不违反强制性、禁止性规定，以及公共秩序、善良风俗等，就可随意订立契约内容并要求双方履行，其动机问题不受法律拘束，无需说明理由为正当。而公法契约的签订，因执行公共行政目的，须依法行政，权利行使须陈述理由，特别是以行政私法方式行使自由裁量权时，不能无故违反比例原则和从平等权衍生出来的行政自我拘束原则，法院可以对其是否遵守法律规定进行审查。① 对大学而言，用人上需有自治权，免受外部压力，以满足大学发展学术、提升教学质量等方面需求。而公法契约在这方面有着独特的灵活性，这足以满足大学对教师使用上的自治权。大学制度之重要目的乃为学者提供学术研究的空间，实现教师基于学术自由权而产生的"衍生给付请求权"，所以大学不能任意聘任或者解聘教师，必须公开、公正和公平地进行人才选录聘任。通过公法契约，大学教师既可以实现自由选择权，不受国家强制派任，又可以获得更多法律保护，避免被无故拒聘、解聘等。

再者，基于教师聘任契约固有属性。一方面，"学校公法人特性决定其不同于一般雇主，学校和教师所签聘用合同要受公法上一些特殊监督和制约"。② 中国大学教师签订聘任契约，依据《教师法》《高等教育法》等，契约双方权利义务，特别是教师权利内容，须符合法律规定。另一方面，教师聘任契约内容具有公益性，根据公私契约判定中的"利益说"，教师与大学的聘任关系属公法契约。

最后，将聘任契约视为私法契约之权宜条件不会长久。大学教师聘任契约

① ［德］迪特尔·梅迪库斯. 德国民法总论［M］. 邵建东，译. 北京：法律出版社，2000：7-10.
② 劳凯声. 中国教育法制评论：第1辑［M］. 北京：教育科学出版社，2003：257.

被认定为私法契约，既有立法上的缺陷，也有权利救济上的缘由，但这些都不可能长期存在。为更好地保障教师权益，应完善相关法律。为此，首先是确立大学的公法人地位，对行政主体理论进行完善；其次是制定行政程序法，对公法契约订立程序、救济途径等予以规范；最后是修订行政诉讼法，拓展行政诉讼受案范围。

（二）大学教师评聘的正当程序保障

教师评聘对于教师素质建设、大学教研能力及教师工作权、财产权等都有较大影响，应获得正当程序保护。在中国较长一段时期，因正当程序保护缺失，法律法规及学校规章等贫弱，导致各种"潜规则"盛行。为确保评聘公正，各种措施相继登场，如职称评审"数量化""表格化"等。这某种程度上达到了形式上的客观公正效果，但也导致大学教师急功近利，制造学术泡沫，损害了实质公正。如何实现职称评审的公正、公平与公开，亟待引入正当程序。

1. 正当法律程序之于教师评聘

（1）正当法律程序

"正当法律程序"，又称"正当程序"，源于英国的自然正义原则，包含九项内容：A. 与自己有关的人不应该是法官；B. 结果中不应包含纠纷解决者个人的利益；C. 纠纷解决者不应有支持或反对某一方的偏见；D. 对各方当事人的意见均应给予公平的关注；E. 纠纷解决者应听取双方的论据和证据；F. 纠纷解决者应只在另一方在场的情况下听取一方意见；G. 各方当事人都应得到公平机会来对另一方提出的论据和证据做出反应；H. 解决的诸项条件应以理性推演为依据；I. 推理应论及所提出的所有论据和证据。①

美国继受了英国的正当法律程序原则，并在宪法第 14 修正案中明确"任何州非经正当法律程序，不得剥夺美国公民及各州公民生命、自由或财产"。虽然联邦法院对正当法律程序内涵避而不谈，认为"正当程序并没有固定的内涵，其并非一个与时间、地点及其场景毫无关联的僵化概念"②，但通过案例对其内容和保护范围予以了充实和发展。主要包括：A. 第 14 修正案保障范围不限于刑事程序，同时涉及民事程序和行政程序。③ B. 第 14 修正案从程序正当扩大到实体正当，将正当法律程序原则分为程序性正当程序（procedural due process）

---

① ［美］戈尔丁. 法律哲学［M］. 齐海滨，译. 北京：生活·读书·新知三联书店，1987：240.

② *Anti – Fascist Refugee Committee v. McGrath*，341 U. S. 123（1951）.

③ 孙笑侠. 程序的法理［M］. 北京：商务印书馆，2005：200.

与实质性正当程序（substantive due process）。其中，程序性正当程序包括回避、送达书面通知、说明具体指控、及时送达通知并给予足够时间准备辩护、举行听证等，以此避免公权力的恣意；实质性正当程序包括适用的规则不得模糊不清、恣意反复、与目标不符等。C. 正当程序适用范围不断扩大，开始适用条件是"生命、自由和财产"，但什么是"自由"和"财产"界定模糊，传统上适用机械的"权利"和"特权"的区分，对于"特权"，如公职的解除，不受正当程序保护。联邦法院在判决中逐渐扩张"权利"概念，并限缩"特权"概念，对于"自由"和"财产"的概念赋予很多新的意义。①

正当程序原则乃法治的重要理念，对基本权保护有举足轻重的作用。虽然我国宪法没有正当程序原则的规定，但散见于现行许多法律之中。当然，如果我们以宪法原则的形式对正当程序加以概括性地规定，会加强各部门法之间在这个问题上的统一化。② 实践中，我国也已经有判例直接引用"正当程序法律原则"。③

（2）教师评聘引入正当法律程序原则的意义

其一，便于克服学术评定标准模糊性带来的恣意或量化评审。大学组织的松散性结构，使得大学内部的目的难以达成高度统一，各学术组织之间独立性很强。评聘基于对申请者学术能力、专业知识、专业贡献的判定。但关于学术质量好坏、专业能力高低，难有固定统一的判定标准，不宜进行严格规则主义限制，所以不得不仰赖于评判者内心确信，亦即"自由心证"。近年，中国有些大学为防止教师职称评审中的恣意行为，希望建构一套数字化模型，利用表格和量化来评判学者专业能力。这样相对来说是"客观"了，但这种客观带来的是学术泡沫和专业能力下降，审查表格化导致审查功能不彰。学术著作等成果

---

① *Board of Regents V. Roth*，408 U. S. 564（1972）中，主笔法官 J. Steward 认为，"自由权"不仅指人身自由不受限制，更重要的是个人享有的合同自由、竞聘公共职务自由、获取有用知识自由等。

② 孙笑侠. 程序的法理［M］. 北京：商务印书馆，2005：201.

③ "田永案"中，海淀区法院认为"退学处理的决定涉及原告的受教育权利，从充分保障当事人权益原则出发，被告应将此决定直接向本人送达、宣布，允许当事人提出申辩意见"。显然，这里蕴含着正当程序理念。《最高人民法院公报》公布该案例时，将"原告""被告"分别改成"被处理者""做出处理决定的单位"，反映最高法院试图使个案中适用的正当程序原则成为一项普遍适用的要求。（罗豪才. 行政法论丛（（第3卷）［M］. 法律出版社，2000：451.）随后的"刘燕文案"中，海淀区法院再次提到程序性权利的保护（北京市海淀区人民法院行政判决书（1999）海行初字第103号）。自此，在类似案件中，法院对学生程序性权利的保护不断重视，也促使相关学校校规的修订，如浙江大学、华东政法大学等相继建立学生惩戒听证制度。

数量，在一定程度上能反映学者能力，但更重要的是质量。要客观真实地评判学者专业能力，须借助同行专家评议，这种评议有赖于评议者自律，但更离不开正当程序设置。"法律程序的作用简单地说就是抑制决定者的恣意"①，同时为决定者提供一定的自由裁量空间，使其能够在此"隔音空间"内理性思考，保证专业判断独立自由进行。特别是针对学术判断标准的模糊性，更应该由严格规则主义控制模式，走向程序主义控制模式，既能尊重学术判断者的专业知识，又能确保自由裁量权的行使纳入合法性审查。

其二，有利于保护教师权利，获得公正评聘。正当程序对于权利保护的作用显而易见。可以说，"今天的实体法放弃了法律完善无缺的神话，而更多地依赖程序过程中法官的判断这一点也已经是不争的事实。拿破仑所谓用一部包罗万象的法典即可以调整世间一切事物的豪言壮语已失去意义"。② 教师评聘中，由于评审标准的模糊性及对专业评判的依赖性，各种因素都有可能以某种隐秘的方式影响评聘过程及结果，让权利受侵害的教师事后救济难以举证，权利保护艰难。所以，通过正当程序设置，在评聘过程中排除恣意及不公正情形，比之事后救济来得更重要。

其三，有利于消解纠纷，营造和谐的学术氛围。美国学者经过社会实证调查研究表明，程序正义影响人们：对法律制度和权威实行的评价；对法律决定和结果的评价；对邂逅法律的满意度；对合法性的感悟；对法律制度的支持；对法律和判决的抱怨。③ 评聘很大程度上是学术评断，特别是人文社科学领域，学术优劣缺乏统一标准。通过设置正当程序机制，允许申请者在相对开放的协商、沟通场景中陈述意见，有利于增进评聘的权威性、可信度，消解失败者的猜疑和不满。

其四，有利于事后司法审查的适当介入。司法救济是正义的最后一道门槛。但纵观各国司法实践，司法介入的范围并非毫无限制，特别是对学术性事务，由于其特有的专业性，司法权对此往往保持极度克制。即使进入审查程序，也多局限于形式性审查，看其是否遵循了正当程序。因此，如果没有正当程序设置，司法审查往往会无从着手。

（3）正当程序原则在评聘中的具体要求

正当程序不像一般的法律规定，不具有固定内容，须随着时间、地点与环

① 孙笑侠. 程序的法理 [M]. 北京：商务印书馆，2005：18.

② ［日］谷口安平. 程序的正义与诉讼 [M]. 王亚新，刘荣军，译. 北京：中国政法大学出版社，1996：7.

③ 孙笑侠. 两种价值序列下的程序基本矛盾 [J]. 法学研究，2006（6）：38-52.

境的不同而做出调整。但就正当程序的最低标准而言，它要求：公民的权利义务将因为决定而受影响时，在决定之前必须给予它知情和申辩的机会和权利。对于决定者而言，就是履行告知和听证的义务。① 美国关于"正当程序条款"的正当性要求，逐渐发展出了"利益衡量说"②，即综合考量所争问题之性质，涉及个人利益的本质，然后决定"正当"程序内容。并通过 Londoner v. Denver 和 Bimetallic Investment Co. v Stateboard of Equalization 两个案例确立了美国行政程序法中"命令订定"和"行政裁量"的正当程序适用原则。法国则发展了"正当防御权"，认为凡是对既存利益的剥夺，都应给予：告知程序、所有指控内容、充分的时间准备答辩、行政机关并应该斟酌当事人表达的意见。

到底程序设计要如何，才能认定合理、正当，合乎程序保障要求，学者许宗力认为无非是下述程序要求的排列组合：①公正的裁决机关；②预先告知拟采取的不利行动及所根据的法律与事实上理由；③当事人陈述意见以求辨明的机会；④阅览卷宗的权利；⑤请求召开、参与公听会的权利；⑥提出证据及要求传唤证人的权利；⑦对机关指定人员、证人、鉴定人、其他当事人及其代理人询问的权利；⑧请求依证据裁决的权利；⑨聘请代理人或辅佐人的权利；⑩所作成裁决须附理由；⑪参与决定的权利；⑫甚至请求举办、参与公民投票的权利。而对于如何排列组合，以及哪类案件应具备那些程序要求才算合理、正当，许教授认为这是一个依具体个案才能解答的问题，只能就个案所涉及基本权的种类、基本权侵害的强弱、侵害范围的大小、造成实际损害风险的大小以及行政自主决定空间的大小等因素来综合判断。③

综合上述所论正当程序要求，结合评聘行为的专业性，大学教师评聘中，正当程序的具体内容，简言之即公正、公平和公开原则。

2. 公正作为义务

公正原则，又称禁止偏颇原则，是根据自然正义原则的要求即"任何人不得为自己案件的法官"设置的具体程序。公正作为义务，意指决定者在程序应该秉持公正立场行事的义务。贯彻此原则须借助三项制度设置，即回避制度、

---

① 孙笑侠. 程序的法理 [M]. 北京：商务印书馆，2005：18.

② 如在 Pickerting vs. Board of Education 案中，法官权衡了教师议题之表达利益和学校有效管理利益后，建立"利益衡量"原则，认为考虑正当程序的具体要求时要从三方面进行：第一，受政府行动影响的私人利益之性质与重要性；第二，机关用以剥夺这些利益的程序导致错误的几率；最后，增加程序保障可能发挥的作用及机关因此可能增加的负担。该案例在后来不断被援用。

③ 许宗力. 基本权程序保障功能的最新发展 – 评司法院释字第四八八号解释 [J]. 月旦法学杂志，1999（54）.

组织适法制度和片面接触禁止制度。

（1）回避制度

回避作为正当程序的具体内容，是一项基本法律原则，广泛适用于行政、司法等领域内的法律程序。回避制度的设立，无需确实存在利益关系、产生偏颇后果，只要求可能会产生偏颇，影响公众对程序的确信，就应当回避。评聘同样要遵循回避制度，以便使其过程令公众得以信赖，并相应保障结果的公正。

回避制度的核心，在于对"回避事由"的认定。评聘中的回避事由，与一般司法、行政领域中的回避事由既有共通性，也有其特殊性。研究"智力评审"的著名学者汤普逊认为，"认定利益冲突的标准主要有两点：专业判断将被影响或者可能被影响的可能性之大小；这种影响可能对科学活动造成的危害严重性程度"。① "如果某一行为在可预见情况下，将会产生有害结果（如影响科学判断、歪曲研究结果，使有关机构或个人利益受损等），可以认定其利益冲突"。② 加拿大国家科学与工程研究委员会（NSERC）、美国心脏协会（AHA）、美国大气与海洋局（NOAA）、美国航空与航天管理局（NASA）的评议指导手册中，也只规定了配偶以及直接家庭关系、师生、同事、项目合作人、上下级关系等几种情况。

结合贯彻回避的程序成本、教师评聘的特殊性、中国相关法律规定以及中国人情社会现实，大学教师评聘程序应对以下几种事由予以重视：

一是本人及亲属。对于需要回避的亲属，具体包括哪些，各国规定不一。根据我国诉讼法，主要包括配偶、父母、子女、兄弟姐妹、祖父母、外祖父母、孙子女、外孙子女等。

二是非亲属的裙带关系。由于教师生活及学习圈相对集中，且评聘亦在此范围内进行，有些在司法、行政程序中可能不是很重要的利益关系，在评聘中却显得很重要。概而言，主要指评议者和申请者存在的师生、同学、同事、上下级等关系。师生、同学关系在学术生涯中是最重要的天然情感，也是最普遍的关系。师生、同学往往生活在特别相近的关系圈中，这不仅表现在工作生活中，也表现在学术研究中。受限于专业审查的缘故，师生、同学互相审查的概率极大。对此是否应回避，只能视情形而定。如若在同一系所，系主任等可能是当然委员，回避将致使评审不能进行。且评聘中不仅涉及到著作等研究成果的评审，还会涉及到教学成果、社会服务等方面的评价。对于后面这些方面的

---

① 周颖，王蒲生. 同行评议中的利益冲突分析与治理 [J]. 科学学研究，2003（3）：298 - 302.

② 赵乐静. 论科学研究中的利益冲突 [J]. 自然辩证法研究，2001（8）：36 - 40，55.

评价，最应该参与的主体无疑是学生和同事。毋庸置疑，在此评价主体中，由于与同事、学生相处关系的融洽与否，常常直接影响到评价的结果。研究表明，为了在职称评审中获得高分，教师往往会过于迁就学生，从而减低了对学生的要求，影响了教学的效果，但是如果不引入学生的评价，又可能会失去最好的评价主体，且某种程度上侵害了学生的学习自由与学习权。① 可以说，"许多情况下替代是不可能的，因为没有别的人有权这样做。自然此时正义也不得不让位于必要性原则，否则的话就没有办法裁决"。② 而且，这种"亲密关系"内的互评，也并非无可取之处。教师为获得同事、学生间的好印象，会在平时交往中和谐相处，这种和谐的氛围对教学、研究无疑是重要的。但是对外审，以及一些非必须的场合，应该尽量做到回避。

三是竞争关系：评聘有严格的名额限制，竞争难免。如存在这种关系，应该适用回避。

四是学术观点、流派以及良心的冲突或者共鸣。学者将学术作为一种志业，对自身从事之学术有内心确信，甚至信仰。学术应该中立，但学者并不一定能保持中立，难免基于学术观点、流派、伦理、道德、政治信仰等产生偏见。"至少对于每一个单独的科学家而言，他总是会有自己的政治倾向、伦理倾向、宗教信仰、文化心理因素，并不是每一个科学家都可能宽容对待与自己取向迥异的同行以及科学研究，因此良心冲突则不可避免"。③ 如，因宗教信仰而不能接受"人类胚胎实验"之研究者，因反对战争而不愿意接受核试验研究者等。而与这种冲突相对应的，往往也可能会产生积极方面的学术、良心的共鸣，从而"爱才心切"，并做出极高的评价。无论怎样，这都与学术评价要求客观、公正的精神是矛盾的。且这种情形隐蔽性极强，难以举证和防范。对于这种情形应该如何回避，可能是法学上难以彻底解决的问题，唯有依赖于学术伦理建设，提升评审专家素养。这种情形下回避之不能贯彻，可能导致学术上批评销声匿迹，大家一团和气，贻害甚大。法律上的保护，也只能够通过事前名单选择时赋予申请者排除权，事后通过"平等原则""合理差别"等原则予以审查等。

五是其他可能产生偏颇的情形。职称评审或者聘任程序中，常常进行多级

① ［美］唐纳德·肯尼迪. 学术责任［M］. 阎凤桥，等译. 北京：新华出版社，2002：77.

② ［英］威廉·韦德. 行政法［M］. 徐炳，等译. 北京：中国大百科全书出版社，1997：110.

③ 周颖，王蒲生：同行评议中的利益冲突分析与治理［J］. 科学学研究，2003（3）：298－302.

审议，且每一级别的审查都可能会有专业审查。为保证评议的客观性，原则上应禁止同一人进入两个以上的评议机构，否则难免有偏颇之嫌。

回避的提出，有当事人申请回避、评审人自行回避和主持人要求回避三种情形。在某些程序中，可能会由于当事人的默认而不需要回避。但因为教师评聘，不仅与当事人利益相关，且关系到整个教师队伍的素质和大学研究、教学水平的提升，即使当事人不提起回避申请，但如有回避之事由，同样也需要按照相应方式予以补救或者使评议结果无效。

违反回避制度的后果，需具体情况具体分析。由于回避之主要目的在于获得当事人对评聘程序的信赖，即使不回避没有产生不公正情形，如果当事人对审查程序不信赖，此审查行为也应归于无效。如果申请人没有提出，虽然违背了回避规定，如果通过评审后果的比较，发现应该回避的人员在评审时并没有偏颇的情形，则评审行为有效。

（2）组织适法

组织适法，即判断、决定的做出须依赖于某类组织，而该组织的组成人员及运作方式须符合法律法规。相对应的是"组织之不适法"，如，应经合议而未经合议、委员会的组成不符法定要件、未达法定出席人数而开会、不足法定议决人数而决议等，作为义务其所做决策有违公正。教师评聘主要通过合议机关进行，合议机关组成人员及议事方式等，对评聘的公正具有重要意义。

其一，德国大学教师招聘程序的组织设置

德国没有特别的教师职称评审程序，此过程被融入到了职务聘任的评价体系中，高低职称之间并不互相晋升，而是通过聘任予以变更。所谓的评聘程序，主要是教师的聘任程序。

传统德国的大学，属正教授型大学，其运作和治理主要靠正教授组成的"评议会"和"学院"负责，大学自治权为教授们独占，形成以正教授为主导的职阶体系和精英主义大学传统。20世纪60年代，德国盛行了一场"一般性参与运动"，促使大学改革兴起。各邦纷纷修订大学法，将副教授以外的成员，如大学讲师、助理及学生吸纳进来，共同参与大学治理，形成"团队型大学"，或称为组群大学。① 从一定程度上稀释了教授的影响力，但在学术问题上，教授始终保持绝对地位。

关于德国大学的学术评议会。德国大学有 2 个重要的中央合议机关：校务会议和学术评议会（简称评议会）。校务会议的核心工作是选举大学校长及对大学组织章程进行公布与修正。此外，所有涉及大学教学、研究与学习的事务，都属评议会职权范围。具体包括学校组织权限、人事建议与任用、预算编列与分配、大学章则之提供意见或决议、教学与研究重点、学生人数及学习事项等原则性重大事宜。其中与教师资格有关的权限是对教授任用建议具有决议权。评议会组成人员由教授、学术人员、学生及行政人员等群组选派代表参加，其中教授人数及所拥有的投票数应占评议会总组成人及总票数的一半。以全德学生人数最多的科隆大学为例，其教授、学术人员、学生及非学术人员之比例为 7：2：2：1。任期上，学生代表一年一任，其余的二年一任。为提升评议会议事效率，人数为 18 至 25 人，同时评议会可根据事务性质组成不同委员会。② 评议会的特点在于能体现大学自治下的"民主特性"，通过大学内各组群所选出的代表组成合议机关，对涉及全校性的事务做出决定。

关于联邦德国"大学组织判决"③。1971 年 10 月 26 日，下萨克森邦对下萨克森综合大学法所订定之前导法，重新规划了其学术大学之合议制机关，委员会及会议单位之组合，以及在这些机构中大学成员不同群组代表之参与及选举程序。对此，数名教授认为侵犯了其享有的自治权，因而提起违宪审查。德国联邦宪法法院在判决中认为：德国大学向来没有放弃一种毫无限制的学术自治权。组织法规应确保大学成员，尤其是大学教师，对自由学术活动有一个尽可能宽的空间；同时，该法规应担保学术大学及其组织之功能维系能力。教学事

① 参与大学自治行政的类型可分为：（1）一人一票型，即大学每个成员都能参与大学自治事务，享有相同权利。（2）教授治校型，即教授独掌大学自治事务。（3）组群大学型，具体又可分为两种，一种是大学组织内部没有一个组群的代表占据多数席位；另一种是教授占有多数席位。因各组群的学术专业成就不同，而学术专业与大学目的实现息息相关，一人一票型完全忽视大学内部的专业依赖性，过于强调"民主"原则，一直不为大学教育的改革所重视。对于教授治校型大学，在十九世纪德国表现突出，因当时大学规模小，且学术研究功能在大学内推崇备至，正教授独占鳌头、揽权一身成为可能。后来因大学规模扩大，内部事务增加，民主思想盛行，导致大学自治从教授独占局面走向不同组群参与管理模式，但因教授专业能力之优势，在许多事务管理中仍占多数席位，特别在有关学术问题决议中，教授占绝对多数。详见董保城. 教育法与学术自由 ［M］. 月旦出版社股份有限公司，1997：143 – 144.

② 董保城. 教育法与学术自由 ［M］. 月旦出版社股份有限公司，1997：146.

③ 德国联邦宪法法院裁判选辑（四）［G］. 蔡震荣，译. 司法院影印，1993：100.

件直接涉及学生利益，因此，如果要顾及与调和教学者与学习者的关系，应通过经验论证做出公正决定。学生代表对这些问题可以参与，这在宪法中是毫无争议的。若群组所组成的合议制机关决定直接有关研究与教学之问题时，应注意下列原则：教师群应均匀地，亦即依区别特征而集合一起，明显地与其它群组加以区别；对直接与教学有关之决定，教师群应拥有特殊地位而具相当尺度的影响。如果教师群拥有一半表决权时，则已满足该要求；对直接涉及研究或大学教师任命之问题，教师群应保有一个主导、决定性影响。对有关研究与教学问题的决定，排除非学术人员群组无区别地参预。基于此判决，德国大学基准法在 1985 年订时，对教授参与大学自治的事项给予特别规定。大学教授形成一个团体，选举代表参加学校的各个机关，参与大学自治事项。特别是"在对于有关研究、艺术上之发展计划、教学或教授聘任等事项有决定权之所有机关中，教授行占绝对多数之表决权"。而对直接关系到研究、艺术上的发展、教学和教授的聘任决定中，除经过决定机关的全体成员过半数同意外，还需经过机关的全体教授的过半数同意，亦即在双重过半数同意下达成的决议才可获得通过。如果组成机关的全体成员的过半数不能达成，则只需经过教授的过半数同意，就可以让决议获得通过。

关于德国教授征聘的"三人名单"。在德国，教授属于国家公务员，所以教授采取任命制，并实行终身制。教授岗位是根据开设课程的需要予以确定的，当教授职位出现空缺时，由系（所）的委员会提出要求，经校务委员会同意，借助全国范围内（甚至整个欧盟或全世界范围内）的媒体发布招聘信息。公告内容包括教授的职等、职务、待遇等，这些内容对于大学当局具有拘束力。在规定期限内，符合条件者可投送简历前来应征。根据大学基准法规定，该系（所）的教授对应征名单的人选享有同等的投票权，并组建"招聘委员会"，成员大多数由正教授组成，甚至可以邀请校外教授参与。招聘委员会可以：邀请申请者到学校来做专题演讲或主持以及与师生参加学术会议；委员会成员可到申请者现任职务所在单位实际参观并做出评价；同时要求申请者提供有关学科教授的推荐信。通过考察，选出三名候选人，并按照一定顺序排列后上报校学术评议会讨论。评议会对系（所）通过的"三人名单"之顺序仅有建议权，而不得改变名单或者排列顺序，如果评议会认为各学院的决议在某些地方极为不妥，也可发回重新审查，但是如果学院坚持原来见解，评议会只能按照学院名单顺序同时附带自己的建议上报。"三人名单"经评议会呈送联邦主管教育的部长后，部长除非特别理由，否则必须按照顺序进行任命。① 对于"三人名单"，争议主要发生在申请者是否具有"主管一个教研室或研究所的教学、科研、人事、财务等组织才能"，② 藉此可以任命第二序位或第三序位人选。一般情况下，部长也不能对"三人名单"外的人选进行任命，当然这也同样有例外。

综上，德国的大学教师聘任中最重要的组织是院系一级的"招聘委员会"，其次是大学评议会，教育部长只是形式上履行任命权。在招聘委员会和评议会中都充分保证了教授多数决权利，同时顾及到了学生和学校要求。

其二，日本国立大学教员的任命组织

关于"九州大学事件"。根据教育公务员特例法，九州大学评议会选举产生本校的法学部教授井上正治代理学长职务，同时提请文部省任命。对此，文部省大臣借口要调查井上正治在社会上发表的一些言行而没有在规定时间内任命。这一行为事实上否决了评议会的提请，被认为干涉了大学人事自治权。对此，井上正治教授向法院提起诉讼，要求恢复名誉，给予赔偿。法院判决肯定了大学自治的必要性，且认为大学对于教师、研究人员等的人事自治属于大学自治最重要的部分之一。为此，应根据大学自身的判断来进行人事选择，充分保障大学人事自治权。根据教特法规定，大学之人事任命根据大学机关的请求由文部大臣或者公共团体首长任命，从保障大学人事自治的核心价值出发，这种请求权应该具有拘束力，任命者没有自由裁量余地。而且，在大学没有提出任命请求情境下，不得进行主动任命。对于任命请求，除非发现请求具有显著的程序违法，或者被请求任命的人不适合担任公务员，此时可以发回要求大学补正形式上的问题。否则，任命者应该有在一定时限内任命的义务。③ 通过该判决，确定了日本大学教师的选任自治和程序，保证了大学教师任命程序中的组织适法问题，充分地实现了大学教师的人事自治。如芦布信喜教授所言，"作为大学自治的内容，特别重要的是，校长、教授及其他研究人员之人事的自治"，他们"必须基于大学的自主性判断来决定，由政府和文部省干涉大学人事则不被允许"。④

关于日本国立、公立大学的教授会和评议会。根据学校教育法规定，大学

---

① 陶遵谦. 国外高等学校教师聘任及晋升制度 [M]. 上海：华东师范大学出版社，1984：182.

② 蒋晓伟，张海舟. 德国的教授制度 [J]. 社会，2001（11）：7－9.

③ 东京地判昭和48年5月1日，讼务月报19卷8期32页。转自周志宏. 学术自由与大学法 [M]. 台北：蔚理法律出版社，1989：68.

④ ［日］芦布信喜. 宪法（第三版） [M]. 林来梵，等译. 北京：北京大学出版社，2006：149.

设立教授管理大学内部的重要事项,其组成人员主要是教授,同时还包括部分助教和其他教职员。因教授会主要以学部为单位设立,为统合协调不同学部教授会的关系,统一贯彻大学意思决定,并监督学长执行大学营运情况,特设立评议会。评议会作为学长的咨询会存在,相对于教授会作为第一次管理机关的作用,评议会则是贯行机关,并根据各学部教授会的意思来调整和统合形成大学的意思决定,以及负责管理不属于教授会管理的事项。简言之,日本国、公立大学自治组织在制度运作上遵循两个原则:在教授会和评议会的关系上,教授会处于一般性、原则性的优越地位;教授会和评议会作为管理机关,对于作为执行机关的学部长、学长具有拘束作用。根据教育公务员特例法,"学长和部局长任用以及教员任用与升迁依据考选,其考选由大学管理机关为之"。大学的学长由评议会或者教授会选出,学部长由教授会选出,部局长由学长选出,而教员任命是由学长根据教授会来做出决议的。同时,国立大学教员之任命、免职等由文部大臣根据学长的请求来执行,而公立大学则是由该大学所在地方公共团体首长基于学长的请求任命,但这种任命权只是"形式意义的任命权",无实质意义上的拒绝权。除非具有显著违法无效情形,任命者须基于管理机关的请求在规定时间内任命。

总的来说,对学术上的专门事项,教育行政机关不宜插手,原则上学科课程以及教授升等,均由教授会审议决定。"教授升等问题,属大学自治的一环,文部省不必过问,对教师的工作表现或研究著作等都授权教授会审议。而教授会要听取有关教授的推荐意见,并审查升等者的多年研究业绩。其主要精神在于发挥大学自治及学术研究自由的功能"。①

其三,我国教师评聘中的组织适法问题

我国行使教师评聘权的组织形态具有多样性。根据《高等学校教师职务试行条例》,省区市成立高等学校教师职务评审委员会,负责本辖区高等学校教师职务任职资格评审工作。国家教育委员会的某些部委也可以设立教师职务评审委员会。各大学建立教师职务评审委员会或者教师职务评审小组,负责本校职称的评审或者审查,对于部分授权的大学职称评审,须要教育行政部门建立教师职务评议委员会,并且根据相应的学科组建评议组进行评审。各级职称评审委员会组织同行专家进行评审。而对于教师的聘任,根据《高等学校教师职务试行条例》14 条规定,校(院)长可以根据工作需要,主持设立一个临时性机

---

① 黄坚厚. 大学院校教师升等办法改进之研究 [M]. 台北:台湾"行政院"研究发展考核委员会,1989:256.

构做好教师聘任工作，有条件的学校可以实行分级聘任。实践中，有些大学将职称评审的组织和教师聘任的组织合二为一；或者突破《高等学校教师职务试行条例》规定，将职称评审融入到了大学教师聘任中。

从"上海大学刘某案"看教师评聘组织适法。上海高等院校在 1998 年教师职务评审工作中，有关部门将"应用经济学"学科和"工商管理学"学科纳入同一个学科评议组。评议组共 9 名评委，但管理学教授仅有 1 人，其余均为经济学教授。评议结果是，申报工商管理教授职称的 5 位副教授有 4 人出局，而申报应用经济学教授职称的 3 人却无一落榜。被淘汰出局的上海大学旅游管理系副教授刘某认为，这是"外行评内行"。为此，刘某于 1999 年底起诉上海教育委员会，上海市静安区人民法院法院驳回刘某的诉求。国内首例教师职称诉讼案就此收场。① 本案中"外行评内行"，是违背组织适法原则的典型。实践中，有的即使组建了所谓的"同行评议"，但对组成人员的"专家"身份却难以保证。② 所以加强我国大学教师评聘中的"专业审查"环节，贯彻组织适法原则，应该是当前评聘制改革的重点所在。

关于上海大学教师聘任程序及聘任组织之组织适法。上海大学评聘制度改革，走在全国前列，甚至被认为是国家关于教师评聘制度改革的试点。对该大学教师聘任之组织适法的考查，具有代表意义。通过对上海大学聘任程序和聘任组织分析，可归纳出几点：

第一，突破《高等学校教师职务试行条例》的规定，将职称评审融入到了大学教师聘任中，即以聘代评。组织设置上已不存在职务评审委员会，只有职务聘任组织。聘任权属于校内，不受校外教育行政机关审查，从组织设置上保障了大学自主用人权。

第二，设立"校教学质量考评委员会"，对教育教学能力和教学质量进行考察，这种方式是否适当，有待于实践验证。因为根据其规定，并不明了考评委员会的组成人员，也没有规定考评依据的材料。根据教育科学研究，教学能力与质量的考察主体更合适的应该是教师所教授的学生和同一院系的同事及领导，如果设立专门考评委员会，势必会导致考评流于表格审查，难逃"外行"评

---

① 徐亢美. 上海一名副教授为职称评定不公状告市教委［N］. 羊城晚报，1999 - 12 - 5（6）.

② 有学者对某省科技进步奖专家库的专家抽样调查，问及专家是不是所评对象研究领域的真正内行时，近 85% 的专家或者认为自己的专业与所评的项目完全不同，或者对所研究的领域不太熟悉甚至完全不熟悉。且有 88.5% 的专家认为，"同行专家少，非同行专家多"现象在评审中常发生。详见胡显章，等. 国家创新系统与学术评价［M］. 济南：山东教育出版社，2000：147.

"内行"的命运，也不利于培育教师在本院系营造良好氛围责任。

第三，设立"院教师职务聘任工作领导小组"和"学校相关学科评议组"，对聘任人员进行考察，互相间没有隶属关系。这意味着，虽然是学校的学科评议组，但是院职务聘任工作领导小组的推荐名单并不需要接受其审查，直接递交"学校教师职务聘任委员会"，这在很大程度上化解了当下二级三审等级模式所造成的对基层评议组织的钳制，加大了院系一级在人事决定方面的权力。但是对院一级的职务聘任领导小组，除由院长和书记作为当然委员外，并没有区分专家和教师之对于不同级别的职务聘任的组成人员。一般而言，如果是聘任教授，专家和教师应主要以具有教授身份的人员组成。在学校相关学科评议组的组成人员中，没有对专家所属学科领域予以明确规定，可能会造成"外行"评审"内行"。

第四，"学校教师职务聘任委员会"具有最后决定权，这意味着是否同意聘任并不在院一级的聘任领导小组，其只有推荐权，这种推荐对于校职务聘任委员会没有强制约束力。所以，不排除"院教师职务聘任工作领导小组"和"学校相关学科评议组"可能成为"学校教师职务聘任委员会"的橡皮图章。同时，对于"院教师职务聘任工作领导小组"和"学校相关学科评议组"各自的推荐名单该如何排序，也没有明确规定，势必会产生各种矛盾。

第五，设立"思想道德考察组"，考察教师是否存在"学术不当行为"等。

总的来说，上海大学以聘代评模式，比之评聘分离更能发挥大学人事自治权，保障教师权利。但在聘任权问题上应更侧重于学院一级。学校可在岗位设置上全局管理，但对具体岗位应具有哪种素养的老师更加适合，毋宁是学院一级聘任小组更具有专业判断能力。

（3）禁止片面接触

片面接触，在程序中是指除非职务上的必要，处分人不能与当事人或者其利害关系人做程序外的接触，即"纠纷解决者应只在另一方在场的情况下听取另一方意见"①；或者当事人及利害关系人不得与处分人为上述接触。美国在1961 年的一个判决中认为，"用偷偷摸摸的行为影响有义务决定争端的官员……就是腐蚀我们政治制度的核心——正当程序，公平裁决，程序公开，不偏不倚，不受外界影响做决定，在行政机关裁决争议时，从事这种鬼鬼祟祟活动的人，如果在争议中涉及的事项以外，没有受到其他损失，就算幸运的了"。②

---

① ［美］戈尔丁. 法律哲学［M］. 齐海滨，译. 北京：生活·读书·新知三联书店，1987：240.
② 王名扬. 美国行政法［M］. 北京：中国法制出版社，2005：515.

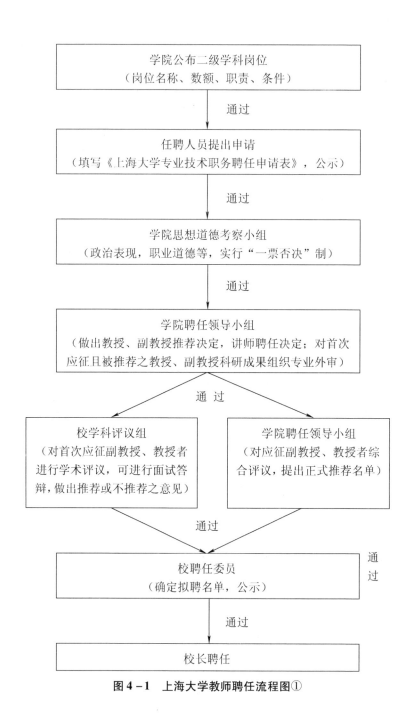

图4-1　上海大学教师聘任流程图①

_____

① 本图根据《上海大学教师职务聘任条例（试行）》（上大内〔2003〕第064号）制作。

我国大学教师评聘中找关系托人情，成了许多人心照不宣的"潜规则"。即使设计完美的制度，也常为我国独特的人情文化所消融，贯彻"禁止不当接触原则"显得更为重要。教师评聘中，评审委员会成员特别是院系一级的成员，常常是申请者的同事、熟人，禁止片面接触的认定显得格外困难。所以该原则的贯彻，与其说依靠严格执法，毋宁有赖于提升学术群体的自律。

严禁片面接触应贯穿程序始终。只要当事人申请职称评审或者聘任后，评委在进行评议的过程中，就不得有片面的接触。但教师评聘中经常会出现熟人，在评聘之前已然有过学术上的交流、观点上的沟通，甚至谈论过职称评审的相关问题，时间的把握实属困难。如果有足够证据证明评审委员和申请人事前就评聘事项有过充分的意见交流，可以按片面接触定。

因片面接触违反正当程序，其法律后果应予以完全排除。但近年也发展出一些例外情形，即如果提供单方信息的人能够提供足够的证据证明此单方接触并没有损及对方利益，则可以不适用此原则。在我国台湾地区，进行了比较详细的分类，认为如果能够将片面接触的内容事后予以书面公开，则可以免予被撤销的厄运。但实践中执行起来特别困难，而且也很难让对方当事人相信程序的公正性。所以笔者以为，如果在评聘程序中，违背片面禁止接触的义务，原则上应认定此评聘无效。一方面，因为学术判断难以事后举证说明和案卷化，[①]另一方面，也为了打压我国当下职称评审中的请托"陋习"。

3. 公平决策义务及公开义务

（1）听证权

听证权，简而言之即为"陈述意见的机会"。在教师评聘中是否应该给予听证？基于学术判断的复杂性，可以借鉴国外一些做法。如德国"教授资格论文答辩"，通过这种答辩方式，让申请人更全面、主动地展现自己。我国有些大学实行的"述职报告"，也有异曲同工之妙。因为专家的评审过程，主要是审查申请人的前期成果，而对申请人的学术潜力并不一定有通透的了解，这更显得赋予当事人陈述自己之机会的重要性。当然，此种方式操作起来有一定难度，因为在专业评审中一般采取匿名评审。可以通过在教评会开会时，提供"陈述"的机会，在教师聘任中，给予授课试讲甚至举办学术讲座的机会等。

---

① 行政程序中，行政机关正式的行政裁决，应严格按照案卷记载做出决定，该原则叫"案卷的排他性"原则。由于学术评判常常采取"匿名"方式，决策过程的具体情况难以知悉，甚至难以案卷化或者不允许记录，其对于"依据良心审判"的要求更高，难以通过事后审查来推断决定的"偏颇"与"恣意"。所以过去在美国，只要申请人违背片面接触禁止原则，便被直接做出此次评审不予通过的决定，毫无例外可言。

（2）被告知权

被告知权，即由于评聘结果影响到教师的工作权、财产权以及学术自由权的实现，不仅对于申请人关系重大，而且将信息及时告知当事人意义重大。根据告知的不同时间点及目的，可分为：

事前告知。评聘都是经过当事人的申请而启动，所以对于这一告知并无异议。

事中告知。如美国教师申请晋升后，每个步骤都将会通过系主任将结果及时地告知当事人，且向系里其他老师告知。如当事人不服，可立即向申诉机构申诉。

事后告知。主要是救济教示，即告知申请人不服决定可向什么机关、以什么途径救济。

（3）说明理由义务

说明理由，此乃做出决定的基础。在教师评聘中，说明理由有其特殊性。因涉及到专业审查，而对专业审查是否应详细说明理由，颇有争议。

其一，"专业审查"之说明理由。在专业审查中，都有评语栏目由专家填写。对评审理由的说明，应遵循一定的逻辑、论证过程和明确性。如在理由的说明和选项之间不符，应如何处理。由于专家判断主要基于本专业内的学术标准，这种标准具有相当程度的模糊性，为免遭争执，鼓励专家进行客观公正而负责地判断，一般对专业判断理由不予公布，但并不意味着专家审查不需要说明理由。

其二，评议会对"专业审查结果"之说明理由。根据"专业评量原则"，在评聘中应对专业审查予以尊重。如果评议会对专业审查结果予以尊重，理当不需要说明理由。但如果要推翻此专业审查，必须有充分的理由。绝不允许根据多数决原则予以否定，而不附带充分的学术理由。

（4）公开义务

其一，在公开与不公开之间徘徊

阳光是最好的反腐剂。教师评聘中公开的必要性同样存在，但其公开问题具有其特殊性。有争议的，是关于教师评聘专业评量过程及评量结果是否应公开。如浙江大学评聘环节中，对应征教授的述职报告投票结果，明确规定不予公布。美国力求实行阳光政府，但也不排除公开义务的免除。如对文官使用和晋升程序中的考试资料，关于问题解答、测验手册、评分表、计分计划等，公开可能妨碍考试程序的公正性或客观性，可以免除公开；又如，军队中的晋升资料，为保密信息的来源而免于公开。同时，法院由于缺少专门的经验、知识和判断，所以一般会尊重行政机关对于国防和外交方面的国家安全利益的判断。有时候可以进行秘密审查，但是这项审查，数量繁多，且需要专业知识，执行起来比较麻烦，故而法院可以决定是否审查。①

其二，教师评聘的公开——以美国为例

教师评聘中同行专家评审资料是否公布，在美国经历了不公布到逐渐公布的过程，该过程主要围绕大学是否违反了1964年《人权法案》第七章，即评聘时不得基于"种族、性别、年龄、国籍及宗教的原因"做出歧视待遇的规定展开的。为了贯彻该非歧视政策，美国专门成立了"公平雇佣机会委员会"（Equal Employment Opportunity Commission，EEOC），而大学教师评聘的秘密同行评议资料就是被 EEOC 的一次次起诉揭开的。

在 EEOC V. University of Pensylvania② 中，调查委员会基于某位教师的歧视诉请而要求 Pensylvania 出示评议资料，以证明该教师是否在大学升等中受到了歧视待遇。EEOC 认为证明大学在聘任或者升等中产生歧视、偏见或敌意的最好方式也是唯一方式，就是提供证据表明评议人在做出决定时对相同的条件予以了区别对待，即受歧视教师没有被聘任或升等，但和她相同情形的申请者却得到了聘任或升等。为此，要求获得所有材料来证明歧视的存在。但大学则基于保护评议过程和材料的机密性而不愿提供，并认为同行评议资料对学术自由的保障具有重要意义，如将此文件公开，可能导致同事间产生冷冰冰的关系，从而不利于大学的学术发展。大学基于其保护学术的特殊使命，应享有公开的豁免权。但法院判决认为，《人权法案》规定适用于包括大学在内的所有主体，国会在制定此项法律时应该考虑到为了调查大学的非法歧视案，公开同行评议资料可能给大学带来的影响，联邦最高法院不应发挥立法作用。虽然该资料的公开可能会对大学的学术自由产生一定影响，但并不一定会带来同事间的紧张关系。但公开此项资料对委员会调查案件，保护诉请教师的权利是惟一途径。最后，法院认为，基于利益平衡原则，对同行评议中的歧视行为予以控告比学术自由权之保护，在此处显得更重要，所以应该予以公开。虽然法院判决已明确，但该类争议仍然存在。

赞同学术特权者认为，"同行评议对保持优秀学术的血液循环和再生，在美

① 王名扬. 美国行政程序法［M］. 北京：中国法制出版社，2006：970，1076 - 1077.

② *EEOC V. University of Pensylvania*，850 F. 2d 969（3rd Cir. 1988），同时参考：WEEKS K M. The Peer Review Process：Confidentiality and Disclosure［J］. The Journal of Higher Education，1990，61（2）.

国大学具有高效的、不可取代的重要意义"。① 同行评议机密性之丧失将导致学术评价过于谨慎而不敢做出任何承诺或者表示的评价，以逃避责任。免于被揭露的特权如果被剥夺将严重影响到"大学基于学术自由而产生的有效自治"②。大学和商业性机构或组织不同，须给予一定的公开义务豁免，使大学有能力保证同行评议的自由空间。而反对者认为，教师主张其宪法或者法律上的权利被严重侵犯时，专业评审材料必须被公开，以此向法院证明歧视的存在。任何主张同行评议材料须保密的人都可能阻碍美国法院获得真相的能力。③ 且进一步指出，免于公开的同行评议可能会掩盖甚至鼓励同行评议中的歧视行为，从利益权衡的公共政策观点看，揭示这种歧视比保护这种机密性更重要。受到雇佣歧视的教师，应该和其他任何主张歧视的原告一样，被赋予揭示真相的权利。④

但更多观点认为，需通过利益权衡予以解决。学术自由应受保护，但不是绝对的。遇到学术自由的利益与其他利益相冲突时，须在这两种利益间权衡。⑤ 证据事实的公开具有重要意义，但证据特权的享有也具有必要性。⑥ 在 Silkwood v. Kerr – McGee Corp⑦ 案中，法院认为，在公民诉讼案件中是否要求证据公开，主要考虑三个因素：其一，这些证据对原告行为是否重要；其二，寻找证据一方能否从其他地方获得证据；其三，证据是否对事情的决定具有核心意义。

美国对该领域从原来的"学术节制"逐渐走向"平衡干预"，说明司法权对学术领域的不断渗透。但也应看到，不仅对保护当事人权利，且对保护学术环境的纯净，将评聘的评审材料适当公开同样是必要的。这可以监督专家对于学术成果的鉴定，虽然在最后鉴定中，主要是尊重专业审查，但是"阳光"下的过滤是非常重要的。由于评审结果因公开而能被互相比较，致使评审者在同等情形下给予不同对待的情况尽量少发生。但是，为保护学术自由权，这种公开也不是盲目的，须通过一定途径，如委派专门调查委员会审查，免予不必要纠葛和尊重专家评议。如美国在专家外审中，送审院校会附带一封信件，询问其是否愿意将评审结果公开，而评审专家一般会同意公开，但是必须将其姓名

---

① *EEOC v. University of Notre Dame*，715 F. 2d 331（7th Cir. 1983）.

② *Gray v. Board of Higher Education*，692 F. 2d 901（2nd cir. 1982）.

③ *EEOC v. University of Notre Dame*，715 F. 2d 331（7th Cir. 1983）.

④ WEEKS K M. The Peer Review Process：Confidentiality and Disclosure［J］. The Journal of Higher Education，1990，61（2）.

⑤ *Landmark Communications，Inc，v. Virginia*，435 U. S. 829，841 – 42（1978）.

⑥ STEVENS C J. Preventing Unnecessary Intrusions on University Autonomy：A Proposed Academic Freedom Privilge［J］. Califonia Law Review，1981，69（5）.

⑦ *Silkwood v. Kerr – McGee Corp.* 563 F. 2d 433（10th Cir. 1977）.

隐去。

（三）大学教师解聘的法律保障

大学教师解聘，包含狭义的解聘、停聘和不续聘三方面。狭义的解聘，指在聘约没有完成期间，解除与教师的聘约；停聘，指在聘约期间内停止聘约的履行；不续聘，指聘约期满后，在应提供正当理由才不予续聘的情形下，没有提供正当理由却不予续聘。对大学教师解聘的法律保障，主要有三方面，即实体上的解聘事由之限制，程序上的解聘之正当程序保障，以及遭受解聘后的权利救济。

1. 大学教师的解聘事由

（1）我国大学教师解聘事由之概述

各国对教师和大学关系的定位不同，解聘事由亦有不同表现，或通过立法予以明定，或通过判例予以归纳。大学自治之目的在于保障学术自由权的核心价值，而大学教师无疑是该核心价值实现的重要主体，大学虽然也有其独立的利益，但不能侵害到教师的学术自由权。

全国性教育法律法规都规定了我国实行教师聘任制，但对教师解聘的事由却欠缺考虑。倘若在聘任制还停留在纸上规定的年代，这可能不会遇到多少问题。但随着全国大学人事制度改革的推进和教师聘任制的落实，教师解聘事由规定不明确，可能会成为大学侵害教师权利的手段。所幸，近些年各个大学在制定本校聘任条例时，对教师解聘事由开始重视。如上海大学，在《教师职务聘任条例（试行）》和《专业技术职务聘任实施细则》中，均较明确地规定了教师职务、专业技术职务解聘、辞聘的具体情形。综合而言，我国教育法规中的解聘事由表现在：

其一，政治思想问题。教师要"政治思想"过硬，如有违背，可能遭到解聘。

其二，严重违法乱纪。严重违反法律特别是触犯刑法、被剥夺政治权利的，教师资格证将被取消，从而面临解聘。

其三，职业道德差错。我国有浓厚的"尊师重道"传统，如违反作为教师应有的职业道德，将会遭受解聘。关于什么是职业道德，法律中并没有具体解释，需要在判例中不断地发展。近年来，基于对学术道德的重视，学术失范行为成为评聘中"一票否决"的重要内容，也必然构成教师解聘的重要事由。

其四，考核不通过，即能力难以胜任，这是最典型的解聘事由，而问题的关键由谁来考察，以及根据什么标准来考查，对此，法律上并没有予以明确规定。某些学校实行"末尾淘汰制",但其合理性基础值得探讨。①

其五,工作上的疏忽。如没有认真完成工作,对教学造成严重影响,或违反聘约合同等。

(2) 美国大学教师解聘、停聘、不续聘事由之分析

美国关于教师解聘、停聘和不续聘的事由,经历了不断发展完善的过程。在大学发展初期,教师被视为普通雇工,可被任意解聘。特别在私立大学,可随心所欲解聘教师。如斯坦福大学,1915 年某教员因提出华人劳工看法与斯坦福创设者的见解不一致而遭解雇。可以说,学术自由在美国的发展历程就是保障教师不被任意解聘的过程。美国对解聘事由没有统一规定,但大致分为两类:

其一,财务危机或者项目变更导致的强制解聘

强制解聘,是大学发展过程中因入学人数减少或财政拨款缩减等可论证的、善意的原因而出现财务危机,或某研究项目、教学岗位等被撤销,导致大学为维持生存或调整发展规划,需通过适当解聘教师的方式渡过难关。

在美国许多州法中,并没有关于财务危机、项目变更等可作为解聘理由的规定,但法院判决认为大学董事会有权利基于此解聘教师。如,在 Graney v. Board of Regents of the University of Wisconsin 一案中,因 Wisconsin 州关于长期聘任的法律中规定解聘事由限于教师工作效率和行为适当等方面的问题,原告认为大学基于财务危机将其解聘违背州法律,应该无效。法院认为,根据州法规定,"大学拥有权利决定在必要时采取一些措施,以更好地完成法律赋予其完成大学教育与研究的使命"。长期聘任只在于保护教师不被任意解聘,以保障其自由地从事研究、教学。教师因为财务危机被解聘与设置长期聘任制的初衷并不矛盾,因此大学为较好地发展教育,为符合大学发展规划,可以基于财政危机解聘教师。

实践中,财务危机、项目变更已然成为各州大学解聘教师的理由,特别是在公立大学面临财务紧缺和适应时代发展需要的境况下,裁员往往成为解决危机的手段。但也不排除有些大学借财务危机或项目变更之名,侵害教师合法权利。如,在 Pace v. Hymas② 一案中,原告 Pace 在 1981 年被大学解除了长期聘任职务,理由是该校遇到财务危机。在此之前原告在该大学已有 31 年教龄,是项目组中最有资历的教授,再过一年即可自愿退休并享有全额退休金。原告认

----

① 首先,不能说排在最后的教师就一定学术水平不好,应设计更加合理的评审考核标准和机制;要实现"学术的实质性评审",要在实践中探索。其次,要避免可能导致的教师间互相猜忌、拉帮接派,甚至"多数人的暴政",不利于学术上精诚合作、相互促进。

② *Pace v. Hymas*, 726 P. 2d 693 (Idaho 1986).

为被告侵害了其"实质正当程序"权利，但大学当局认为解聘只是基于财务危机，而非别的事由。据查，该大学教师手册中规定，根据教育委员会之财务危机的宣布，可解聘教师的长聘职务，而对财政危机被定义为，有可论证的、善意的、即将逼近的财务危机，威胁到大学机构、组织及部门存在的能力，除裁员不足以充分缓解该状况。毫无疑问，这两部分都属聘任合同内容。本案的关键在于是否存在财务危机，对此双方意见相左。地方法院将本案分两部分审理，第一部分意在确定是否存在财务危机；第二部分则审理该基于财务危机的解聘是否侵害原告的"实质正当程序"。法院审判中要求大学举证证明财务危机的存在，但该大学认为举证负担不在自己，且初次开庭时只提供了州教育委员会发布的财务危机宣言。原告提供了校长通知她因财政危机而将被解聘的证据。州地方法院认为，被告教师手册中关于财务危机的定义是严格的，应得到尊重，因此关键的问题是证明本案情形"具有可论证的、合理的和善意的"属性，即证明"不通过裁员不足以解决继续生存与发展的困境"。而根据举证责任原则，谁控制了证据，谁就更具有提供证据的知识和能力，谁就负有举证责任。在本案中，原告只需要提供其被解雇的证据，而财务危机是否存在应由大学提供证据证明。至于这种财务危机是否侵害到了原告主张的"实质性正当程序"，① 则是后续问题。最后法院判决认为，因该大学不能提供充分证据证明其存在财务危机，故后面的问题无需再审查。

为防止大学借财务危机、项目变更等任意解聘教师，关于如何确定解聘名单，如果州法有规定必须依法进行。但如果州法或契约中没有规定，则应该遵循以下原则：依据年资，即如长期聘任与非长期聘任的教师担任某职务的时候，长期聘任教师应优先予以留任，同时教师考核情况也是解聘必须考虑的因素。在解聘中不能恣意或反复，不得将某职位裁掉并解雇教师后，把此职位的工作转移到其他职位，以此来规避长期聘任法。② 大学的财务危机以及项目变更应该是可论证的、善意的，且解聘被认为是"除此而外，别无其他方式可以缓解当下的困境"时，才能够采取。为保护被强制解雇的教师之合法权利，州法和大学须进一步规定解聘后的教师在复职方面的优先权、生活上的基本保障等。

---

① 主笔法官 Bistline 在判决意见中对"实质性正当程序"予以了精辟论述，认为正当程序保障包括"程序性"（procedural）和"实质性"（substantive）两方面。"实质性正当程序"意味着"剥夺生命、自由和财产的国家法律须具有一个合理性基础——即意味着剥夺之原因不应该如此之不充分以至于让法官认为其具有'恣意'"。具体到本案，如果原告要证明其实质性正当程序被受到侵害，必须举证说明决定解聘他的理由具有恣意、反复或者没有一个合理的基础。

② 秦梦群. 美国教育法与判例［M］. 北京：北京大学出版社，2006：195.

其二，适当的理由

什么是适当理由，各州各大学规定不一。根据判例和相关规定可归纳为：不当行为、不能胜任、怠忽职责以及其他原因。每一类别中具体包含什么内容，各州略有差异。

一是不当行为（misconduct）。在教师解聘中是非常重要的原因，但因该概念牵涉到价值判断和道德观念问题，其内涵的理解常常引发歧义，认定上带有随意性。如，有的州或大学将教师校外活动如与异性同居、同性恋行为、酗酒、言行不诚实、未婚先孕等也作为解聘事由。对此，法院一般采取严格解释，只要没有造成严重影响，都会首先考虑尊重教师隐私权等。总的来说，以下几种情形会被认定为不当行为：学术上的不当行为，如学术抄袭、学术作假等；性侵学生；触犯刑律等。而对某些与教师身份不相称的行为，如道德沦丧、性生活混乱等，需具体个案具体分析。

学术不当行为在美国大学教师解聘中备受关注，多数大学都遵循了美国大学教授联合会（AAUP）提出的职业伦理规范。AAUP 主要从教师所担当的不同身份角色来要求其应肩负的职业伦理：其一，作为研究者，应牢记自己的责任是发现和表达真理，要不断提升能力，勤勉研究、交流。在研究中应诚实、客观、中立、自律，不能为谋求私利或寻求自我发展而弄虚作假，妨碍自由探索、研究的氛围。其二，作为教师，应鼓励学生自由研究，对其适当引导，督促其遵守学术规范，尊重研究知识，帮助其研究成果的保护，不对其歧视。其三，作为同事，应尊重其他同事的研究成果，互相营造自由的学习气氛，客观公正地评价同事的研究等。其四，作为学术机构的成员，应遵守大学的纪律，完成大学交给的学术和研究任务，同时尊重学术自由。其五，作为公民，享有和其他公民相同的权利和义务，但是在私人的领域活动时，避免让人误以为是代表大学，同时作为一个学者，应提升社会自由研究的氛围和推动公众对学术自由的理解。①

此外，其他学术团体和机构对学术造假和学术不端行为也有规定。如 AAU（The Association of American University）在 1983 年"学术研究的诚实性"中定义了学术不端行为：伪造研究成果、抄袭以及滥用学术机密性（如同行评议），明知故犯地侵害学术研究规范与程序等。NSF（The National Science Foundation）在 1987 年提出对有学术不端行为的研究人员及其所在学院的抵制，甚至在调查

---

① OLIVAS M A. The Law and Higher Education：Case and Materials on Colleges in Court ［M］. Carolina：Carolina Academic Press，1997：541 – 542.

完成以前便采取这种抵制。① 有学者将学术不当行为概括为三类：其一，作者地位与学术成就分配所引发的争议；其二，非法取用别人观点；其三，在科学研究领域提供不实资料或实验结果。② 总的来说，如果教师涉及到学术不端行为，只要被认定成立，常会遭受解聘的处分。

二是不能胜任（incompetency）。指"由于知识、能力、法定资格等的欠缺或不能适当地履行义务"，③ 包括教学表现不佳、专业知识欠缺及自身原因不能继续任教等原因。对该类原因，除因为健康问题，如精神失常、受禁治产宣告等外，其他情形因各大学对教师的要求不同而有不同规定。这一原因，对试用期的教师适用不多，因为其聘期不长，同时适用非升即走政策，只要在任期届满考核中给予不合格评价，直接不予续聘而不需说明理由。对享有长期聘任的教师，近年逐步实行长聘后审查，即每五年一次审查，如果两次考核不通过可能被解聘。

三是怠忽职责（neglect of duty）。即因态度不认真等原因严重违反聘约合同。

四是其他方面原因。该概括条款，被某些州或大学所采行，以备不时之需。如，在 Hetrick v. Martin④ 案中，原告 Hetrick 因不服从学校教学方法和计划而被解聘。Hetrick 选择了比较自由的教学方法，即可由学生选择上课时间、学生选择课外作业等，导致其上课内容不能按时完成。学校当局认为 Hetrick 的教学方法与学校要求不合，且不能保障学生对知识的接受，因此将其解聘。法院在审理中，认为教学方法属于大学自治权利，大学可以按照他们认为可行的方法进行教学，并且要求教师遵行，如果不服从可以解聘。

（3）解聘事由的限制及排除

解聘对于教师的权利影响甚巨，既需要从积极方面对解聘事由予以明确规定，也需要从消极面向进行限制和排除。一般而言，对教师解聘事由的限制，主要从保护学术自由权的角度来考量，有时也考虑到教师的其他权利保护。如，美国的优待措施（affirmative action），要求不得基于歧视而解聘，甚至在性别和种族等方面履行相应义务。总的来说有两方面考虑：

---

① OLIVAS M A. The Law and Higher Education：Case and Materials on Colleges in Court ［M］. Carolina：Carolina Academic Press，1997：551.

② ［美］唐纳惠·肯尼迪. 学术责任 ［M］. 阎凤桥，等译. 北京：新华出版社，2002：78.

③ 秦梦群. 美国教育法与判例 ［M］. 北京：北京大学出版社，2006：191.

④ *Hetrick v. Martin*，480 F. 2d 705（6th Cir. 1973）.

其一，尊重教师的教学自由和研究自由。学术自由权包含研究自由、教学自由和学生的学习自由。教师在教学中应享有一定的自主权，不能因教学内容等被随意解聘，也不能因教师的研究与主流思想不相符而将其解聘。对此最应防范的是基于政治意识形态对教师的解聘。关于政治意识形态对教师的影响，各国都曾存在或者还继续存在着。如，在"麦卡锡主义"时代的美国，教师常因参加共产主义组织、信仰马克思主义等遭解聘；在纳粹时期的德国，要求教师必须"根正苗红"，对纳粹政权坚决拥护，否则就被解聘。对此类问题，法学界经常援引的要数日本的"天皇机关说事件"：日本著名宪法学者美浓部达吉，因在其所著的《宪法提要》与《宪法精义》中，主张"国家是法人，而天皇则是作为法人之国家的机关"，被认为是破坏国体的叛逆之说，不但其书籍被禁，且被迫辞去了贵族院议员资格。① 但是，随着学术自由权的不断被重视和尊重，随着民主政治的发展，基于政治原因而解聘教师的情形不断受到限制。如 Adler v. Board of Education of the City of New York② 一案中，原告 Adler 因参加了颠覆性组织，纽约市教育委员会依据"纽约公务员法"将其解雇。以大法官明顿（Minton）为主的多数意见认为，"纽约公务员法"没有违反宪法。但在后来的 Keyishian v. board of Regents of the University of the State of New York ③ 一案中，却认为任何州为保障其州内的教育制度，固然有权制定法律处罚颠覆者，但却不能够使用含糊和过于概括的规定，要求教职员作宣誓，否则即违反宪法，因此认为"纽约州公务员法"违反宪法而无效的。且在 Cooper V. Henslee④ 一案中再次强调，仅因为原告参加"进步劳工党"，不能成为解聘他的正当理由，并宣告阿肯色州法律违宪。

其二，不能基于性别、年龄、种族等的歧视解聘教师。《利玛宣言》第 5 条规定："所有社会成员皆有不受妨碍地进入学术团体的平等权利。任何人都不应受到任何形式的歧视，而只以能力为基础，作为学生、教师、研究人员、工人或者管理人员等的身份成为学术团体的一部分。但是，作为旨在促进学术团体中处于不利条件的成员获得实质性平等的临时性措施，不能被认为是歧视性的规定，当然，一旦机会和待遇的平等目标得以达成，这种规定便不能再延续。

---

① ［日］芦布信喜. 宪法：第三版［M］. 林来梵，等译. 北京：北京大学出版社，2006：19.

② Adler v. Board of Education of the City of New York，342 U. S. 508（1952）.

③ Keyishian v. board of Regents of the University of the State of New York，364 U. S. 479（1960）.

④ Cooper v. Henslee，522 S. W. 2d 391（Ark. 1975）.

所有的国家和高等教育机构都应当保证向教师和研究人员提供得以稳定、安全地被聘用的体制。学术团体的任何成员，在未经学术团体内部民主选举产生的机构进行正当听证的情况下，不得被解聘。"① 不得基于性别、年龄、国籍、种族等的歧视而将教师解聘，这在美国表现尤为突出。美国《人权法案》规定在全国范围内不得基于种族等的歧视而聘任或者解聘雇员，这同样包括大学在招录、升等以及解聘教师的过程中。由于美国特有的历史原因，歧视盛行，常有大学利用各种隐秘的理由达到歧视的目的，为此一向对于大学教师评聘采取"学术节制"态度的法院，也频频藉由教师遭受歧视而介入大学聘任行为。②

2. 大学教师解聘的程序保障

（1）从"卢某被停课处罚"事件说起

吉林艺术学院教师卢某，因在课堂上表达对某事件的看法，且可能在私下与同学交流时表达了某些在学生看来"离经叛道"的观点受到学生告发。对此，吉林艺术学院某系党委书记对卢某口头表示其不用再去上课，宣布其已经被停课。对此，卢某希望获得书面停课决定，得知其为什么被停课、谁基于什么事实对其控告，并希望得到申辩的机会。吉林艺术学院校方没有满足其要求，只是告知卢某"停课检查，听候进一步处理"。为此，卢某在网上公开发表了致学院党委书记的公开信。此问题引起广泛讨论，当然也包括从法律上对其分析。

从正当程序原理看，本事件有几处值得商榷：其一，没有履行告知义务，卢某的停课决定只是通过非正式的口头通知，没有通过书面形式予以告知，更没有告知其为什么被停课，其应该享有什么救济等，甚至在卢某多次要求书面决定的情况下，学院都不予理会。这违背了正当程序要求的告知义务，导致卢某面对"停课"无法获得事前收集证据、准备辩护材料，决定救济途径等。其二，侵害了卢某听证的权利，卢某被停课属于对其权利影响严重的事情，应该在其要求下提供听证机会，但学院连基本的陈述意见的机会都没有提供。其三，违背了"组织适法"的要求，该事件的决定由个人口头提出，而不是经学校相关组织，如教师聘任委员会等提出。对于教师的停聘，属于大学自治权的行使，应该根据相应的专业判断来进行，且由主要以教师为成员的组织来决定。其四，违背了说明理由的义务，做出一项不利于当事人的决定须说明理由，否则容易产生恣意和反复。本事件中只简单地要求"停课检查，听候进一步处理"，这或

① *The Lima Declaration on Academic Freedom and Autonomy of Institutions of Higher Education*, Article 5.

② Notes：Academic Freedom and Federal Regulation of University Hiring ［J］. Harvard Law Review，1979，92（4）.

许表明学院确实还没有得知真正的缘由，或许表明其知道但是不愿意告知，不管是哪一种情形，都是对于正当程序要求的违背。

（2）日本大学教师转任、免任、降级及惩戒的程序保障

日本、德国在教师评聘中提供了较完善的程序保障，特别是通过机构设置，将教师聘任权完全掌握在大学手中，充分保障了大学人事自治权。但大学自治权的行使，也可能会侵害到大学教师的权利，对教师的解聘同样须遵循正当程序要求，提供完备的程序保障。

其一，两个经典案例

关于"泽柳事件"①。1914年，日本京都帝国大学总长泽柳政太郎为改革人事制度辞去七名教授，遭到了法科大学教授、助教授的一致谴责。佐佐木惣一等40名教授、助教授提出辞呈停课以示抗议，导致泽柳总长下台。通过该事件，制定了经过大学各部局全体通过的规定：总长（学长）、教授以及助教授的任免进退，应预先咨询教授会，经多数同意（或推荐）而加以决定；总长由教授会无记名投票推荐；学长则由大学教授兼任。该事件是日本教师法律地位之保障的奠基性事件。此后，对大学教师的选任或解聘，都须通过教授会同意，且得到教授会多数成员同意方可，其他任何机关或个人都不得绕过教授会对教师实施免任、转任等不利处分。

关于"都留文科大学事件"②。该案3名原告乃都留文科大学教师，在都留市的一份调查报告中被认为有煽动学生的行为，因此该市要求该校学长对其处理。校学长将案件交由人事教授会审议，并将审议结果交给原告等人。原告以审查事由记载不明确而提出异议，要求审查应通过口头、公开方式进行，且允许原告请律师出席。对此，人事教授会没有予以满足，只是向其交付了审查说明书。原告等人在教授会的催促下提供了陈述书，人事教授会据此对原告做出免职处分。法院认为，对是否进行公开、口头的审查，管理机关可自主决定，只要其不违背法令的主旨。但对于惩戒理由，不管是人事教授会的审查说明书还是审查说明补充书中，都是没有被完全记载的事实。原告对此不服，应该给予其陈述理由和辩解的机会，如果剥夺这一程序性权利，则处分违背了教特法的相关规定将归于无效。因此，判决被告败诉，撤销对于原告的免职处分。与"泽柳事件"相比，该判决明确了教师在受到处分时，不仅应受到特定的组织—人事教授会—的审查和同意，同时教授会在作决定的时候，同样应保护大学教

---

① 周志宏. 学术自由与大学法［M］. 台北：蔚理法律出版社，1989：30.

② 周志宏. 学术自由与大学法［M］. 台北：蔚理法律出版社，1989：233.

师享有的正当程序，即给予其陈述理由的机会，甚至视情况给予正式听证的机会。

其二，日本教育公务员特例法中的正当程序规定

根据日本教特法规定，没有经过管理机关——评议会或者教授会的审查，不得违反教师的意愿予以转任、免职或者降任、惩戒。而管理机关在进行审查的时候，必须遵循正当程序规定，即对于审查者应该交付记载了审查事实的说明书，申请者在收到此项说明后的 14 日内如果提起了请求，必须给予其口头或者书面陈述的机会。管理机关审查时，如果认为有必要——至于什么构成必要之情事，由管理机关自己决定，可请求顾问出席或者向其咨询意见。这些构成了大学教师免职和降任的正当程序规定，不得违反，否则作出的行为将被归于无效。

（3）美国教师解聘之正当程序保障

正当法律程序原则已然成了美国宪法的核心。但其宪法第 14 修正案的正当程序条款在大学内的适用也经过了一段发展历程。起初，正当程序条款限于"权利"与"特权"之理论局限，适用范围受到严格限制。大学被当作一个"特权"领域，教师与大学间签订的聘任契约被排除在"生命、自由和财产"外，不受正当程序条款保护。随着正当程序保护范围的扩大，在 Greene v. McElroy ①一案中，联邦最高法院认为，除了特别法律规定，否则应该向"公共雇佣"提供一般意义上的程序保障，其中包括听证程序。② 华盛顿特区高级法院在 Nostrand v. Little，58 Wash③ 案中继承了该精神，认为要给予大学教师的长期聘任以正当程序保护。随后，美国法院通过系列判例，针对教师的解聘发展出了比较完善的程序保障体系。美国学者研究认为，正当法律程序原则要求被解聘的教师应享有以下几个方面的权利：④ A. 获得控诉理由通知；B. 给予听证机会；C. 给予足够时间准备适当防御；D. 获取证据及证人名单；E. 裁判时获得听证机会；F. 聘请法律顾问并允许出席的权利；G. 提供证据及证人的机会；H. 交互质问证人的机会；I. 基于听证会所获证据而作出裁判的权利；J. 听证过程及记录；K. 提起上诉的机会。

---

① *Greene v. McElroy*，360 U. S. 474（1959）。

② 在 *Workers v. McElroy*，367 U. S. 886（1961）中，联邦最高法院仍坚持军队中的雇佣关系不受正当程序保障，不需要经过听证程序即可解聘雇员。

③ *Nostrand v. Little*，58 *Wash*. 2d *III*，361 P. 2d 551（1961）（en banc）。

④ MCCARTHY M M，CAMBRON – MCCABE N H，THOMAS S B. Public School Law—Teachers' and Students' Rights ［M］.5ed. Allyn and Bacon，2004：403.

其一，正当程序原则之于长期聘任

AAUP 提出长期聘任制的初衷，旨在使大学教师免予被任意解聘。目前，"美国各州对大学教师几乎都实行了长期聘任制，并常以州法明文规定，以此保障公立大学教师的工作权，使其免受大学校方的不当侵害"。① 同时，多数大学也在教师手册中明确规定了长期聘任政策。但长期聘任制并非为教师提供铁饭碗，毋宁是要求学校对获得长期聘任的教师进行解聘时，要基于合理的理由，且遵循相应的程序保障。所以，教师解聘的正当程序保障，主要是对获得长期聘任的教师而言的。认定长期聘任，是适用正当程序保障的前提。目前，长期聘任主要有四大类：

一是根据法律规定的长期聘任。即某些州规定公立大学必须采取长期聘任制，且对长期聘任的法律保护提供了详实规定。教师与大学或者州签订契约时，法律中的相关规定自然地成为契约内容，州和大学不能随意改变。

二是依据契约规定的长期聘任。主要是对于私立大学或州法中没有对长期聘任作规定的公立大学，通过本校章程中来决定。教师与大学签订契约时，通过默示或明示，大学内部规则、教师手册等中关于长期聘任的规定都将成为契约内容。

三是依据被广泛接受的学术规则下所为的道德上的承诺而成立的长期聘任。AAUP 在 1915 年提出长期聘任后，不断得到各大学和州法的采纳。关于长期聘任的各种情形和精神，在学术界具有广泛的基础，虽然有些情形下不能通过法律和契约获得长期聘任，但是根据长期聘任设置的目的、教师权利保护的宗旨等，在道义上应该被赋予类似长期聘任的保护。虽然没有法律上的保障，但常常具有实质性约束力。

四是依善意、亲切或惯性而成立的长期聘任，是一种事实上的长期聘任地位。在 Perry v. Sindermann② 案，美国联邦最高法院首次承认该种"事实性的长期聘任"。Mr. Justice Stewart 执笔的司法意见中认为，虽然原告没有法律或者契约形式意义上的长期聘任，但是却具有事实意义上的长期聘任，因为根据该校教师手册中的规定——德州学院并不实行长期聘任，但是校方希望教师们认识到他们享有长期的聘任，只要他们尽责地履行了教学服务工作、对同事和上级表示了合作的态度以及他们自己感觉到工作愉快，已然让原告产生了强烈的、具体的续聘之期待利益，所以对于这一利益的剥夺，应该受到正当程序的保障。

---

① ESSEX N L. School Law and the Public Schools: A Practical Guide for Educational Leaders [M]. 3rd ed. Allyn and Bacon, 2004: 245 – 246.

② Perry v. Sindermann, 408 U. S. 593 (1972).

其二，教师解聘的正当程序保护

教师聘任合同具有"财产价值"属性，理论上解聘或停聘都应该受到正当程序保护。许多州的法律只对长期聘任教师之解聘规定了正当程序保护，而对试用期间或者非长期聘任的教师没有规定，完全由各学校决定。有些大学与试用或非长期聘任教师签订的聘任合同，往往规定聘期届满聘任关系自动消除，不需要任何理由，更不需要提供正当程序保护。但是，不予续聘毕竟对大学教师有相当影响，所以某些州或者大学也规定，在不予续聘前的一定时间内给予不予续聘的通知，甚至附带说明理由，如果违背这些规定，可能会让教师"产生聘任的期待"从而导致不予续聘的决定失效，其结果将会使聘期继续延长，甚至由此取得长期聘任的资格。Board of Regents V. Roth① 案为我们提供了很好的例证。

本案中原告 David Roth 在 1968 年受聘于威斯康星大学奥斯哥斯校区政治系的助理教授。聘任合同中明确规定他的受聘期限是到 1969 年的 6 月 30 号。1969 年 2 月 1 日，校长通知其聘期结束后将不再被续聘。为此，David Roth 认为大学不续聘他的原因是基于他对校方的批评，且没有给予他任何附带理由的通知和提供听证的机会，于是向联邦地方法院起诉，主张其受宪法第 1 修正案保护的"言论自由"权利和第 14 修正案保护的"正当程序"权利被侵犯。根据威斯康星州法律规定，对获得长期聘任的教师予以解聘，须给予书面理由并遵循正当的程序；但对非长期聘任教师，聘期结束后没有被赋予任何关于继续聘任的权利，也没有提供任何立法与行政方面的标准以规范继续聘任的执行，而是完全由大学决定。同时，威斯康星大学对非长期聘任教师不予续聘的问题，没有任何实质性的保护，只要求校长在聘期结束的最后学年的 2 月 1 日前通知受聘人，并且给予一次复审机会。

案件经过了联邦地方法院（310 F. Supp. 972）及上诉法院（446 F. 2d 806），都认为 David Roth 应享有听证或陈述意见的权利，但驳回了关于第 1 修正案之言论自由权受侵犯的指控。案件最后上诉至联邦最高法院，大法官们对本案是否侵犯了 David Roth 应受第 14 修正案保护的权利有很大争议。最后根据主笔法官 J. Steward 和多数意见认为，第 14 修正案关于"陈述意见或听证"的权利并非毫无限制，必须根据权利的性质以及利益权衡来决定。由于 David Roth 不是长期聘任教师，不具有第 14 修正案中的正当程序权利。J. Steward 在司法意见写道：在决定正当程序保护是否适用时，首先应考虑是所涉权利是否属 14

---

① *Board of Regents V. Roth*, 408 U. S. 564 (1972).

修正案应保护的自由和财产利益。随后论述了 14 修正案保护之"自由权、财产权"从"特权"扩及到各种自由权和财产权的发展，认为"自由权"和"财产权"属于"重要的宪法概念，必须在实践中不断地完善和界定其意义"，自由权不仅包括人身自由不受限制，更为重要的是个人享有的合同自由、竞聘各种公共职务的自由，获取有用知识的自由，以及结婚、建立家庭、抚养孩子等作为一个自由人追求幸福生活的权利。

J. Steward 认为，本案中原告的续聘利益无疑比被告简要、甚至草率地做出不续聘的利益更为重要。但由于威斯康星大学对原告不继聘，并没有任何控告严重地损及其在社会中的地位和荣誉，并没有因此表明他不诚实、不道德等。因此，这有别于"如果政府对于某人做出的行为有可能损害其好的名声、荣誉、信誉或者人格等，则政府应该予以通知并且给予听证的机会"。同时，该不续聘行为也没有给他一个污名或者其他方面的"无能"以妨碍他去获得别的工作，也没有禁止他因为遭遇不续聘而不允许去别的大学任聘。这有别于那种"不仅剥夺了一个人当下从事的公职，而且有碍于其将来获得公职之机会"的情形。一言以蔽之，原告的聘任合同并没有一个需要绝对获得保护的"被再次聘任"的利益，只是具有一个抽象的可能被继续聘任的期待利益，故不应该被赋予陈述理由和听证的正当程序权利。

其三，教师解聘之正当程序保护——以北卡罗来纳大学教堂山分校为例

北卡罗来纳大学（University of North Carolina）1789 年建校，现有 16 所分校。其中教堂山分校（UNC‒Chapel Hill）最大，其对教师权利的保护非常完备和人性化。特别是对于教师解聘，规定了详细的程序性保障。以下是该校关于"学衔之中止、降级或者聘任合同之解除的程序保障"以及"非长期聘任教师解聘之程序保障"的简要介绍：①

一方面，关于"学衔之中止、降级或聘任合同之解除"的程序保障

在教堂山分校，不管是有固定任期还是试用期的教师，甚至长期聘任教师，都可能面临学衔被降级、暂时停止或者被解聘的情况，但校方决定须基于适当理由且遵循规定程序。适当理由包括：不适宜继续担任教师，或能力欠缺或职责疏忽。规定程序包括：

一是履行告知义务：校长或其委托人向教师发送挂号信且附回执，书面说明解聘意图。同时告知教师可以享有的权利，包括索求关于解聘他（她）的详

① 以下程序是通过北卡罗来纳大学教堂山分校的 2004 年的相关文件归纳整理而来。详见：*Trustee Policies and Regulations Governing Academic Tenure in the University of North Carolina at Chapel Hill* ［A/OL］. 2008‒03‒01.

细书面理由、要求常任教师委员会举行听证会。在接到通知10日内，如果该教师没有书面形式请求获得详细解释或举行听证，校长将直接给予其书面解聘书。

二是请求给予详细解释：如果10日内，该教师通过挂号信要求详细的书面理由，校长或其代理人接到请求后10日内答复，附上详细的书面解释。如果没有要求听证，则接到详细理由书后即被解聘。

三是请求听证的权利：如果教师要求听证，校长或其代理人须确保听证符合要求。由常任教师委员会主持，该委员会至少由5名教授组成，均具有长期聘任且经全体教师大会选举产生。听证会将审查书面解聘理由。委员会保证教师收到听证通知后有20日准备答辩，且可基于教师书面合理请求适当延长答辩准备时间。听证会秘密进行，除非教师和委员会都同意公开。教师有咨询律师、提供证人及其他证据的权利，有对抗和质证对方证人的权利，可以查询所有文件和其他不利于自己的证据。整个过程以书面形式记录并保存。校长或其代理人可参加听证会，提供证据、质证证人并进行辩论。

四是听证会决定对校长的拘束：委员会基于听证会中提出的证据做出决定，并于10日内送校长。校长做出处分决定时，须基于听证会书面记录及其报告。如果校长意图拒绝接受委员会的意见，须与受到影响的教师及委员会沟通并提出理由，且在做出最后决定前给予委员会回应的机会。委员会可能会考虑校长提出的异议，并在必要时重新接受新证据、重新做出推荐意见。委员会在接到校长沟通意见后10日内向校长反馈意见，校长将再次做出决定，并以书面形式反馈给教师及委员会。如果校长接受了委员会做出的有利于教师的推荐意见，则为最后决定。如果校长之决定不接受委员会做出的有利于教师的推荐意见，或者接受委员会做出的不利于教师的推荐意见，该教师可请求分校理事会复审校长之决定。

五是请求复议审查权：教师在收到可提起复审告知后10日内，可通过校长或邮寄将复审请求交分校理事会主席。复审由理事会自行开展，并在45日内做出决定，其可委托由3人以上组成的临时委员会主持听证会。理事会和临时委员会做决定时，须依据教师委员会的听证会记录、报告及校长的决定，必要时也可听取其他证据。复审限定在校长或教师委员会是否确保了审理、决定，依据是否明确及决定是否存在重大错误。根据北卡罗来纳大学特别规定，教师接到分校理事会决定后10日内，如果认为复审中其权利受到侵害，可以向总校理事会申请再次审核，审核决定为终局。

另一方面，不续聘非长期聘任教师之程序保障

根据该校规章，对非长期聘任教师不予续聘只要遵循相应程序即可，无需

要特别理由，但不能被认为基于：①教员行使联邦宪法第1修正案或北卡罗来纳州宪法第1章所规定保护的言论自由权；②种族、肤色、性别、性取向、宗教、国籍，年龄、残疾或者曾在美国联邦海陆空三军服役等；③个人恩怨。教师认为受到了不公正待遇，可经过以下程序寻求保护：

一是要求非正式会谈。接到不予续聘书面通知后10日内，教师可书面申请与做出该决定的行政官员私人会谈，讨论不予续聘的原因。会谈申请必须无条件满足，且在接到申请后5日内做出安排。会谈后5日内，该行政领导须向教师提供简洁明了且详细的书面通知，告知最终决定。如果决定仍坚持不予续聘，教师可分情况进行救济：如果该教师所在系的系主任做出继续聘任的推荐，但行政官员审查时做出不予续聘决定，则教师可根据上述关于"学衔之降级、终止和聘任合同之解除"程序进行，享有申请听证会等一系列程序权利。如果决定是遵循系主任不予续聘的推荐信做出，教师接到通知后5日内可申请与直接监督系主任的行政官员会谈。会谈必须无条件地举行，且在会谈后10日内做出建议性评估，但对系主任及教师均无约束力。系主任接到评估后5日内做出反馈。

二是要求听证复审。如果经过会谈后，教师接到的仍是不利于自己的决定，可在5日内请求听证会复审。复审仅限于审查不予以续聘决定是否：A. 基于任何明确不被允许的原因；B. 具有重要的程序瑕疵，即第一次做出不予续聘的决定违背了应遵循的程序。为此，教师申请复审听证会时，需要详细列举证据，表明他质疑该决定是基于不被允许的原因或存在重大程序瑕疵做出的。

三是举行听证复审。听证会以非正式、秘密的方式进行，只有听证会委员、拟不被续聘的教师、做出决定的行政领导及证人等参加。委员会成员如果受聘于当事人所在系或学院，或被认为存在利益冲突等，必须回避。委员会做出决定时候，主要基于听证会上提供的证据，必要时可考虑通过公正可信赖的方式提供证据。听证程序以教师对争议的陈述开始，陈述结束后将暂时休会。如果听证委员会认为争议不存在，将通知听证双方结束听证。教师不服可向分校理事会提出复审请求，理事会在45天内做出终局决定。如果听证委员会认为争议存在，或不被续聘有新解释，将通知双方继续听证会。行政官员须对争议部分提出看法，对不予续聘决定进行论证，并根据自愿原则提供各种书证或文件证据，但无需特意证明其决定是否符合规定，这属于教师证明负担。

通过进一步听证：如果听证委员会认为争议点不成立，将向校长提供一份建议以支持该不续聘决定。校长将做出决定，并通过简明而详细的书面声明告知教师和行政官员。教师不服，可向分校理事会直至总校理事会申请复议。如果听证委员会认为争议点存在，将做出一份应该正确修正的建议书告知双方。收到建议书 5 日内，行政官员须向教师和听证委员会主席书面反馈。如行政官员拒绝按照修正建议修正，听证委员会将向校长书面建议，包括听证会情况以及校长应如何做，校长根据判断做出终局决定。如果做出不予续聘的行政官员是校长，听证会建议将被送往分校理事会，由理事会做出最后决定。

总的说，美国大学享有"聘请教授"和"解聘教授"的自治权。保障且鼓励"良币"，驱逐或淘汰"劣币"。但诚如 AAUP 关于教授职位制保障的要求所言：①教授续聘与否应经教授团同意；②明定任期，7 年以上教师享有终身任期，不续聘者应在学年结束前 3 个月通知；③应说明不续聘理由；④不续聘前应有法律听证会，给予被解聘或降职教师申诉与反驳机会。① 简言之，大学有选用人权，但必须给予教师充分的正当程序保障。

（四）大学教师评聘中的纠纷解决机制

有权利则必有救济。当前，我国教师评聘中出现的纠纷问题，还未能得到较好解决。教育法规中赋予了教师申诉权，但该救济途径缺少相应制度设计。由于对教师职称评审、教师聘任合同性质界定有争议，其纠纷能否进入及如何进入司法程尚无定论，更遑论开展实质性权利救济。

1. 我国现行法律关于教师评聘纠纷的解决机制

（1）教师申诉制度

当前，申诉可谓教师评聘权利纠纷最"名正言顺"的救济途径。《教师法》规定：教师对学校或其他教育机构侵犯其合法权益或做出的处理不服的，可以向教育行政部门提出申诉；教师认为当地人民政府有关行政部门侵犯其根据《教师法》规定享有的权利，可以向同级人民政府或上一级人民政府有关部门提出申诉。可见，无论教师评聘权属行政授权抑或大学自治权，亦不管教师聘任合同属民事合同抑或行政合同，只要教师在评聘中认为权利被侵害即可循此途径获得救济。但实践中，这扇来者不拒的"法律之门"，通往的并非权利救济的阳光大道，毋宁是条艰难"蜀道"。如学者指出，我国"行政申诉法律化程度较低，它还没有形成一个基本的法律规范与调整局面，而且总体上仍缺乏可操作性"，② 更遑论作为专业领域内的教育申诉制度了。

首先，关于申诉受理机关，《教师法》规定了教育行政部门、人民政府及有

---

① 黄坚厚. 大学院校教师升等办法改进之研究［M］. 台北：台湾"行政院"研究发展考核委员会，1989：249.

② 杨小君. 我国行政复议制度研究［M］. 北京：法律出版社，2002：56.

关部门等。没有指定专门受理部门，可能导致互相推诿而不利于权利救济。教育行政部门是大学的法律监督部门，作为申诉受理机关有其合法性，而人民政府或其他行政部门作为申诉受理机关，则缺少法理基础，也难以达成专业判断。现实中只有教育行政部门设立了履行申诉职能的机构，但具体组织架构、组成人员等都缺乏明确规定。

其次，关于申诉具体程序，没有更进一步的细化。《关于<中华人民共和国教师法>若干问题的实施意见》对教师申诉的管辖、受理条件、处理程序、法律救济措施等做了规定，但缺乏"正当程序"的基本要素。如，关于回避制度和禁止片面接触原则的适用；对于当事人是否有权利查阅资料、收集证据、寻求律师帮助、交换质证和询问证人等，特别是关于当事人是否有权利要求听证、申诉机关如何履行告知义务和说明理由等均没有体现。

其三，关于申诉处理结果效力问题，应如何与行政复议、行政诉讼或民事诉讼衔接，缺少应有交代。《实施意见》指出，申诉当事人对申诉处理决定不服的，如果其申诉内容直接涉及人身权、财产权及其他属于行政复议、行政诉讼受案范围事项的，可依法提起行政复议或者行政诉讼，该规定在实践中容易导致理解不清、界定模糊。

（2）人事争议仲裁制度

目前，各级人力资源社会保障部均建立了人事争议仲裁制度。根据《劳动人事争议仲裁办案规则》规定，"实施公务员法的机关与聘任制公务员之间、参照公务员法管理的机关（单位）与聘任工作人员之间因履行聘任合同发生的争议；事业单位与其建立人事关系的工作人员之间因终止人事关系以及履行聘用合同发生的争议"属于人事仲裁范围，教师聘任关系无疑属于人事仲裁范围。根据最高法院2004年颁发的《关于人民法院审理事业单位人事争议案件若干问题的规定》，事业单位和工作人员因聘任合同产生纠纷，应将人事争议仲裁作为前置程序，当事人对人事仲裁裁决不服，才可向法院提起诉讼。如果不提起诉讼，另一方可向法院申请强制执行。这个司法解释的出台，实现了人事争议仲裁制度和司法制度接轨，解决了人事争议仲裁的司法保障问题。但该规定也存在诸多漏洞，如果人事争议仲裁委员会对仲裁申请不予受理，或者受理后被驳回，是否可以向法院提起诉讼，没有明确。①

---

① 此类情形已然出现。如北京大学某工作人员被解除职务，申请仲裁，被告知不予受理，诉至法院，法院以人事争议仲裁委员会对此没有作实体性处理而驳回原告起诉。详见李东民. 14年前解除公职14年后对簿公堂［N］. 北京日报，2004－01－31（4）.

（3）司法审查有待加强

司法作为正义最后一道防线，理论上应该为所有权利提供救济。但在我国当下法律框架内，大学教师评聘中的权利侵害却得不到有效的司法救济。

一方面，由于对大学教师评聘权性质认定不同，导致法院对该类案件做出截然不同的判断。在"西北大学刘某案"中，西安市碑林区法院和西安市中院都认为教师评聘是行政授权，大学可取得行政主体资格，并做出了有利于原告的判决。但在"华中科技大学王某案"和"华中科技大学邹某案"中，却遭遇了截然不同的对待。这说明，我国法院关于大学教师评聘权性质没有达成共识，同时囿于行政诉讼受案范围规定，导致权利侵害得不到救济。正如有学者指出，"司法救济的可能空间在逻辑上有前置探究的必要。台湾地区学者讨论怎么样救济的时候，大陆学者还在讨论要不要司法救济，哪些需要给予司法救济的问题"。①

另一方面，由于对教师聘任合同的性质界定比较混乱，导致法院对教师聘任合同纠纷的审理往往也一筹莫展，甚至采取刻意回避态度。

（4）教师评聘之权利救济的特殊性与可能路径

教师评聘中的权利救济，在我国当下法律体系中仍处于混沌状态，这对教师权利保护、学术事业发展都带来了冲击。所幸，我国对这方面已在积极推进改革，法律制度也在不断完善和发展中。但就如何建构出公平高效的救济机制，更好地保障教师合法权益，需要考虑到教师评聘中权利救济所具有的特殊性。

一是救济方式的专业依赖。教师评聘中权利遭遇侵害，具有很强的隐秘性和专业性。如，在评审过程中，回避事由难以列举穷尽，是否存在"偏颇"事由，通过普通的法律思维和判断往往无法透彻明了，需依赖长期生活在学术群体中的专业人员，依据学术良心予以判断。又如，教师是否受到歧视待遇，外行人员往往难以明确判定，需要专业人士通过学术惯例、学术气候、学术环境的整体把握和分析，才能做出适当评判。根据美国大学教师状告大学的案例分析，可发现校方对大学教师解聘或不予升等，都会有各种"适当"理由，绝不会说是因为某某教师参加某政治组织或对学校政策进行批评等，这使得判断难度较大，需要依靠专业同行对整个事件的"敏感"触觉。且评聘过程主要是对专业学术能力的判断和评定，即使是非同行的专家都束手无策，更遑论非学术群体内的其他主体了。可见，因权利侵害的隐秘性和专业性，救济中也会有"专业依赖"，救济方式的构建须依循"专业原则"。

---

① 湛中乐. 大学自治、自律与他律［M］. 北京：北京大学出版社，2006：300.

二是救济目的的多重性。程序设置都有特定目的，救济程序的主要目的是使被侵害之权利恢复原状。但是程序设置中，还包含着众多价值目标。由于大学教师所处"生态环境"的特殊性，导致其生存空间的依赖性较强。作为在评聘中权利受到侵害的教师，寻求救济时，既希望权利得到保障，同时希望与所在学校、以及同事们达成谅解，① 这样可以在权利救济目的达成的同时，仍然在原单位愉快地工作和生活。为此，则必须在救济方式的选择上，通过某种更缓和的、不具有敌意性的对抗之救济方式达成。② 这点在美国教师评聘案中得到了明证，许多教师由于状告大学，经法院审理确实受到权利侵害，但是法院对于如何判决却常常左右为难，因为如果判决其重新获得聘任，则可能会导致该教师身陷敌意的状况，生活工作必然受到很大影响，因此法院常常选择给予赔偿的救济方式。而这种情况在我国台湾地区也有存在。③ 根据程序成本分析法，救济途径的好坏，肯定要将大学教师后续的工作、学术、生活影响等考虑进去。

三是教师的权利救济与大学自治权的尊重。在特别权力关系时代，教师作为大学成员，大学可以对其进行概括性命令，且不适用法律保留原则、司法救济原则等，教师权利受到侵害时往往得不到保障。特别权力关系理论已经在现代法治理念下隐身而退，但是其影响还是不同程度地存在，也具有一定的合理性。在对教师权利救济时，必须考虑到对大学自治权的尊重。如果过多地让外部力量，如司法权力、行政权力等介入大学内部，很可能使大学自治权面临被侵害的危险，即"外部权力借此机会，以司法的名义干涉大学的独立，对学术自由和大学自治产生不利的影响"④。而且，行政人员、司法人员"只是专于诉

---

① 一般情况下，同事对于受侵害教师可能会表示"同情"。但是作为机构内的人，同事也往往会存在"受侵害"的错觉，甚至可能会基于某些原因，如上级的高压、其他同事的情感、共同体的盲目性等，产生对状告者的敌意。如，在我国刚出现大学生状告母校案例时，就有很多教师认为这是"忘恩负义"的行为。

② 关于在熟人社会中，通过诉讼等敌对方式解决纠纷可能招致的指责和不被理解，这种情况即使在法治高度发达的美国，也在所难免。

③ 如国立成功大学外籍教师 Richard 被学校非法解聘，台湾地区"教育部"中央教师申诉评议委员会认为解聘不当，要求该大学重新做出适当处分，多次函告校方应先恢复聘任关系、补发薪俸，都被学校推脱拒绝。后来该案经过台湾地区台南地方法院判决国立成功大学败诉，但校方仍拒绝办理复聘，亦不肯负任何侵害责任。为此，高雄市政府不得不主动发文通知成功大学：教师解聘或不续聘案件，经申诉、再申诉评议确定该解聘或不续聘决定应予撤销时，教师与原服务学校间之聘任关系仍然存在，不涉复聘程序问题。详见许祯元. 教师解聘之正当程序［M/OL］. 2007 - 12 - 01.

④ 湛中乐. 高等教育与行政诉讼［M］. 北京：北京大学出版社，2003：461.

讼程序操作和认定事实规则的技术方面，而不能超越自己的专业知识和经验，以自己的无知去替代专家学者的专业判断"。① 相比而言，大学对教师的专业领域有着更合适的判断权。

总之，在寻求教师权利救济途径中，可"先内后外"，即先通过大学内设机构进行救济，再通过教育行政机构救济，最后通过司法救济。具体而言，可以在各大学内部设立"申诉委员会"，然后在某些层级教育行政机构设立更高一级的申诉委员会，如果通过两者还不能解决，则可以通过司法途径予以救济。②

2. 教师申诉制度

（1）美国大学教师评聘中的申诉制度——以密西根大学为例

美国大学为防止自治权被行政、司法等任意介入，同时为保护教师权利，整合校内力量组成各种委员会，努力将教师与学校的纠纷和抱怨化解于校内。主要包括：在作出不利处分后，由大学的特定机构或人员给予受处分教师安抚，通过友好的安抚将矛盾化解；安抚不能达成，则提供校内救济程序，使受处分教师享有被同行裁判的权利。③

安娜堡分校对教师申诉程序（appeal procedure）做了详细规定。④ 明确申诉程序是，当本校教师对所在学院、系等学术部门做出有关评聘方面的决议不服时，为其提供快捷而人性化的纠纷解决方式，以此维护教师权益。如通过申诉程序发现决议错误则及时纠正；如认为决议不存在错误，则向教师做好解释工作。包括正式和非正式两种申诉程序。

其一，申诉程序的相关主体

一是巡视员（Ombuds），由每个学术部门全体教师选举产生且具有长期聘任资格的1名或者多名教师组成，帮助本部门教师解决纠纷。

二是申诉评审委员会（Grievance Review Board，GRB），主持整个申诉程序。由3人组成，其中2位来自申诉者所在学术部门，另1位来自其他学术部门且与申

---

① 沈岿. 高校如何走出法治的真空［J］. 行政法论丛，2001（5）.

② 由于涉及大学教育案件的特殊性，各国救济路径略有不同，但都不可避免地区分于一般救济途径。如印度的"学院法庭"，可以受理教师、学生与学校的法律纠纷，并做出终局裁决，但如果判决明显有失公平，当事人也可将案件提交到最高法院审理；又如，加拿大的"教育上诉法院"，主要受理对教育行政当局做出的复议决定不服的权益纠纷案件，并能做出终局性裁决。详见周光礼. 高校教师聘任制度与教师权益法律保护［J］. 高等教育研究，2003（3）：49－52.

③ JOUGHIN L. Academic Due Process，Law and Contemporary Problems［J］. Academic Freedom，1963，28（3）.

④ MODEL FACULTY APPEAL PROCEDURES FOR SCHOOLS，COLLEGES，AND ACADEMIC UNITS［A/OL］. 2008－3－15.

诉者具有相同身份的教师，并担任该评议委员会主席。为保证申诉程序的公正性，申诉委员会委员如果与当事人有家庭关系，或重要个人关系，或同属某关系特别密切的专业协会，或自认为不能无私、公正地判断，都可要求或被要求回避。

三是教师申诉监督者（Faculty Grievance Monitor，FGM）。每学年初，校务咨询委员会参议院即委任 1 名长期聘任教师，负责监督全校所有申诉程序，确保申诉程序及时、有效进行。如对申诉申请是否及时回应，学术部门是否及时组建申诉委员会。为便于全程监督，可获得所有申诉程序涉及的材料。

四是学术人力资源指导官（Director of Academic human Resources，DAHR），作为教务长的代表参与申诉过程，主要为申诉双方当事人及申诉监督者提供相关机密材料。

其二，严格程序纪律特别是保密纪律

教师申诉程序的开展需要教师积极参与配合，当事人须严格遵守纪律规定，对妨碍程序进行的当事人，申诉委员会可将其逐出申诉听证会现场。贯彻保密制度，要求程序涉及的当事人对接触到的材料严格保密。当事人在查阅相关资料时，如涉及学术性评议资料，只能请求申诉委员会主席查阅。申诉委员会撰写听证报告时，对涉及到的相关资料不得提及，如非用不可，须在公布时删除。整个听证程序不公开。

其三，赋予当事人充分的权利

申诉中，除了可能会侵害到其他人隐私权利的机密性评价材料和证据外，当事人几乎可以获得各相关材料；可以收集证据、寻找证人；可以对所有提交到申诉委员会面前的证据提出质疑，对所有证人提出质询，要求其全面而诚实地提供掌握的相关事实真相；可以聘请顾问，包括律师，并且一同出席申诉评审会。

其四，申诉程序的展开

一是作为前置程序的非正式程序。设置申诉制度的宗旨在于营造非对抗性的、便捷而人性化的纠纷解决机制，同时为各学术部门提供优先纠错的机会。当某教师对关系自身的聘任决议不服时，可请求巡视员安排调解，为其提供各种问题咨询。如果该学术部门的院长或系主任不是纠纷当事人的话，在发现该决定确有错误时，可要求做出决定的机构或者个人重新考虑并予以更正。当事人也必须仔细地阅读有关申诉政策，并尽量在该阶段寻求解决。当然，不管是巡视员的积极调解，还是院长或者系主任的建议，都不能阻止教师提出正式的申诉程序。为取得更好结果，非正式申诉机制的努力，一直可延续到提起正式申诉后，还没有正式进入申诉评审之前的任何时候。

二是正式申诉程序

第一，正式程序的提起和 GRB 的组建。如非正式程序无法解决纠纷，可提起正式申诉程序。当事人将申诉申请表递交所在学术部主席和 DAHR，同时复制一份交 FGM。接到申诉请求后，学术部门主席应在 10 个工作日内责令相应部门选出委员组建 GRB。如学术部主席不履行相应职责，申诉人可将申诉表格递交教务长，由其督促学术部主席履行。

第二，非正式的交流沟通。程序启动后，GRB、申诉人、被申诉人、院长①将对所涉及到的问题进行一次书面评议。书面评议都须直接集中到 DAHR，当事人及院长的书面材料不对 GRB 公布，直到当事人双方对对方材料作出回应。该过程是希望再次争取非正式程序解决纠纷。如果在这次书面复议中没有解决问题，GRB 将宣布进行听证会。

第三，举行第一次会议。GRB 的 3 名委员召开会议，确定该项争议是否属于申诉事项，如果认为不属于则须说明理由。当然，GRB 可能将会议延迟 30 个工作日后召开，以期通过 GRB 主席努力，撮合双方当事人以非正式程序解决纠纷。GRB 可能在没有进行听证和审查证据前便将申诉驳回，即如果通过审查申诉报告及其他申诉材料、双方当事人及院长的反映和提交的证据等，都表明申诉毫无理由，即使进一步评议也找不出有利于申诉人的理由。

第四，正式进入申诉评议。第一次会议后的 10 个工作日，GRB 将书面通知申诉人、被申诉人和院长等是否继续召开申诉评议。如果决定召开，则书面告知何时何处举行评议会，以及评审会可能涉及的问题。申诉人和被申诉人可获得所有文件副本。GRB 可随时向副校长及总咨询服务办公室咨询法律问题，也可自己寻找证人和要求提供材料，对于程序性问题可随时向 DAHR 或其委托人咨询。审查中，委员会如果发现有侵害学术自由、存在歧视或不合法及明显不公正等情形，则即使被申诉的行为与学校政策相符合，也可进一步审查。审查秘密进行，参加人员仅限委员会委员，当事人双方以及经委员会同意的双方重要委托人、DAHR 及其委托人。GRB 在其报告中涉及的材料，在公布时都应删除。听证会后 15 个工作日，将临时决定告知双方当事人及院长，并要求及时回复。临时决定的内容应保证机密，不得在任何时候告知任何第三方。GRB 综合

---

① 由于被申诉人只能是自然人，但做出评聘决定的往往是一群人，如学术部门的全体教师或委员会，因此一般由该学术部门院长或系主任等担任。当然，如果是某学术官员作出，则由该官员作为被申诉人。如果院长或系主任作为被申诉人，则在某些问题上将会通过该学术部门的委员会进行。为论述方便，此处假定学术部门院长或者系主任为非被申诉人，同时学术部门可能是学院、系或研究所，此处统称院长。

考虑双方当事人对临时决定的反映以做出最后决定。最后决定包括一份证词的书面总结，陈述事实调查结果，以及推荐一个适当的补救措施。

三是两种上诉程序

第一，提起程序性上诉。当事人及院长，如果认为申诉评审程序违反规定，可要求进行一次程序性复审。DAHR 将任命任意一常设教师委员会，如执行委员会、教师特别委员会、教师与行政管理委员会等，担任上诉委员会。同时，DAHR 主任书面通知双方当事人、院长、GRB、DAHR 及当事人所在学术部门的执行委员会关于上诉的原因。上诉委员举行会议，主要根据 GRB 评议形成的书面材料及双方当事人提供的口头声明，只审查程序方面的问题。如果程序正确，则宣布上诉审结束，原评议结果有效。如果原程序存在重大问题或发现了在原程序下不可能发现重要新证据，则发回原 GRB 重审，或组建新的 GRB 审议。

第二，实体性上诉程序。当事人认为评审中存在实体性不公，可在接到决定的 30 个工作日内提请纠正。DAHR 主任可能会进行调查，并向学术执行委员会或其他适当的常设委员会请求帮助。或对原评审结果予以赞同，或发回原 GRB 重审，或组建新的 GRB 进行审议。DAHR 主任须在 30 个工作日内做出决定，表明其采取的行动和原因。

四是最后的上诉程序。穷尽上诉所有程序后，当事人仍认为存在实体性不公正，可在接到院长回应后 15 个工作日内，向教务长提起最后的一次上诉，教务长直接进行审查，或者支持原决定，或者做出新的决定。如果当事人仍不服，只能进入法律程序。

（2）完善我国教师申诉制度的几点建议

首先，建立专门的申诉机构。目前，我国在各教育行政机关内成立了相关的教师申诉受理机关。建议建立两级申诉评议会，即在大学内部设教师申诉评议会，同时在省级教育行政机关内设教师申诉评议会，作为再申诉受理机构。如，上海大学成立人事工作监督仲裁领导小组，教师可以对聘任中涉及违反聘任程序、政策规定等情况提出申诉。

其次，确保申诉机构的专业性和中立性。对于大学内部的申诉机构，应充分利用校内力量，教育行政部门可适当委派代表参加。同时，申诉机构中行政人员所占比例不宜过大。大学内的许多行政岗位由具有教授资格的教师兼任，且往往是某领域具有突出贡献者，按理说这类教师应该具有足够的专业判断能力。但是，由于申诉往往是教师与学校间的对抗，作为身兼行政职务的教师，在情感上往往倾向于学校的整体利益，且因为行政权力不同于学术权力，前者取决于职务高低，具有隶属和服从关系，而后者是基于专业知识，具有独立性，非专业因素干扰少。如果兼任行政职务，意味着此教师在做出判断时可能不仅从专业角度考虑，同时还会受制于上级领导的命令。所以，教师申诉评议会应保证非兼行政职务的教师人员占绝对优势。而在教育行政机关内的教师申诉评议机关，同样需要吸纳各专家学者参与，不得由教育行政机关的行政人员主导。

其三，完善申诉的各种配套程序。根据正当程序原理设置申诉程序，保障申诉人和被申诉人的程序性权利。如，完善通知、说明理由的程序，给与当事人完整的听证权利等。

其四，赋予申诉评议结果法定拘束力。目前，我国还有行政复议程序，教师申诉程序和行政复议程序应合二为一。教师评聘的权利救济有其特殊性，对专业判断有很强的依赖性。行政复议程序意在于为原处理机关提供纠错的机会，同时尊重该机关系统的专业性。教师申诉程序应该等同于行政复议程序，亦即教师在评聘中受到权利侵害时，只能提起申诉程序，而不能再有行政复议程序。这符合权利救济的经济原则，如果再设置行政复议程序，一则只是审查程序的叠床架屋，起不到救济的效果，同时也会导致教师权利救济程序拖延过久。为此，对于教师申诉评议决定，赋予其行政复议决定式的法律效力，可以申请法院强制执行。

最后，将申诉程序作为诉讼的前置程序。在司法介入前先经申诉程序，一方面，可节约救济成本，充分利用申诉评议会的专业资源；另一方面，可赋予大学纠错的机会，防止司法任意介入，保障了大学自治权的落实。

3. 教师评聘的司法审查

（1）教师评聘的司法审查之必要性

现代法治的一个基本命题是，任何法律争议最终应当由法院裁决。但是关于大学教师评聘是否应受司法审查，却历经了一个演变过程。

在德国，曾长期囿于特别权力关系理论的影响，将大学与教师的关系排除在司法救济范围。根据特别权力关系理论，大学和教师之间被认为是一种内部管理关系，大学可在一定范围内对教师为概括性命令，而无须受到法律限制。直到20世纪50年代乌勒（Ule）提出了"基础关系"与"管理关系"的理论，这一观念才得以改变。依据乌勒的理论，如果涉及"基础关系"，即可能导致特别关系的成立、变更与结束的行为，如教师的解聘、续聘、晋升等，应该被视为行政处分行为而纳入行政诉讼的调整范围。1972年，德国宪法法院采行了这一理论，否定了特别权力关系范围内无需法律根据而随意限制个人基本权利的做法，通过判例的发展，进一步明确"就公立大学而言，例如对于博士学位、大学教师资格之授予等，行政法院皆认为有审查权限"。①

在英国，"法院总体上认为学术机构的纪律处理要遵守自然正义原则，但他们却拒绝应用过分严格的标准，只要处理大体公正即可。在许多案件中，大学都在自己的内部规则中建立了详细的纪律程序，往往还规定了上诉权"。② 因此，大学案件一般由大学视察员独自管辖。但是，随着现代行政法的发展，以及对人权保障的重视，英国法院对大学内部管理逐渐介入。在教师评聘中，法院可以因为视察员滥用权力而撤销其决定，当然也包括违反自然正义原则在内。③

在美国，遵循"学术节制"（Academic abstention）原则，④ 对大学自治事务保持高度警惕，特别是对教师评聘更不愿介入。如，在 Maria Diaz Faro v. New York University⑤ 案中，女教师因遭纽约大学解聘而提请联邦地区法院颁发预先令状阻止该解聘行为，但地区法院不予颁发，为此提起上诉。上诉法院认为，"在所有联邦法院必须考虑不去侵入和接管的领域中，大学教师的雇佣或许是联邦法院最不适宜的"。这一判例确定的原则，在后来的各州以及联邦法院判决中不断被援引。但是，美国法院对于大学教师升等或者聘任中的干涉也慢慢在渗透，特别是《人权法案》中提及不得在聘任中进行歧视行为，法院以此为契机，经常介入大学对教师的评聘。

我国对于司法介入大学的争议，主要因"田永案"和"刘燕文案"引发。对这突如其来的司法介入，很多学者表示过担忧和抵制，认为司法介入可能导致大学自治领域被侵害。如，王利明教授针对"刘燕文案"指出，学术问题是高校自治权，是法院力所不能及的事情，法院不能受理。⑥ 但随着争论的深入，学界逐步达成共识：即司法的阳光对于学术殿堂是必须的，但在审查中应保持一定界限，遵循一定原则，不得对大学自治权造成过大冲击。实际中，我国教师评聘纠纷进入司法程仍遇到各种尴尬和困难。但是随着法治推进，大学教师职称评审被排除在司法审查之外，聘任合同定性不明而不知如何适用法律的状

① 翁岳生. 行政法与现代法治国家 [M]. 台北：台湾大学法学丛书，1990：145-147.
② ［英］威廉·韦德. 行政法 [M]. 徐炳，等译. 北京：中国大百科全书出版社，1997：218.
③ ［英］威廉·韦德. 行政法 [M]. 徐炳，等译. 北京：中国大百科全书出版社，1997：218-219.
④ 所谓"学术节制"，总的来说即意味着法院在审理一些涉及到学术判断的案件时，采取一种审慎地态度，对于学术判断特别是实体方面往往表示拒绝介入的态度.
⑤ *Maria Diaz Faro v. New York University*, 502 F. 2d 1229 (2nd Cir 1974).
⑥ 湛中乐. 高等教育与行政诉讼 [M]. 北京：北京大学出版社，2003：349.

况将会有所改善。

（2）教师评聘的司法审查原则

教师评聘是专业性活动，其救济的展开涉及诸多专业性判断。法院审查应遵循几大原则：

一是申诉前置原则。申诉相对于诉讼程序，更为经济快捷、气氛缓和以及符合专业判断。教师评聘纠纷的救济之特殊性，决定了申诉救济的重要性。我国应通过修订高等教育法等相关法律，发展和完善申诉程序，并规定诉至法院前，应做到"申诉救济穷尽"。

二是尊重学术自由和大学自治原则。对司法介入的程度和范围，学界普遍认为应保持谨慎和克制的态度。如，有学者指出，高校行政诉讼只能适用高校的"纯行政性"行为，不能适用"纯学术性"行为，要避免从一个极端走向另一个极端，一方面应当告别高校管理不受司法监督之"自由王国"，另一方面又要拒绝高校诉讼的"全面开放"。① 再如，有学者认为，公立大学自治权分为"学术权力"和"行政权力"，前者是以学者为主的各级学术组织所享有，后者则以校长为首的行政人员所享有。司法审查应区分高校自治权内部的学术自由权和行政管理权，对前者不予审查，对后者予以审查。② 对于什么是"学术问题"，什么是"行政问题"，往往交织在一起，难舍难分。如，对教师的职称评审，往往是各级职务评审委员会和各级领导的推荐与校长的核准及颁发证书等行为交织在一起，形成一个完整的、有意义的法律行为。虽然两者不可截然区分，但是在实际审查中，遇到的往往是具体的各个行为环节，在针对不同的环节进行审查时，对于学术性行为，法院应保持适当节制，而对于非专业性的行政性行为，法院可以拥有较为宽松的审查余地。对此，就有学者指出，"法院对不涉及学术判断的纯粹事实认定可以严格地全面审查；对于含有学术判断的混合事实认定，法院则应在实体上予以高度尊重；而对于一些虽然不涉及学术判断但通常需要学校根据其管理惯例而做判断的事实认定，法院应站在合理性审查的立场，对高校的决定予以适度的尊重"。③

三是程序性审查为主。基于学术问题的复杂性和专业性，不适合通过严格的法律规则对学术实体问题进行规范，因此程序性保障显得尤为重要。司法审

---

① 胡建淼. 最高法酝酿将大学纳入行政诉讼高校反对声重重 [EB/OL]. 北大法律信息网，2008 - 02 - 05.

② 湛中乐. 高等教育与行政诉讼 [M]. 北京：北京大学出版社，2003：50.

③ 沈岿. 析论高校惩戒学生行为的司法审查 [J]. 华东政法学院学报，2005（6）：23 - 34.

查时，同样应注重程序性审查。有学者就明确指出，法院的介入"主要限于审查程序，而不应审查实质性学术问题"。① 这在英、美两国表现特别明显。如，美国的法院介入教师评聘审查时，主要审查大学在进行评聘时，是否有重大的程序违法，是否存在歧视行为等。而教师请求法院的介入，也主要是因为被剥夺了程序性权利的保障以及受到了歧视性对待，对于直接关乎学术审查标准、内容以及聘任合同的内容等问题，几乎没有被法院关注和审查。

① 湛中乐. 高等教育与行政诉讼［M］. 北京：北京大学出版社，2003：130.

五、高校学位授予权的法律问题

（一）学位授予权的法律性质

1. 问题的提出：国家行政权，抑或高校自主权

在我国，当前高校学位授予纠纷案件中主要的争议就是：高校学位授予工作细则中将通过国家英语四、六级考试，发表一定数量与级别的论文，没有受到处分等作为学位授予标准的规定是否合法。针对这一争议，法院往往将其转化为下列两点来回答：一是高校是否有权制定工作细则；二是这些学位授予条件是否合法。第一点涉及高校制定学位授予工作细则的合法性来源，第二点涉及高校所制定的学位授予标准的合法性问题。对于这两点，法院往往把第一点的肯定作为第二点成立的必要而非充分的条件。显然，这种论证逻辑的背后是把高校是否有权制定学位授予工作细则直接等同于高校是否有权设定学位授予标准。但是高校有权制定学位授予工作细则，真的就意味着高校享有学位授予标准的设定权吗？

《学位条例暂行条例实施办法》（以下简称实施办法）第 25 条的规定："学位授予单位可根据本暂行实施办法，制定本单位授予学位的工作细则。"由此可见，高校制定学位授予工作细则有着确切的合法性依据，但不可忽视该条文前半句的限制，即"根据本暂行实施办法"。因此，对于《学位条例》和实施办法中所规定内容，其中包括学位授予标准，高校学位授予工作细则必须要严格遵守。可见，高校有权制定学位授予工作细则并不意味着其就享有学位授予标准的设定权。

那么，高校是否享有学位授予标准设定权呢？从实然的层面看，高校无疑在行使着这一权能。司法实务中众多纠纷就是缘起于高校对学位授予标准的自我设定。只要去翻翻各大院校的学位授予工作细则，就可以发现各个院校对学位授予标准都有着超出法律规定的要求。虽然这种做法在实然层面比比皆是，但是随着学生权利意识的提升，高校的学位授予标准设定权受到了更多的质疑

与挑战。

各法院对此也存有分歧，而这些分歧往往是源于对高校学位授予权法律性质的不同认识。如在张福华诉莆田学院一案中法院认为，"国家实行学位制度，被告作为学士学位授权审核单位，应根据《中华人民共和国学位条例》规定的条件，对达到一定学术水平或专业技术水平的人员，授予相应的学位，并颁发学位证书"，在认定高校学位授予权属于国家教育行政权力时，法院则进一步指出，"被告所制订的《莆田学院学士学位授予工作细则（试行）》中第三条：'在校学习期间，违反学校有关管理规定，曾受过校行政记过（含记过）以上处分者或按结业处理者，不授予学士学位'的规定，与《中华人民共和国学位条例》第4条规定相抵触，应认定无效"。[①]而在吕广观诉西南政法大学颁发毕业证书、学位证书的法定职责纠纷案中，法院则认为高校学位授予权属于高校自主权，指出高校所自订学位授予标准是"是被告基于执行国家教育教学标准，保证教育教学质量的具体要求，在其办学自主权范围内自行制定的"，并强调："被告可以对执行这一规定产生的实际效果进行评判并根据办学实际情况自主予以修订、变更，原告作为被告的在籍学生，应当遵守其修业年限内学校做出的有效规定"。[②]

可见，高校是否享有学位授予标准的设定权及其所设定的标准是否合法，关键在于高校学位授予权法律性质的定位。因为，如果学位授予权属于国家行政权，按照依法行政原则，学位授予标准应由立法机构进行设定。但如果学位授予权属于高校自主权，那么，高校作为学位授予权的享有主体，它可以基于对学术自由的追求与学术品质的要求，来自主地设定其学位授予标准。

因此，高校学位授予权法律性质的争议焦点就是：它到底属于国家行政权还是高校自主权。

2. 争议根源：现实博弈与规范抉择

高校学位授予权法律性质的争议主要是两股力量的现实博弈。一股是以争取学生权利为目标。该股力量往往把高校学位授予权定位为国家行政权，因为在依法行政的原则下，高校只是代表国家行使学位授予，其自身并不享有学位授予标准的设定权。从学生的角度而言，任何增加法定的学位授予标准都是对其合法权利的侵损。另一股是以维护高校权益为方向。该股力量则往往把高校学位授予权视为高校自主权，在学术自治和自主管理的理由下肯定高校所自订

---

① 福建省莆田市城厢区人民法院，（2010）城行初字第22号。
② 重庆市沙坪坝区人民法院判决书，（2004）沙行初字第32号。

的学位授予标准的合法性。这两股力量的主体主要是涉讼的学生与高校。在这两股力量之间，显然高校处于强势而学生处于弱势。但因其博弈的结果最终由介入他们之间的法院来决定。目前从整体发展趋势来看，这场博弈的最终结果尚未明朗。因为，法院在这两股力量中依据不同情境做出不同的选择。

阅读学位授予纠纷案的司法判决书可以发现，法院把高校学位授予权定位为高校自主权主要是为了论证高校所制订学位授予标准的合法性。而把其定性为国家行政权，则主要是基于下述两大因素的考量。

一是制度性需要，即为了使所受理的学位授予纠纷案件能在现有的制度框架下名正言顺地纳入到行政诉讼程序中去。众所周知，在田永案之前，我国法院一般不受理高校与学生间因退学、学位授予等发生的纠纷。因此，以行政诉讼程序提起的田永案的受理被视为中国行政法制发展中的一个重要的里程碑。在田永案中有一个焦点性的争议就是高校是否是适格的被告，因为根据《行政诉讼法》规定行政诉讼的被告应当是行政主体。海淀区人民法院为了论证高校作为被告的适格性指出："本案被告北京科技大学是从事高等教育事业的法人，原告田永诉请其颁发毕业证、学位证，正是由于其代表国家行使对受教育者颁发学业证书、学位证书的行政权力时引起的行政争议，可以适用行政诉讼法予以解决。"① 可见，法院希望通过界定高校所行使的学位授予权属于国家行政权来论证其作为行政诉讼被告的适格。后来，这种论证逻辑在刘燕文案中就表述的更为明确："根据我国法律规定，高等学校有权对受教育者进行学籍管理，享有代表国家对受教育者颁发相应的学业证书、学位证书的权力。高等学校作为公共教育机构，虽然不是法律意义上的行政机关，但是，其对受教育者颁发学业证书与学位证书等的权力是国家法律所授予的。"② 自此以后，大学作为行政被告的资格在实务上基本达成共识。众多判决文书中的观点与论证逻辑基本都是这样：首先，指出高校作为事业单位而区别于行政机关；接着，转而强调大学具有法律法规赋予其行使一定的行政管理职权；最后，确认大学因行使行政管理职权而成为行政诉讼被告的适格性。从而名正言顺地将高校学位授予纠纷案件纳入到行政诉讼程序中来。

二是策略性选择，即为了避开高校强势的锋芒，成为法院避重就轻的一个基点。到底大学英语四级考试没通过能不能作为学位不授予的条件，或者受处分是否应取消其学位授予资格，这些涉及到实体问题的判断往往会让法院感到

---

① 北京市海淀区人民法院，（1998）海行初字第 142 号。
② 北京市海淀区人民法院，（1999）海行初字第 103 号。

过于沉重的论证压力。若是把高校学位授予权视为国家行政权，则可以先从程序入手进行审查。因为作为国家行政权，程序瑕疵也是一种违法行为。有不少法院就是以程序瑕疵为由快速了结案件，追究高校责任，维护学生权利。比如在韦安吉诉广西工学院一案中二审法院就是如此操作。韦安吉因考试作弊被学校取消了学士学位资格，该案有两大争议焦点：①原告是否知道被告制定有学位授予办法；②被告制定的学位授予办法是否与法律相抵触。第一点是涉及事实争议的问题，第二点则是涉及实体正义的问题。对于这两点争议，一审法院都予以论证，认为原告应当知道被告所制定学士学位授予办法，并肯定了该办法的合法性。而二审法院针对此案最后并未纠缠在上述两点争议中，而是另辟蹊径从程序问题来解决该案，指出："被上诉人并未能向法庭提供充分证据证实其已按照自己制定的规则对上诉人的学士学位授予资格依法履行了相应的审查职责，故其做出不授予上诉人学位的具体行政行为的主要证据是不足的，程序上存在明显不当，已构成不履行法定职责。"① 从而判决了高校败诉。

虽然从不受理到受理该类案件，已凸显了保障学生权利这股力量的气势，但从程序保障到实体保障，显然还需要一段更为漫长的斗争之路。在笔者所收集的 35 个学位授予纠纷案件中，学生最终胜诉的只有 6 件。从法社会学的角度来看，这些学生胜诉的案件仍具有较多运气成分。比如在樊兴华诉郑州航空工业管理学院案中，法院径直认定学校所自订的学位授予标准与法律相抵触，这显然与被告经两次合法传唤，无正当理由拒不到庭有关。② 而像上面提到的韦安吉案法院则仅从程序瑕疵的角度来判定被告败诉。可见，在这些纠纷案件中，法院与高校间也在进行着博弈。更多的时候，法院更愿意跟强势的高校联手，判决高校胜诉而达致共赢。但一旦高校过于无视司法权威时，法院也会来个逆转，像樊兴华案。

法院之所以能够在两股力量之间游刃有余，主要就是借着对高校学位授予权法律性质的不同定位。而法院之所以能够对高校学位授予权的法律性质作出不同的定位，则是因为现有的制度中存在可供选择的不同规范。《学位条例》第8条，"学士学位，由国务院授权的高等学校授予；硕士学位、博士学位，由国务院授权的高等学校和科学研究机构授予"。与《教育法》第22条，"国家实行学位制度。学位授予单位依法对达到一定学术水平或者专业技术水平的人员授予相应的学位，颁发学位证书"。这两条是法院用来论证高校学位授予权作为国

---

① 广西壮族自治区柳州市中级人民法院，（2010）柳市行终字第3号。
② 河南省郑州市二七区人民法院，（2003）二七行初字第67号。

家行政权的主要规范依据。《教育法》第 28 条第 1、5 项"学校及其他教育机构行使下列权利：（一）按照章程自主管理；（五）对受教育者颁发相应的学业证书"和《高等教育法》第 11 条"高等学校应当面向社会，依法自主办学，实行民主管理"。这两条则是法院用来论证高校学位授予权作为高校自主权的主要规范依据。那么，这种对同一个法律问题选择从不同的规范条文解读出不同意涵的情状，到底是因缘于这些规范间的冲突，还是沦陷在司法解释的随意或误解中呢？

3. 解读之果：高校学位授予权法律性质定位的规范缺失

从内容上看，《学位条例》第 8 条和《教育法》第 22 条是直接涉及与学位授予权相关的规定，但是《教育法》第 28 条和《高等教育法》第 11 条中则没有直接涉及有关学位授予的问题。那么，为何除了与学位授予权相关的规范条文得到引证之外，还会从其他与其并未直接交集的规范条文中去论证它的法律性质呢？难道是《学位条例》第 8 条和《教育法》第 22 条在内涵上存有模糊性或争议性？还是法院在选择规范适用中的一种随意性？看来，首先需要重新审视法院对这些规范所进行的解读与选择。

"按照现行制度法规定，在我国，具体裁判案件的法官是不能解释法条的意义的。但在实际的案件审理中，法官不对具体要适用的法条进行解释即予以适用的情形几乎在客观上是不可能的。事实上，法官们不仅在进行着法律的解释，而且有时还会以适当的方式把其关于某个法条的意涵说明表达于外，以便于相关人士对此有所理解"。① 这种解释同样存在于法院对《学位条例》第 8 条和《教育法》第 22 条的具体适用中。比如在田永案中一审法院在判决书中写道，"《中华人民共和国学位条例》第 8 条规定：'学士学位，由国务院授权的高等学校授予。'本案被告北京科技大学是从事高等教育事业的法人，原告田永诉请其颁发毕业证、学位证，正是由于其代表国家行使对受教育者颁发学业证书、学位证书的行政权力时引起的行政争议，可以适用行政诉讼法予以解决"。"被告北京科技大学作为国家授权的学士学位授予机构"。② 可见，法院就是从该条解读出如下意涵：学位授予权是一种国家行政权，高校是经国家授权代表国家行使该项权力。再如在张福华诉莆田学院颁发学位证书纠纷案中法院判决书中写道："本院认为，国家实行学位制度，被告作为学士学位授权审核单位，应根据《中华人民共和国学位条例》规定的条件，对达到一定学术水平或专业技术水平

---

① 刘治斌. 法律方法论［M］. 济南：山东人民出版社，2007：181.

② 北京市海淀区人民法院，（1998）海行初字第 142 号。

的人员，授予相应的学位，并颁发学位证书。"① 虽然，法院没有引用相关条文进行论证，但显然"国家实行学位制度"是从《教育法》第 22 条中解读出来的，而通过上下文的逻辑可知，法院无疑是把"国家实行学位制度"等同于"实行国家学位制度"。

这样的司法解读得到一部分学者专家的支持。比如胡锦光教授就曾在一篇论文中以相似的观点对该条进行了学理解读："学位条例第 8 条规定……因此，高等学校根据学位条例规定的条件，对学位申请人进行审查并对合格者颁发学位证书，包括学士学位证书、硕士学位证书和博士学位证书。这并不是高等学校根据其自身性质所具有的权力，而是学位条例授权国务院，由国务院再根据对各高等学校和科学研究机构进行审查而授予的权力。因此，高等学校对学位申请人授予学士学位、硕士学位和博士学位，是作为法律、法规授权的组织行使的行政职权。"② 而湛中乐教授显然也认同对"实行国家学位制度"的司法解读："我国实行国家学位制度，高等学校颁发学位证书的权力来源于法律、法规的明确授权，从这一点上来讲，高等学校的学位授予行为属于法律、法规授权的组织行使行政职权的行为，应纳入具体行政行为的范畴。"③

当然，也有一部分学者对此提出质疑和不同观点。比如有学者就对《学位条例》第 8 条中"授权"提出了质疑："首先，国务院授权与法律、法规授权并不一致。最关键的是，此处的授权的本质是——许可，是颁发学位证书的资格的许可，是相对于没有受到许可的其他高等学校而言的。并不能因此证明颁发学位证书的权力性质是国家行政权。"④ 沈岿教授同样不赞同把"国家实行学位制度"，解读为"实行国家学位制度"，并由此推定该学位授予权属于国家行政权，他论辩道："如果仅就文字的意义而言，国家实行某种制度和国家在这方面享有独占的管理权力之间并不能划等号（试比较国家实行社会主义市场经济制度）；经国家批准设立或认可的一个组织按照国家规定作出某个行为，并不意味着这个组织是在代表国家行使公共权力（试比较经国家批准设立的企业之间依法签订合同的行为）。因此，单单根据《教育法》第 21 条、第 22 条之规定，断言学校颁发毕业证、学位证是一种代表国家的行政权力，论理上并不十分

---

① 福建省莆田市城厢区人民法院，（2010）城行初字第 22 号。
② 胡锦光. 北大博士学位案评析 [J]. 人大法律评论，2000（2）：281 – 313.
③ 湛中乐，李凤英. 刘燕文诉北京大学案——兼论我国高等教育学位制度之完善 [J]. 中国教育法制评论，2002（1）：318 – 344.
④ 左明. 读《刘燕文诉北京大学案》后有感 [EB/OL]. 北大法律信息网，2007 – 01 – 01.

周延。"①

由上观之,《学位条例》第 8 条的解读焦点在于如何理解条文中"授权"一词,而《教育法》第 22 条的焦点主要在于如何理解"国家实行学位制度"。那么,到底该如何准确把握并理解这些"承载意义的法律文字"呢?这就需要借助解释。"解释乃是一种媒介行为,借此,解释者将他认为有疑义文字的意义,变得可以理解"。而解释就是指"将已包含于文字之中,但被遮掩住的意义'分解'、拆开并且予以说明。"②

依照文义解释方法,《学位条例》第 8 条所要表达的主要意思是明确的,即各级学位由哪些主体授予。但由于对条文中"授权"一词的不同理解,产生了对学位授予权合法性来源的不同认识。那么何谓"授权"?从字面上理解,授即"给予、交给",授权即"把权力(权利)委托给人或机构代为执行"。依照这一字面含义,"由国务院授权"应理解为"由国务院把学位授予权委托给高校行使"。换言之,国务院是学位授予权的享有主体,它通过授权方式把自身的权力委托给高校来行使。但若是学位授予权属于国务院享有,那么国务院获得这一权力的法源依据又在哪里呢?《宪法》第 89 条对国务院所规定 18 项职权中显然没有能够解释出国务院享有这一权能的合宪性依据。而其他法律法规中,也只有《学位条例》第 7 条对此做出了相关规定:"国务院设立学位委员会,负责领导全国学位授予工作。"从该条中也只能确定国务院通过设立学位委员会,来领导全国学位授予工作,但领导学位授予权行使工作,并不意味着其享有这一权能。可见,从现有法律中并不能找到国务院享有这一权力的法源依据。在法治国原则下,既然没有合法性来源,作为最高行政机关的国务院也就不可能拥有该项权能。因为"一切权力的取得必须由法律予以规定和确认",③ 那么,既然并不享有该项权能,又何来资格委托高校行使。所以,仅仅从文义中解释出来的"授权"内涵,并不能经得住推敲。

《学位条例》第 18 条规定:"国务院对于已经批准授予学位的单位,在确认其不能保证所授学位的学术水平时,可以停止或撤销其授予学位的资格。"该条是对已获国务院"授权"的高校或科研机构的相关法律后果的规定。条文中的"批准"其实是对"授权"的一个注解。换言之,从该条可以反推出第 8 条中的"授权"主要是指"批准"。而"批准"主要是指"上级对下级的意见、建议或请求表示同意"。换言之,"由国务院授权"主要是指由国务院批准同意对那些

① 沈岿. 公法变迁与合法性 [M]. 北京:法律出版社,2010:119.

② [德]拉伦茨. 法学方法论 [M]. 陈爱娥,译. 北京:商务印书馆,2003:217,219.

③ 刘作翔. 迈向民主与法治的国度 [M]. 济南:山东人民出版社,1999:170.

申请学位授予资格的高校或科研机构从事学位授予活动。而这样的解释同样符合当时的立法背景和目的。1980 年《学位条例》制定时，高校附属于国家教育行政机关，与其是上下级的行政关系。而学位制度实施时，整个中国高等教育也是刚刚起步不久，在教育质量和学术研究上高校间参差不齐。因此，为了保障学位授予的应有水平，规定由各高校进行申请，再由国务院进行批准，赋予一部分高校享有学位授予资格。可见，学位授予权虽须国务院批准，但一经批准后，高校也就享有这一权能。照此推理，高校学位授予权显然不属于国家行政权的范畴。

《教育法》第22条里的"国家实行学位制度"，从字句上难以解读出该学位制度一定是国家学位制度。根据主体不同，学位制度可以分为大学学位制度和国家学位制度。简而言之，大学学位就是由大学自主颁发的学位；国家学位则是指由国家或国家委托其他机构颁发的学位。若是结合《学位条例》第 8 条所推演出的结论，既然学位授予权并不属于国家行政权范畴，那么该项权能的对象更难以认定为是国家学位。从现实角度来看，目前中国学位的也难以被认定为是国家学位，学位证书上的颁发主体都是大学自己。

因此，对《学位条例》第 8 条和《教育法》第 22 条的规范解读，得出的结论只能是：高校学位授予权并不属于国家行政权。由此可见，司法实践中法院把这两条作为推断其为国家行政权的规范依据，显然是一种误解。虽然对这两条的规范解读推演出学位授予权不属于国家行政权，但是同样从这两条也没法直接推演出它就是属于高校自主权。而司法实务中法院则把《教育法》第 28 条第 1、5 项和《高等教育法》第 11 条用来作为论证其属于高校自主权的依据，那么这种解读又是否准确合理呢？

对于这两条内容，有些法院往往做如下理解。比如在赖文浩与华南师范大学不履行授予学士学位法定职责纠纷上诉案中一二审法院就进行了如下解读："《中华人民共和国教育法》第28条规定……由此可见《教育法》及《高等教育法》等法律法规已赋予了被告一定的自主权利，教育者在对受教育者实施管理中有相对的教育自主权……不授予原告学士学位，是学校在行使教学管理方面的自主权，是学校在落实教学计划及提高学术水平方面的具体表现。"① 再如在褚明诉天津师范大学不授予学士学位案中法院写道："《中华人民共和国高等教育法》第11条规定……因此，高等学校享有办学自主权。对在校学生学习成

---

① 广东省广州市中级人民法院，（2006）穗中法行终字第 323 号。

绩的评价标准，高等学校有权自主决定。"①

的确，根据这两条内容的规定，高校享有一定的自主权。但是这两条规范中并没有明确指出学位授予属于高校自主权的内容。可能有人会反对道：《教育法》第 28 条中第 5 项不是明确指出享有对受教育者颁发学业证书的权利，这不可以说明高校享有颁发学位证书的权利吗？这种观点其实凸显了对相关概念的混淆。学业证书并不包含学位证书，仅指学历证书或其他学业证书（比如肄业证书）等。对于这种区分，我国《教育法》上是有明确规定，只要比较一下《教育法》第 21、22 条的规定便可知晓。其中第 21 条规定："国家实行学业证书制度。经国家批准设立或者认可的学校及其他教育机构按照国家有关规定，颁发学历证书或者其他学业证书。"而第 22 条则规定："国家实行学位制度。学位授予单位依法对达到一定学术水平或者专业技术水平的人员授予相应的学位，颁发学位证书。"若是学业证书包含了学位证书，那么也就无需如此繁琐规定了。因此，从《教育法》第 28 条和《高等教育法》第 11 条，同样无法解释出高校学位授予权属于高校自主权的范畴。

所以，不管把法院将高校学位授予解读为国家行政权还是高校自主权的行为，视为是一种司法能动主义的暗流涌动，还是为了追求实质正义的必要努力。我们都必须坦诚面对这一事实：高校学位授予权法律性质定位的规范缺失。这可能就是哈特眼中的"规则的空缺结构"，或是拉伦茨所说"规范漏洞"。但也许正如考夫曼所言："法律的未完成性不是说明缺陷，相反，它是先天的和必然的。"② 也正因为规范的不完整性，才喻示着价值选择与理念追求的必要性。

4. 价值反思下的选择：作为高校自主权的意义与理由

在规范缺失的前提下，实务中法院依旧对高校学位授予权的法律性质作出了定位。恰如缪勒所言："一个没有绝对和价值评判的法学（法律）……既不是时间的，也不是现实的"，③ 无疑这些定位正是在价值评判下所进行的。而定位为国家行政权还是高校自主权的分歧背后，则是源于不同的价值需求与选择。那么，把高校学位授予权定位为国家行政权或是高校自主权，到底其背后都各自蕴含着怎样的价值追求呢？

在前文中曾分析过，法院把高校学位授予权定位为国家行政权，主要基于

---

① 天津市高级人民法院，（2004）高行终字第（44）号。
② ［德］考夫曼、哈斯默尔. 当代法哲学和法律理论导论［M］. 郑永流，译. 北京：法律出版社，2002：186.
③ ［德］罗伯特·阿列克西. 法律论证理论［M］. 舒国滢，译. 北京：中国法制出版社，2002：8.

两点考量：一是，制度性需要，为了使所受理的学位授予纠纷案件能在现有的制度框架下名正言顺地被纳入到行政诉讼程序中去；二是策略性选择，即法院为了避开高校强势的锋芒。如果说这两点考量是法院选择国家行政权的主观目的的话，那么这种定位还有它的客观效果。将其定位在国家行政权的范畴，要求严格按照法律所设定的标准和程序进行，一方面有效地贯彻了国家在学位授予制度上的意志，保证了学位授予应有的质量，达致高校学位授予权行使的规范化；另一方面，对学生利益更具倾向性的保护，保证对其学术评价的平等性，因为与法律规定相比，各高校所自订学位授予标准更为苛刻，同时各个高校的学位授予标准之间又存有差距。从这两点客观效果里可以发现，高校学位授予权作为国家行政权蕴含着对学术秩序的价值追求。

按照《辞海》的解释："秩，常也；秩序，常度也，指人或事物所在的位置，含有整齐守规则之意。"从法理学角度来看，秩序主要"指的是自然进程和社会进程中都存在着某种程序的一致性、连续性和确定性"。① 因此，学术秩序主要就是强调学术活动的一致性和稳定性。把高校学位授予权定位为国家行政权，对其进行规范化要求，确保学位授予的质量和学术评价的平等，最终就是为了保障学位授予中所内含的学术活动更具一致性和稳定性。

而把高校学位授予权定位在高校自主权的范畴，则主要是对学术自由这一价值的追求。依据《学位条例》第10、11条可知，法律是明确赋予了高校行使学位评定权和学位证书颁发权，但对于高校是否可以行使学位授予标准设定权则语焉不详。因此，对高校学位授予权法律性质的定位，最关键的在于决定高校是否享有学位授予标准设定权。若是属于国家行政权的范畴，那么学位授予标准的设定往往被限定在立法者的权限之内，高校只能严格依照法律规定的学位授予标准。这样在一定程度上，钳制了高校对学术品质的更高追求和学术多元化。

从前文的分析中同样可知，司法实务中法院把高校学位授予权的法律性质认定为高校自主权，往往就是为了力证高校所自订学位授予标准的合理性。换言之，法院主要是希望通过确认高校学位授予权作为高校自主权，来认定高校享有学位授予标准设定权。高校一旦享有学位授予标准设定权，那么就可以依据自身对学术品质的追求而自由地设定学位授予标准。

质言之，把高校学位授予权的法律性质定位在国家行政权或高校自主权，

---

① ［美］博登海默. 法理学——法律哲学与法律方法［M］. 邓正来，译. 北京：中国政法大学出版社，1999：199.

分别是源于对学术秩序或学术自由的不同追求。那么，面对这两种价值，该如何做出选择呢？依照法律解释学理论，显然接下来的工作应当是进行价值衡量。但"价值必须与其他价值一起在每个案例中排出一个传递性序列，因为这种排序缺少合理标准，所以，权衡工作或者是任意进行的，或是根据熟悉的标准和序列而非反思地进行"。① 哈贝马斯的质疑不无道理。的确现实中很难对各种价值进行理性地排序和选择，比如对学术事业而言，学术自由与学术秩序两种价值都是不可或缺的，但并不能依据理性而逻辑地推演出两者谁就更具优先性。可见，对学术自由和学术秩序进行价值衡量，往往会因其所依据的衡量基准和方法的非理性而导致最终的随意性。由此可知，接下来更为理性的做法不是进一步去进行价值衡量，而是退一步对上述内容做深入反思，在反思中做出更为合理与正当的选择。

通过将高校学位授予权定位为国家行政权，从而达致对学术秩序的维护，对此需要反思的并不是学术秩序该不该维护的问题，而是通过国家行政权来维护学术秩序这一"父爱主义"的方式是否恰当与可行。

密尔在《自由论》中有一段话深具启发性，他说："人们反对国家教育的理由，不是对于国家实施的强迫教育而言的，而是针对国家承担亲自管理教育的工作而言的……人做事总的看来未必像政府官员做得那样好，但仍应由个人来做而非政府去做……否则，一个自由组织既不能工作也不能维持……政府行为趋于单一性，相反，个人和自愿联合组织的实验和经验都具有无限多样性，政府所能做的有用的事，只是使自己成为管理中心，积极分发和传播从多种实验中总结出的经验。"② 的确，国家通过行政权对学术秩序的维护可能更为有效，但是政府的行为容易趋于单一化和固态化，这最终可能导致的是有秩序，但无学术。就像 F. 荷尔德林所说："总是使一个国家变成人间地狱的东西，恰恰是人们试图将其变成天堂。"③ 希望直接借助国家力量来达致一种学术秩序，也许对学术事业而言，这不是走向天堂般地辉煌，而将是沉沦在地狱般地死寂中。

当然，学术秩序的维护中，国家行政权也是不能缺位的。但它不应通过直接干预的方式，而应成为学术活动中的"管理中心"，通过监督管理的方式。其实，目前法律所设置的学位授权审核制度和学位授予权资格的撤销制度，足以

---

① [德] 哈贝马斯. 在事实与规范之间——关于民主法治国的商谈理论 [M]. 童世骏，译. 北京：生活·读书·新知三联书店，2003：320.

② [英] 约翰·密尔. 论自由 [M]. 张友谊，译. 北京：外文出版社，1998：115–119.

③ [英] 哈耶克. 通往奴役之路 [M]. 王明毅，等译. 北京：中国社会科学出版社，1997：29.

达致对高校学位授予活动的秩序维护。根据《学位条例》第7、8条规定，我国高校学位授予权必须经过国务院学位委员会授权，这一制度被称为学位授权审核制度。它是高校学位授予权的运行前提，高校只有经过学位授权审核，其所行使的学位授予行为才能得到国家与法律的认可。从1981年2月颁布的《关于审定学位授予单位的原则和办法》到历次国务院学位委员会关于学位授权审核的决议，我国已形成了较为严格的学位授权审核条件和程序。同时，依照《学位条例》第18条规定，若已获得学位授权审核的高校，不能保证所授学位的学术水平，国务院有权停止或撤销其授予学位的资格。

这种事前审查程序和事后监督程序，从制度设计上来说，能够有效地保证高校学位授予所应有的学术质量。当然，时下高校学位授予中所出现的"灌水学位""学位买卖"等乱象，则说明这些制度在实际运行中仍有必要加以完善。至于是否能保证对学生学术评价的平等性，则涉及到另一个问题的澄清，即我们实行的并不是国家学位制度。若是国家学位制度，那是可以要求不管哪个大学都应该按照相同的标准来进行学位授予；但事实上我们所获得的学位是大学学位，那么只要同一个大学对所属学生依照同样的标准进行学位授予，就不存在不平等的问题。

因此，实在没有必要再通过把高校学位授予定位为国家行政权，去达致对这一学位授予活动的秩序维护。既然不应把高校学位授予权定位在国家行政权的范畴，那是否就充分说明了应将其定位在高校自主权的范畴呢？笔者认为，除此之外，将高校学位授予权定位在高校自主权，还有其他正当理由。

首先，从学位授予权的本质来看。学位授予权的核心在于学术评价，而学术评价是一项专业活动，必须由专家及所组成的团体来行使。"由于他们最清楚高深学问的内容，因此他们最有资格决定应该开设哪些科目以及如何讲授。此外，教师还应该决定谁最有资格学习高深学问（招生），谁已经掌握了知识（考试）并应该获得学位（毕业要求）"。① 所以，学术评价权只能由专业学术团体和组织拥有。高校，特别是其中的大学，本身就是一个学术共同体，因此由它来拥有并承担这一学术评价权，更具正当性。可能有人会争辩道，高校学位授予权的行使必须要获得国家行政机关的资格授权，这不正说明了这一权能就是来源于国家行政机关吗？！对于这个观点，我们必须要谨慎于观念上的一种误区。显然该观点是从学位授予权的运行前提，即学位授权审核推演而来的。虽

---

① ［美］布普贝克. 高等教育哲学［M］. 王承绪，等译. 杭州：浙江教育出版社，2001：31.

然这一前提对高校学位授予权的合法行使非常重要，但并不能因此就成为了高校学位授予权的权能来源。就像合法的婚姻需要民政部门的登记承认，但并不能由此证明，公民的婚姻权就来源于民政部门，更不能就此推演出，婚姻权属于国家行政权的结论。

其次，从历史的维度来看，学位授予权一直是中世纪大学所保有的一项重要的自治权。教皇格雷戈里九世在1231年颁布了被称为"大学独立宪章"的教谕——《知识之父》，其中赋予了大学三大自治权，即结社权、罢课权和学位授予权。而在其后的历史发展中，学位授予权的保有更是成为大学保持独立自治的一种重要因素。正如包尔生在谈及中世纪大学在受到国家干涉后为何能保持自治时所指出的："中世纪大学最初也是以私人社团的形式出现的，而且，虽然它们不久就取得了公共法律地位，但仍然是通过授予学位来使自己永远存在下去的自由自治的法人团体。"①

最后，从比较法的视野来看，纵观高等教育发达国家，学位授予权都是属于大学自治权。比如，在英国各大学立法所包括的学术自治事项，主要有下列几种：（1）选择学生的自由；（2）任用教员的自由；（3）决定课程标准及学位水准的自由……可见，英国大学通过自由决定学位水准来拥有学位授予权。而在德国，学位颁授同样属于大学自治的范围。

综上可知，不管是从学位授予权的本质，还是从历史的维度，或是从比较的视野，都佐证着学位授予权作为高校自主权的正当性与可行性。

（二）高校学位授予权的法律特征及其运行规则

1. 高校学位授予权的法律特征

上文阐述已明确，高校学位授予权不属于国家行政权，并提出了作为高校自主权的意义与理由。但作为高校自主权的学位授予权，到底又具有何种法律特征，在实践运行中应遵循哪些规则，并非明确。有些人会望文生义，想当然地认为既然是高校自主权，那么就意味着高校想怎么样就怎么样，政府和其他机构、个人都不能干涉。有些人则保守固执，无视高校本质，认为即使是高校自主权，也是属于国家行政权，应严格遵循依法行政。有些人则矛盾纠结，一边认为高校自主权也属于国家行政权，一边又强调其不应遵循依法行政原则。这种种恣意与分歧的存在，究其根源主要在于高校自主权这一概念的本质内涵

---

① ［英］弗里德里希·包尔生. 德国大学与大学学习 ［M］. 张弛，郄海霞，耿益群，译. 北京：人民教育出版社，2009：71.

与法律特征的不明朗。所以，要明确高校学位授予权的法律特征及运行规则，首先必须要探究高校自主权的本质内涵，追问其存在的正当性，归纳其所具有的法律特征。

由于本书其他章节（确定后改成具体那一章名称）已对高校自主权进行探讨，本章不再赘述。高校自主权从本质上讲是高校以保障学术自由为核心的一项固有权，具有公法性和团体公权利性的法律特征。因此，高校学位授予权作为高校自主权之一，在本质上同样是以保障学术自由为核心的高校固有权，具有公法性和团体公权利性的法律特征。

（1）特征之一：公法性

"公法和私法的区分，是法律学上的一个基本观念"。① 这种区分的基本观念主要存在于大陆法系国家。可以说，大陆法系整个法律制度框架就是建基在公私法的区分之上。虽然法律现象日益复杂，有些学者提出社会法来填补公私法区分上的不足，但公私法的区分作为一种理想类型，其所具有的意义仍不可低估，就像拉伦兹所言："就实体法而言，任何一种法律关系或者属于私法，或者属于公法，舍此别无他属。确定这种归属是必要的，因为它决定着诉讼途径的种类。"②

虽然中国在立法上没有明确提出公法与私法概念，但在法律制度建构上，却是明显留有公私法区分的痕迹。③ "法律制度的构造与所属的法系密切相关，中国的法律制度属于大陆法系。大陆法系所奉行的制度设计理念是理性主义建构的一套以逻辑为支撑的概念体系，相应的社会规则体系、权利救济体系和司法裁判体系也得以确立"。④ 的确，面对公私法的不同特点，中国建立了不同的法律规则体系，比如针对民事关系和行政关系分别设计了不同的法律规则和诉讼程序、审查标准等。而在理论研究上，公法与私法的提法则被大多数学者所接受。所以，不管是为了理论思考的需要，还是为了契合现有制度境况，都有必要对一个法律概念的特征进行公私法上的区分。

公法与私法的划分最早由罗马法学家乌尔比安（Ulpianus，公元170—228

---

① 韩忠谟. 法学绪论［M］. 北京：北京大学出版社，2009：32.

② ［德］卡尔·拉伦兹. 德国民法通论：上册［M］. 王晓晔，等译. 北京：法律出版社，2003：9.

③ 我国台湾地区的法律制度主要是移植大陆法系的德国法，因此在实定法文本中有公私法的概念，比如在其《行政诉讼法》第二条中就规定："公法上争议，除法律别有规定外，得依本法提起行政诉讼。"

④ 唐清利. 社会信用体系建设中的自律异化与合作治理［J］. 中国法学，2012（5）：38 - 45.

年）提出，他说："规定罗马指国事者为公法；规定私人利益者为私法。""公法的规范不得由个人之间的协议而变更"，而私法的原则是"对当事人来说，协议就是法律"。① 而近现代公私法理论则发展于十八九世纪的大陆法系国家。"公、私法的划分不断演进和发展的历史，使这种划分产生了极大的权威，并与大陆法系各国的文化交融在一起，这样，法学家们在几个世纪中所创造和发展的公法、私法概念，就成为基本的、必要的和明确的概念了"。②

在公法与私法概念的发展中，两者划分的标准也被不断细化，出现了利益说、主体说、权力服从说等学说。利益说认为，旨在维护公共利益的法律属于公法，旨在维护私人利益的法律属于私法，而且这两种不同目的也是可以从法律规则的内容中加以识别的。主体说从法律关系主体出发来划分公法与私法的界限，即规定国家与国家间及国家与私人间的法律关系为公法，规范私人与私人间的法律关系为私法。权力服从说认为，凡是法律所规定的内容与行使国家权力发生关联，即法律适用的主体彼此不是处于平等地位，而所规定的事项又涉及管理与服从关系的法律为公法，如行政法。若法律所规定的为私人之间关系的也即对等者、平权者间的关系为私法，如民法。③ 虽然每种学说都存有自身的不足，但不可忽视这些学说对区分公法与私法所做出的贡献。因为从本质上说，"在公法与私法之间，并不能用刀子把它们精确无误地切割开，就像我们用刀子把一只苹果切成两半一样"。④

正是基于对公法与私法共通性的认识，在考究了区分标准上所涌现的诸多学说后，美浓部达吉认为两者在区分标准上应具有多元性，并强调道："若只以某单一的标准而企图区别两者，无论其所用的是何种标准，结果都必归于失败。"⑤ 抱着这种多元标准的观念，他提出公私法划分的基本标准：即从主体上，认为"公法所规律的法主体，最少有一方是国家或是由国家予以国家的公权者，反之，私法所规律的法主体，直接地都是个人或非'国家公权的主体'

① 郑玉波. 民法总则［M］. 台北：台湾三民书局，1979：2. 转引自金自宁. 公法/私法二元区分的反思［M］. 北京：北京大学出版社，2007：37.
② ［美］约翰·亨利·梅曼. 大陆法系［M］. 顾培东，等译. 北京：法律出版社，2004：97.
③ 孙国华，杨思斌：公私法的划分与法的内在结构［J］. 法制与社会发展，2004（4）：100－109.
④ ［德］卡尔·拉伦兹. 德国民法通论：上册［M］. 王晓晔，等译. 北京：法律出版社，2003：7.
⑤ ［日］美浓部达吉. 公法与私法［M］. 黄冯明，译. 北京：中国政法大学出版社，2003：33.

的团体"。"详言之,在这种意义上,公法可以说以国家的组织,国家与其他国家或国内人民(包括个人及团体。又于本国人民外,并包括外国人)的关系为规律之直接对象的法;反之,私法是以个人(私团体准此)相互间的关系,私团体的组织或私团体与其团员的关系为规律之直接对象的法"。① 在此基本标准之上,美浓部达吉又增加了几项具有"指示大体的倾向"上的标准:一是从法成立的根据上,认为"公法普通都由国家自行制定,有不容个人的意思介入其中的倾向。反之,私法或为个人相互间的法,或为私团体的法,所以普通都由为该法之主体的个人去相互缔结,或由私团体自行制定"。二是从法的规律性质上,认为"公法最显著的特色,在于其除国际法外概属团体法之点;至私法的特色,却在于其除公司法及其他私团体法外都是非团体的社会法之点。"三是从内容上,认为"'意思'方面的特质,在于公法为关于具有优越权力的意思,与只在该权力所承认之限度内发生力量的微弱意思相互交涉的规律。至'利益'方面的特质,却在于公法为保护国家的利益或社会公共的利益为主眼的规律;私法为以保护个人的利益为主眼的规律"。②

综述可见,公私法的划分主要可以从以下四个方面着手:一是从主体上,一般来说,公法所针对的是以国家机构为主的公共机构;私法所针对的则是个人或私人组织;二是从内容上,公法关涉的是主要公共利益,私法关涉的是个人利益;三是从关系上,公法主体间的关系一般是处于管理与被管理、命令与服从的关系,而私法主体间的关系则是平等关系;四是从法律效果上,公法不由个人意志而改变,私法则强调个人意思自治。

从公私法区分标准的四个方面来看,高校学位授予权应属于公法领域。从主体上看,高校虽不属于国家机构,但它属于公共机构,具有公益性和公共性,而不同于私法中的私团体。从内容上看,高校学位授予权涉及的核心内容就是学术性事务,而学术性事务中特别是学术自由问题,它不仅是一个关涉个人利益的问题,更关涉国家与社会发展的公共利益。从关系上看,高校学位授予权包含两层关系,一是与国家之间形成的外部关系,二是与内部成员之间形成的内部关系。可以看到,不管是在那一层关系上,两个主体之间并不处于平等关系。比如基于高校学位授予权而形成内部关系,高校与其成员是处于管理与被管理地位。从法律效果上看,不管是依高校学位授予权而形成的规则,还是针

① [日]美浓部达吉. 公法与私法 [M]. 黄冯明,译. 北京:中国政法大学出版社,2003:36-37.

② [日]美浓部达吉. 公法与私法 [M]. 黄冯明,译. 北京:中国政法大学出版社,2003:37-39.

对高校学位授予权的规则，都不依个人意志而改变，而强调其规范性、普遍性和平等性。

认识到高校学位授予权所具有的公法特征，将有助于选择适当的程序与规则来解决因高校学位授予权所引起的纠纷。"公法与私法的区分后果，最容易被观察到的是司法管辖上的不同：私法案件由普通法院管辖，公法案件由行政法院或宪法法院管辖。"① 虽然我国没有针对公法案件专设行政法院或宪法法院，但是根据公私法的不同案件分别设计了不同的诉讼程序和审查规则，即行政诉讼法和民事诉讼法。因此，依据现有的制度安排，与高校学位授予权相关的纠纷案件应以行政诉讼法来解决。

除了纠纷解决机制上的不同之外，公法与私法的区分还凸显着一个重要的法治理念，即公法关注对国家公权力的约束与规范，遵循"法无授权即禁止"原则，而私法则强调对公民私权利的保障，遵循"法无禁止即自由"原则。那么，高校学位授予权属于公法领域，是否意味着其属于国家公权力，应遵循"法无授权即禁止"原则呢？并非如此。笔者认为高校学位授予权虽然属于公法领域，但它并不属于国家公权力，也不应遵循"法无授权即禁止"原则。这就论及到了高校学位授予权的第二个特征。

（2）特征之二：公权利性

"德国学者常称法律为客观意义上的权利（Recht im objectiven sinne oder objectives Recht）"，而权利则是主观意义上的法律（Recht im subjectiven sinne oder sbujectives Recht）。② 正是基于这种法律与权利间的密切关系，人们往往在某种程度上把公法与私法的区分，和公权与私权的区分划为等号。"人的权利体现为两种形式，一种是公法上的权利，另一种是私法上的权利。"③ "关于私权和公权的界分标准，多数学者倾向于认为'凡根据公法规定的权利为公权，凡根据私法规定的权利为私权'，即通过创设权利的法律的性质来界定权利的属性。日本学者富井正章的《民法原论》第二编'私权之本质及分类'的开篇之语就是：'民法为私法之原则，即定生自私法关系之权利义务之地也，欲明其理，必先知私权之本义，因民法全部皆关于私权之规则故也。私权对公权而言，二者区别之说甚繁。据余所见，则公私权之区别即缘公私法之区别而生，由主观以

---

① 金自宁. 公法/私法二元区分的反思［M］. 北京：北京大学出版社，2007：164.
② 韩忠谟. 法学绪论［M］. 北京：北京大学出版社，2009：144.
③ 董炯. 宪制模式的变迁与行政法的兴起［M］. 北京：法律出版社，2000：17.

说明公私法之结果也'".①

显然公权与私权的划分直接源于公法与私法的区分。但私权作为一个概念源远流长，而公权的提出则是一个较为晚近的事情。最早提出该概念的是德国公法学家格奥尔格·耶利内克（Georg Jellinek），在 1892 年出版的《公法权利体系》（System der subjektiven ffentlichen Rechte）一书中。耶利内克"公权论"的总体特点在于强调公权与私权、公法与私法的区分。"私权是主要为了个人目的而承认的个人利益，公权是主要为一般利益而承认的个人利益。每个人都不是作为孤立的人格而是作为共同体的成员才享有公权的"②。可见，耶利内克所提到的"公权"一词，最初涵义主要是指个人在公法上的权利，亦即个人的基本权利。

当然，随着公权理论的发展，其内涵也逐渐丰富。公权不仅指公法上的权利，即公权利，也指公法上的权力，即公权力。对此，台湾著名法学家韩忠模教授曾详细解说过。他认为："公权有国内法上的权利和国际法上的权利之分。国际法上的权利，乃国家在国际社会所享有的权利，主要为独立权、平等权、自卫权。国内法上的权利，又可分为国家的公权和人民的公权两方面。具体而言：①国家的公权。主要有命令权、强制权、形成权（包括裁判任命及设立许可等权）。②人民的公权。A. 自由权。即各种基本自由，以保障个人，使能消极的拒绝政府机关之不法干涉。B. 受益权。请求国家为一定行为，如诉权、请愿权、工作权、受教育权、公物或公共设备利用权等。C. 荣誉权。即保有国家颁授荣誉或学位等权利。D. 参政权。如服公职权、选举权、创制权、罢免权、复决权等。"③ 此处需要注意的是，韩教授显然并未区分权利与权力，他所提到的"国家的公权"，主要就是通常上所称的国家公权力，即行政权、立法权和司法权。

在法治理论的发展中，公法对国家公权力的约束和规范倍受强调，以致于一提到公法，人们往往想到的就是国家公权力，而忽视了个人公权利。也正是源于这种忽视，为了契合高校自主权（包括高校学位授予权）的公法性特征，不少学者就想当然地将其纳入到国家公权力的范畴，较有代表性的观点就是高

---

①　孙海龙，董倚铭. 知识产权公权化理论的解读和反思［J］. 法律科学，2007（5）：76－85.

②　王天华. 国家法人说的兴衰及其法学遗产［J］. 法学研究，2012（5）：81－102.

③　韩忠谟. 法学绪论［M］. 北京：北京大学出版社，2009：148.

校自主权"是政府主动让渡于高校独立行使的行政权,具有公权力的性质"①。
"从高校自主权产生的过程和性质来看,高校的自主权不是一项民事权利,而是
政府下放给学校独立行使的行政权。这是一种必须根据公认的合理性原则行使
的公权力。"② 从高校自主权(包括高校学位授予权)所涉范畴来看,它是不属
于私权利,但若真属于公权力,又凭什么不是依据公权力行使的合法性这一首
要原则,而是合理性这一补偿原则呢? 这种难以自圆其说的观点的确值得检讨。
可见,这种牵强附会的说法,一方面无法解释司法实践中法院对高校自主权与
国家行政权区分的强调,并且消解了高校自主权对现有制度所应具有的批判性
意义;另一方面带来理论上的悖谬,因为高校自主权的核心范围是学术性事务,
若高校自主权是政府主动让渡的行政权,那么照此逻辑,学术性事务原本属于
政府行政权的范围,这显然很荒谬。而且,若依照"法无授权即禁止"原则,
又如何体现高校自主权对学术自由的保障呢?! 因此,高校自主权(包括高校学
位授予权)不应被归类到国家公权力的范畴。

　　既然,高校学位授予权具有公法性,但又不属于国家公权力,那么依照上
述的公权理论,显然它应属于公权利。但这一结论可能也会受到质疑,因为有
些人认为公权利,即基本权利是针对个人而言的,而高校作为一个组织机构显
然不同于个人。"在国家内部,不可能存在自然团体或由组织的团体的基本权
利",③ 正是基于这种认识,卡尔·施密特才把大学自治权称为是一种"制度保
障"而区别于个人的基本权利。④ 显然,这种国家公权力与个人公权利的区分
是局限于"国家—个人"二元理论框架中。随着诸多对个人生活和权利产生重
大影响的公共团体和组织的出现,这种"国家—个人"二元理论框架的现实解
释力不断减弱。"尽管依赖假设建立起来的公私权分立的法律框架在制度层面是
清晰的,但是在制度运行过程中却很难识别其法域属性,第三域的出现更扩展

---

① 尹晓敏. 高校公权力规制——信息公开的视角 [J]. 教育发展研究,2010 (7):10 -
13.
② 秦惠民. 高等学校法律纠纷若干问题的思考 [J]. 法学家,2001 (5):105 - 114. 类似
说法还有:"高等学校自主权是高等学校依据教育法的规定而享有的法定权利,在性质
上是一种公权力。"申素平. 重新审视高等学校的自主权 [N]. 中国教育报,2003 -
01 - 04.
③ [德] 卡尔·施米特. 宪法学说 [M]. 刘锋,译. 上海:世纪出版集团上海人民出版
社,2005:184.
④ 当然,这还跟施米特对基本权利作了严格意义上的限定有关。在施米特眼里,"基本权
利只能是个人的自由人权"。他把团体性主体所享有权利称为是宪法律权利。详见
[德] 卡尔·施米特. 宪法学说 [M]. 刘锋,译. 上海:世纪出版集团上海人民出版
社,2005:184.

了公私权模糊的场域，比如涉及公共团体、公企业、大学、渔业权、矿业权等都很难做出明确的法域判断。"①

不管把这些不同于国家机构和个人及私人企业的组织体，称为是"第三部门"、"非营利组织"，还是"公民自治组织"，它都深刻地改变了"国家—个人"关系的单一性。一方面，它以自治（自主）为由对抗着国家公权力的随意侵害，并维护着其成员权利和自由，"……政治的、工业的和商业的社团，甚至科学和文艺的社团，都像是一个不能随意限制或暗中加以迫害的既有知识又有力量的公民，它们在维护自己的权益而反对政府的无礼要求的时候，也保护了公民全体的自由"②。另一方面，它作为一个自治（自主）的组织体，在寻求自身利益时，又可能影响甚至侵损着个人权利的实现。

那么，该如何定性这些公共团体（组织）所具有自治权（自主权）呢？像郭道辉教授把这些不同国家权力，又不异于个人权利的自治权称为社会权力。"社会权力是建立在社会主体权利（人权和公民权）的基础上；但它不同于权利，而具有比一般权利更大的权威和社会强制性。"③ 江平教授进一步指出："社会权力是公法和私法融合的产物，是公权和私权融合的产物。私权的核心是自由，社会权力的核心在于自治，国家权力的核心是强制力。国家权力主要管理军事、外交、专政这样一些事务，社会权力更多地应介入到社会利益、公共利益、公共事务、社会事务等方面，而私权主要是进入到私人经营性的领域。"④

社会权力有力地涵括了公共团体自治权所具有的特性。的确，这些公共团体自治权源自其个人权利，但它又显然强于个人权利。不过，郭老先生启用社会权力一词时，所言说的重心是如何用社会权力来制约国家权力，其所冲击的是国家主义权力观，所关注的是中国政治体制改革核心与方向问题。⑤ 所以，社会权力包含着浓厚的政治性意涵，正如郭老先生所强调："社会权力具有更强的政治性，往往是以公权利（政治权利）为基础而形成的社会公权力。"⑥ 虽然法律与政治密不可分，但一个法律概念若过于关注其政治功用，则有可能掩盖

① ［日］美浓部达吉. 公法与私法［M］. 黄冯明，译. 北京：中国政法大学出版社，2003：150 - 166.
② ［法］托克维尔. 论美国的民主［M］. 董果良，译. 北京：商务印书馆，1988：881.
③ 郭道辉. 社会权力与公民社会［M］. 南京：译林出版社，2009：47.
④ 江平. 社会权力与和谐社会［Z］. 2005 年 3 月 8 日在中国人民大学的演讲.
⑤ 林喆. 权力的分化及国家权力的社会化——评郭道晖《论权力的多元化与社会化》［J］. 政治与法律，2001（2）：7 - 10.
⑥ 郭道辉. 社会权力与公民社会［M］. 南京：译林出版社，2009：47.

了其所具有的本色。而且"社会"是一个意涵非常宽广的词汇，国家与社会的关系仍是一个理论争议的焦点。所以，若用社会权力来指涉这些公共团体或组织的自治权，虽然凸显了其所具有的重要意义，但其实仍难以从本质上认清其性质与特征。

不妨还是回到公私权的分析框架中去。其实郭老先生也已经指出社会权力来自个人的基本权利。换言之，这些公共团体的自治权（自主权）来源于个人的基本权利。前面提到，在"国家—个人"二元框架下，认为拥有公权利的主体仅仅是个人。但是，这种国家—个人的结构关系已经被不断涌现并越发重要的公共团体和组织所打破，因此，有必要将这些团体自治权纳入到公私权的分析框架中。笔者认为，这些建基于个人公权利之上的团体自治权，仍具有公权利性。虽然从实践层面来考察，这些公共团体自治权保有强于个人权利的特点，但并不能就此把它归类到公权力的范畴。

有学者认为像高校自主权这类团体自治权，一方面具有权利的特点，另一方面又具有权力的特点。"高校自主权中既有权力，也有权利；同时这也意味着，在高校自主权范畴内，权力与权利不仅同时存在，而且存在着彼此转化的可能性。"① 这种"两可之说"在学界较为普遍，② 究其根源则主要在于权力与权利概念的复杂性。

"权力与权利作为不同社会科学都经常使用的'大字眼'、元概念，它们本身承载着对重大理论问题的基础性分析功能。"③ 但显然，有关权力与权利的理论本身呈现着纷繁复杂的景象。从不同的学科视角对权力与权利有着不同的认识与阐释。在政治学中权力将与主权紧密相连着，主要指涉国家权力。而在权力与权利的关系上，往往用社会契约论来论证个人权利优于国家权力，比如洛克就认为："人类为弥补自然状态的缺陷，确保个人权利的实现从而签订契约，自愿地将自己的一部分权利交给人们一致同意的某个人或某些人，这就是国家的最初形态，同时也是立法权和行政权等公权力的原始权利和它们之所以产生

---

① 龚怡祖. 我国高校自主权的法律性质探疑 [J]. 教育研究，2007（9）：50 – 54.

② 如湛中乐教授也曾如此论证道："高校自主管理权在法律属性上，既为权利，亦为权力；前者是相对国家、政府而言，是国家以法律、法规形式授予高等学校的法定权利，该权利享有受国家法律保护；后者是相对师生而言，是高等学校以行政主体的身份行使的自主管理职权。此处将之纳入'权利'范畴，旨在强调政府公权不得非法干涉学校自治权。"见湛中乐，徐靖. 通过章程的现代大学治理 [J]. 法制与社会发展，2010（3）：106 – 124.

③ 王莉君. 权力与权利的思辨 [M]. 北京：中国法制出版社，2005：5.

的原因。"① 在社会学中权力概念则比较宽泛，它泛指人类社会中存在的一切命令和服从现象，包括国家权力。比如德国社会学家马克思·韦伯就指出："'权力'的概念在社会学上是无定形的，一个人的各种各样可以设想的素质和形形色色可以设想的情况，都可能使个人有可能在特定的情况下，贯彻自己的意志。""权力意味着在一种社会关系里哪怕是遇到反对也能贯彻自己意志的任何机会，不管这种机会是建立在什么基础之上"。②

受到政治学、社会学视角的影响，法学上的权利与权力概念显得很灵活。对权力概念，有时候会从政治学的视角把其限定在国家权力，但有时候又借用社会学的观点把个人或组织之间的影响力或支配力都解释为权力现象。在权利与权力的关系上，按照现代民主政治理论，显然一切权力都源于公民权利的让渡，但从权利的本性上说同样也包含着社会学意义上权力的特质。这种灵活性，一方面彰显了权利与权力在哲学层面的亲密度，另一方面也给法学理论研究带来了诸多不便。因此，实在有必要从法学的视角来对权力与权利做一个较为纯粹的法学用语上的界分。

"在法学中，权力则主要是指国家权力，是国家权力主体凭借国家掌握的社会资源，对一般的公民所具有的实现自身意志的能力和影响，比如立法权、行政权和司法权。"③ 从法学的视角来看，国家权力从支配力与强制性上来说都是具有终极性，因此把权力限定在国家权力上显然具有合理性。虽然其他社会组织或公共团体也享有一定的支配力或影响力，但这种影响力或支配力仅仅是针对其内部关系，而在与国家权力关系中，它们也都是处于被支配地位。因此，可以在法学中把国家权力之外的都称为是权利，包括个人和团体的公权利与个人和团体的私权利。所以，公权力，即公法上的权力，也只能指代国家权力，因为也只有如此界分，才能贯彻"法无授权即禁止"的法治原则。

概而言之，公法上的高校学位授予权具有公权利性，它建基在学术自由这一个人基本权利之上，必须得到国家权力的承认与保障、受到国家权力的监督

---

① [英]洛克. 政府论：下册 [M]. 北京：商务印书馆，1993：215.

② [德]马克思·韦伯. 经济与社会：上卷 [M]. 林荣远，译. 北京：商务印书馆，1988：81. 转引自孙笑侠，夏立安. 法理学导论 [M]. 北京：高等教育出版社，2004：120.

③ 孙笑侠，夏立安. 法理学导论 [M]. 北京：高等教育出版社，2004：121.

与管理。① 作为公法上的团体公权利，② 它具有类同于个人基本权利的地位，享有"法无禁止即自由"原则。但为了防止其异化，而侵害到个人学术自由，又有必要通过国家权力对其进行监督与管理。"'学术自由'术语应该被限制为，为保障大学发挥其独特功能而为必要的权利，尤其是为了客观的学问和教学之类的目标"，"那些不尊重教授之学术自由权的大学……不应该享有机构自治的权利。这一限制……可以减轻对学术机构的自由可能导致这些机构以知性传统的名义侵犯教授之学术自由的恐惧"③。

2. 高校学位授予权的运行规则

（1）高校学位评定权运行规则：专家评定和正当程序

高校学位评定权，就是指高校对学位申请者是否达到应有的学术水平和所规定的条件做出评定的资格与能力，是高校学位授予权的核心内容。由于学位评定的核心是对学术水平的评定，而有关学术水平的评定则是一个事关专业判断的学术性行为，这种行为只能递交给学术性团体来完成。因此，国家权力对高校学位评定权应给予充分的尊重。到底由哪些人来评定、依何种方式来评定，都应交由高校自主决定。不过，从学生权利救济角度出发，司法机关可以从正当程序上对其进行必要的规制和审查。因此，高校学位评定权的运行规则主要就是专家评定规则和正当程序规则。

所谓专家评定规则，就是要求必须由所授予学位的学科专家来进行对学位申请者学术水平的评定。至于如何定位"学科专家"资格，则应结合各学科特点，可以包括理论上的专家，也可以是实务上的专家。对"专家"的认定则应从学术职称、学术影响力等方面进行。在中国，一般都是从学术职称上来确定专家资格，比如博士学位的评定专家基本上要求具有教授职称。

所谓正当程序规则，就是要求学位评定的过程应当符合正当程序要求。正当程序源于英国古老的自然正义（Natural Justice）原则，该规则主要有两点：一是任何人不应成为自己案件的法官；二是任何人在受到惩罚或其他不利处分

---

① 在美国，已开始确立了这些团体组织的宪法权利。参见：曲相霏. 美国企业法人在宪法上的权利考察［J］. 环球法律评论，2011（4）：8－17.

② 1978 年的贝克（Bakke）案首次承认大学机构也享受学术自由———比如选择学生、独立招聘教师的权利，并将其所享有的学术自由称为"团体性学术自由"（institutional academic freedom）。这种"团体性学术自由"其实就是团体性公权利的一种具体表述。这种团体性学术自由，显然立基于个人学术自由，但又可能与个人学术自由发生冲突。

③ BYME J P. Academic Freedom：A Special Concern of the First Amendment ［J］. Yale Law Journal，1989（3）.

时，应为其提供公正的听证或其他听取其意见的机会。① 这种自然正义观后来成为了一项成文的法律原则，其中最为人耳熟能详的就是 1868 年美国宪法修正案第 14 条。② 其后，正当程序理念深入人心，成为一项重要的法治原则。

由于对"正当"的不同理解与要求，正当程序包含着丰富的内容。比如正当程序须有对立面、决定者、信息和证据、对话、结果等基本要素，还须有角色分化、有意识地阻隔、直观的公正、平等交涉等程序精神。就正当程序的最低标准而言，它要求：公民的权利义务将因为决定而受影响时，在决定之前必须给予他知情和申辩的机会和权利。对于决定者而言，就是履行告知（notice）和听证的义务（hearing）。③ 换言之，一项法律程序是否具有正当性，首先应接受这种最低标准的检验。

相比法理学上将正当程序视为一种抽象的价值理念，部门法对正当程序的理解则较为具体化。"构成程序正当之内容的主要原则，主要有获得告知与听证（notice and hearing）的权利……所谓'告知和听证'，是指在公权力对国民科以刑罚或其他不利的处分时，必须将其内容事先告知当事人，并给予当事人辩解和防御的机会。"④ 从司法进路来关注正当程序在我国的实现与运用的学者，一般也都从"告知与听证（notice and hearing）"上来界定正当程序。⑤

依照上述理论可知，高校在学位评定权的行使中要遵循的正当程序原则，此原则保持评定主体的中立性和公正性，通过匿名评审以体现"程序的直观的公正"，允许申请人（被评定人）有参与和对话的机会，对学位申请者的学术水平做出不利评定时，应告知其理由并赋予其对自身学术水平进行辩解的机会，等等。由于法院对学术的实质性标准难以判定，需要法院对学术保持尊崇的态度，因此，对学位评定权的司法审查主要就是关注学位评定的正当程序。

在我国，关于学位评定程序的正当性问题，最早出现在刘燕文案中。该案中不授予刘燕文博士学位的程序是否正当成了北京大学学位委员会争议的焦点：

① 孙笑侠. 程序的法理［M］. 北京：商务印书馆，2005：197.

② 该条第一节中有如下条款："……任何州、非依法的正当程序，不得剥夺任何人的生命、自由和财产。"其后，正当程序理念深入人心，成为一项重要的法治原则。

③ 孙笑侠. 程序的法理［M］. 北京：商务印书馆，2005：18.

④ ［日］芦部信喜. 宪法：第三版［M］. 林来梵，等译. 北京：北京大学出版社，2006：212.

⑤ 像何海波在《实质法治——寻求行政判决的合法性》一书中对我国在司法能动主义下如何逐步确立和适用正当程序原则进行细致入微的观察与分析。虽然何海波并未给正当程序下过明确的界定，但从行文内容上可以发现，其对正当程序的理解，主要就是指告知和听证程序。

"校学位评定委员会否决答辩委员会的决议，既没有听取刘燕文的答辩或申辩，也没有给出任何理由，甚至没有把决定正式通知刘燕文本人，其决定是否合法？"① 虽然正当程序一词在此案中并未被采用，但关于正当程序的基本内容还得到初审法院的肯认，在其判决书中写道："校学位委员会做出不授予学位的决定，涉及学位申请者能否获得相应学位证书的权利，校学位委员会在做出否定决议前应当告知学位申请者，听取学位申请者的申辩意见；在做出不批准授予博士学位的决定后，从充分保障学位申请者的合法权益原则出发，校学位委员会应将此决定向本人送达或宣布。"② 其后，在学位授予纠纷中正当程序逐渐成为司法审查的一个主要内容。

在张福华案中法院明确提出："学位的授予依法应当遵循正当程序原则。"③ 虽然，何谓正当程序，尚需实务界与学术界的不断探索。"行政法上的正当程序，需要通过法院一次次创造性的判决去积累经验，去充实内容，去浇水施肥。"④ 但有的法院对正当程序似乎存有理解上的误差，如在阮向辉诉深圳大学案中，法院则认为："在原告毕业时，被告没有即时书面告知原告不授予学位的决定，至 2004 年 3 月 18 日，才由深圳大学教务处做出《关于"阮向辉授予学士学位申请书"的答复》。由于相关法律法规对学校不授予学生学位的告知程序没有明确规定，因此不能认定被告在告知不授予学位的程序上违法。"⑤ 可见，该法院把正当程序仅仅理解为法定程序。

《学位条例》第 10 条的规定："学位论文答辩委员会负责审查硕士和博士学位论文、组织答辩，就是否授予硕士学位或博士学位这一问题做出决议。决议以不记名投票方式，经全体成员三分之二以上通过，报学位评定委员会。学位评定委员会负责审查通过学士学位获得者的名单；负责对学位论文答辩委员会报请授予硕士学位或博士学位的决议，做出是否批准的决定。决定以不记名投票方式，经全体成员过半数通过。"这是学位评定的法定程序。这一法定程序，应当接受正当程序的检验。这里的正当程序不仅指告知与听证，还包括对这法定程序本身是否正当的探讨。起码值得思考的有：对学术水平的评定是否应当采取民主制下多数决？采用不记名投票的方式是否恰当？在投票过程中，专家是否有权弃权？

① 何海波. 实质法治——寻求行政判决的合法性［M］. 北京：法律出版社，2009：142.
② 北京市海淀区人民法院，(1999) 海行初字第 103 号。
③ 湖北省武汉市中级人民法院，(2010) 武行终字第 108 号。
④ 何海波. 实质法治——寻求行政判决的合法性［M］. 北京：法律出版社，2009：160.
⑤ 广东省深圳市南山区人民法院，(2004) 深南法行初字第 22 号。

（2）高校学位授予标准设定权的运行规则：法律最低限和学术性标准

高校学位授予标准设定权是指高校对授予各级学位所需达到的学术水平和条件进行设定的资格和能力，是高校学位授予权的关键部分。由于学位授予标准，一方面彰显着高校对学术品质的要求与学术自由的追求，另一方面又牵连着国家对学位的基本质量要求。因此，在学位授予标准的设定上高校与国家之间应当形成一种合作态势。换言之，高校学位授予标准设定权在运行中首先要遵循与国家立法权间的关系规则。

为保障学位的基本质量，以及贯彻国家的相关政策，立法机关对学位授予标准进行规范是正当的。由于学位授予标准关涉着学术自由，因此立法机关应尽量制定低密度规范，以使高校有更大的空间去实现学术自治。而高校在设定自身的学位授予标准时，应以国家立法规定为最低限，不能降低国家对学位所设定的基本标准。换言之，高校学位授予标准设定权在运行中首先要遵循法律最低限规则。

那么，高校只要遵循着法律最低限规则，是否就意味着想怎么规定学位授予标准就怎么规定呢？就连国家权力机关都无权干涉呢？若仅从高校与国家之间的关系来看，这样的结论是可以成立的。否则，所谓的高校自主权就成了一种空洞的幻影。但我们不应忘记，高校学位授予标准设定权的行使还会牵涉到学生权益。学位能否获得将会影响到一个学生的就业与发展前景。因此，从保障学生权益出发，高校学位授予标准设定权仍有必要受到适当的限制，而国家权力也仍有必要介入其中，合理平衡高校自主权与学生权利间的关系。

从保障学生权益出发，以及结合对学位本质与特点的考虑，高校学位授予标准设定权还必须遵循学术性标准规则。所谓的学术性标准，主要是"根据知识、学问、智慧和思想方法论等四个方面的内容来制定学位标准"[①]。当前世界大多数国家，授予学位的标准都是学术性标准。学术性标准一般包括：学位课程、阶段性研究（成果或项目）、学位论文。以英国为例，英国伦敦大学的法学硕士学位的规定标准是，必须在法学院研究生院学习一年以上的课程，从51个科目中选修4个科目并成绩合格，或选修三个科目并成绩合格，就被认可的法学课题写出不超过1.5万字的小论文，经审查合格方能授予法学硕士学位；伦敦大学的哲学博士学位的规定标准是，在学位课程方面，学生学习2—3年，须在导师的指导下攻读规定的博士学位课程、参加学术讨论活动、开展规定课题的研究并最后写出10万字左右的学位论文（对不同领域的学位论文的字数要求

---

① 康翠萍. 学位论［D］. 武汉：华中科技大学，2002：51.

不等。如经济学领域的哲学博士论文除附录、文献目录及技术附件外，不得超过 8 万字；人类学的哲学博士论文，包括注释、文献目录、附件资料在内，不得超过 10 万字）。①

在我国各个高校学位授予标准包括了学术性标准和非学术性标准。其中学术性标准根据学位等级不同做出了不同规定，一般也都包括了学位课程、阶段性成果和学位论文。而非学术性标准则包括了政治要求和道德品质要求。依照学术性标准规则，高校在遵循法律最低限规则下可以自由地提高或增加学位授予的学术性标准。因此，现实中高校把英语四六级通过、课程（必修课程）未重修或补考、一定数量学术论文发表等作为学位授予的标准，并不违反学术性标准规则，只要符合比例原则，司法机关就应当予以尊重。

对于非学术性标准，高校则不能任意规定。虽然我国在《学位条例》第 2 条中规定了政治性要求，即学位获得者必须拥护社会主义、共产党领导。但随着全球化高等教育的发展，越来越多的留学生来中国留学、攻读学位，这使得学位曾蕴含的政治性诉求逐渐淡化，其学术本质不断得到回归。可见，我国非学术性标准是一定时代的产物，也将随着一定时代的到来而消失。按照当下情境，对于本国公民申请学位，高校当然还是要遵照法律规定对学位申请者的政治要求是否达标进行审查，但不能提高或增加非学术性标准。换言之，在非学术性标准上则是高校学位授予标准设定权遵循法律最低限规则的一个例外情形。因此，实践中一些高校把因考试作弊、打架斗殴而被学校处分等道德品质方面的标准纳入学位授予标准中去，无疑是对法定非学术性标准的一种逾越，应当予以否定。

（三）高校学位授予权的司法审查

1. 学位授予纠纷的司法介入

自刘燕文案后，学位纠纷的司法介入已成为一种趋势。实践中对司法应"如何"介入的关注开始变得更为突出。在如何介入问题上，主要涉及到介入条件、介入范围和介入方式等。有学者强调司法介入的有限性，认为不告不理是前提，介入范围是有限的，受理条件也是有限的，而且应穷尽行政救济才可以提起诉讼。② 对学位诉讼案件的实然考察可知，目前司法机关在如何介入上，主要在以下三个方面存在分歧。

---

① 陈学飞，等. 西方怎样培养博士——法、英、德、美的模式与经验 [M]. 北京：教育科学出版社，2002：117，121.

② 程雁雷. 论司法审查对大学自治有限介入 [J]. 行政法学研究，2000（2）：33 - 36.

一是，是否应把穷尽行政救济或校内申诉作为介入的条件。有些法院明确要求必须把穷尽行政救济或校内申诉作为司法介入的前提。比如在 2010 年洪某、韩某诉北京联合大学案中北京西城区人民法院就以原告放弃校内申诉而驳回起诉："被告已明确告知原告陈述、申辩及申诉等救济途径，而原告在规定期限内并未向学院学生申诉委员会提出书面申诉，可以视为原告放弃了向学校申诉的权利。"

二是，合理性问题是否可以作为司法审查的内容。合法性审查是学位纠纷案件中司法机关审查的重点，在该问题上司法机关已形成一定的共识。特别是 2012 年第 2 期《最高人民法院公报》所刊登的《何小强诉华中科技大学履行法定职责纠纷案》，显然是对这种实践共识所做出的回应。在其裁判摘要中指出："学位授予类行政诉讼案件司法审查的深度和广度应当以合法性审查为基本原则。各高等院校根据自身的教学水平和实际情况在法定的基本原则范围内确定各自学士学位授予的学术标准，是学术自治原则在高等院校办学过程中的具体体现，对学士学位授予的司法审查不能干涉和影响高等院校的学术自治原则……"但在合理性问题上，司法机关的做法却存有分歧。有些法院强调合理性问题不是司法审查的内容，如廖志强诉集美大学案中法院就认为："被告集美大学做出的'受过留校察看以上行政处分而不授予学士学位'的规定属于合理性问题，根据我国行政诉讼法的规定，对具体行政行为的合理性不做审查。"但也有不少法院对案件合理性问题进行审查，比如崔征、何元媛等诉中南大学案法院就关注到了合理性问题："被告要求其九九级英语专业学生要通过国家专业英语四级考试的规定，从学生参加考试、备考时间以及学生学业水平方面分析，此规定具有合理性。"

三是，程序性问题到底应以正当程序、法定程序还是自定程序为标准。可以说，程序性问题是司法审查的重点。但各个法院在程序性问题到底以什么为审查标准上有分歧。有些法院强调正当程序。刘燕文案中初审法院在判决书中写道："校学位委员会做出不授予学位的决定，涉及学位申请者能否获得相应学位证书的权利，校学位委员会在做出否定决议前应当告知学位申请者，听取学位申请者的申辩意见；在做出不批准授予博士学位的决定后，从充分保障学位申请者的合法权益原则出发，校学位委员会应将此决定向本人送达或宣布。"其后，正当程序（due process）逐渐为司法实践所接受。在张福华案中法院更是明确提出："学位的授予依法应当遵循正当程序原则。"但更多的法院仅仅关注法定程序是否被严格执行，甚至有个别法院并不严格于法定程序或正当程序，将学校自订的程序规则作为程序性问题审查的依据，如在韦安吉诉广西工学院案中法院就认为："被上诉人并未能向法庭提供充分证据证实其已按照自己制定的规则对上诉人的学士学位授予资格依法履行了相应的审查职责，故其做出不授予上诉人学位的具体行政行为的主要证据是不足的，程序上存在明显不当，已构成不履行法定职责。"

2. 美国、德国及我国台湾地区司法实践的转变

（1）美国司法态度与立场：从"学术遵从"到"全面审查"

尊重大学的专业性与自治性，尽可能地避免干涉大学事务，是美国法院在审判涉及高等教育机构案件时的一贯态度。① 不过即便遵循着司法节制，但由于时代变迁与理论发展，美国法院对高校纠纷的司法审查范围与标准还是发生了显著的变化。

在"代替父母理论"和"特权理论"的影响下，法院最初在司法审查中，采取消极保守的态度，对高校决策持绝对遵从的立场。这种司法立场与态度被称为"学术遵从"（academic abstention）原则，即司法在学术问题上对专业判断的遵从，不能以法官的判断取代高校专业性的判断。具体而言，法院在审理以高校纠纷案件中，尽量避免干涉依赖专业知识与教学经验而做出的高校决议，其中包括对学生的录取与评定、教师聘用、晋升与终身教职资质评定，等等。② 在学术遵从原则下，法院完全承认高校在实体和程序方面享有自由裁量权，对高校决策既不做实体性内容上的审查，也不对其程序性问题进行审查。

随着 1961 年宪法理论的确立，学生权利的宪法保护开始成为司法审查的重要目标，绝对的学术遵从原则开始动摇了。就像在希利案中，法官鲍威尔在判决书中所指出的那样："虽然大学管理者享有广泛的裁量权，但学生权利在受到侵害时同样应当得到救济。大学的环境虽然特殊，但并不能完全被排除在宪法的约束之外。"道格拉斯法官则在其不同意见书中进一步指出："向高等教育机构的管理层致敬的时代已经结束，当学生的新观念与高校的传统观念及教条发生冲突时，没有理由给予大学特权。"③ 之后，法院逐渐把"正当程序"纳入到司法审查的视野中。

---

① See Leas Terrence, Ph. D. Evolution of the Doctrine of Academic Abstention in American Jurisprudence（The Florida State University, 1989）. 转引自刘金晶. 法庭上的"自主高校"[J]. 环球法律评论, 2011（6）.

② Leas Terrence, Ph. D. Evolution of the Doctrine of Academic Abstention in American Jurisprudence, p. 257. 转引自转引自刘金晶. 法庭上的"自主高校"[J]. 环球法律评论, 2011（6）：124 – 134.

③ Healy v. James, 408 U. S. 176. 转引自转引自刘金晶. 法庭上的"自主高校"[J]. 环球法律评论, 2011（6）：124 – 134.

从判例来看，美国学位纠纷主要有两类：一类是基于学术性问题，比如没能修满学分或学术不诚实；另一类是基于非学术问题，比如纪律惩戒、大学所反对的社会不当行为、没交学费或其他费用等。①"正当程序"首先被认为只适合因非学术性问题而引起的学位纠纷案件，而不适合因学术性问题而引起的学位纠纷。比如在马赫旺莎案中，联邦第五巡回上诉法院就认为告知与听证的正当程序并不适合此类案件，并明确提出了所谓的两分法。该案原告在佐治亚州立大学完成了研究生学位的课业，但却两次未能通过学位候选人应通过的综合考试。佐治亚州立大学向原告提供了完成额外的课程作业以代替综合考试的机会，但原告却予以拒绝并提出了诉讼。下级法院命令佐治亚州立大学向原告授予学位。在上诉审中，联邦第五法院认为审理该案不必适用告知和听证程序，学校可以做出拒发学位的决定，因为"判决有关违纪行为的指控时也许需要听证，但在查明有关学术性的事实方面听证可能是无用的或是有害的。学生享有的正当程序权利，在基于纪律处分开除案件和基于学术性原因拒发学位证书案件之间存在着明显的两分法"。②

但在霍罗威茨案中，联邦第八巡回上诉法院开始突破所谓的两分法，即便在因学术性问题而引起的纠纷案件中，高校也必须遵循较严格的正当程序。该案原告霍罗威茨因为没有达到学校的学术要求而被退学。她以学校违反了正当程序为由向法院起诉，要求法院强制学校恢复其学籍。地方法院并未支持她的诉求。但在上诉审中，联邦第八法院认为高校必须给她一个听证的机会，否则就是对她所享有的宪法第十四修正案规定的正当程序权利的侵损。③

通过正当程序把高校纠纷案件的程序问题纳入到司法审查的范围，为有效救济学生权利提供了重要的保障。而在此后的诸多判例中可以看到，法院尝试着将实体问题也纳入到司法审查中去。在面对实体问题时，法院仍强调对学术领域的司法克制。联邦最高法院就多次类似重申："当法官被要求审查一个纯学术决定的实质内容时，他们应当对教师的专业判断表现出高度的尊重。很清楚，除非专业判断是如此实质地违背了可接受的学术规范，以至于表明负责人或委员会事实上没有做出专业的判断，否则他们不会推翻这个判断。"④ 在1986年联邦第十一巡回上诉法院就依照联邦最高法院的上述立场，审理判决了一起学

---

① William H. Sullivan, The College or University Power to Withhold Diplomas, 15 J. C. & U. L. 335, 337 (1989).

② Mahavongsanan v. Hall, 529 F. 2d 448 (5th. Cir. 1976).

③ Horowitz v. Board of Curators of University of Missouri, 538 F. 2d 1317 (8th Cir. 1976).

④ Regents of the University of Michigan v. Ewing, 474 U. S. 214, 225 (1985).

位授予纠纷案件。该案原告弗雷德里克·J. 哈波尔因博士考试不合格而被阿拉巴马大学研究生指导委员会取消博士生学籍。法院采取了对学术决议的审查标准，即当法官被要求去审查一项纯属学术性决议的实质，他们应当对专业人员的专业判断极为尊重。除非学术决议偏离公认的学术标准太远，以至于相关的人员或委员会实际上没有在进行专业学术评判，否则他们的决定不能被推翻。最终驳回了原告的诉讼请求。①

尽管法院表示对纯学术性决定的实质方面要高度的尊重，但显然为这种高度尊重留下一定回旋的余地，即如果学术决定'明显是武断或恣意的'，法院就可以禁止这一行为。比如在坦纳案中，原告坦纳作为一名毕业生，完成了学位论文，并通过了综合考试，却被通知两者都不被接受，因为他的学位论文委员会从来没有被大学正式承认。坦纳请求法院发布强制令，命令伊利诺伊大学授予他学位。虽然他的诉求被下级法院驳回了，但上诉法院裁决认为，按照坦纳诉状的说法，他已提供了足够的证据，证明大学有恣意和变幻不定的行为。②而在1994年阿尔肯案中，原告在满足了除博士论文之外的所有要求之际，被学校以教学能力和学术研究能力差为由退学了。法院发现，他在学期间曾发表过一些反对学校的言论和一些相反的政治言论。在此，法院没有采纳学校的意见，认为学校的决定出于不良的动机，带有与学术无关的偏见。于是，判决学生胜诉。③

可见，美国法院采用"明显是武断或恣意的"这一审查标准，已开始介入到高校学术决策的实体方面。从现有的判例来看，法院对学术决定是否"明显是武断或恣意的"，主要集中学术决定的形式方面，而非实质方面，其认定的情形主要包括：表明上看起来是学术判断，其实教育者却以令人怀疑的方式做出，以至于背离公认的学术准则，甚至根本未做学术判断；出于不良动机；带有与学术无关的偏见；任意无常，违反平等性等。④

用正当程序来审查程序问题，用"明显是武断或恣意的"来审查实体问题，甚至在2007年，将被认为是大学自治制度核心的"同行评审"也纳入了司法审

---

① OLIVAS M A. The law and higher education [M] 3rd ed. Durham：Carolina academic press, 2006：713 – 715.

② Tanner v. Board of Trustees of the University of Illinois, 363 N. E. 2d 208, 209, 210 (Ill. Ct. App. 1977).

③ Alcorn v. vaksman, 877 S. W2d 390 (Tex. Ct. App. 1994).

④ 韩兵. 论高等学校对学生的惩戒权 [D]. 杭州：浙江大学, 2007：110 – 111.

查的范围,① 美国法院已经走出了传统的"学术遵从"时代,走进了对高校学术决策全面司法审查的时代。

(2) 德国司法态度与立场:从"判断余地"到"作答余地"

同样有着悠久的大学自治传统的德国,随着"无漏洞救济"原则的确立,其法院对高校决策的司法审查也经历了历史性的变迁。下面以考试事件为例来考察司法对高校学术评价方面所持态度与立场的转变与发展。

在德国,公立高校作为公营造物,具有公法人法律地位,其与学生的纠纷以行政诉讼方式由行政法院受理审查。在审查过程中,行政法院一般把高校学术决策行为视同为行政裁量行为,并以此遵循相关审查原则。

"判断余地"(Beurteilungsspielraum)理论是德国行政法学家奥托·巴霍夫(Otto Bachof)于1955年在其论文《在行政法之判断空间、裁量与不确定法律概念》中提出的。他认为行政机关在立法者授权下适用不确定法律概念,行政机关对某一部分行政领域可以自行做成最后的评价与决定而必须接受与尊重,不得审查。一般认为,判断余地的主要类型有:"①不可代替的决定:A. 考试决定;B. 学生学业评量;C. 公务员法上的判断。②由独立的专家及委员会作出的评价决定。③预测决定。④计划的决定。⑤高等专业技术性及政策性之决定。⑥涉及地方自治事项的不确定法律概念。"②

1959年针对考试事件的行政诉讼,德国联邦行政法院首次将"判断余地"适用于该案,在其判决书中指出,由于考试事件具有专业性,并涉及教育评价,应承认教育机构对考试事件有判断余地,行政法院应予尊重,不做审查。于是,"判断余地"成为了自突破特别权力关系理论后,法院受理高校纠纷后在司法审查范围与标准上所采取的最基本的立场。

之所以将"判断余地"理论运用到高校纠纷案件中,恰如柏林高等行政法院院长迪特·威尔克(Dieter Wilke)所指出的那样:法院不审查是因为,有关实质专业问题的判断非法官个人能力所及,即使是受过相当专业训练的法官,要对医学、太空等各种领域表示深度见解,并且由法官做出决定,近乎危险。可见,"判断余地"虽是从不确定法律概念与行政裁量的角度提出的理论观点,但将此运用到高校纠纷案件中,其实有着与美国"学术遵从"相似的考量点,即对学术专业性与自治性的尊重。

秉持对考试机构与学校判断余地的尊重,法院一般不审查考试的实质内容,

---

① See Qamhiyah v. Iowa State University, 245 F. R. D. 393 (S. D. Iowa 2007). 转引自转引自刘金晶. 法庭上的"自主高校"[J]. 环球法律评论, 2011 (6): 124 – 134.

② 翁岳生. 行政法:上 [M]. 北京:中国法制出版社, 2009: 253 – 260.

包括考题的内容、具体的分数等。甚至考生在考卷上所作的回答，如果本来是正确答案，却被误评为错误而扣分，那么依照考试机关享有判断余地的司法立场，行政法院也不会对其进行审理。除非考试机关对考试内容上的评分显然恣意判断，行政法院则可以进行审查。因此，在"判断余地"的司法原则下，法院只对考试程序做审查。"由于法院仅能对考试程序做审查，为确保考生之权益，考试程序相较一般行政程序更须强化其形式之规定，由此可见，考试程序在法律上是不仅属要式而且缺乏弹性受到羁束之程序。"

1991 年德国法院在考试事件上的保守立场开始转向，从教育机构或考试机关的"判断余地"转向考生的"作答余地"。该年 4 月 17 日，针对考试事件案件，德国联邦宪法法院做出了两项判决，对判断余地进行修正。德国联邦宪法法院则认为，考试事项虽属特殊性评断，然而，不能因此就摆脱法院的审查。考生在考试作答的见解虽与标准答案不完全相符，但是学生的见解若有道理可以说的通，此时应评为正确给予分数。除非考题特殊以致考生回答问题的答案必须明确固定，对考试的判断空间应从两种不同角度来观察，一方面评分委员固然享有判断余地；另一方面，考生在作答时亦应享有一个适当的回答问题的空间。考生所回答问题答案如果属于具备充分辩解理由、合乎逻辑的陈述，就不应被评断为答案错误。可见，"作答余地"的司法审查已涉猎学术与专业的实质判断领域。

受联邦宪法法院这两项判决的影响，联邦行政法院已逐渐在其日后的判决中做了相应的调整。对于考试争讼事件，联邦行政法院改变以往的消极审查转为积极审查并提高了审查的密度，同时，不仅将"作答余地"原则适用于学位结业考试以及国家考试，而且扩展至各种各类职业考试。尽管，从"判断余地"到"作答余地"，学生在考试评分等方面的合法权益得到了更为有效的法律保护，但德国高校并未因此造成大量诉讼浪潮的效应。①

当然，对包括考试事项在内的学术和专业问题的司法立场与态度的改变，德国实务界及学界也有不少人提出质疑，担忧这种司法审查强度增加会带来一些问题。比如德国已故行政法院院长霍斯特·森德勒（Horst Sendler）提出跨国比较后的质疑：德国行政法院的控制密度，不论就不确定法律概念的解释或涵摄或行政裁量，均属过高，而代价为高度的法官人事成本、审判时间的延宕，法官之难以胜任、行政部门专业性不受尊重、个案裁判的标准难以清楚地预见

---

① 董保城. 教育法与学术自由［M］. 台北：台北：元照出版有限公司，1997：84 - 99.

等结果，并在世界成为孤儿，因法国、瑞士、英国等均不同于德国模式。① 的确，从司法成本与司法能力的角度来看，"作答余地"原则的践行所面临的挑战与难度更大。

（3）比较与启示：从程序性救济到实体性救济

比较美国和德国司法实践，可以发现两者在面对高校纠纷案件时，都已转向解决司法技术层面的问题，即有关司法审查内容和标准，不过各自的侧重点有所不同。美国司法从"学术遵从"到"全面审查"的立场转向中，侧重点在于司法审查的范围问题；德国司法从"判断余地"到"作答余地"的立场转向中，侧重点在于司法审查的内容问题。但不管怎么说，这些司法立场与态度的转向，一定程度都使得司法审查的范围从程序问题扩展到实体问题，司法审查的方式从形式审查扩展到实质审查。而司法扩展的背后凸显了对学生权利从程序性救济到实体性救济的焦点转换。

若从司法介入高校纠纷的整个过程来看，从程序性救济到实体性救济转换无疑是高校自主权与学生权利的一场博弈。从最初"是否介入"的疑虑到后来"何时介入"的考量，再到最后"如何介入"的坦荡，则表明在这场博弈中，司法走过了从对高校自主权（大学自治）的倾斜性尊重到对学生权利的倾斜性保护的"心路历程"。这种倾斜性的选择和改变，是法院努力在尊重高校自主权与保障学生权利之间寻求平衡点的尝试性努力，并有着可以理解的时代背景与基调。之所以会转向对学生权利的倾斜性保护，一方面是由于在这些国家，大学自治已有了深厚的社会文化根基和有效的制度保障。在有着大学自治传统的美国和德国，其基本法都有力地确保了大学不受不当立法规范和不法行政干涉。另一方面则是由于权利意识的高涨。耶林呐喊着为权利而斗争、德沃金高呼着认真对待权利，我们不可避免走向了权利时代。

司法高举权利旗帜，对学生权利走出倾斜性保护的第一步就是赋予学生完全的诉求。特别在诉讼双轨制的德国，以"有权利必有救济"的法理践行着"无漏洞救济"原则，从而启动学生权利的程序性救济。但若仅仅是程序性救济，学生所拥有的其实只是一项"空洞"的争讼权利。换言之，学生虽然对高校侵害行为可以无拘束性地提起诉讼，但是法院能从实体上真正给予救济的可能性却不大。因为根据大学自治原则，大学享有对内的规章制定权，而这一规章制定权本身是可以突破和超越法律规定的。既然连法律（立法）都要受大学自治原则制约，那么，法院在司法审查相关案件时，其审查依据当然首要的是

---

① 黄锦堂. 行政判断与司法审查 [M]. 台北：新学林出版股份有限公司，2007：343.

大学制定的规章。既然无法从法律上对此进行合法性审查，那么，依照大学自订规章去审查受到这一规章侵害的大学生权利时，自然无法得到真正的救济。因此，在形式法治国向实质法治国的转变中，① 司法对学生权利的救济也必然要从程序性救济走向实体性救济。

转向实体性救济后，高校决策的程序和内容开始被纳入到司法审查的范围中，并从形式性审查扩张到实质性审查。不过在司法审查的强度上存在差异性，其中德国走的最远，"作答余地"使得高校决策中基于专业判断的实质内容受到实质性审查，而美国司法审查的范围虽然也已从程序问题扩展到实体问题，但对实体问题中基于专业判断的实质内容仍坚守司法克制原则而予以尊重。

3. 我国高校学位授予权的司法审查

（1）司法审查的模式选择

通过对域外司法实践的考察与比较已知，面对高校纠纷案件，法院已将程序问题和实体问题纳入到司法审查范围，兼用形式审查与实质审查的方式，其司法目标主要转向对学生权利的实体性救济。各国或地区司法态度与立场的变化与发展，符合了权利意识高涨的时代趋势。

因此，面对我国高校学位授予权纠纷案件，法院在寻求和选择适当的司法审查模式时，除了要考量高校学位授予权的特质外，理应对这一趋势做出积极回应，参照各国或地区有益做法。

在司法审查范围上应选择"全面审查"模式。高校学位授予权行使中的程序问题和实体问题都应纳入到司法审查范围中。因为不管是实体方面，还是程序方面，都有可能导致对学生权利的侵害。因此，法院不应放弃对实体问题的审查。实践中有些法院拒绝将实体问题纳入审查范围，比如在杨蕾、白紫山等诉武汉理工大学一案中，湖北省武汉市中级人民法院在其判决书中就写道："学校如何规定自己学校学生的质量和水平，不是司法审查的对象。"② 这种以高校自主权为由一概拒绝对实体问题进行司法审查的做法是值得商榷的。

当然，不能一味地为了对学生权利进行实体性救济，而完全不顾学位纠纷的特殊性和高校自主权。毕竟学位纠纷中涉及诸多学术性和专业性判断，对这

---

① 形式法治国仅强调国家公权力之行使（行政与司法）应受到一般性、抽象性法律之拘束，而法律是透过一定之程序加以制定。实质法治国则更进一步强调法律之内容应追求正义之实现与人民基本权利之保障，抵触正义原则或侵犯人民基本权之法律，即使由国会所通过，也仅在形式的意义上具有法律的外观，并不符合实质法治国理念下所称之法律的要求。参见颜厥安，周志宏，李建良. 教育法令之整理与检讨——法治国原则在我国教育法制中之理论与实践［M］. 教育改革审议委员会，1996：22.

② 湖北省武汉市中级人民法院，（2006）武行终字第60号。

些问题，司法应保持必要的克制，对高校自主权予以充分的尊重。因此，在司法审查内容上应选择"尊重专业判断"的模式。在高校学位授予权中，专业判断主要集中在学位评定权上，比如学位论文是否达到专业水准，就属于专业判断，对此司法应予以尊重。

在确定了司法审查的范围与内容之后，最核心的问题就是应采用何种标准对此进行审查。一般而言，行政诉讼案件以合法性标准审查为主。显然在面对高校学位授予纠纷案件中，我国最高人民法院有以合法性标准为审查模式的选择性趋势。

这一趋势的典型案例就是何小强案（第39号指导性案例）。该案情与诸多学位授予纠纷案件类似，原告何小强因没有通过国家大学英语四级考试而被拒绝授予学士学位。何小强对此不服，认为华中科技大学将国家英语四级考试作为学士学位授予条件之一没有法律根据。针对该案，其裁判要旨中首先一般性地指出："学位授予类行政诉讼案件司法审查的深度和广度应当以合法性审查为基本原则。各高等院校根据自身的教学水平和实际情况在法定的基本原则范围内确定各自学士学位授予的学术标准，是学术自治原则在高等院校办学过程中的具体体现，对学士学位授予的司法审查不能干涉和影响高等院校的学术自治原则。"可见，法院期望通过合法性审查来确保对高校自主和学术自治的尊重。

但这种合法性审查模式是否适合高校学位授予纠纷案件呢？若参照上文对台湾地区司法实践的分析来看，合法性审查模式能否真正保障大学自治是值得质疑的。而从学生权利救济的角度来看，合法性审查模式亦是无法切实对其进行实体性救济。显然，大学自治在大陆地区还需要不断争取，而这种争取更多是面向行政机关与立法机关，而不在于司法机关。在大学自治还未真正得到制度确立之时，对大学生权利诉求就不能简单地用内涵模糊的大学自治之名而予以消解。否则，这无异于特别权力关系理论以大学自治之名进行借尸还魂。

因此，为了防范大学成为恣意妄为之地并切实保障学生权利，正当性审查模式同样值得大陆法院在审理相关案件时借鉴。"法治实践表明，通过合法性标准规制政府权力虽仍有必要，但其效用已递减至极低限值，故应突破传统法治主义预设的合法性窠臼，辅以正当性标准，形塑合法性与正当性并用的二元体系。"① 那么，对于作为高校自主权的学位授予权的司法审查，则应以正当性标准为主，辅以合法性标准。

---

① 江必新. 行政程序正当性的司法审查［J］. 中国社会科学，2012（7）：123 – 140.

（2）司法审查的主要基准

不管是合法性审查还是正当性审查，司法审查的具体基准是多样的，难以一一例举。结合高校学位授予权的特点和中国司法环境，笔者认为，应以正当程序为主要基准对程序问题进行审查，以比例原则为主要基准对实体问题进行审查。

以正当程序为司法审查基准，不仅审查高校是否依照法定程序行使学位授予权，而且审查法定程序及法定程序之外程序是否符合正当程序要求。虽然在学位授予纠纷案件中，程序问题已成为司法机关审查的重点，但实体问题却是引发争议的主要因素。学位授予的实体规则中，特别是有关学位授予标准问题，比如学术论文发表、国家英语四六级考试过关作为取得相关学位的规定，到底应以何种标准进行审查，在不断地挑战着司法经验与智慧。

在何小强案中，法院在裁判要旨中一方面强调审查该类案件以合法性标准为主，另一方面又强调这种合法性审查不能干涉和影响高等院校的学术自治原则。但这种合法性标准最终又因学术自治原则被完全消解掉了，正如法院在其判决书正文中所言："各高等院校根据自身的教学水平和实际情况在法定的基本原则范围内确定各自学士学位授予的学术标准，是学术自治原则在高等院校办学过程中的具体体现，坚持确定较高的学士学位授予学术标准亦或适当放宽学士学位授予学术标准均应由各高等院校根据各自的办学理念、教学实际情况和对学术水平的理想追求自行决定。"① 既然，高校有权在法定学位授予标准内，依学术自治原则适当提高或放宽学位授予学术标准，那么，又如何以合法性标准进行审查呢?! 显然，面对高校学位授予纠纷，法院在合法性审查与尊重学术自治原则间是多么纠结，以致于硬将两个相悖的要求强扭在一块。

如何确保高校自主权在实现学术自由的前提下，其所制定的实体规则对学生权利的侵害或限制达到最小，应成为司法审查的考量重心。本文认为，这一目的的实现必须借助比例原则。换言之，一方面为了尊重高校对学术品质的要求与学术自由的追求，另一方面为了防止高校滥用权利、保障学生权利，法院对学位授予实体规则应当采用比例原则进行审查。

比例原则被誉为是公法学中的"皇冠原则"或"帝王条款"。"比例原则为当今国家公权力行使的最高指导原则，无论是立法、行政或司法机关，在行使公权力以达成任务的过程中都要受到比例原则的拘束。"② 经过理论与实践的诸

---

① 湖北省武汉市中级人民法院，（2006）武行终字第60号。

② 姜昕. 公法上比例原则研究 [D]. 长春：吉林大学，2005：13.

方努力，如今的比例原则已有了较为确定的基本内涵和稳定的结构。其中，对该原则最为著名的、也是最为通常的阐述就是所谓的"三阶理论"，即适当性、必要性和狭义比例性。① 下面将运用比例原则的"三阶理论"，以"发表一定数量与级别的学术论文作为学位授予的学术性标准"为例对高校学位授予纠纷的实体问题进行探讨。

在中国，很多高校都将在一定级别刊物上发表一定数量的学术论文，作为授予硕士学位和博士学位的条件。现实中对此存有诸多非议和质疑。比如倪洪涛博士认为这一规定之所以如此风行，其因有二："其一，学校的"高要求"不是为了学术本身，而是为了迎合"教学质量评估"和各种大学排名，从而为提升自己对考生的诱惑力增加"筹码"，此时，在校研究生已被"工具化"了；其二，我国当下高校大面积和大幅度的扩招，是在"教育产业化"错误引导下缓解就业压力的权宜之计。"并直指这种发表论文"绑架"学位的做法所引发的弊端，"让怀着'实用主义'想法的如此大规模的研究生群体去追求所谓的'学术'研究，除了给本就难以维系的刊物起死回生的机会、造成学术腐败和学术'寻租'行为大行其道外，剩下的只是资源浪费和纸质垃圾"②。的确，以当下的出版生态环境，规定在一定期间内发表一定级别与数量的学术论文，就如同幽灵般折磨着诸多象牙塔中的学子们，使其忙碌、焦虑和揪心于发表事务，而无法从容、安心和静心于学业专研。

尽管不满、反对、质疑之声不绝于耳，但因该规定而引发的学位授予争议进入司法程序的则不多。笔者仅收集到一例，即 2010 年杨某诉北京大学案。杨某系北京大学医学部 2004 级博士研究生，于 2007 年 5 月通过博士论文答辩。但北京大学依据《北京大学医学部研究生在学期间发表论著的规定》，认为杨某未达到发表一篇 SCI 收录的论文这一要求，而不授予其博士学位。对此，杨某多次申诉未果后，向北京西城区法院起诉并被受理，请求撤销学校不授予博士学位决定书。③ 该案最后以驳回起诉告终。

为了保障学位的基本质量，以及贯彻国家的相关政策，立法机关对学位授予标准进行规范是有正当的。由于学位授予标准关涉着学术自由，因此立法机

---

① 也有将狭义比例性称为法益相称性。参见蔡宗珍. 公法上之比例原则初论——以德国法的发展为中心 [J]. 政大法学评论，1999（62）：75 – 104.

② 倪洪涛. 论法律保留对"校规"的适用边界—从发表论文等与学位"挂钩"谈起 [J]. 现代法学，2008（9）：14 – 28.

③ 该案于 2010 年 9 月 24 日上午 9 点，在西城法院第十八法庭公开开庭审理，并通过北京法院网进行了网络直播。

关应尽量制定低密度规范，以使高校有更大的空间去实现学术自治。而高校在设定自身的学位授予标准时，应以国家立法规定为最低限，不能降低国家对学位所设定的基本标准。换言之，高校在设定学位授予标准时遵循的是法律最低限规则。依照上述逻辑，高校在学位授予学术标准上不管如何规定似乎都不为过。

因此，虽然不少法院也主张要对此类问题进行合法性审查，而其实所谓的合法性审查也就是不做审查。但这样的司法立场与态度显然不符国际发展趋势，为了防止高校滥用权利、对学生权利进行更为有效的实体性救济，我国法院也有必要通过比例原则对高校学位授予标准这类实体规则进行正当性审查。

首先，从适当性上来看，要求发表学术论文这一手段能否达致评价个人学术水平这一目标？学位从本质上就是个人学术水平的称号，各级别的学位称号代表了相应等级的学术水平。虽然，学术水平本身就是一个非常主观化的概念，采用哪些要素进行衡量，只能不断地通过学术共同体的智慧累积才能确定。但根据以往学术经验，能发表学术论文的确可以证明著者具有一定学术水平。因此，要求发表学术论文可以成为评价学生具有一定学术水平的有效手段，符合比例原则的适当性。

那么，要求发表学术论文是否是评价个人学术水平的必要手段呢？评价某人学术水平达到某种级别学位称号的有效手段，除了要求发表论文外，主要就是要求通过学位论文的答辩。学位论文的答辩是经专家同行对学生学术素养作出实质性判断的一种有效手段。世界上诸多大学都是以通过学位论文的答辩作为授予学位称号的唯一条件。而在我国，很多高校除了要求通过学位论文答辩外，还要求发表学术论文。这样的做法显然很有中国特色，当然也不乏辩护的理由。在全球化的时代，学术水平不仅实质性地表现在学术知识的丰富性、学术观点的创新性和学术态度的严谨性等上面，也要求学者应具有有效表达与传递自身学术观点的能力。体现这种能力的最为必要的形式就是发表论文。因此，发表论文的技能本身也代表着一种学术水平。从这一角度来看，要求发表学术论文作为评价学生学术水平的做法，符合比例原则的必要性。

尽管要求发表学术论文的做法符合适当性和必要性，但现实中很多高校对发表学术论文的数量与级别进行过高规定，则显然有违狭义比例性。比如《浙江大学社会科学学部研究生论文发表要求》（社科学部发［2010］04号）规定：申请博士学位的博士生，有1篇与学位论文有关的学术论文在SSCI、AHCI、SCI收录的刊物或在学校人事部门规定的权威刊物上发表；或在学校规定的一级刊物上至少发表1篇与学位论文有关的学术论文，并在核心期刊上发表1篇及以上与学位论文有关的学术论文。从当下的学术生态环境来看，要求在校博士生人人都要在权威刊物或一级刊物上发表学术论文，手段与目标已失相称性。在现有的出版制度下，很多期刊都需要通过发表知名学者的论文来维持必要的学术市场和较高的引证率。所以，有不少高级别期刊或明或暗一直有不发表在校博士研究生学术论文的惯例。可见，要求在校博士生在这类级别刊物上发表学术论文，其实不是对其学术水平提出高要求与高规格，而是直接将他们推向了与教授、博士生导师相竞争的论文发表市场。像这类高要求可以作为评优评价的衡量标准，但不应作为授予博士学位的前提条件。因此，一旦诉诸司法，法院应以该规定有违比例原则，判定其不具有正当性。

（3）最后的难题：司法判决方式与执行力

在法治与人权的旗帜下，为了达致对学生权利的实体性救济，司法应突破传统的桎梏，进入到大学自治的核心领域，对其实体规则进行正当性审查。如果说，这一做法在理论上可以自洽的话，那么，在实践中仍有可能遭遇到实效性不强的困境。毕竟，学生权利救济的最终实现，除了司法审判之外，还须高校的积极配合。因此，作为一门实践技艺，司法在高校学位授予纠纷中不仅应关注其审查模式，还必须认真考量其判决方式及执行力问题。

若接上前一项的结尾继续前行："要求学术论文发表在权威或一级刊物作为博士学位授予条件"的规定因违反比例原则而不具有正当性，那么，如果该名学生其他条件都已符合，并已通过学位论文答辩，法院该作何判决？是判决高校向该名学生授予博士学位，还是直接判决授予其博士学位呢？

从我国目前司法实践做法来看，上述两种方式都不在选择范围之内。不管是在确认程序违法的案件中，还是在确认实体规则无效的案件中，法院一般都只是判决高校重新对学生学位资格进行审查。比如在张福华诉莆田学院案中，法院在判定被告所制订的《莆田学院学士学位授予工作细则（试行）》中第3条："在校学习期间，违反学校有关管理规定，曾受过校行政记过（含记过）以上处分者或按结业处理者，不授予学士学位。"的规定，与《中华人民共和国学位条例》第4条规定相抵触，从而认定其无效，但最终法院选择重做判决："被告莆田学院应在判决生效之日起60日内召集本校的学位评定委员会对原告张福华的学士学位资格进行审核，并做出是否授予学士学位的决定。"法院同时给出如此判决的理由："原告请求法院判令被告向原告颁发学士学位证书，由于司法权不能替代行政权，故该请求本院不予支持。"① 姑且不论把高校学位授予权视

---

① 详见福建省莆田市城厢区人民法院（2010）城行初字第22号判决书。

为行政权是否妥当，起码在法院眼里，选择重做判决是唯一恰当的方式。

选择重做判决充分表达了司法对高校自主权的尊重，但若是从权利救济的实效性来看，却难以真正保护学生合法权益。正如北京西城区法院王晓平法官，实证研究了该院历年所裁判的高校纠纷案件并指出："从案件的裁判方式看，原告胜诉率低，即使胜诉了，对原告权益的保护也不能起到立竿见影的作用。"①现实中有不少案例显示，重做判决几乎只是带给了学生一个空洞的胜诉感。比如江苏省南京市白下区人民法院就曾因一名学生考试作弊被取消学位资格的案件作出三次相同的重做判决。法院认定该校将考试作弊作为取消学位资格的规定违法，要求高校重新审核其学位资格，虽然高校服从判决，并组织学位评定委员会进行重审，但学位评定委员会每次都以相同的理由即考试作弊而拒绝授予该名学生学位。②

可见，重做判决虽然凸显了对大学自治的尊重，但难以达致对学生权利的真正救济和防止高校自主权的滥用，甚至还有可能导致司法严肃性的丧失。回到前面关于权威或一级刊物的论文发表与博士学位的争议中，在其他要求都已符合并已通过学位论文答辩的情况下，显然重做判决也不是一种恰当的选择。当然，直接判决授予博士学位的方式，无疑超越司法权限，也不具可取性。

笔者认为，在此种情境下，最合理与有效的方式就是判决高校向其授予博士学位。因为，一方面判定学位授予标准实体规则不具正当性，并没有侵犯高校对学生学术水平专业判断的自主权，仍维持着司法对大学自治必要的尊重。另一方面，在高校对学生学术水平做出实质判断（如学位论文答辩的通过、其他学位授予条件的满足）的基础上，要求高校授予学生博士学位，而不是仅仅要求高校重新对其博士学位资格进行审查，这既体现了司法的权利救济最后手段性，又能保障对学生权利达致真正的实体救济。

即使在"学术遵从"历史悠久的美国司法界，也有不少法院采用此种判决方式。比如1980年奥尔森案中，毕业生奥尔森因未能通过学校所规定的综合考试而没有获得学位。对此，他辩称，由于他信赖由教授做出的关于考试评分程序的误导性表述，即及格分数要求至少正确回答五个问题中的三个，但实际的标准是五个答案中必须有四个是正确的。在考试时，他依照这种表述分配时间，若按照教授所说的标准，他已得到了及格的分数。虽然大学拒绝更改他的分数，

---

① 王晓平. 关于审理高校教育类行政案件有关问题的调研报告 [EB/OL]. 北京市西城区人民法院网，2013 - 02 - 23.

② 蒋德. 学子三赢官司仍没学位 法官称司法权不能过度干预行政权 [EB/OL]. 法制网，2013 - 02 - 26.

并主动提出允许他再次参加考试，但他向法院提起诉讼，请求制止大学适用更严格的标准。后来，初审法院和上诉法院都支持奥尔森的诉讼请求，判决大学承担教授错误表述的责任，并授予奥尔森学位。①

　　当然，这一判决方式仍有可能遭遇中国式的质问：如果高校拒不授予其博士学位，司法又能如何呢？这其实，已经不再是法院仅仅考量该类案件司法判决方式与执行力的问题，而是面对所有类型的案件都可能遭遇的困难，即司法判决的执行难。所以，要解决这个最后的难题，只能仰赖我国社会尚法理念的确立、司法权威的提升和法治建设的完善。②

---

① See Olsson v. Board of Higher Education of the City of New York, 402 N. E. 2d 11503（N. Y. 1980）.

② 所谓尚法理念，指的是社会成员对司法和法治所蕴含的价值和立场的认可与崇尚，在理性思考之后激发出的对司法的归属感和依恋感，对法治的忠诚和热情。社会公众内心的这种神圣情感是构筑司法权威的社会心理基石。详见卞建林. 我国司法权威的缺失与树立 [J]. 法学论坛, 2010（1）: 5 - 9.

六、学术不端查处中的行政权与学术权关系[①]

当学术研究不再是一些人专属的生活学习兴趣，而俨然成为如马克斯·韦伯（Max Weber）所说的一种"学术职业"时；当科研成果不再只是人们思考、观察自然现象、社会问题的偶然性所得，而与人们生活、社会发展密切关联；当科研的功能不唯是探索知识、追求真理，而且关系着研究者的职业晋升、个人获益和自我满足时，诚实（integrity）与责任（accountablitiy）便成为科学研究应有的伦理要求和基本准则。[②] 与之相对，欺诈、造假等学术不端行为[③]（以下简称学术不端）则成为人们厌恶、排拒和抵制的对象。就像盗窃行为一样，尽管学术不端为人们所不耻，在现实中却无法根除截断。这从近些年国际上发生著名的学术不端案件即可得到印证。譬如曾轰动一时的哈佛大学法学院宪法学教授却伯学术剽窃，晚近的日本理化学研究所（RIKEN）发育生物学中心（CDB）小保方晴子捏造与篡改实验数据，德国肿瘤专家弗里德海姆赫尔曼、玛莉安利（Friedhelm Hermann、Marion Brach）的学术造假，以及韩国生物学家黄禹锡学术论文造假等。这些案例的曝光及得到相应的惩处，一方面说明学术不端是国际学术的"公敌"，而非某一国之"特产"；另一方面也说明国际学术界对学术不端的认定和惩处已有一定之规，并取得了一定的效果。

反观当下中国，学术不端的情形不仅未能幸免，而且有时还以某种炽热化

①　基金项目：教育部人文社会科学研究专项任务项目（科研诚信和学风建设）重大课题（11JDXF001）、浙江省"之江青年社科学者行动计划"、浙江省高校人文社会科学重点研究基地"法学"及宁波大学人文社科后期资助项目（XH1X1202）。

②　Integrity 的译法颇多，包括但不限于忠实、率真、正直、诚信、坚固、完美、风骨、表里如一，等等。通过分析这些语义可以发现，其中有一核心意义是较为固定的，那就是要诚实。这是人际交往的基础，也是科研人员安身立命的根本或者说道德底线。正因有诚实的规范性要求，才有 Accountability（责任）相对应，质言之，Integrity 是 Accountability 的基石。

③　在英文的语境下，学术不端有不同的表达，比如"Research Misconduct""Academic Dishonesty""Academic Misconduct""Academic Offenses"等；在中文的语词中，也存在不同说法，比如学术失信、学术越轨、科研不端等。

方式展现出来。如近年来发生的贺海波学术抄袭剽窃案、李连生学术造假案、许永刚博士论文抄袭剽窃案等。学术不端产生的危害无疑是巨大的，不仅误导、欺骗公众的知识认知，毁损公众对学术共同体的信任；而且当它以国家资金项目作为支撑时，还会导致国家资源的无端浪费。为此，包括教育部、科技部、国家自然基金委等国家部门，以及诸多高校从学术规范教育、学术道德制度建设、学术不端查处等诸多方面展开治理。不过，就这些举措的实效性而言，其与人们的预期尚存一定距离。与此同时，学界针对学术不端内涵、成因、危害及调查、惩处等层面进行了研究，积累了一定的学术成果。① 应当说，已有的实践和研究是颇富积极意义的，给我们后续探讨带来诸多灵感和启示。但令人困惑的，并且也是值得进一步追问的是，在现有学术不端治理尤其是查处制度设置，以及与之有关的相当一部分研究当中，其究竟立基于何种逻辑前提？从西方国家的实践来看，其在学术不端查处上之所以取得良好效果，得益于制度背后所支撑的分权式权力结构以及科学的学术不端判断标准。在我国，是否具备与之类似的条件？如果没有，又表征出何种状态？此外，在进行制度设计中应关注和处置的核心问题为何？正是由于这些问题的悬置使既有的探索如画脂雕冰，难免流于肤浅。而这催生了本文的写作动机，亦是本文尝试回答和解决的关键所在。

（一）学术不端的概念及其相关比较

在学术研究中，当围绕某一命题展开论证，通常要对构成命题的语词进行范畴和概念的厘定，其意是要使论证形成共识性前提，达至"意义与所指"的统一。折映在关涉学术不端问题上亦莫能例外。从当下多数高校的制度规定以及一些学者的论述来看，所谓学术不端，是指科研人员违反学术共同体在长期的学术发展过程中形成的符合学术自身发展规律而制定的道德规范，比如抄袭

---

① 有关学术不端产生的成因、危害的论述，参见方玉东，方纪坤，张莉莉，陈越. 学术不端行为成因研究综述 [J]. 中国高校科技，2011，（11）：15 – 17. 方流芳. 学术剽窃和法律内外的对策 [J]. 中国法学. 2006，（5）：155 – 169. 何跃，袁楠. 学术腐败与学术不端的区别及其区分意义 [J]. 科技进步与对策. 2008，（3）：124 – 127. 李晓明，张长梅. 腐败概念的泛化与界定 [J]. 当代法学. 2008，（3）：52 – 57. 等。关于学术不端调查、惩处制度方面的研究，请参见郑真江. 学术不端行为处理制度研究——从国家科研资助管理的视角 [M]. 福建人民出版社. 2013：26. 柳华文，蒋熙辉，董兴佩，李勇. 刍议学术不端行为及其监督惩戒 [J]. 社会科学与管理评论. 2007，（3）：16 – 20.

剽窃、伪造、侵占他人学术成果等。① 此定义存在三个明显的特质：第一，学术不端侵害的客体是学术共同体业已形成并得到共同尊重和认可的学术道德规范；第二，行为人对于学术不端的发生通常是明知的，因此在主观形态上表现为故意或重大过失。第三，各高校制定的学术道德规范归属本校的规章制度范畴，因此，当某一行为构成学术不端，事实上亦违反了学校的相关纪律规定。另外，我国著作权法、专利法等法律对作品的抄袭剽窃等亦进行了规定，所以一些学术不端还可能同时构成对其他人知识产权合法权益的侵犯。饶有趣味的是，此规范性内涵，在具体实践中并未获得人们普遍性认同，甚至形成"制度意义"与"实践认知"背离的状态。究其原因，人们对学术不端的认知并不局限于规范的"意义波段"，往往将其与学术失范、科研伦理失范、学术腐败等语词互换使用。在此背景下，欲准确理解学术不端内涵，首先有必要对这些与之相近的语词做必要阐释和辨异。

1. 学术不端与学术失范

学术失范是相对学术规范而言，在一般意义上，既包括了在技术层面违反或因缺乏必要的知识而违背学术准则的行为，同时也涵盖了故意不遵守学术道德规范的行为。依此逻辑展开，现有多数高校对学术不端的界定自然亦属学术失范范围，但与学术失范显然是不等置的，更恰切地说，学术不端只是学术失范的一个子集。举个例子，在实践中，人们通常会将伪造文献、实验结果列为学术不端，而对文献引用出处注释不全、不准确，对实验结果的解释、判断错误等通常不归入其中。当然，这也不意味着后者即是符合学术规范，相反，仍属学术失范的范畴。为简便起见，我们将后者称为技术性学术失范。其次，与学术不端可能产生违法问题不同的是，现有的法律对技术性学术失范问题并不关及。概言之，在高校现有制度安排下，学术不端虽被认为是学术失范范畴，但仅属其中部分类型即违反学术道德行为。以学术失范来指称学术不端忽视了学术失范的复杂性，存在恣意夸大学术不端范围之嫌。

2. 学术不端与科研伦理失范

如果说学术失范侧重阐释学术行为和学术活动形式性问题的话，那么，它

---

① 比如《北京大学教师学术道德规范》《清华大学学术不端行为的处理办法》《北京师范大学处理学术不端行为实施细则》《浙江大学学术道德行为规范及管理办法》，等等，皆从学术道德规范角度界定学术不端含义。另外，在教育部社会科学委员会学风建设委员会、科学技术委员会学风建设委员会分别编写的《高等学校人文社会科学学术规范指南》（2009 年）《高等学校科学技术学术规范指南》（2010 年）中对学术不端亦采取此规定。

通常无关乎这些行为和活动内容的本身和价值取向。实质上，它涉及的科研伦理面向，在西方国家语境下，通常又被称为科技伦理（Technology Ethics）。① 囿于对科学研究与社会发展两者关系的褊狭性理解，国内有学者曾将它等同于学术道德规范或学术伦理等。② 近些年来，随着对科学研究意义、本质认识的加深，以及对西方国家关于科技伦理理论的了解，人们逐步体悟到科研伦理所包含的特定内容。结合现有研究，科研伦理通常被理解为调整科研人员与合作者、受试者与生态环境之间关系的伦理规范和行为准则。违反之，就构成科研伦理失范。例如为人们熟知的科研中对人身的伤害、生态危险，泄露个人或群体可识别的信息、侵犯隐私权、利益分配不公等现象即是典例。应注意的是，因这些现象同时亦为民法中的侵权法、合同法等法律所规定，故而，科研伦理失范与侵权或违约等问题往往会一同呈现。③

3. 学术不端与学术腐败

从社会学角度观之，腐败通常意味着行为主体运用公共权力谋取非法利益。在多数人直观性的认知中，腐败往往会与权力、金钱等有着割不断的联系，很少会将它与学术研究挂钩。"因为一般人眼中的'大学教授'，知书达理清高廉洁，其人格与操守应当成为整个社会的楷模。"④ 然而，一个不争的事实是，目前高校在管理体制上的行政化倾向，形成了"行政与学术不分，权力与学术相结合"⑤ 的结构化状态；加之在学术评价上又采取指标化、计量化方式及激励机制，一些科研人员为获取职称、职位、项目、奖励、荣誉等，不遗余力地诉诸各种资源、渠道、关系自然也就不难理解。而一旦这些行为出现极端化，权钱交易、以权谋私、权色交易这些看似只有官场才有的现象便呈现在学术研究

---

① 科技伦理仅仅基于科技角度，难以涵盖所有学科，故我们认为，用科研伦理来称谓较为妥当。

② 详见罗志敏. "学术伦理" 诠释 [J]. 现代大学教育. 2012，（2）：7 - 13. 罗志敏. 是"学术失范"还是"学术伦理失范"——大学学术治理的困惑与启示 [J]. 现代大学教育. 2010，（5）：6 - 10.

③ 当然，一些高校对科研伦理失范进行了专门规定，故而，假如一行为构成了科研伦理失范则，那么，它同时也就违反了学校的规章纪律制度。如《上海交通大学学术道德行为规范（试行）》（2006 年）第 15 条规定，遵守科学伦理道德，凡涉及人类和动物为对象的实验，均应严格执行相关规定，对于可能造成重大社会或生态环境影响的应用研究，须进行科学和伦理两方面的论证。

④ 陈平原. 学术随感录 [M]. 郑州：河南大学出版社，2006：21.

⑤ 有关行政与学术、行政权力与学术权力之间关系的论述，请参见李子江. 学术自由：大学之魂 [M]. 北京：中国社会科学出版社，2012：79 - 181.

和学术活动中,"学术腐败"这一词组也就孕育而生。①

比较学术不端、技术性学术失范、学术伦理失范、学术腐败,可以发现,相互间在行为主体、表现、主观认知、危害后果等诸多方面都存在不尽相同。具体如下表6-1所示:

表6-1 学术不端、技术性学术失范、科研伦理失范、学术腐败相互间的区别

	学术不端	技术性学术失范	科研伦理失范	学术腐败
涉及主体	研究人员	研究人员	研究人员、合作者、受试者等	有学术权力或科研管理权力的研究人员、其他人员
客体对象	学术规范中的道德规范	学术规范中技术性规则	他人的合法权益、国家集体利益等	公平有序的科研管理秩序
主观认知	故意、重大过失	无知、过失	故意、过失	故意
行为表现	抄袭剽窃、篡改数据等具体类型	具有宽泛性,如数据核实不足、文献引用出处注释不全、不准确,对实验结果的解释、判断错误	泄露个人或群体可识别的信息、侵犯隐私权、利益分配不公	权钱交易、权权交易等等
行为性质	违反学校纪律、违反著作权法、专利法等	合法、违反规则	违反学校纪律、违反合同法、侵权法等	违反学校纪律、违反刑法
后果承担	学校纪律、行政处分,民事侵权、刑事责任	存在争议	学校纪律处分、民事侵权等	学校纪律处分、行政处分,刑事责任

---

① 值得特别注意的是,在当下的学术体制环境下,还存现另一种所谓"纯粹学术权力腐败"情形,即学术权力行使者利用自己的学术地位、身份侵占剥夺他人的学术资源,对学术批评者进行压制、打击或报复。尽管纯粹学术权力腐败产生的危害不可忽视,但它并非是目前学术腐败中突出的部分。首先,它只属于小部分人所为,与行政权力胶合下产生学术腐败的普遍性不可同日而语;其次,实施该行为更多的与研究者本人的道德品格、人身修为密切相关。

诚然，上述四者之间存在差异，然而相互间也可能发生"行为竞合"。限于论题，在此仅探讨学术不端与其他问题之间的竞合。在学术不端与学术腐败的竞合方面，譬如某高校教师在项目申报中，伪造了前期部分科研成果，为使该申请书能通过评审，实施了权钱交易、权色交易等行为。在此过程中，行为人便是实施学术不端在前，学术腐败在后。在学术不端与科研伦理失范竞合方面，如某高校一研究机构的研究人员在一项研究成果中，泄露了受试者的隐私，同时，又对成果中的数据进行篡改。在该案中，行为人即同时存在学术伦理失范与学术不端。再有，假设行为人实施了前述行为，并且通过行贿某期刊编辑发表了该成果，那么行为人事实上就同时构成了学术不端、学术伦理失范与学术腐败。

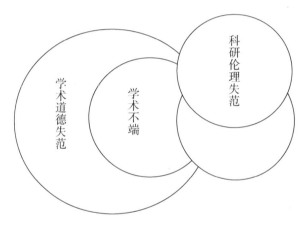

图 6 -1　学术不端、学术道德失范、科研伦理失范、学术腐败之间的关联

（二）高校查处学术不端的外在困境

从概念和范畴上阐释内涵对解决学术不端问题无疑具有重要的认知功能。然查处学术不端本身作为一种实践活动，在具体运作中，必然关涉高校查处权力结构安排。而权力结构设置的合理与否直接关系查处行动的实效。立基于西方国家的制度设置及实践，所谓合理权力架构实质就是有效的权力分工与合作，即在查处学术不端中涉及的事实调查权、结果评判权及行政权（主要是行政处

置权）之间有一个较为妥善的权力结构安排或者说"分权式权力结构"①。其意义在于，通过权力分立，使权力间的运作可能出现的恣意形成整体性控制，继而使学术权、行政权角色获得准确定位，最终从根本上保护涉案当事人（如学术不端行为人、举报人等）以及学术共同体的合法权益。反观当下我国高校，尽管高校普遍地从规范上明确学术不端的调查权、评判权与行政权之权限，由此形成表象上颇似西方国家的"分权式权力结构"，但饶有趣味的是，这种规范与事实之间往往呈现出一种"游离"的情境。其中原因，在我国存在的是"叠权式权力结构"即三个权力间并非如规范上所要求的"泾渭分明"，而是表征出一种"重叠"的状态。

1. 事实调查权与结果评判权的糅合

事实调查与结果评判是学术不端查处过程中必不可少的两个过程。前者根据已受理的案件材料进行核查，通过询问、现场调查等方式，在充分尊重和保护当事人权利的前提下，查清涉案事实的真实性及证据的有效性；后者在前者基础上做出最终评判并提出处置建议。从西方国家规制学术不端的实践来看，之所以要将两个过程隔离，对应不同权力，其意义就是要竭力克服学术不端判定中的先入为主以及由此形成的偏见，使之符合自然公正的原则。然在当下，我国高校呈现出的是迥然不同的情形。根据教育部《高等学校学术委员会规程》以及我国诸多高校有关学术不端查处制度规定，学术不端的调查和评判是由学术委员会进行。这就是说，在查处学术不端案件中，学术委员会实际上兼具"双重角色"，既是案件调查者，行使着事实调查权，同时又参与基于事实的评判，行使着结果评判权。② 这就好比一名法官既负责案件的侦查起诉，又负责最终的裁判。纠问式审判必然渗透着裁判者个人的主观臆断，受制于先入为主

---

① 比如美国纽约大学制定的《防范学术不端行为政策》（Institute Policy on Academic Dishonesty），规定查处过程包括了询问、预审、正式调查、惩戒、上诉等；麻省理工学院在《研究与治学领域学术不端行为处理程序》中对学术不端处理包括了五个步骤：报告学术不端、质询、调查、调查报告、采取措施，等等。此外，美国公共卫生署（PHS）制定的关于处理由其资助的生物医学和行为研究或研究培训中的科研不端行为举报的调查处理程序，其中的过程包括：接受举报；对举报进行初步评估；进行初步核查以及正式调查；有关机构作出决定；科研诚信办公室（ORI）进行审核；PHS作出决定；被举报者可选择请行政法法官举行听证会；当发现存在不端行为时，执行由PHS作出的行政处罚。

② 尽管一些高校成立了学术道德委员会，负责学术不端的调查，然由于其是作为学术委员会的执行机构决定了职责上的派生性，加之人员上的同构性，使得自身的独立性受到限制。

的价值偏好，既不利于当事人的权益保护，亦影响审判的公正性。① 返回至学术不端查处中，由于事实调查权与结果评判权的并融，对学术不端的认定便成了某些人的独角戏；更重要的是，它使被调查者在两个过程中分别享有的陈述、申辩及质证等权利虚置，只具形式意义，最终践踏了查处实践中所蕴含的程序正义。

2. 结果评判权与行政权的合一

学术权与行政权是构筑现代大学必不可少的两大权力支柱。一般意义来讲，学术权主要是高校专家学者管理控制有关学术事务的权力②，而行政权体现的是对非关涉学术性事务（如课程安排、科研项目招投标等）的管理和行动，目的是服务于学术权能运作，保障高校良善运作的效率和秩序。从这个层面上，学术权与行政权是并行不悖、缺一不可的。但是，由于受计划经济时代思维的影响，我国现有高校教育体制中的行政化取向挥之不去，行政权主导下的大学治理模式一直未得到根本改变。③ 在此格局之下，学术权应有的独立意义难以凸现出来，学术权为行政权绑架的情形亦比比皆是。行政权力除了主导高校内部的行政事务，还干涉诸多学术问题，例如学术评价、人才引进、学科设置等，几乎完全控制了学术活动。④ 这可以从当前高校学术委员会与校长/校务会议人员构成上的重合得到印证。根据当前多数高校的规章制度，高校校长兼任学术委员会主任，学术委员会的成员包括副校长、校长办公室主任、部分的中层领导如院长、系主任，仅有部分是不担任行政职务的教授。⑤ 而作为学校决策机构或者说最高行政权力的校长会议，是由校长或校长委托的副校长主持，副校长、校长办公室主任参加；可根据需要，邀请党委其他成员参加，有关部门负

① ［英］萨达卡特·卡德里. 审判为什么不公正 ［M］. 杨雄，译. 北京：新星出版社，2014：63.

② 吴坚. 高等管理中学术权力与行政权力的协调 ［J］. 高等教育研究，2005，（8）：33 - 37.

③ 对于此观点的详细论述，详见张维迎. 大学的逻辑 ［M］. 北京：北京大学出版社. 2012：53 - 55.

④ 蒋寅. 治理学术腐败和学术不端行为的思路与对策 ［J］. 社会科学论坛. 2009，（9）：30 - 63.

⑤ 顾海兵. 中国学术管理制度的问题与改革 ［J］. 社会科学论坛. 2002，（2）：35 - 48. 虽然教育部 2014 年颁布的《高等学校学术委员会规程》对学术委员会的构成进行了比例设置，但并未根本改变学术委员会与校长/校务会议在人员组成上的重合问题。如第六条规定，学术委员会人数应当与学校的学科、专业设置相匹配，并为不低于 15 人的单数。其中，担任学校及职能部门党政领导职务的委员，不超过委员总人数的 1/4；不担任党政领导职务及院系主要负责人的专任教授，不少于委员总人数的 1/2。

责人可根据需要列席会议。从中可看出，在校长会议与学术委员会两个机构中，有相当一部分人兼具双重身份。由此展开，在涉及学术性事务上，行使的究竟是学术权还是行政权往往难以辨别；更甚者，两者有时就是以合一化的形式呈现的。我国高校实行党委领导下的校长负责制，在党委会的全面领导、书记的直接干预、行政的全面管理、以校长为首的行政力量的直接管理下，学术委员会从主任到委员是不可能真正履行职责的。① 反映在学术不端的查处中，由于学术委员会的学术权与以校长/校务会议为核心的行政权的交融合一，致使对学术不端的结果判断与行政处置（行政权在其中的具体运用）两者间的界限被模糊。更严重的是，当行政权力欲有意维护某一学术不端行为人时，学术委员会对结果的评判必将成为一纸空文，最终导致学术不端的查处陷入一种"事实——举报——包庇——劝阻"的恶性循环。② 近年来，一些重点高校颁布了《章程》，在学术权与行政权制衡上有所体现，但是否有实质性的改变，还有待于时间和实践的检验。

3. 事实调查权与行政权的混淆

如上文所述，在查处学术不端实践中，由于组织结构的高度同构性，导致学术委员会的结果评判权与以校长/校务会议为核心的行政权相混合，加之高校在制度上未厘清学术委员会在结果评判和事实调查上的界限，行政权干预事实调查活动的可能便成为逻辑上的必然。从另一方面来看，发生学术不端对于任何高校而言都是不光彩的，尤其是当它为媒体和公众所关注，成为社会焦点时更是如此。为迅速扭转因学术不端而导致的社会舆论给高校产生的负面影响，高校往往会采取督促甚至直接介入的方式，短时期完成事实调查。此做法无非是希冀通过快刀斩乱麻的形式查清案件事实并迅速加以惩处，以在社会中重塑良好形象。然而，由此滋生的弊端亦不可忽视。首先，一些行为是否属于学术不端学术界并无定论，比如学术论文一稿多投问题；而一些复杂的学术不端（如实验数据不实、造假）往往需要长时间的调查讨论才能得出结论。如果仅着重于行政效率的向度，而省却了学术不端认定中应有的学术维度考量，学术不端查处中的调查制度设置的初衷必将难以彰显。其次，最为严重的是，允许行政权介入调查程序，就可能为行政权滥权打开方便之门。例如，为包庇某涉案人员，维护学校的名誉、声望等特定利益，行政权力往往会通过各种渠道阻碍事实调查的正常进行，以掩盖某种事实真相。在此背景下，所谓事实调查就可

---

① 别敦荣. 把学术委员会落到实处 [J]. 高教发展动态（高教信息第 9 期）. 2014.

② 郝孟佳. 李连生事件揭露历时 4 年，校领导曾说"放他条生路" [N]. 南方日报. 2011. 02. 12.

能蜕化为以合法的形式包藏非法行为的工具，不仅不利于学术不端的查处，反而还会成为滋生学术不端的温床。

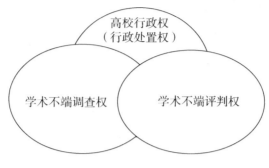

图6-2　三权力间的重叠图

（三）高校查处学术不端的内在困境

学术不端查处实践中的一个关键环节是对举报事实是否属于学术不端范畴进行判断。如果说权力结构的妥当性是从外部论述学术不端查处，关系着查处实践公平公正的话，那么从规范意义来识别学术不端则是基于内部视角的展开，勾连着认知的真确性和科学性，并且在某种程度上，内部视角的认知决定着外部视角的顺利实现。从这个意义上讲，势必需要一套统一化的学术不端判断标准，以此来保证认知的准确性。然而，这在当下我国显然是缺失的，不仅如此，判定上多重模式的存在亦使认知准确性困境雪上加霜。综合当下我国高校的查处实践经验来看，在学术不端的判定上，主要存在三种模式。

1. 专家判断模式

在本质上，学术不端关乎学术研究和学术活动事宜，自然应由学术共同体来决断。由此也就不难理解，在查处学术不端过程中特别是在评判阶段，一些高校学术委员会通常会委托或授权同行专家进行评判，并在此基础上做出最后评判的原因。① 此模式的积极意义在于：首先是反映和体现了对学术权的尊重。随着学术研究向纵深推进，学科之间知识壁垒日趋凸显，形成了"隔学科如隔山"的状态。应此情形，对学科知识领域的判断由同行特别是小同行专家进行，既依循了学术发展规律，就学术不端而言，亦利于事实的准确推断。再有，由专家学者判断，其涉及的方面是多维的，可以是思想观点、研究方法，也可以

---

① 根据我们的调研，目前多数高校如北京大学、清华大学、中国人民大学、北京师范大学、浙江大学、复旦大学等都采取了这一做法。

是逻辑结构、注释引用等，如此可做到较为全面掌握所涉事实。不过需注意的是，采取此模式应明晰以下几个方面的前提和后果。第一，适用此模式必须有一个前提性条件，那就是在学术共同体内部已然形成对学术不端认定的共识性基准。第二，在共识性标准未予达成背景下，对同一行为的判定就可能产生"仁者见仁，智者见智"的格局，甚至还会得出截然相反的结论。比如不同学科之间的认识分歧，以抄袭剽窃的识别为例，知识产权法学者普遍坚持"保护作品形式"判定标准，但社会学、哲学等学科学者则主张"形式与内容并重"标准。即使在同一学科内部也容易产生认知差异，其原因是不同高校在学术不端类型化的制度安排不尽相同。第三，因缺乏共识性判准供评判人员参考，在实践中，只能通过个人的经验、认知，如此一来，判断者自身的主观价值选择、观点偏好势必会参杂其中，从而做出有失偏颇的判断，这也恰恰是事实判定中最为忌讳和最应避免的。第四，由于欠缺共识性标准产生的辐射指引，导致面对新的行为事实时，专家学者往往会举手无措、应对不足。如科研项目申报中，课题组成员各自利用同一申报书申报不同级别项目是否属于学术不端？对此，学者众说纷纭，看法不一。

2. 计算机审查模式

为应对共识性判准的缺失，摒除评判者的主观偏好，消除不同学科间认知差异等问题，一些论文数据机构发明了"学术不端检测系统"。[1] 简单地说，这一系统就是利用计算机技术，将被检测文献与该机构数据库中的文献进行文本比较，标示出重复部分并计算出重复率。诚然，较之专家型判断模式，此模式更为便捷、高效和客观，因而被我国绝大多数高校广泛采纳和运用，有学者甚至称其为学术审稿的"第三只眼睛"。[2] 但是，当我们享受其所带来的便利时，不应忽视这种机械化判定的内在纰漏。首先，由于检测系统主要针对文字、字母、数字的各种排列组合进行外观对比，相同或近似，固然可轻松识别，但如果对段落结构进行改写，检测系统则无能为力，更遑论对思想、观点、方法剽窃的评判。在这个意义上，所谓"学术不端检测系统"实际只是一种"查重"软件，根本无法对研究者及学术共同体在学术知识上进行真确性的推断。其次，检测系统的运作必须基于自身携带的数据库，而数据库所含数据不可能面面俱到，常常由于年限、语种等原因，无法将所有数据资料收录到数据库中，造成

---

[1] 国外的如由 iParadigms 公司研发 Turnitin，由 CrossRef 与 iParadigms 共同开发 CrossCheck 等都是反抄袭剽窃软件系统；国内的如清华同方知网、万方、维普数据公司等开发的论文检测系统亦同属此系列。

[2] 张月红. 透过几种现象看学术不端 [N]. 科学时报. 2009.05.07.

检测漏洞。最后，检测系统可能会出现误判。由于系统的识别不具备人工智能，无法区分合理引用与抄袭的界限，在检测过程中会因方式僵化，而导致检测错误的情况。① 这些问题使计算机审查模式在得到人们青睐的同时，又为人们所诟病。

3. 复合型判定模式

显然，前两种模式都存在明显的缺憾，故在实践中，一些学者主张，是否有可能采取一种综合的方式——同时运用检测系统和专家学者鉴定两种手段，以保障结果的公正性与妥当性。② 笔者将其称为复合判定模式。从逻辑上分析，较之前两种模式，这种判定模式有较为突出的优势。针对涉嫌学术不端事实，先借助检测系统的检查，再由专家学者鉴定，由此做出的评判，既最大程度地限制了专家判断型模式下因判准不统一而产生的判断的恣意性，也解决了查重模式下机械化判定而带来的僵化难题。但同前两种模式一样，该模式自身仍存在独有的尴尬，其一，在判定学术不端事实中，设若检测系统与学者专家的认定是同一的，那么，在此基础上进行判定，其说服力自然是"强"的。不过，问题是若两者出现了不一致且坚持后者的主导地位，那么，复合判定实质上即是专家判断。其二，同时采用两种判定手段，其所需的资源和时间成本则必然成倍上涨。当要处理的案件数量较多时，便会出现资源短缺，供不应求的现状，进而形成一些大案或敏感性案件会先行处理，而不为人关注的案件则可能被搁置，最终导致整个判定工作陷入无序状态。

（四）学术不端查处制度的改造与重塑

在叠权式权力结构下，学术不端的事实调查权、结果评判权及行政权三者互为缠结和融合，查处实践应具有的公正性逐步被内耗所消解，不仅直接或间接地影响了案件当事人尤其是被举报人的合法权益的保护，而且也破坏了学术共同体的社会声誉，极大地降低了学术人对共同体的依存感和认同感，毁损了公众对学术研究及其社会担当的信任。③ 而在判定学术不端过程中，无论专家判断型模式，抑或是计算机审查、复合判定模式，其遭遇的难题，根源都在于缺乏一套科学的和具有可操作性的认知标准的导引，使判断处于不确定状态，

---

① 李丹. 学术不端检测系统的理性使用 [J]. 学术界. 2012，(12)：129 – 133.

② 关于学术不端应采取何种判断模式，我们曾专门举行了研讨会。此观点来自北京大学、清华大学、中国人民大学、浙江大学、复旦大学等高校的一些专家学者的建议和主张。

③ 参见 [美] 唐纳德·肯尼迪. 学术责任 [M]. 阎凤桥，等译. 北京：新华出版社，2002：21 – 25.

进而陷入恣意的泥淖，其权威性受到极大挑战。这两方面的结合，便构筑了当下学术不端查处制度的双重困境。面对此双重困境，我们究竟该如何克服，基于何种逻辑展开？

已有的治理经验告诉我们，简单的制度移植如照搬美国的做法固然能提高解决问题的效率，但不可避免的会带来制度运作"异化"和"畸形发展"的难题；① 而另起炉灶的制度构建必然要付出高昂的成本，况且其能否解决当下的难题尚未可知。② 因此，最为稳妥的方法，当是在功能性地借鉴国外制度经验基础上，对既有制度进行必要的改造和重塑，如此，既可契合制度的实践合理性，又可使自身的合法性问题获得解决。具体而言就是，针对学术不端查处的制度前提，以正当程序的规范性要求改造既有的权力架构，使三大权力间分工合作、相得益彰；而对学术不端的判定，则依据学术权与行政权分离原则，经由学术共同体制定统一化的判准，导引人们的认知。

1. 叠权式权力结构的分解与重塑

尽管在查处学术不端问题上，包括美国、德国等国家在制度设置上不尽相同，但在事实调查、结果评判、行政处置三大权力上采行"分权式权力结构"已成基本共识，而这背后所蕴含的则是正当程序的规范性要求和意义。简言之，就是通过权力的分立实现查处权力的制衡，保障当事人权利，最终呵护学术共同体的利益。从这个角度解析教育部于 2016 年 6 月份颁布的《高等学校预防与处理学术不端行为办法》（以下简称《办法》）在查处程序上分为"受理与调查""认定""处理""复核"及"监督"的制度设计在一定程度上体现了此规范性要求，值得肯定。③ 需注意的是，《办法》对三大权力制度设置的意义及蕴含究竟为何仍未明确。鉴于此，本文尝试进行论述，即通过对"叠权式权力结构"进行分化，准确定位三大权力之角色。

（1）具备独立意义的事实调查

如同法官裁断法律案件应先明晰案件事实一样，对学术不端行为的查处亦需对相应事实予以透彻洞察、客观把握，如此方能做到准确判断。欲达此目标，对事实展开详实的调查必不可免。然如前所述，在当下我国高校的制度语境下，

① 关于法律移植的不良后果，参见苏力. 法治及其本土资源［M］. 北京：中国政法大学出版社，2004.

② 黄金兰. 法律移植研究：法律文化的视角［M］. 济南：山东人民出版社，2010：235－237.

③ 《〈高等学校预防与处理学术不端行为办法〉征求意见公告》详见教育部官网发布的。由于《高等学校学术委员会规程》已对学术委员会的职责与权限（包含学术不端的结果评判）进行了界定，《办法》未再涉及。

由于学术不端查处中的事实调查权或被结果评判权并融，或为行政权替代，致使其在三权中的地位模糊不清，成为可有可无的角色。要改变这一状态，需还原事实调查权应有的独立地位。唯有如此，在学术不端查处中，学术委员会所担当的"既当运动员，又当裁判员"的格局方能打破。通过角色分化，调查组织依据既定调查规则专司事实查证；而作为学术评判机构的学术委员会根据前者做出判定，各自履行职责，发挥应有的功用。诚然，强调事实调查的独立性，其目的是希冀通过权力的独立化运作以获取客观和真切的事实信息。为此，仍需关注三个方面的内容。

①调查组织的中立性。对学术不端事实调查是否客观取决于调查组织是否具备中立性。目前，一些高校在调查组织的设置上，通常只关注到人员数量及身份，比如明确调查人员是三人还是五人，同行专家所占的比例等，而对参与调查人员如何保持中立者的角色，如何遵循回避原则等问题往往未予关注，在实践中甚至出现有裙带关系的人员参与案件调查的现象。① 在此情形下，事实调查的客观性问题就不能不让人担忧。对此，美、德等国的做法值得借鉴。在美国的高校，当涉嫌学术不端行为人是学校较有名气的学者时，就可选择委托调查或第三方调查的方式进行调查。德国虽然更强调科研机构和高校的自我管理，但仍然注重对学术不端行为的独立调查，比如在德国的马普学会，其学术不端调查委员会在组成上，常务主席和副主任都不能是马普学会成员，而由马普学会评议会挑选，任期三年，可连任。调查委员会可以选择没有投票权的专家担任顾问，这些专家应是来自相关科学领域以及擅长处理此类案例的专家。② 这种做法的用意显而易见，就是要使调查过程少受外界因素的干扰，保证事实的客观性。

②保障当事人的权利。判定学术不端对一个学者的学术影响至为深远，有时甚至决定了学者的学术生命。因而，在调查中，除了认真仔细、客观地收集涉案证据外，还需特别注重保护当事人的权利。首先是案件受理知情权。受理调查机构当收到举报材料，做出受理决定时（而不是进入正式调查），就应及时

---

① 从教育部社科类、科技类学风委学风办公室近五年来收到的举报情况来看，有近30%举报的诉求与此有关。

② 德国马普学会，全称为马克斯·普朗克科学促进学会（International Max Planck Research School），是德国一所官方科学研究机构。总部设于德国慕尼黑。建于1911年。原名德国威廉皇家学会，1948年为纪念德国物理学家、量子论创立者M·普朗克而改现名。该学会为独立的、非营利的学术机构。经费主要由德国联邦和州政府提供。马普学会虽然为一所研究机构，但其建制与中国高校颇为类似，因此，其关于学术不端查处机制的设置值得借鉴。

通知当事人特别是被举报者，保证其有足够时间进行答辩；同时，还应告知在调查过程中享有的权利以及如何行使权利。其次，陈述申辩权。在调查取证过程中，当事人对举报证据材料及经调查获得的事实信息，有权进行陈述和申辩，调查机构对此应认真听取，并解答当事人针对案件事实提出的疑问。最后，调查结论异议权。对于调查结论，应允许当事人提出异议，提供新证据进行质证和反证。充分保障当事人权利，既是出于对学者人格的尊重，亦是正当程序的应有之意，以避免偏听偏信。从现有的实践经验来看，在一些涉及学术不端"灰色性领域"如观点和方法抄袭剽窃案件上，充分听取当事人的辩解，对事实的洞悉和掌握就更具实质意义。

③事实结论的客观性。在查处实践中经常发现这样一种现象，一些高校学术不端调查机构在查证事实后，往往会做出实质性的结论或者说对是否构成学术不端做出定论。这种看似符合逻辑的做法，实则已僭越权限。的确，在事实调查过程中，调查者不可避免的要对事实证据的相关性做出评判，从而摄入调查者自身的主观因素，不过，应注意的是，这种评判首先应建立在不背离调查程序的基本目标——对事实信息的确证与客观掌握。在这个意义上，事实结论的客观性既是事实调查权的本旨，同时也构成对其权力限制的一个基本原则。具体而言，调查机构在形成事实结论时需遵循两个规则：首先是证据规则。事实结论的内容紧紧围绕"事实—证据"中心主题展开，着力分析证据的真确性、有效性，判断各种证据的证明力的强与弱，论证证据与涉嫌事实的关联性。正是在这个意义上，有学者认为，事实调查实质上相当于学术不端的"初次判定"。① 其次，有限事实规则。在一般情形下，事实结论之"事实"应限定于举报事实的范围，不宜对其作过度的解读和阐释；并且结论是要对举报事实做出正面和直接的回应，而非模棱两可，顾左右言其他。

（2）结果评判的去行政化

根据《高等学校学术委员会规程》的规定，对学术不端的判断属高校学术委员会的职责。如果说截断事实调查权与结果评判权之间的"脐带"，是为了解决学术委员会在查处学术不端中功能错位问题的话，那么，恰切界定其与行政权的关系或者说去行政化，则是回归权力本相即学术判断的一个重要体现。要做到这一点，在结果评判权的制度安排上，应围绕以下三个属性展开。

第一，专属性。结果评判权运作是对事实"是"与"非"的决断，所要呵

---

① Anne Victoria Neale, Justin Northrup, Rhonda Dailey, Ellen Marks & Judith Abrams, Correction and Use of Biomedical Literature Affected by Scientific Misconduct, *Science and Engineering Ethics*, Vol. 13, Iss. 1, 2007, p. 18.

护的是学术自身的纯洁、尊严，以及学术共同体对真善美的追求。从权力的属性来分析，以校长/校务会议为中心的高校行政权是一种管理权力，是按照"科层制"来建制的，其运作突出依规则行事及对等级的服从。就学术不端而言，一般来讲，其发生在专门学科研究领域，对它的判断有赖于学术（学科）同行的专业知识和学术水平，而非对科层制的等级服从。学术人员对学术知识的"垄断"而形成的专业判断是学术权力的基石。[1] 紧接着的问题是，如何排拒行政权对结果评判权干涉？此涉及学术委员会的人员构成和权力分配问题。在人员构成方面，既然学术委员会处置的是关涉学术性的事务，那么其成员自然就应当是学校的学术人（包括教授、副教授、讲师等），以此来保持内部成员的高度学术性。此处的问题是，这是否意味着学术委员会就应当拒绝接纳非学术人员或者说行政管理人员？在我们看来，由于在主体、客体、运作方式以及价值追求等方面，行政权与学术权都存在较大差异，两者思考和处置事务的维度并不相同。[2] 基于此，在学术事务上，尽量排除行政管理人员的介入，既利于学术权应有功能的发挥，同时亦可使行政权获得准确的定位。在学术不端查处中，去行政化的结果评判带来的一个显著功用就是有利于学术判断的准确性。对学术不端结果的判定，从认识论角度来看，实质上就是人们对事务的理解，属于人们思维认知的范畴，而人们的认知只存在真伪、正确与错误之别，并不存在权力的高低、身份的悬殊。因而，对学术不端的结果判断上，应秉持学术委员会内部各成员权力均等的原则，摒弃以职称、职位高低进行等级化区分。无论是行政权力还是学术权力，都不能集中于少数人手中，权力越分散，越能制约少数人的不公正行为，当权力由所有人行使时，则没有必要也没有可能私用。[3]

第二，自主性。将结果评判权归属学术委员会是否就意味着学术委员会的学术判断是公正和准确的？显然不是。专业分工的精细化，带来的是学科间知识沟壑的加深，形成学科知识的屏障，进而导致相互对话的困难。这同样存在学术不端的判定中。尽管学术不端的分类可以在一定程度上规范化，不过，在不同学科领域表现却是千差万别的，这就需学术同行发挥作用。所谓学术同行，即具有相同或相近学科背景、学识，对该学科领域问题有着共通性的知识和认知所形成的学术人群体。来自不同学科（自然科学与人文社科）多元化的学校学术委员会显然不可能具备这样的特性，因而，若执意由其对某一具体学科的

① 寇东亮. 学术权力：中国语义、价值根据与实现路径［J］. 高等教育研究，2006，(12)：16-21.
② 李子江. 学术自由：大学之魂［M］. 北京：中国社会科学出版社，2012：170-184.
③ 顾海兵. 中国学术管理制度的问题与改革［J］. 社会科学论坛，2002，(2)：35-48.

学术不端进行判断，则可能导致"外行人做内行事"的尴尬。为此，一些高校的学术委员会采取了职能下放策略，即授权至院（系）的学术委员会，由院系的同行进行评判，校学术委员会负责审查和监督。这样的做法，虽回避了因学科间知识鸿沟带来的判断偏差和错误，但也引发了另一个棘手问题——同行的回避问题。要解决此难题，欧洲一些国家的做法颇值得玩味。如德国马普学会的学术不端审查机构是由来自不同单位的同行教授、专家学者组成，对非本单位的学者设置一定的比例；法、英等国亦有类似的制度设置。[①] 这样的技术性制度设置在很大程度克服了本单位可能偏袒的嫌疑，使判断更为公正、客观；同时也克服了完全交由外部专家认定而导致本单位学术委员会职能被虚置的弊病。在判断学术不端的方式上，还应避免以讨论的方式进行评判。须知，对学术不端结果的判定，从认识论角度来看，是学者专家个体基于自身的学识和学术品格做出的，其本质就是学者对学术研究问题的理解。对学术认识的判断不应受外来的干涉和影响，否则，其真与伪、正确与错误的区别将荡然无存。[②]是故，在进行判定时，判断者应独自进行，杜绝一切外来议论和意见的侵袭滋扰。

第三，权威性。若从最终目标来看，专属性与自主性指向的是塑造判断结论的公正性。在现有制度规范架构下，学术委员会是拥有学术不端结果认定的唯一学术权力机构，所谓公正性事实上就是权威性。既然学术委员会的决定是权威性的，那么，非有其他充足的理由是不可更改的，特别是行政权力不得基于效果及学校利益的考虑而加以干涉。诚然，有时由于事实调查的偏差或错误，使判断者难免做出不准确的判定，从而启动复核程序。不过，此并不能成为外在因素介入和影响权威性的理由。因为这是基于正当程序的要求而进行的，且是在学术权自治范围内的自我矫正，进言之，这是人们现有认知对既有判断的修正，其目的是为达致准确性，并不影响学术判断自身的权威性。从国外的经验来看，在查处制度上往往会为当事人提起重新审查设置苛刻条件，如新的证据足以证明已有判断是错误的、调查和认定程序中出现行贿受贿等，[③] 恰也说明了这个道理。此外，尊重判断的权威性还是"学术遵从"原则的具体执行。

---

① Redman, B. K. and Merz, J. F., Evaluating The Oversight of Scientific Misconduct. *Accountability in Research – Policies and Quality Assurance.* Vol. 12, Iss. 12, 2005, p. 160.

② J. Knight, Scientific Misconduct: The Rights of the Accused. *Issues in Science & Technology*, Vol. 8, Iss. 1, 1991, p. 28.

③ L Keranen, Assessing The Seriousness of Research Misconduct: Considerations For Sanction Assignment. *Accountability in Research – Policies and Quality Assurance.* Vol. 13, Iss. 2, 2006, p. 191.

所谓学术遵从原则，源于美国司法在学术问题上对于专业意见的遵从，即法院在裁判以高等教育机构为主体的案件中，需尽量避免干涉依赖学术专业知识与教学经验而做出的高校决议，其中包括教师聘用、晋升与终身教职资质评定、学生的录取与评定等；在法院看来，诸如此类问题，法官的判断并不具有优势，相反，大学的专业性判断更具合理性。① 这一原则早期是为处置司法审判与大学自治问题的关系而提出的，经由后期的发展，亦被渗透至大学内部治理中去。比如在对待学术权与行政权关系问题上，行政权通常要尊重学术权的专业认知，避免以自己的决议取代基于专业知识的学术判断。据此，在查处学术不端的问题上，行政权不介入学术不端的结果判定，实质上就是遵循学术遵从原则的具体体现。

（3）返回执行与监督层面上的行政权

将行政权从事实调查和结果评判中剥离出来，旨在使学术不端的调查和评判更为专业、客观，在此基础上，对学术不端行为人的行政处置方能更为公正和更有说服力。那么，行政权应该如何定位？在我们看来，应将其界定为执行和程序监督的意义较为妥当。理由是：一方面，欲使在事实调查基础上做出结果评判产生约束力，需凭靠评判决定被有效执行，在这方面，唯行政权堪当此任。另一方面，在实践运作中，事实调查与结果评判程序都不可避免地存在无法借由程序自身加以矫正和克服的局限性，而依凭行政权的程序监督则能在很大程度上弥补这些缺陷。此外，将行政权固着于执行与程序监督意义上，方可厘清其与事实调查权、结果评判权之间互为胶合的混沌状态，还原各自应有的权力属性及功能。

首先，尊重并执行已形成的关于学术不端的结果判定。查处学术不端是高校的一项基本职能。要恰切履行此职能，保障当事人合法权益，维护学术共同体利益，除却调查与评判本身的规范化运作，还赖于行政权对关涉学术不端认定的尊重及严格执行。具体而言，其至少包括三个方面内容。一是非因法定程序（如在执行中发现认定过程存在违反正当程序、回避原则、行贿受贿等）缘故，行政权不应任意停滞执行学术不端的判定结果。二是在处置学术不端时，行政权应遵从比例原则，即在尊重行为人的人格基础上，充分考虑包含学术共同体在内的社会公益，选择与该行为相适应的处置措施。② 三是在诉诸自由裁

---

① Leas Terrence, *Evolution of the Doctrine of Academic Absteutiou in American Jurisprudeuce*, The Florida State University, 1989, p. 76.

② 有关比例原则的详细论述，参见蒋红珍. 论比例原则：政府规制工具选择的司法评价［M］. 法律出版社，2010：201－234.

量权处置学术不端特别是加重情形（比如实施多次行为、存在利益交换等），行政权既不能基于维护自身名誉目的视而不见，亦不可为打击报复行为人而恣意横行，而应对其决定进行详实的说理（如事实、依据等）。

其次，对事实调查与结果评判权运作中的程序监督。通过建章立制规范查处学术不端固然能解决权限模糊的缺憾，遏制权力间互为融合的畸形状态，但即便再精致化的制度装置，也无法完全根除权力实践者可能违法的情形。譬如，在事实调查阶段，有可能出现调查和评判人员违反回避原则、受贿等情形，当此情形出现时，行政权可以通过程序监督渠道，反馈或提请调查机构考虑是否重新组织调查。依凭程序监督，确保了调查与评判两权力各自独立化运作的同时，亦在制度框架内限制和排除两者因自治而带来权力恣意的可能。①

最后，借助信息公开接受公众监督。从国际视角来看，遵循保密原则是有权机构在查处学术不端时应遵循的一项基本要求。此举主要是考虑学术不端调查的严重性和潜在的对学者个人学术生涯的影响。的确，在事实尚未确证，结果评判尚未得出前，若贸然公开举报细节和调查过程，既不利于学术不端的调查，也不利于对当事人合法权益的保护。需注意的是，在我国，这样的原则似乎被"极致化"运用，以至于延伸至结果处置的程序中。如某些高校为避免家丑外扬对学术不端采取"保密"乃至不了了之的方式加以处理。事实反复证明，这不仅损害了举报人（检举人）或学术共同体的利益，破坏了查处实践自身的严肃性，更为关键的是，一旦这样的做法成为一项"暗规则"，反过来又可能催生行政权的滥用。针对此现状，需建立信息公开制度。通过及时公布处置结果的信息，让当事人明晰处理过程，防止因信息的不对称带来查处中的错误，进而保障他们的权利。将信息公之于众，接受外界监督，在很大程度上就能遏制权力滥用与腐败的蔓延，真正有效地杜绝学术不端的发生。②

2. 学术不端评判的规范化

如果说以正当程序的规范性要求重塑权力构造，其目的是要突显学术不端查处的程序公正，从而使当事人的权利得到最大程度保护；那么，欲使查处行为获得实质意义上的公正，最终赖于对学术不端的准确判断。如何保证判断的准确性？一个最为妥适的办法就是使学术不端的评判得以规范化运作。而制定

---

① L Keranen. Assessing The Seriousness of Research Misconduct: Considerations For Sanction Assignment. *Accountability in Research – Policies and Quality Assurance*. Vol. 13, Iss. 2, 2006, p. 201.

② 复旦大学公开了本校三起学术不端行为案件的处理情况，在社会上引起了很好的反响便是一个极好的例。参见"复旦大学通报三起学术违规事件引发热议"。

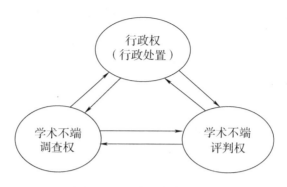

图 6 - 3　三大权力的重塑图

相应的评判标准为识别提供参考，从而在实体或认知层面防控判断的随意性无疑是最佳的选择。为此，首先需解决谁来制定以及如何制定标准两个至为关键的问题。

从现有实际情况来看，制定标准涉及三个主体：教育行政部门如教育部、学术共同体与各高校。在我们看来，最为恰当的是由学术共同体来制定。其理由是：其一，如前所述，由于目前缺乏相对统一的评判标准，若由高校自行设定认定标准，必然导致处理学术不端行为出现"见仁见智"现象。其二，评判标准的根本意旨在于导引人们的认知过程，并且这种活动需以专业知识为前提，于属性而言，其具有很强的专业属性。在此方面，如诉诸教育部制定专门规章，那么，需要考量的，它是否及可能具备了如此突出的专业能力承担此任？相较之下，若由学术共同体来制定，则可以避免上述的尴尬境遇。

如何制定评判标准？从西方国家既有经验来看，各国往往立足本国科研制度、文化等实际特点进行设计，比如《澳大利亚负责任研究行为准则》和德国研究联合会的《关于提倡良好科学实践和处理涉嫌科研不端行为的指南》等偏重对学术不端进行精致化的分类，根据每一种类型，设置较为详实的标准。笔者称之为具象型。而一些国家对学术不端采取较为宽松的界定，主要依靠各学科的学术共同体根据本学科的特点自行阐释。如围绕美国科技政策办公室2000年发布的关于学术不端三大类型即伪造、弄虚作假及剽窃（Fabrication、Falsification、Plagiarism，即人们所熟知的"FFP"），美国化学学会在1994年制定的职业规则①；美国医学科学院与美国科学三院国家科研委员会制定的《科研道德：倡导负责行为》等，笔者将其称为导引型。比较两种模式，可以发现，其背后

---

　① 美国化学学会1994年制定的职业规则，明确规定了化学研究人员对社会大众、化学科学、化学专业、雇主、雇员、学生及同行所承担的责任与义务。

具有明显的地域性、国别性等特质，而这种特质的形成又通常与所属国家长期形成的科研文化密切相关，是其他国家无法仅简单化移植便可运用的。返回当下中国，结合现有的实践，评判标准的制定可有两种途径：一是由学术共同体（可分为人文社科类和科技类）根据学科的不同特点自行设计和阐释；二是在教育部颁布的《办法》关于学术不端类型划分基础上，学术共同体充分考量高校已有制度规定的实际情况，以及文理学科特点制定标准。权衡两者，后者在最大限度上避免了前者因认知的差异而导致评判标准与《办法》可能出现的分歧，从而实现两者的协调性和相容性；同时又尊重学术共同体在专业学术知识判断上的自主性。因而，后者应是最佳选择。

此外，在设计内容过程中还需特别处理好三个方面的关系：

一是恰切厘定学术不端与相关概念之关联。正如上文所述，学术不端与学术失范、科研伦理失范、学术腐败等概念之间既存在区别，又互有联系。而要合理进行区别，需要明晰学术不端的内涵，同时，亦需在技术层面借助排除法指明非属学术不端的情形。纵使如此，在区别学术不端与诸多概念尤其是与技术性学术失范之间的界限不免遭遇诸多难题。这是因为，一方面，由于在既有制度的逻辑下，两者之间往往存在许多模糊的地带，难以用清晰的标准加以区分。比如引注缺省问题，究竟属于哪一种类型，学界存在不同的见解；另一方面，一些高校除了列示已得到公认的六种学术不端行为外，[1] 还根据自身学科情况，列示了其他类型的学术不端，由此产生的问题是，究竟应将哪些学术失范归入学术不端？例如论文的重复发表，自己抄袭自己的研究成果是否属于学术不端行为等。对于这些问题，需要在制定过程中仔细加以斟酌和考量。在此方面，尼古拉斯·H. 斯特耐克（Nicholas H. Steneck）的论述提供了一种有益的思考进路。他在大量实证分析基础上，将学术研究行为分成三大类：负责任的研究行为、存疑的研究行为、学术不端行为（即伪造、篡改、剽窃），认为负责任的研究行为是一种理想的也是正常的学术行为，而学术不端行为则属最差学术行为，这两种情形在学术共同体容易达成共识，且亦经实践反复校验。对于介于两者之间的中间状态应单独列出，形成所谓的存疑的研究行为。通过实践与研究的交互作用，最终确定其归属领域。[2]

---

[1] 《教育部关于严肃处理高等学校学术不端行为的通知》列举了六种情形：抄袭、剽窃、侵吞他人学术成果；篡改他人学术成果；伪造或者篡改数据、文献，捏造事实；伪造注释；未参加创作，在他人学术成果上署名；未经他人许可，不当使用他人署名。

[2] Nicholas H. Steneck. Fostering Integrity in Research：Definitions, Current Knowledge, and Future Directions. *Science and Engineering Ethics*. Vol. 12, Iss. 1, 2006, pp. 60 – 70.

负责任的研究行为 （RCR）	存疑的研究行为 （QRP）	伪造、篡改、剽窃 （FFP）
理想的学术行为 （Ideal behavior）		最差学术行为 （Worst behavior）

图6-4　尼古拉斯·H.斯特耐克定义的研究行为的一般性分析框架

二是处理好学术不端与知识产权保护认定标准之间的关联。查处学术不端行为如抄袭、剽窃、侵占他人成果等的目的之一是保护相关作品权利人的合法权益，这与知识产权之著作权保护的意旨存在共通性。不过，在当前情境下，因著作权保护侧重"保护作品形式"判定标准，故在制定评判标准时应妥适地与之相衔接，最终促使两者共融共通。

三是评判标准的原则性与规则性之间的关联。虽然评判标准是为判断学术不端提供的认知指引，具有一定的规范性与确定性意义，但在具体运作中，由于学术不端情形千差万别，而且随着社会信息化的发展，其表现方式也可能会发生很大的变化，因此，在制定评判标准过程中，还应给各种标准预留弹性解释空间，允许各高校结合自身的实际和特质作进一步细化与延展，从而维系评判标准的可塑性。

当然，高校改造和重塑学术不端查处制度本身并非目的，而是希冀借此来杜绝学术不端，净化学术环境，最终促使研究者潜心做学问，恪守学术诚信。学术诚信对于研究者而言既是一种道德要求，亦是一种道德境界。从根本上讲，研究者学术诚信依赖于其自身的学术道德自觉或者说是学术操守，而要养成良好的学术操守，需要有长期严谨的学术规范教育与学术训练；此外，高校健全完善合理的学术评价体系、良善的科研政策导向、严格的学术规范制度，以及由此形成的科研文化亦不可或缺。只有这样，学术诚信方能在高校甚至学术共同体内形成一种自觉履行与强制约束相结合的良好状态。

七、大学惩戒权与司法审查

我国教育立法中与"惩戒"相近的是"处分"一词。"惩戒"这一概念比"处分"更具有包容性，可以将一些性质相近的，包括处分在内的大学对学生做出的不利措施纳入其中一并探讨，而且在其他国家和地区，① 惩戒这一概念也具有相当的普适性。

本书基于对大学生权利的关怀，以及厘定大学惩戒权合理边界与规范大学惩戒权实施的主旨，倾向于对惩戒做广义的界定。因为如果将惩戒局限于纪律处分，则关涉学生许多重大利益的学术类纠纷都将不在考察范围。更重要的是，此类大学基于学术评判行使的惩戒权是大学自主权极为重要的部分，当前大学这部分权力是被压制了？还是被放纵了？抑或两者兼而有之？学生的相关主张哪些应该被支持？哪些又不应该？这些都是很重要的理论与现实问题。

沈岿先生在其论文中将大学惩戒界定为：大学为教育或管理的目的，它依国家立法和学校规范，对违反特定义务或未达到规定要求的学生，采取致使他们承受不利负担、并做成书面决定的非难性或惩罚性措施。② 其没有将惩戒囿于纪律处分，将大学因学业原因给予学生的不利负担涵摄在内，本书基本采纳

---

① 例如在美国，学术论著与相关判例均普遍使用惩戒的概念。William A. Kaplin, Barbarn A. Lee. *The Law of Higher Education* [M]. San Francisco：Jossey – Bass, 2013；Curtis J. Berger, Vivian Berger. Academic Discipline：A Guide To Fair Process For The University Student [J]. *Columbia Law Review*, 1999, 99 (2)：289 – 364；James M. Picozzi. University Disciplinary Process：What's Fair, What's Due, and What You Don't Get [J]. *The Yale Law Journal*, 1987, 96 (8)：2132 – 2161；Perry A. Zirkel. Procedural and Substantive Student Challenges to Disciplinary Sanctions at Private – as Compared with Public – Institutions of Higher Education：A Glaring Gap? [J]. *Mississippi Law Journal*, 2014, 83 (4)：863 – 916；Due Process – University Disciplinary Hearings [J]. *Harvard Law Review*, 2017, 131 (2)：634 – 641；Marie T. Reilly. Due Process in Public University Discipline Cases [J]. *Penn State Law Review*, 2016, 120 (4)：1001 – 1026.

② 沈岿. 析论高校惩戒学生行为的司法审查 [J]. 华东政法学院学报, 2005, (6)：25 – 26.

该界定。但是，与沈文不同的是，基于权利保障以及厘定大学惩戒权应然空间的主旨，我们将学生的范围并不局限于在学学生，还包括特定情形下已毕业的学生，这类惩戒如撤销学位等。

在此必须提及的是，我国多数大学为公立大学，限于篇幅和问题意识，本书所论主要限于公立大学对学生的惩戒权。

（一）大学惩戒权的理论依据

研究大学惩戒权，我们显然不能仅关注法律规范抑或大学校规上相关规定的"有无"抑或"多少"，因为这仅是一种表层的、实然的，很可能是不合理的状态。要探究大学惩戒权的"庐山真貌"，我们势必先要追溯大学惩戒权的"源头"，即关注惩戒权存在的理论依据。这又必然涉及到大学与学生之间法律关系的认定，中外学界抑或司法实务界对此有多种理论学说，经历了历史的变迁，其中具有代表性的是大陆法系国家的特别权力关系理论，日本的部分社会说，美国的代替父母理论和特权理论等。以上理论均有其诞生的时代背景，不过，伴随高等教育、法治与人权保障事业的发展，上述理论普遍有悖法治理念和人权保障精神，从而被逐渐扬弃。其他相关著述均予以了较多关注，本书重点关注我国当前学界和司法界的主要学说，并据此提出自己的观点。

1. 我国关于大学惩戒权理论依据的主要学说

我国关于大学惩戒权的理论依据包括法律授权说，契约理论和大学自治理论等，其中最受瞩目的是法律授权说，这也是当前我国司法界的主流观点。因为本文论述的是公立大学的惩戒权，因学生与大学之间缺乏真正的意思自治关系而无法达成真正的"契约"，契约理论难以真实反映公立大学与学生之间的关系。更主要的是，契约理论抹杀了大学惩戒权与一般商界约定义务法则的本质差异，没有指出公立大学不同于一般领域的"特殊性"所在，从而无法回答大学为何对惩戒权享有较大的自主裁量空间？该自主权的边界又如何厘定？若来源于学生的自愿让与？学生又在多大程度上是自愿的让与等问题，所以契约理论实际影响力不大，本书不予专门论述，在此重点论述法律授权说和大学自治理论。

（1）法律授权说

法律授权说是我国随高校诉讼产生的理论，其认为大学拥有惩戒学生的权力来源于法律授权。具体依据是我国《教育法》第28条第4款的规定："学校及其他教育机构行使下列权利：……（四）对受教育者进行学籍管理，实施奖励或者处分。"《高等教育法》第41条的规定："高等学校的校长全面负责本学校的教学、科学研究和其他行政管理工作，行使下列职权：……对学生进行学籍管理并实施奖励或者处分。"① 大学所拥有的惩戒学生等权力，"并不是其固有的职权，而是来源于法律授予的权能"②。

我国司法界也倾向于采纳这一观点。自备受关注的"田永诉北京科技大学案"开始，海淀区人民法院认为："在我国目前情况下，某些事业单位、社会团体虽然不具有行政机关的资格，但是法律赋予它行使一定的行政管理职权。这些单位团体与管理相对人之间不存在平等的民事关系，而是特殊的行政管理关系。他们之间因管理行为而发生的争议不是民事诉讼而是行政诉讼。""本案被告北京科技大学是从事高等教育事业的法人，原告田永诉请其颁发毕业证学位证，正是由于其代表国家行使对受教育者颁发学业证书学位证书的行政权力时引起的争议。"③ 在"刘燕文诉北京大学案"中，一审海淀法院认为，根据我国法律规定，大学有对受教育者进行学籍管理等权力，大学作为公共教育机构，虽然不是法律意义上的行政机关，但其对受教育者进行颁发学业证书与学位证书等权力是国家法律所授予的。④ 如今，司法实践中普遍将大学作为法律、法规、规章授权的组织。

法律授权说在大学诉讼中的现实意义是明显的，它通过法律文本的分析，认为大学惩戒权来源于法律、法规、规章的授权，将大学定位为"法律、法规、规章授权的组织"，并据此打开了大学诉讼之门，从而在一定程度上有利于保护学生合法利益免受大学惩戒权滥用的侵害，促进大学法治建设。但诚如有学者所言：该理论并未指出法律为什么要授权，在何种情况下授权等基本理论问题。⑤ 也如有学者提出的有力质问："这种说法的困难在于，它不能解释在相关法律和规章缺失的情况下大学的内部规则制定权。我国的《教育法》制定于1995年，《高等教育法》制定于1998年，最早的一份《普通高等学校学生管理规定》也是在1990年才颁布。那么，在这之前各大学自行制定的校规校纪难道

---

① 湛中乐，李凤英. 论高等学校法律地位 [M] //罗豪才. 行政法论丛：第4卷. 北京：法律出版社，2001：499. 胡肖华，徐靖. 高校校规的违宪审查问题 [J]. 法律科学，2005，（2）：21.

② 熊文钊. 论公立高等学校的性质及其法律关系 [M] //湛中乐. 大学自治、自律与他律，北京：北京大学出版社，2006：79.

③ 田永诉北京科技大学拒绝颁发毕业证、学位证行政诉讼案 [J]. 最高人民法院公报，1999 （4）：139 - 142.

④ 北京市海淀区人民法院行政判决书（1999）海行初字第103号。

⑤ 马怀德. 学校、公务法人与行政诉讼 [M] //罗豪才. 行政法论丛：第3卷. 北京：法律出版社，2000：428.

一概是非法的吗？这显然不符合人们对于教育活动的通常理解。"① 所以，严格来说，该理论难以成为大学惩戒权存在的理论依据。

（2）大学自治理论

有学者持大学自治理论。如认为学校颁发学位证书、管理学生的权力（包括惩戒权）并不是来自于法律授权，而是属于自治权力，被法院认定为国家权力（只是通过法律授予大学行使），这是不符合事实、惯例和改革的趋势的。② 有学者进一步指出，大学惩戒权导源于大学自治，是大学自治事项。这是因为，"大学自治一方面意在保护大学的研究自由、讲学自由，以保证大学得在不受外力干预的情况按照科学发展的规律，自主探索知识，发现新知，扩大人们的认知范围，丰富人们的精神世界和内心生活，另一方面也是为了保障大学阶段学生的学习自由不受外力的干预，以使学校在遵循学习规律的前提下自主决定对与学生学习有关事务的管理，因此，大学自治在一般学术自由的意义上也具有了对在校学生的管理权和惩戒权，这一管理权和惩戒权从属于大学自治，系属大学自治的范围"③。

我国台湾地区更是有不少学者持大学自治理论。如周志宏在分析"二一退学"案件时指出，"大学对学生之退学，似乎不能单纯认为是来自国家依法律所授予行使的公权力，仍必须从学生与大学之法律关系来寻求其合法性基础。此种退学权力，不论其行使是基于维护大学内部秩序与纪律，或为达成教育目的，也都应该被认为是属于大学为达成教育及学术研究功能，所必要的大学自治范围内之事项"④。廖元豪也认为，属于大学惩戒权重要内容的大学退学自主权是由宪法上的大学自治权导出。⑤

大学领域确实有其特殊性，什么是大学领域的"特殊性"之真正所在？大学是否因此该作"特别"对待？大学何以要拥有包括惩戒权在内的"特别权力"？这个问题并没有随特别权力关系理论的式微而消失。

---

① 张冉. 高校校规：大学自治与国家监督间的张力 [J]. 清华大学教育研究，2011，(6)：92.

② 石红心. 社团治理与司法 [M] // 罗豪才. 行政法论丛：第7卷. 北京：法律出版社，2004：88.

③ 郑贤君. 公立高等学校的惩戒权有多大？ [M] // 湛中乐. 大学自治、自律与他律，北京：北京大学出版社，2006：185 - 186.

④ 周志宏. 学术自由与高等教育法制 [M]. 台北：台湾高教出版，2002：206.

⑤ 廖元豪. 评《析论高校惩戒学生行为的司法审查》 [M] // 湛中乐. 大学自治、自律与他律，北京：北京大学出版社，2006：151. 持类似观点还有李惠宗. 教育行政法要义 [M]. 台北：台湾元照出版有限公司，2004：308.

我们认为，将大学惩戒权与大学自治联系起来加以论述无疑具有很强的说服力，其指出了大学不同于其他社会领域而享有自治权的特性，大学惩戒权是其自治权的一部分，是实现大学自治与学术自由的需要，这一阐释的理论路径是经得起推敲的。大学行使惩戒权的理论基础在于大学自治，那么，为了深入研究大学惩戒权的范围，势必要进一步追问：大学自治的理论基础在哪里？大学何以要享有自治权？这一溯源性的探究，有助于我们厘清大学自治权的边界，从而有助于划定大学惩戒权的范围。

2. 对大学惩戒权理论依据的再认识

大学惩戒权属于大学自治权的一部分，由于大学自治的宗旨在于维护学术自由，大学自治只是保障学术自由的手段。所以，严格意义上来说，追根溯源，大学惩戒权是来自于学术自由以及大学的教学与研究功能。

学术的研究与创新，可以说是一个国家文化传承与发扬、人民知识的提升与扩展以及社会的改革与进步，所不可或缺的精神活动。① 然而，由于"学术活动乃是一种认识及探求真理的过程"，② 在这一过程中，必然会对既有的支配体制、价值观念、社会秩序提出批判及怀疑，同时也会对既有的权威和教条提出挑战，从而容易遭到打击和迫害。③ 因此，学术最需要自由，④ 却又最容易失去自由。⑤ 因此，为了整个国家、社会以及全体人民的利益，应该重点保障学术自由，而在法治国家中，最高层次的保障无疑是宪法的保障，于是学术自由逐渐成为各国宪法明确规定或隐含其中的基本权利。

然而，尽管学术自由属于任何人皆得以主张的权利，⑥ 但是，由于"今日

---

① 周志宏. 学术自由与大学法［M］. 台北：台湾蔚理法律出版，1989：1.

② 德国学者认为，所谓学术是指给予学术上之研究方法，进行发现、阐释、进而传布知识之活动过程。李建良. 论学术自由与大学自治之宪法保障［J］. 人文社会科学集刊，1996（1）：270；德国联邦宪法法院在 1973 年大学组织判决中认为：学术可以被看作"从内容和形式上，为探求真理而进行的严肃且有计划性的尝试"。这种仅从外观上对学术活动进行大概描述的形式定义如今是德国主流学说。参见湛中乐、黄宇骁. 再论学术自由：规范依据、消极权利与积极义务［J］. 法制与社会发展，2017（4）：94.

③ 许庆雄. 宪法入门［M］. 台北：台湾元照出版有限公司，2000：84.

④ 学术自由不仅是人之本性的内在需要，也是学者人格健全与自我实现的重要保证。学术自由保护了人的好奇心和求知欲。刘亚敏. 论学术自由的人本价值［J］. 教育研究，2014（2）：48.

⑤ 最早发展了"学术自由"这一观念的国家首推德国。英文"Academic Freedom"是从德文"die akademische Freiheit"翻译过来的。周志宏. 学术自由与大学法［M］. 台北：台湾蔚理法律出版，1989：24.

⑥ 学术自由权乃是一项普遍性权利，而非专属于特定职业主体的职业权利。谢海定. 作为法律权利的学术自由权［J］. 中国法学，2005（6）：16.

在学术研究领域内动辄需大量人力、财力及物力之支援，始足以进行有意义研究与教学工作。因而，过去以私人研究、讲学的方式在今日学术工作上，已难以产生任何作用。反而，在公立、私立大学，或者学术研究机构内从事专业研究与教学的学者，在充分人力、物力、与财力的支持，以及学者具有公务员或雇员身份保障下，始能真正发挥研究、教学的功能。因而，学术自由权探讨的重心，已从个人领域转移到大学"①。"从而为了使学术研究得以顺利进行不受任意干涉，亦有必要保障大学某种程度的自治，使其能抵御学术外势力的控制与左右，达成学术研究价值中立的要求。保障大学研究、教育与服务功能的充分发挥"。② 在此，不难发现，现代意义上的大学自治是为保障学术自由而产生的。

　关于学术自由与大学自治的关系，虽然各国理论在表述上有差异，侧重点也略有不同，③ 但无疑都揭示了大学自治的宗旨是为了保障学术自由，都强调对大学自治予以宪法保障，同时也都倾向于承认大学也是学术自由的基本权利主体。④ 大学自治旨在确保大学能够在不受外力不当干预的情况下，按照学术与教育事务本身的自主规律性，自行组织教育、教学活动，实现学术提升与培育人才的目标。而大学为了维护其学术水准，提高其教育水平，就必然要对其学生在学业方面提出一定的要求，而且，由于大学教学与研究功能的有效发挥，不仅需要抵御外界的不当干预，也需要内部有一个有利于研究、教育与学习的优良环境，维持一个井然的教育、教学秩序和生活秩序，从而也就需要对其成员的行为规范作一些必要的约束，需要他们遵循一定的规章制度。

　当学生不符合相应的学术、学业要求，或破坏、威胁大学的教育、教学秩序，抑或侵害大学其他成员合法权利时，大学就必然要享有对其实施必要惩戒的权力，甚至对已给予努力机会仍无法完成其学业要求的学生予以退学惩戒，也包括对严重破坏大学教育、教学秩序或严重侵犯其他成员合法权利的学生予以开除学籍的惩戒。也就是说，大学为达成其教学与研究的功能，维持内部基

① 董保城. 教育法与学术自由 ［M］. 台北：台湾元照出版有限公司，1997：120.
② 周志宏. 学术自由与大学法 ［M］. 台北：台湾蔚理法律出版，1989：1.
③ 如德国通说认为，大学自治是学术自由的制度性保障。美国是更直接地将大学自治看作学术自由的自然延伸或者当然结果，日本主流学说也倾向于认为大学自治是学术自由的制度性保障。
④ 学术自由权自诞生时起，即包含了作为整体的大学的学术自由。谢海定. 作为法律权利的学术自由权 ［J］. 中国法学，2005（6）：21.

本秩序，必然要对有害于这一功能发挥的学生实施必要的惩戒。① 特别是学术方面的要求，基于学术本身的开放性与专业性，为了让学术自由的发展，就更应该允许大学形成自己的风格与品质，从而就应允许其为形成这一风格提出自己合理的要求，并对不符合此要求的学生实施惩戒，只是要求这种惩戒符合学术自身的本质规律，惩戒措施要合理，不可随意侵犯学生的基本权利。因此，我们可以看出，大学对学生的惩戒权乃是导源于学术自由与大学自治，更进一步说是基于学术研究与高等教育、教学所具有的特殊规律性，大学领域需要"另眼相看"的依据即在于此。

在此，似乎还需要回答的一个问题是：公立大学、私立大学都是"大学"，从前述大学自治与学术自由的关系来看，岂不是两者皆为保障学术自由的大学，都是从事教学与研究的大学，从而公立大学、私立大学的惩戒权都同样来源于学术自由与大学自治吗？本书认为，诚然公、私立大学都是大学，因而，在维护学术自由以及从事教学与研究上有很大的共性，从而，学术自由与大学自治也是私立大学惩戒权的理论依据。可是，问题并不止于此，由于私立大学有截然不同于公立大学的性质，私立大学有其独自的建学精神和理念，有其不同于公立大学的特有的自主性，基于其建学精神具体化所制定的大学校规应该属于一种契约，学生应该受该契约的约束，当学生违反契约规定时，大学有权给予必要的惩戒，所以，这部分惩戒权并非来源于学术自由与大学自治，而是来源于私立大学独自的建学精神及其与学生的契约关系。诚如有日本学者所言："在私立大学的自治中，含有大学自治和私立学校特有的自治两个层面。"② 从而，私立大学对学生惩戒权的来源也就相应地有大学自治与私立大学独自的建学精神两个方面。对私立大学这一不同于公立大学的地方，日本最高法院在1974年的昭和大学的判决有较精道的表述："特别是在私立学校中，得基于依其建学精神之独自的传统乃至校风与教育方针，而承认其社会性意义，学生也被认为是希望在该种传统乃至校风和教育方针之下，接受教育，而入学就读该大学。"③

（二）大学惩戒权的性质及范围

1. 大学惩戒权的性质

如前所述，大学惩戒权在理论依据上有几种不同的学说，基于不同的理论，

---

① 超越此目的惩戒应为不合理。周志宏. 析论学术权利之保障［M］//贺德芬. 大学之再生——学术自由与校园民主. 台北：台湾时报出版公司，1994：165.

② 转引自李仁淼. 大学自治与退学处分［J］. 月旦法学杂志，2003，（94）：249.

③ 转引自李仁淼. 大学自治与退学处分［J］. 月旦法学杂志，2003，（94）：249.

对惩戒权性质的界定自然也会有差异。美国、德国、法国以及英国、日本以及我国台湾地区普遍将公立大学的惩戒权界定为公权力，要接受公法规则的约束。① 下文主要针对我国当前关于大学惩戒权性质的主流学说予以剖析，并提出本书见解。

（1）我国当前关于大学惩戒权性质的主流学说：源于法律授权的行政管理权

我国很多学者认为，大学惩戒权在性质上属于公权力。其理由是：我国大学学生惩戒权源于《教育法》第28条的规定，尽管该条文并没有区分"权利"与"权力"，但是，该条第4项所规定的学籍管理、实施奖励、处分权，具有明显的单方意志性和强制性，符合行政权力相对于其它国家权力而言，具有裁量性、主动性和广泛性，相对于社会组织、公民个人而言，具有强制性、单方性和优益性的主要特征，因而在性质上将其认定为行政权力或公共管理权力。② 将大学惩戒权作公权力的界定也获得了最高人民法院的首肯。如在《最高人民法院公报》所公布的田永案判决书中，就指出："某些事业单位、社会团体虽然不具有行政机关的资格，但是法律赋予它行使一定的行政管理职权。"③ 随后一些相关案件中，法院也多持此观点。于是学籍管理，实施处分权被认定为"学校依法对受教育者实施的一项特殊的行政管理"，基本上得到司法较为一致的认同。④

朱芒教授的最新研究也指出，"行政权不仅介入了原本属于高校内部秩序的领域，而且还将高校成为行政权的一部分。……行政权的扩张可以蔓延覆盖至

① 详见：董保城. 法治与权利救济［M］. 台北：台湾元照出版公司，2006：234 - 235；Curtis J. Berger, Vivian Berger. Academic Discipline：A Guide To Fair Process For The University Student［J］. *Columbia Law Review*, 1999, 99（2）：289 - 364（1999）；William A. Kaplin, Barbarn A. Lee. *The Law of Higher Education*［M］. San Francisco：Jossey - Bass, 2013：1156 - 1195. 王敬波. 高等学校与学生的行政法律关系研究［M］. 北京：中国法制出版社，2007：159；G R Evans, Jaswinder Gill, *Universities and Students*［M］. London：Kogan Page Limited, 2001：89；李仁淼. 大学自治与退学处分［J］. 月旦法学杂志，2003（94），246 - 248.

② 湛中乐、李凤英. 论高等学校法律地位［M］//罗豪才. 行政法论丛：第4卷. 北京：法律出版社，2001：499. 姜明安等教授也持此观点，详见湛中乐. 高等教育与行政诉讼［M］. 北京：北京大学出版社，2003：467. 王敬波. 高等学校与学生的行政法律关系研究［M］. 北京：中国法制出版社，2007：137 - 176.

③ 田永诉北京科技大学拒绝颁发毕业证、学位证行政诉讼案［J］. 最高人民法院公报，1999（4）：141.

④ 天津市高级人民法院行政审判庭. 关于审理教育行政案件的调查报告［M］//最高人民法院行政审判庭. 行政执法与行政审判：第12集. 北京：法律出版社，2005：132.

高校整体，从而在事实上去除高校的法人属性"，发布指导性案例，通过个案的判决，司法"将作为法人的高校的相应部分制度，整体地'征收'为行政权的一个部分"。①

（2）大学惩戒权性质再思考：一项必须以学术自由为前提的"特殊权力"

当前我国司法界主张公立大学的惩戒权是源于法律授权的行政管理权，但是，这一界定并未指出，大学惩戒权与行政机关的行政管理权是否有区别。如有，表现在哪里？其所依据的"法律授权说"无法深入回答该问题。

如前所述，大学惩戒权导源于学术自由与大学自治，是大学自治权的重要组成部分。在大学组织内部，既有以校长为首的行政权力，又有以著名学者或专业教师群体为代表的学术权力，大学内部学术性的学科与行政性的组织系统并存，学术管理与行政管理并存，学术权力与行政权力并存，② 两者共同构成大学自治权的内容。

诚如有学者所言："当权力这个概念与学术联系在一起，人们可能会感到某种程度的不舒服，然而，当我们走进学校领域，以学术为背景的支配与被支配，控制与被控制的现象，却不容回避地现实存在着。"③ 就大学惩戒权而言，无论是大学基于学业不良给予学生退学惩戒，抑或是基于学术论文水平的评判做出不授予学生学位的决定，都是学术以"权力"方式运行的体现。如美国著名的高等教育学家伯顿·R. 克拉克所言："专业的和学者的专门知识是一种至关重要的和独特的权力形式，它授予某些人以某种方式支配他人的权力。"④ 所以，大学自治权内部的学术权力并不限于纯粹个体的，那种不受其他学术人员干涉的"学术自由权（利）"，其很大一部分还是"学术权力"。⑤ 从大学与学生的视角而言，更是如此。

其实对于大学学术权力的"权力"属性，从域外实践中也可得以证明。在

---

① 朱芒. 高校校规的法律属性研究［J］. 中国法学，2018（4）：156－158.
② 有学者认为，行政权力和学术权力的"二元化权力结构是高等学校组织在权力配置上与企业、政府机关等非学术性组织的重要区别"，"学术权力作为一种内在力量发挥着支配作用，行政权力则作为一种外在的结构形式维系着高等学校组织的存在和发展"。秦惠民. 学术管理活动中的权力关系与权力冲突［M］//劳凯声. 中国教育法制评论：第1辑，北京：教育科学出版社，2002：171. 张德祥. 高等学校的学术权力与行政权力［M］. 南京：南京师范大学出版社，2002：19－27.
③ 秦惠民. 学术管理活动中的权力关系与权力冲突［M］//劳凯声. 中国教育法制评论：第1辑，北京：教育科学出版社，2002：172.
④ ［美］伯顿·R. 克拉克. 高等教育系统——学术组织的跨国研究［M］. 王承绪，等译. 杭州：杭州大学出版社，1994：121.
⑤ 尽管我们要尽量确保它的行使不以损害个体的学术自由权利为代价。

法国，对于公立大学基于学术专业行使的学术判断权，不仅要求遵循诸如平等原则、公开原则等公法原则，学生在一定情况下还可以提起诉讼，且由行政法院受理。① 在德国，相关诉讼也归行政法院处理。② 虽然法院对于学术判断的审查主要是程序性的，但是，无疑也是将其视为一种会对他人权利产生支配力并有可能会滥用的"权力"。

另外，大学内部惯称为行政权力的自治权，其作为"权力"的性质十分明显。如大学对其内部非学术事务的管理，在实践中，往往是积极能动的，可以单方做出，无须被管理人的同意，而且能影响被管理人的法律地位。大学基于纪律原因惩戒学生就属于这种行政权力。最典型的例子如大学基于学生的违法犯罪行为而给予学生开除学籍的惩戒。

当然，我们在主张大学内部的学术与行政时常都以"权力"方式运行的同时，也必须认识到以下两点：

其一，大学内部的学术权力与行政权力尽管都是其自治权的一部分，都是一种"权力"，但其权力来源与运行方式都有较大的区别。"学术权力的合理性与合法性，主要来源于专业和学术能力，而不是来源于职务与组织……学术权力在性质上是一种完全不同于行政权力的'权力'"③。表面上看起来，学术权力似乎也存在于各种正式的职位和学术组织中，然而，学术权力是一种专业权力，"专业权力像纯粹的官僚权力一样，被认为是产生于普遍的和非个人的标准，但这种标准不是来自正式组织而是来自专业。它被认为是技术能力，而不是以正式地位导致的'官方能力'为基础的"④。从而它的运行应遵循不同于行政权力的运行规则。"学术权力作为一种内在力量发挥着支配作用，行政权力则作为一种外在的结构形式维系着大学组织的存在和发展"。进一步来说，学术自由和学术民主是行使学术权力的前提，"否则，这种权力的行使，就有可能侵犯其它学者的学术权利——学术自由"⑤。学术权力是一种介于自由与约束之间的支配力，为有效防止行政权力对学术的干预，须对学术权力与行政权力做出必

---

① 王敬波. 高等学校与学生的行政法律关系研究［M］. 北京：中国法制出版社，2007：150 - 153；248 - 52.

② 董保城. 教育法与学术自由［M］. 台北：台湾元照出版有限公司，1997：84 - 87.

③ 秦惠民. 学术管理活动中的权力关系与权力冲突［M］//劳凯声. 中国教育法制评论：第 1 辑，北京：教育科学出版社，2002：173.

④ ［美］伯顿·R. 克拉克. 高等教育系统——学术组织的跨国研究［M］. 王承绪，等译. 杭州：杭州大学出版社，1994：128.

⑤ 秦惠民. 学术管理活动中的权力关系与权力冲突［M］//劳凯声. 中国教育法制评论：第 1 辑，北京：教育科学出版社，2002：171.

要的区分。

就大学惩戒权而言，基于发生原因的不同可以分为：基于学术原因的惩戒与基于纪律（非学术）原因的惩戒。在这里，后者主要是行政权力的行使，而前者则主要是学术权力的行使。从而，基于学术权力与行政权力特性不同，两者在法律规制，以及司法介入上都有差异。

其二，大学内部的学术权力与行政权力虽在笼统上属于"权力"，但两者均不同于行政机关的权力，它们都必须以尊重与维护学术自由为前提，这也是他们属于大学自治权而非一般权力以及其他领域自治权的缘由。诚如有学者所言，大学内部以校长为首的行政权力并非与政府机关的行政权力完全相同，而且，尽管需要强调它与学术权力之间的区别，但更要看到它们之间的联系，学术自由不仅是学术权力行使的前提，更是行政权力行使的前提。离开了这一点而谈两种权力的区分，没有太大意义。① 从而，大学无论是基于学术或者纪律原因惩戒学生，都应以维护学术自由，尊重学术及高等教育的自主规律性为前提，以保障大学学术研究与教育教学功能的有效达成为目的。

简而言之，由于大学的惩戒权具有单方面设立、变更与消灭大学与学生之间权利与义务的能力，所以，它具有"权力"的属性。但由于它是大学自治权的重要内容之一，所以，大学惩戒权基于惩戒原因的不同，其性质又分别属于学术权力与行政权力，尽管两者亦有区别，但两者均不同于行政机关的权力，也不完全等同于其他领域的自治权，两者都需要以尊重学术自由为前提。所以，也可谓是一种"特殊的权力"。

2. 大学惩戒权的范围

我国大学长时间在一定程度上存在惩戒权行使过于广泛，甚至泛滥的情形。但是否诸多惩戒学生案件都是大学的过错？法院判决大学败诉就一定是大学惩戒违法吗？在诸多大学诉讼案中，不仅有学生权利的诉求，也有大学因不清楚其惩戒权合法边界的困惑。那么大学惩戒权的范围到底有多大？又如何划定这一范围呢？

如前所述，大学惩戒权导源于学术自由与大学自治，大学惩戒权的范围势必要受制于大学自治的范围。因此，要界定大学惩戒权的范围，我们必须先搞清楚大学自治的范围。

---

① 谢海定. 作为法律权利的学术自由权［D］. 北京：中国社会科学院研究生院，2004：97.

（1）大学惩戒权与大学自治的范围

大学自治是保障学术自由的自治，但大学又不同于纯学术研究机构，它在学术研究之外，同时还承载着高等教育、教学的使命，所以，界定大学自治的范围必然要结合学术自由权利，以及大学的研究与教育教学使命来加以考虑。大学最本原的东西就是学术问题，因此，学术事项无疑属于大学自治的范围。

那是否可以在大学自治范围与学术事项之间划个等号？西方各国的实践已经做了否定回答。其大学自治的范围都包括但不限于学术性事项，还普遍包括了行政和财政等方面的内容，我国高校的办学自主权范围也是如此。①

当然，不同国家和地区在大学自治范围的界定上并不完全一致，于此，日本学者指出，各种学说及判例中所提及的事项"应该都只是例示的而非列举的。因为大学自治之内容，并非可以用数学式的、机械式的方法来加以切割和划分。它必须是在达成大学之本来任务（学问研究与教育）的前提下，根据各个国家之历史、法律制度以及政治、经济、社会的条件，和世人对大学之信赖度而异其内容"。② 也就说，大学自治的范围是以"实现大学学术研究与教育教学目的"为中心的，学术及教育教学事项是大学自治范围的核心部分，这一点各国是相同的。但是，大学自治的范围在其同质化背后，又有其差异，这一差异主要就在对于有效实现大学教学与研究功能所采取的必要的非学术事项上。它要受到诸多因素的影响，不同国家，甚至同一个国家的不同时期也有差异，从而此部分存在差异性与不确定性。基于这一逻辑关系，笔者尝试性地提出若干界定大学惩戒权范围的原则以及划定这一范围需要考量的因素。

（2）大学惩戒权范围的划定

①划定范围的原则。如前所述，大学的惩戒权来源于大学自治，而大学自治是保障学术自由的自治，但大学又不同于一般的纯学术研究机构，它在学术研究之外，同时还承载着高等教育、教学的功能，所以，大学的惩戒权范围的划定主要依据应是大学保障学术自由的宗旨以及大学的研究与教育教学功能，进而本书据此提出界定我国大学惩戒权范围的两大原则：学术相关原则与实质性不利影响（损害）原则。

第一，学术相关原则。所谓的学术相关原则是指对于学生与学术、学习相关的不当行为，高校应该都有权予以惩戒。这一原则的提出主要依据在于大学保障学术自由的宗旨，以及大学所承载的研究与教育、教学功能。学术事项是

---

① 详见《高等教育法》第33－38条、第41、42条的规定。

② 转引自周志宏. 学术自由与高等教育法制［M］. 台北：台湾高等教育文化事业有限公司，2002：244.

大学自治范围的核心，教学与研究是大学最主要的功能，它们是大学自治最本原的东西，是大学自治的安身立命之所，学生与学术相关的不当行为，理应是大学行使惩戒权的当然范围。

第二，实质性不利影响原则。所谓的实质性影响原则是指尽管学生的行为与学术并不相关，但是，如果学生的行为对大学的教育功能产生了实质性的不利影响，包括侵害了其他学生的合法权利，也应该是大学行使惩戒权的范围。这一原则同样主要是导源于学术自由以及大学的研究与教育教学功能。在此，需要留意两点：

其一，此处"实质性影响"强调的是对大学的研究与教育教学功能，而不是宽泛的"大学利益"产生不利影响。因为，只有教学与研究是大学最本原的东西，其他诸如大学名誉等诸多的所谓"大学利益"有时过于宽泛了。"所谓的大学名誉是一个臭名昭著的灰色区域，因为声称大学的名誉受到侵害是相当容易的。"① 英国学者的这句话措词虽有些偏激，但是，它揭示出了"大学利益"界定上的主观性与随意性。大学的教学与研究相较于"大学利益"来说，无疑是比较清楚的和易于判断的。

其二，学生的非学术行为对大学的教育功能产生的不利影响必须是"实质性"的。所谓"实质性"的影响是指学生行为对大学功能产生的不利影响是现实会发生的，不是猜测的，更不是假想的。在惩戒过程中，这是要求高校承担举证责任的。当然，这并非一定要求是那种既成事实的破坏，但至少高校的管理者有事实根据去证明这一损害是即刻将至的。② 之所以要对高校惩戒学生的非学术性行为的权力作此较严格的限定，是因为大学的管理者，从自身管理的角度出发，往往容易凭借自己猜测的，甚至是假想的所谓不利影响去限制学生的合法权利。在高校管理者有"权力本位"思想观念的情况下更是如此。

依据这两个原则划定的大学惩戒权范围主要包括：学术行为与对大学的研究与教育教学功能产生实质性不利影响的非学术性行为。然而，既然大学自治范围的界定要受到学术事项之外诸多因素的影响，导源于大学自治的惩戒权范围也自然要受到学术之外因素的影响。在现实中，往往正是这些因素决定了各国大学惩戒权范围上的差异，当然，这些因素总体上是繁杂的，甚至是难以列举式穷尽的，而且各因素所起的作用也并不相同。在此，笔者只是以其中主要

---

① G R Evans, Jaswinder Gill. *Universities and Students* [M]. London：Kogan Page Limited，2001：90.

② William A. Kaplin, Barbarn A. Lee. *The Law of Higher Education* [M]. San Francisco：Jossey‑Bass，2013：1206－1207.

几个因素来加以论述。

②影响划定的因素。第一，公立高校所承载的服务社会功能。如今服务社会也已经成为现代大学的一项重要功能，对于国家出资的公立大学来说，更是如此。但是在这里，我们仍旧主张不能将大学的服务社会功能，与教学与研究功能等量齐观，必须将它置于大学前两项主要功能的基础上加以考量。从高校与学生关系的维度来说，结合大学的研究与教育功能，我们认为，大学的社会服务功能应该限定解读为：大学在教学与研究的同时，还承担着一定的"育人"职责。因为国家和社会所需要的人才不仅有学术与知识上的要求，还应有一定的道德品行方面的要求，所以，作为国家出资的公立高校培养的人才至少在品行上与社会公认的道德标准不能有过大的差距。① 从而当学生的行为严重违反社会公认的道德标准时，高校也有权予以必要的惩戒。不过，在此需要特别注意的是：其一，高校依据学生道德行为惩戒学生的权力是很有限的，因为这本不是大学最原初、最本质功能的体现。其二，基于大学作为教育机构的性质，对于学生的道德行为应以教育引导为主，不能动辄惩戒。其三，道德行为的评判本身就有风险，其有很大的主观性，过分约束甚至压抑学生与学术无关行为选择，不仅不利于学生人格的发展，也不利于现代公民的培育。按照本书提出的两个原则，绝大多数道德行为都不属于惩戒权范围的基本部分，所以，一般来说，除非以现有的社会通常观念看来，学生的行为严重不道德，否则高校不应行使惩戒权。

2005 年修订的《普通高等学校学生管理规定》（下文简称《规定》）去除了原来开除学籍事由中的"品行极为恶劣，道德败坏"，② 相应地修改成了"触犯国家刑律，构成刑事犯罪"，"违反治安管理规定受到处罚，性质恶劣的"，"屡次违反学校规定受到纪律处分，经教育不改的"，③ 一定程度上限缩了高校可行使开除学籍惩戒权的范围，而且，增加了判断的明确性，是个进步。然而，由于将 2005 年《规定》的第 42 条和第 54 条联系在一起，大学仍然可以根据学生的道德行为制定校规，而多次违反校规，受到多次惩戒的学生可以被开除。而且，此《规定》并没有对道德行为，包括"违反治安管理规定受到处罚"的行为，作对大学利益产生实质性不利影响抑或损害的限定。且这里明确的仅是给予开除学籍惩戒的事由，对开除学籍以下的其他惩戒事由，在实践中是由各大学自身制定，

---

① 郑贤君. 公立高等学校的惩戒权有多大？［M］//湛中乐. 大学自治、自律与他律，北京：北京大学出版社，2006：185 – 186.

② 《规定》（1990）第 63 条。

③ 《规定》（2005）第 54 条。

大学管理者应该明白道德行为不是大学行使自主权的主要空间，限缩对此类行为行使惩戒权，对于一般的道德瑕疵行为，可通过各种方式加以引导。

2017 年再次修订的《规定》（教育部令第 41 号）① 将 2005 年《规定》的第 42 条分为第 41、42 条两个条款，分别侧重于道德和法律层面的表述，其中将以前的"不得从事或者参与……有损社会公德的活动"修改为："不得从事或者参与……有悖社会公序良俗的活动"。相比而言，有悖社会公序良俗这个表述更侧重于法律用语表述，内涵比社会公德更清晰，其他内容没有本质修改。

第二，目前高等教育阶段受教育权的特点。高等教育并非义务教育，国家并无提供公民普遍、免费、强迫性质教育的宪法上的义务，目前实行的做法是通过升学考试，择优录取，并且要收取学费。从而，大学阶段的受教育权是给予公民一个公平竞争的机会。"在进入大学接受教育之前，人民并无请求接受大学教育之权利，只能主张国家应保障其在公平的基础上，有平等机会参与分享国家所提供的大学教育（给付分享请求权的功能），并以自身之能力与条件，来争取有限的大学教育机会"。② 即高等教育对公民来说，仅具有给付分享请求权，并不具有给付请求权的性质。

虽然公立高校被普遍认为承担着公共教育的基本义务，但在大多数国家，目前高等教育仍然是一种稀缺资源。因而，一般都会报以这样的认识：高等教育是国家或社会赋予个人的一种利益或机会，获取这一利益的公民不仅应学业优秀，还应具备一定的道德素质。所以，在入学时要对学生进行品德与学识的考察，要求其同时符合要求才有资格进入大学。当然，学生一旦入学，其接受高等教育的权利便受到宪法的保护，具有宪法防御权的功能，可以对抗来自国家权力的侵害，没有法律或法律授权的命令，大学不得任意侵害或剥夺。③ 但是，基于大学自治与高等教育资源的稀缺性，获准入学的学生也并非可以一劳永逸地享受这一资源。大学不仅要求学生在读期间必须符合一定的学业要求，对于学生的道德品行，在读期间同样要求其保持在一定的水准，至少其道德表现不能突破一般社会理念所能接受的程度。否则，对于学业失败抑或道德有严重问题的学生不予惩戒，不仅有碍学校自身品质的提升，而且对未获取这一资

---

① 已于 2016 年 12 月 16 日经教育部 2016 年第 49 次部长办公会议修订通过，自 2017 年 9 月 1 日起施行。

② 周志宏. 接受大学教育是人民宪法上的权利吗？［J］. 月旦法学杂志，2001（78）：8 - 9.

③ 周志宏. 接受大学教育是人民宪法上的权利吗？［J］. 月旦法学杂志，2001（78）：8 - 9.

源的公民来说，也是一种不公。从而给予实施违法犯罪行为的学生以严厉的惩戒，甚至将其排除于大学校门之外，不仅是对违规个人的一种惩罚，也是高等教育阶段受教育权"受益性"与给付分享请求权特性的要求，同时也能对其他学生产生相应的威慑，有助于端正学风、校风。①

第三，高校在自身历史发展中形成的惯例。如果一个高校在其久远的历史发展中，已经形成一些为世人所知的惯例，则这种惯例对于这个群体内的每个人来说，一般也就会取得正当性。从高校与学生的关系来说，包括高校对学生提出的一些特殊的行为标准，只要在该校的发展中已长久被遵循，久为人所知，学生就必须遵循，因为当初学生在选择进入这个高校时就意味已经接受这一要求，该要求几乎是和这个大学的名字相伴的，完全在学生心理预期内。从而，对违反这一特殊规定的学生，高校就可以实施惩戒。此类特殊行为规定，似乎从法理上已经因具有类似于"习惯法"的地位而取得了正当性，这一类特殊规定甚至可以说已成为该高校发展特色的一个重要组成部分。

第四，学生的其他宪法权利。大学自治的出发点并不限于个人，也在大学的整体。所以大学可以基于学术自由及教学与研究功能得以良好发挥而限制甚至剥夺个别成员的权利，但是大学自治权的范围不是宽泛无边的，大学在行使惩戒权时，要考量大学所实现的利益与学生被因此限制的利益之间的关系，要在个案中进行利益衡量，如果所实现的利益小于给学生权益带来的损害，大学就不应行使惩戒权。如美国高校对于学生的校外不当行为虽然总体上规定得较为宽泛，但是，校规中通常学生有此类行为，是否关涉大学利益，"这由高校根据个案（on a case-by-case basis）学生被指控的具体行为来决定"类似的表述。即学校是否行使惩戒权有待于根据个案中的具体情形来决定。

第五，大学管理者的意识。如果高校管理者具有很强的尊重学生主体地位，重视学生权利的意识，那么，大学惩戒权的范围即使在规定上较为宽泛，其在实施中，也是会有所限制的。因为高校管理者会在高校利益与学生权利之间做很好的利益衡量，会审慎地行使这一权力。反之，则极易导致惩戒权的滥用。

第六，其他因素。当然，大学惩戒权的行使在实践中还会受到高校所处国家的高等教育事业特点以及法治环境的影响，包括高校的法律地位，教育领域内的立法（特别是程序立法），也还会受到一国社会观念的影响，如道德评价的倾向等。

基于前述划定原则以及影响划定因素的分析，我们可以将大学惩戒权范围

---

① 在高等教育成为义务教育的时候，高校基于道德原因惩戒学生，特别是据此将学生开除势必会失去正当性。

分为三大组成部分：与学术相关的不当行为；对大学教学与研究功能产生实质性不利影响的非学术行为；对大学教学与研究功能之外的其他利益产生不利影响的非学术行为。其中前两部分，是各国大学惩戒权都不会"袖手旁观"的领域，属于惩戒权范围的基本部分，差异主要是第三部分，它的实际范围取决于上述诸多因素。整体而言，对于大学惩戒权的范围，我国高校应走学术方面适度宽泛，非学术行为较为限缩的路径。

（三）大学惩戒权的设定

由于大学作出惩戒的直接依据是大学校规，因此，大学惩戒权的合法性很大程度上其实就是大学校规的合法性问题。[①] 大学惩戒权设定权限问题又自然涉及校规与国家法律规范之间的关系。具体说来，对于惩戒事项，哪些必须由国家法律规范做出规定，高校只能在其规定的范围内严格执行；哪些事项在上位规范出现空缺时高校可以做出规定？或者即使在有上位规范存在的情况下，高校也可以制定比上位规范更严格的要求。

1. 校规与国法：大学惩戒权的设定空间有多大？

大学基于保障学术自由，实现教学与研究功能而享有自治权，大学自治的事项既包括学术事项，也包括为实现学术自由、履行大学的教学与研究功能所必要的非学术性事项。但是，上述两类事项在大学自治领域里所处的"地位"并不一样。由于大学自治的最初宗旨在于保障学术自由，大学最主要功能是教学与研究，学术事项应该是大学自治的"核心"。非学术性事项相比实现学术目的的必要手段，很大程度上是由学术事项派生出来的。所以，它们处于大学自治的"边缘"，抑或称为"派生部分"。从而，两者受宪法保障的程度也是有区别的。

当受宪法直接保障的大学自治权与同为宪法所保障的公民基本权利发生冲突时，两者的退让程度不同。当作为目的的学术事项的恰当行使与公民的基本权利发生冲突时，一般应是公民的基本权利做出较大的退让；[②] 而如果是那些作为手段的非学术性事项与公民的基本权利发生冲突，情况则恰恰相反。

---

① 当然，也有少数原因是大学校规在执行中出现问题。

② 显然，这并不意味着学术自由与其他宪法保护的价值相冲突时，就当然排除其他基本权利而优先受保护，并不否定学术自由在具有宪法上足够的正当的情况下可以被合理限制，关键还要看个案中的利益衡量。诚如有学者所言："学术自由作如何限制，必须在具体案件中透过利益之衡量，尤其是应参酌各个相互冲突基本权利之意义，以及在维护宪法同一性之下依循比例原则来决定之。"董保城. 教育法与学术自由［M］. 台北：台湾元照出版公司，1997：125. 学术自由作为基本权利同样有其行使的界限，详细论述可见姜星. 论学术自由［J］. 宪法理论与问题研究（第三辑），2007.

由于法律保留原则正是宪法基于基本权利保障建构出来的人权保障机制，所以，在实践中，就主要表现为学术事项与非学术事项在适用法律保留原则时有较大的差别，这里的差别是指适用密度上的差异，并非指非学术性事项在适用法律保留原则时就完全等同于一般社会领域中的事项，其仍然会受到大学自治一定程度的"庇护"。

（1）大学学术惩戒权的设定空间

就高校基于学术原因行使惩戒权而言，除基于学术原因使学生身份发生变化的严重惩戒，如退学、不授予学位、不颁发毕业证等，因关涉学生宪法受教育权的剥夺，应适用法律保留原则外，所有其它基于学术原因的不涉及学生身份变化的惩戒，如课程考核记为无效，重修或补考，留级或降级等，无需适用法律保留原则。

而且，即便是基于学术原因使学生的身份发生变化的惩戒，也只要适用概括性、低密度的法律保留原则，高校一般可以基于学术与教育的专业判断自行设置此类惩戒的条件与范围。因为尽管由于这类惩戒涉及剥夺学生的受教育权，法律不能置之不理，但是，如果对此作严格的、高密度的法律保留，则势必又会过度侵入了大学自治的领域，有害于学术自由与大学的发展。在这里，对于学生受教育权过于严格的保护，虽然可以一定程度上克服惩戒权恣意行使的弊端，但是，相伴而来的却是学术自由与大学自治被过度的侵害，这一损害可以说远大于它所带来的严格保护学生权利的利益。手段与目的不成比例，有违比例原则。

以基于学术原因的退学惩戒为例，法律应该就高校基于学业原因给予学生退学惩戒做概括性的授权，但是，此类退学主要是关涉学生是否适合在大学继续就读这一学术与教育方面的专业判断，如果法律将退学的学术要件作过于具体、细致的规定，诸如几门课不及格，抑或多少学分重修等，则显然过度干预了大学自身基于学术、教育目的的判断，[①] 也忽略了不同高校有其不同的学术传承与学术定位，它们在办学理念、人才培养目标和模式、教学计划、课程体系，学术要求等方面都不相同，反映在管理制度上也必然有很大差异，学术方面搞"一刀切"显然不利于大学的发展与品质的提升。大学应当是有品牌的，

---

① 我国教育立法中曾经不乏类似规定。如1990年《普通高等学校学生管理规定》第17条规定："一学期或连续两学期累计有三门课程或两门主要课程不及格者，应予留、降级。一年级学生第一学期不及格课程达到留、降级规定时，可跟班试读，准予第一学年结束时再补考一次。补考后视全学年成绩决定升级或留级。"2005的《规定》已经做了修改。

大学之间也应当是有层次的差别，不同的大学可以有自己不同的学术要求，可以有自己的学术特色与发展定位，这样大学才能在竞争中自由的发展。① 试想对北京大学、清华大学等名牌大学的学生，做出与其他普通本科学生一样的规定，显然有悖于大学发展的规律，违背大学自治的精神。其实在学生选择就读于不同层次的学校时，本身就隐含着应承受不同的学业要求。

当然，这不是说非重点大学就不能提出严格的学业要求，更不意味着大学在学生退学、毕业、申请学位等方面就可以自行随意地设置学业标准。其实，由于高校的一些学术事项关涉国家教育目标与国家人才发展的需求以及学生受教育权等公益目的，从而，为避免完全放任各个高校自行设定标准可能带来的权力滥用或标准的混乱，国家不但可以，还应该参与标准或规则的设定之中。② 如对于学位制度，立法者虽然不能忽视大学之间的层次差异，将学位授予的标准与程序等各种问题在学位立法中做具体细致的规定，要求所有高校遵循同一个标准，但是，为保证学位质量以及学位授予权力不被高校滥用，对其中最基本的原则、标准和程序做规定还是有必要的。这些规定是作为一般性的最低标准，各高校有权根据自身的实际制定更严格的标准。

我们认为，法律虽然对此类学术事项不做具体规定，但大学的相关规定要受学术本身规律的内在制约，不得违反学术自由自身的界限。如一所高校制定的学业要求，无助于达成学术目标，或造成大多数学生无法完成任务，则这样的规定也就不具备合法性。有人认为，高校基于学术原因将学生退学也应适用严格的法律保留原则，应该由立法（当前由教育部行政规章）做出统一的细致的规定。③ 这表面看是在重视学生权利，其实质是没有认清大学自治本质与真谛的表现。

通常情况下，高校制定的规章自然都要遵循法律优位原则，受宪法、一般法律以及其他法律规范的拘束，不得同宪法、法律、法规等上位规范相抵触。但是，由于大学自治受宪法的直接保障，大学自治权乃宪法保障学术自由所导出的权力，大学自治规章制定权内在地包含于大学自治的内涵之中，诚如有学者所言，"大学享有的自治立法权不是形式法律授权而来，而是基于宪法权力分

---

① 如甚至同为世界一流的不同大学之间，也有多样化甚至风格迥异的特色。高等教育的规律性与大学的追求特色发展不仅可以并行不悖，而且可以相互促进。

② 董保城先生称之为"协力事项"，即大学与国家合作，双方处于共存共荣关系的事项。董保城. 法治与权利救济 [M]. 台北：台湾元照出版公司，2006：222.

③ 如董立山. 高校行使学生身份处分权的行政法治问题 [J]. 行政法学研究，2006，(4)：51 - 52.

立之行政保留原则与学术自由基本权利，本身即享有之原始规范权"①，是拥有宪法基础的权限。所以，大学自治规章又并不完全遵循法律优位原则，具体情形需要视法律规定与学术自由的关系而定。

当大学规章所规范的对象属于大学自治核心领域的事项时，因为学术自由是宪法所直接保障的权利，所以，此法律限制应当遵循宪法保留原则，如果立法机关超越宪法保留原则对学术自由，对大学的核心领域予以不当的限制或干预，大学自治规章此时就并不要遵守法律优位原则。例如立法机关以法律细致地规定各大学给予学生留级或降级的具体学业标准，就违反了学术自由限制的宪法保留原则，大学有权对此法律的合宪性提出质疑，大学的规章就可以不遵守法律优位原则。如我国台湾地区《大学法》第 11 条第 1 项第 6 款及同法施行细则第 9 条第 3 项明定大学应设置军训室并配置人员，负责军训及护理课程之规划与教学。"司法院"大法官在释字第 450 号解释书中认为，"此一强制性的规定，有违宪法保障大学自治之意旨，应自本解释公布之日起，至迟于届满一年时失其效力"②。需要提及的是，对于学术事项，并不完全排斥国家在尊重学术事项规律的情况下进行监督，因为有些事项是涉及国家教育全局之重大利益。

（2）大学纪律惩戒权的设定空间

对大学基于纪律原因给予学生的惩戒，适用法律保留原则应较基于学术原因的惩戒严格一些。这是因为，大学基于非学术原因惩戒学生，毕竟不是大学自治的本原或核心领域，也不是主要涉及学术与教育的专业判断，从而在该惩戒涉及剥夺学生的受教育权，如退学、开除学籍、不授予学位、不颁发毕业证等时，大学自治则要做出较大的退让。因为如果不对此做严格的、高密度的法律保留，允许高校基于并非主要是学术专业的判断，自行设置此类惩戒的条件与范围，则势必难以克服高校不当实施此类惩戒权的弊端。而此时法律做具体、细致的规定也不至于会产生过度侵入大学自治核心领域，从而危害学术自由的后果。此时，适用严格的法律保留原则所带来学生权利保护的利益远大于其对大学自治可能产生的损害。现实中出现的诸如女大学生怀孕被退学、不献血者不授予学位之类的惩戒已经为此提供了佐证。这类惩戒不仅是基于非学术原因，而且已经是对学生受教育权的剥夺，已经改变了学生与学校之间原有的"在学法律关系"，所以，高校的这一惩戒权其实已经位于大学自治"边缘部分"的"边缘"，抑或处于与一般社会事务的"接壤地带"，基于此处大学自治的"庇

① 董保城. 法治与权利救济 [M]. 台北：台湾元照出版公司，2006：79.
② 李惠宗. 教育行政法要义 [M]. 台北：台湾元照出版公司，2004：395 – 396.

护力"已处于"强弩之末",且已经涉及学生基本权利的剥夺,导致学生与高校之间"在学法律关系"的消失,所以,基于人权保障的主旨,对此类惩戒的设定应做严格的法律保留。

其它对学生权利也产生重大影响,但不涉及身份改变的非学术原因惩戒,如留校察看、记过、强制休学等,是否也要适用严格的、高密度的法律保留呢?我们认为,此时法律固然不能完全无视学生的权利,完全免除法律保留原则的适用,但是,法律如果对此做细致具体的规定,则势必会过多妨碍大学的管理工作。因为,一方面,此类惩戒虽然从一般意义上来说是属于"重要性理论"所涵盖的内容,但是其给学生所造成的影响毕竟没有达到改变学生与学校之间原有的"在学法律关系"的程度,即这一影响还是以保障学生的受教育权为界限的,其权力影响还没有脱逸于大学范围之内。另一方面,这些非学术原因的惩戒事由,虽然主要不是学术专业判断,但是,此类事由毕竟是为实现学术自由及大学教育功能所必需的事项,基于高校自身对相关事务的熟知,也应有一定自主选择空间。所以,权衡保护学生权益与维护大学自治的法益,应该适用概括性、低密度的法律保留原则。

而其他对学生权利没有重大影响的惩戒自然无需适用法律保留原则,如警告、严重警告、削减或取消奖学金、贷学金,等等,高校在实践中,都可以根据实际情况自行设定。当然,此时无需法律保留并不代表大学惩戒权的设定不受任何制约,其不能违背学术与高等教育相关事务的自主规律性,要符合比例原则。因为如前所述,大学惩戒权是一项以学术自由为前提的"特殊权力",且非学术事项,也并非大学自治的核心领域,大学享有自治权的空间较小。

于是,大学领域适用法律保留的状况就形成了无法律保留,概括性、低密度的法律保留以及严格的、高密度的法律保留这三个具有一定层级性的法律保留体系。① 当然,这主要还是宏观性的分析,为了进一步明确高校惩戒行为适用法律保留的情况,我们还有必要结合我国高校惩戒的各种法定形式加以分析。

我国现行教育立法所规定的高校惩戒学生的法定形式主要有:取消入学资格、取消学籍,即高校发现已经入学或取得学籍的学生并不符合国家招生的规定而做出的取消学生身份的处理措施;课程考核成绩记为无效,即高校对严重违反考核纪律或作弊的学生做出的不承认其考核成绩的决定;重修或补考,即高校对课程考核不合格的学生做出的重新修习课程或重新考核的决定;留级或

---

① 我国台湾地区大法官在释字第四四三号解释理由书中,就指出法律保留并不是"全有"或"全无",而是一个规范密度的程度问题。而规范密度则是应视规范对象、内容或法益本身及其所受限制之轻重而容许合理之差异。

降级，即高校对未达到学年应修课程或学分要求的学生做出的不得升级或由较高年级下降到较低年级的决定；对违背学术诚信的学生获得学位及学术称号、荣誉等限制；强制休学（不含申请休学），即高校对出于特定原因暂时不宜在校学习的学生做出的一定时间内离校休息但保留学籍的决定；强制退学（不含申请退学），即高校对符合法定事由的学生做出的离开学校、停止学业的决定；不授予和撤销学历证书或学位证书，即高校对未达到相关要求的学生做出的不予颁发毕业证书、学位证书等，对违反按法定要求或者以学术不端行为或者其他不正当手段获得的学历证书、学位证书，学校依法予以撤销；警告、严重警告、记过、留校察看或开除学籍，即高校对违法、违规或违纪的学生，视情节轻重，而做出的纪律处分决定。①

笔者将我国现行教育立法所规定的高校惩戒学生的法定形式，以及高校校规中常见的惩戒形式适用法律保留原则的情况用图表概要地表示如下：

表7－1　基于惩戒类型适用法律保留状况表

适用法律保留的状况	惩戒的种类
严格的、高密度的法律保留	基于非学术原因使学生身份发生变化的惩戒，如开除学籍、强制退学、不授予学位、不颁发毕业证、撤销已颁发的学位证书、学历证书或者其他学业证书等
概括性、低密度的法律保留	1. 基于学术原因使学生身份发生变化的惩戒，如强制退学、不授予学位、不颁发毕业证、撤销已颁发的学位证书、学历证书或者其他学业证书等 2. 基于非学术原因的除引起学生身份发生变化之外的严重影响学生基本权利的惩戒。如记过、留校察看、强制休学等
不适用法律保留	1. 基于学术原因的所有不涉及学生的身份发生变化的惩戒，如课程考核记为无效，重修或补考，留级或降级，取消免试推荐研究生申请资格，取消荣誉称号等 2. 基于非学术原因的不严重影响学生基本权利的惩戒。如警告，严重警告，削减或取消奖学金、贷学金，赔偿经济损失，小额罚款，赔礼道歉，取消免试推荐研究生申请资格，取消荣誉称号等

① 这些惩戒形式根据《普通高等学校学生管理规定》(2017) 主要包括：第 10 条、第 11 条、第 13 条、第 15 条、第 20 条、第 25 条、第 30 条、第 31 条、第 32 条、第 33 条、第 37 条、第 51 条、第 52 条等。

当大学校规所规范的对象是为实现学术自由以及大学的教学与研究功能所必要的非学术性事项时，由于这些事项虽属于大学自治的范围，但它们并非是大学自治的核心领域，所以，这些事项在对抗法律优位原则的强度上很弱小。除非因相关法律规定所引起的对大学自治侵害的后果远大于其所欲实现的利益，否则，必须遵循相关法律规定。如果相关法律规定也有宪法上的依据，则即便相关规定可能会对大学产生一定的负面影响，那么校规也要遵循这一规定。

当大学规章所规范的对象不属于大学自治范围的事项时，大学必须严格遵循法律优位原则。如大学内存在的一些非关学术或教育的一般社会共通性的事项，如在消防、保安、卫生设备等方面，就没有行使自治权的空间，应与一般社会机构同样地服从法律之规定，① 恪守法律优位原则。

当然，国家立法权与大学自治立法权通常情况下并非是对立的。实践中，大学自治规章常常是在立法已有一定原则规定的基础上根据自身情况进行具体的规定，大学自治规章制定权基本上是在法律范围内行使。如在美国，通常情况下，作为惩戒直接依据的校规不能同联邦、州的相关立法相抵触，否则高校据此做出的惩戒决定会被法院宣布无效。② 在德国，大学的自治规章"虽然是衍生自国家法律的法源，然却非因此就是国家位阶的法律，仍然是次位阶之自治法，该自治法必须在国家法律所勾勒的范围内本于自主权所制颁。惟国家法律所勾勒的范围不得侵犯自治特质领域，例如学术自由，国家机关如教育部或立法院不得以法律或行政命令规定大学教学、研究的模式与运作，必须委由各大学自行制定自治规章来规定"③。

2. 大学规章制定权：源于法律授权

（1）我国大学自治权：源于法律授权的办学自主权

近现代大学的真正渊源在西方，我国缺少欧洲古典意义上的大学自治观念，近代中国是伴随着"西学东渐"才引进了西方的高等教育制度。我国大学的建立和发展是在国家面临巨大危机的情况下进行的，是国家用于富国强兵的工具。④ "这种工具主义的思维使我们的大学难以摆脱政府的影响而成为一个自治

---

① 转引自周志宏. 学术自由与高等教育法制 ［M］. 台北：台湾高教出版，2002：247.

② William A. Kaplin, Barbarn A. Lee. *The Law of Higher Education* ［M］. San Francisco：Jossey – Bass, 2013：33.

③ 董保城. 教育法与学术自由 ［M］. 台北：台湾元照出版公司，1997：33 – 34.

④ 吴式颖，阎国华. 中外教育比较史纲近代卷 ［M］. 济南：山东教育出版社，1997：559.

的实体"①。1995 年《教育法》列举承认了学校的权利。② 1998 年《高等教育法》以法律的形式确认了高校的自主地位，③ 并对高校的自主事项做出了法律上的规定。④ 2015 年《高等教育法》迎来首次修订，⑤ 修订内容并不涉及直接规定高校自主权的第 11 条和第 32 至第 38 条。

在我国，扩大高校办学自主权从一开始就不是一个"学术自由""学术自治"范畴的概念。⑥ 从实践的角度来看，高等学校的自主权是国家逐步下放并最终由法律予以确认的权力，是来源于法律的授权。决定大学自主权的不是学术自由，也不是学术本身，而中国的大学自治权是由法律所创设的，大学并不当然拥有自治的权限，从而，大学自治权的内容全部是由立法者形成的，法律没有明确赋予大学的权限，就不是大学自治权的范围。加上我国高等教育立法（包括《教育法》和《高等教育法》）主要规定高等学校的自主权力，没有对政府的管理权力范围做明确界定，从而，很多时候被解读为除了法律规定的那些属于高等学校法人的权利，其他剩余的所有权力都属于政府。⑦ 这种逻辑与定位显然与西方法治国家基于保障宪法的学术自由，且本身也受宪法直接保障的大学自治权大相径庭。所以，我国语境下的"大学自治"仅是"依法自主办学"，是一项普通法律上的权力，并非具有宪法位阶的权力。

（2）我国的大学自治立法权：来源于法律授权的规章制定权

按照当前高校自主权的特殊定位——高校自主权来源于法律授权，作为其表现形式之一的大学自治立法权自然同样源自法律的规定，其制定权限自然也取决于法律授权的大小。高校制定的校规尚无法在正式的法律体系中找到自己的位置，甚至都不属于其他规范性文件的范畴。

于是，高校校规取得合法性的前提是必须严格遵守上位规范的要求，不得与法律、法规、规章相抵触。这样导致的结果是：一方面，如果上位规范做出了不符合学术自由与大学自治理念或侵害师生权利的规定，高校校规也必须照抄照搬。另一方面，在没有上位规范做规定的情况下，高校校规不能对相应事

---

① 何兵，赵鹏. 从专业课程设置析大学自治与政府管制［J］. 行政法学研究，2005（2）：29.

② 《教育法》第 28 条。

③ 《高等教育法》（1998）第 11 条规定："高等学校应当面向社会，依法自主办学，实行民主管理。"

④ 《高等教育法》（1998）第 32 - 38 条。

⑤ 2015 年 12 月 27 日第十二届全国人民代表大会常务委员会第十八次会议通过。

⑥ 熊庆年. 对落实高等学校办学自主权的再认识［J］. 复旦教育论坛，2004（1）：66.

⑦ 申素平. 高等学校法人与高等学校自主权［J］. 中国高教研究，2005（5）：9.

项做出规定。当然，在现实中也有不少高校校规在没有上位规定的情况下自行做出一些规定。其中既有一些是符合学术自由与大学自治理念，也有很多是违背这一理念的，然而，当它们在遇到大学成员提起诉讼时，遭遇往往都是一样的，都时常会被法院以缺乏相应法律依据，或不符合上位规范为由予以否定。因此，如果固守我国现行高校自主权的定位，上位规范的制定者在制定相关法律规范时，又缺乏宪法上学术自由与大学自治的理念，没有在应属于大学自治的事项上留给各高校足够的自主空间，那么，大学自治立法权的权限就非常狭小，大学校规的大多数规定甚至只能是"复制"上位法律规范。

当然，如果立法者在制定上位规范时能够以学术自由与大学自治的理念为指导，在应属于大学自治的事项上授权给高校自己决定，那么大学自治立法权的权限又会有所扩大。显然，这种取决于法律授权的大小，随上位规范修改而更迭的大学自治立法权仍然是极为脆弱的，今天可以通过修改立法"放权"，明天同样也可以通过修改立法"收权"。显然，这与西方法治国家的大学自治立法权有很大区别。事实上，无论是法律保留原则在大学领域的特殊适用，抑或是司法权对大学领域学术事项的"恩宠有加"，其真正原因并不在于高校被法律定位为怎样的组织（行政机关抑或事业单位，还是法律、法规、规章授权的组织），而是在于大学本原的特殊性上。尽管我们不否认大学自治在同质化的背后各国可有、也应有自己的特色，但是，中国高校在高等教育改革与法治建设进程中，要谋求深层发展，建设世界一流大学，就必须从这一本原上去思考问题，必须重新考虑学术自由和大学自治在我国的定位。我国包括大学规章制定权在内的大学自主权的根本保障最终还要有赖于确立宪法位阶的学术自由与大学自治。①

（四）大学惩戒权的实施

如前所述，大学自治中学术事项与非学术事项应当予以差别对待，就大学惩戒权而言，我们基于发生原因的不同可以分为，基于纪律（非学术）原因大学惩戒权（简称纪律惩戒权或纪律处分权）和基于学术原因大学惩戒权（简称

---

① 这并非意味着一定要修改宪法，可以通过解释我国宪法第47条予以确立。有学者深入研究认为，我国宪法中规定的科学研究自由，在外国宪法中多规定为学术自由或学问自由，因此可以吸收和移植域外宪法学理论关于学术自由的诠释资源，来丰富我国科学研究自由的权利内涵。遵循宪法解释学的路径，运用基本权利的客观价值秩序理论，可以架起科学研究自由通往我国高等教育制度的桥梁，以科学研究自由为宪法基石构筑我国现代大学法制，从根本上破解我国高等教育"行政化"的顽疾。详见王德志. 论我国学术自由的宪法基础［J］. 中国法学，2012（5）：5.

学术惩戒权）。前者主要是行政权力的行使，而后者主要是学术权力的行使，尽管两者都源于学术自由，都要以学术自由为前提，但是，基于学术权力与行政权力特性的不同，两者在法律规制，以及司法介入上都有差异。本节关于大学惩戒权的实施将基于两种不同类型分别予以论述。

1. 基于纪律原因大学惩戒权的实施

通过正当程序规范大学纪律处分权，既是高校学生权利保护的一项重要内容，也是大学提高学生管理水平的客观要求。近年来，我国许多高校诉讼案都折射出学生纪律处分程序制度存在不少缺陷。本部分将重点研究我国大学校规中纪律惩戒正当程序条款存在的问题及改进意见，包括我国宏观层面的立法和微观层面的大学惩戒实施过程考察。在此过程中，将与美国代表性的公立大学相关制度进行比较研究。①

（1）我国当前学生纪律处分程序制度的立法层次不高，亟待提升

我国教育立法很长时间对高校处分学生的程序关注极少。《教育法》与此相关的只有第42条规定："受教育者享有下列权利：……（四）对学校给予的处分不服向有关部门提出申诉，对学校、教师侵犯其人身权、财产权等合法权益，提出申诉或者依法提起诉讼；……"此条规定对处分决定作出前的程序没有涉及。《高等教育法》第41条规定了对学生进行处分是高校校长的职权之一，2015年修改的《高等教育法》第42条才将调查、认定学术不端行为明确为高等学校学术委员会的一个重要职责，但对具体的惩戒程序也没有涉及。另外，《学位条例》第17条规定："学位授予单位对于已经授予的学位，如发现有舞弊作伪等严重违反本条例规定的情况，经学位评定委员会复议，可以撤销。"此条规定对因学术不端行为撤销学位的程序规定也极为简略。相对而言，关注最多的是2017年修订的《普通高等学校学生管理规定》（简称《规定》）。但是，《规定》仅属于部门规章，法律位阶低。在美国，作为公立高校学生纪律处分程序制度建立依据的主要是宪法上的正当程序条款以及包括联邦最高法院在内的各级法院的判例。② 显然，我国《教育法》《高等教育法》《学位条例》等相关立法应当对学生纪律处分程序予以足够重视。

---

① 本部分以"美国公立大学三巨头"之称的加州大学伯克利分校（University of California – Berkeley，简称伯克利分校）、密歇根大学安娜堡分校（University of Michigan – Ann Arbor，简称安娜堡分校）、伊利诺伊大学厄巴纳－香槟分校（University of Illinois at Urbana – Champaign，简称香槟分校）为例，进行比较研究。

② 当然，也会依据一些相关立法。例如关于学生纪律处分记录等信息的保护要遵守《家庭教育权和隐私法》（Family Educational Rights and Privacy Act，简称 FERPA）。

（2）学生纪律处分机构的民主性与中立性不足，处分过程的行政色彩亟待淡化

关于学生纪律处分机构，《规定》仅明确：对学生作出取消入学资格、取消学籍、退学、开除学籍或者其他涉及学生重大利益的处理或者处分决定的，应当提交校长办公会或者校长授权的专门会议研究决定，并应当事先进行合法性审查。（第56条）学校应当成立学生申诉处理委员会，负责受理学生对处理或者处分决定不服提起的申诉。学生申诉处理委员会应当由学校相关负责人、职能部门负责人、教师代表、学生代表、负责法律事务的相关机构负责人等组成，可以聘请校外法律、教育等方面专家参加。（第59条）除此之外，并无具体规定。例如不知校长办公会或者校长授权的专门会议是否应当有教师代表参加，如参加多大比例等。

对于处分过程，《规定》明确：被处分学生在学校做出处分决定之前享有陈述和申辩的权利；学校对学生做出处分，应当出具处分决定书，送达本人；（第55条）学生接到处分决定书之日起10日内，可以向申诉处理委员会提出书面申诉。（第60条）显然，教师和学生代表或者聘请校外法律、教育等方面专家只能参与处分做出后的申诉过程，而无明确规定可以参与处分的首次做出过程。而且即便对于申诉过程，也没有明确以上中立人员的数量和比例，很容易沦为点缀。

实践中，根据处分的严重性大小设计不同层级的处分做出程序，几乎是我国高校学生纪律处分程序的"模板"。以北京大学为例，在此先结合该校2005年和2017年两次修订的学生违纪处分规定进行一个纵向比较考察，再与美国相关制度进行横向比较分析。

根据《北京大学学生违纪处分条例》（2005年修订）第9条的规定，对学生处分的做出程序，根据处分的严重性大小分为三个层次：记过及以下；留校察看；开除学籍。记过及以下处分由院办公会决定，院主管领导批准；留校察看由学生工作部、教务部或研究生院决定，校主管领导批准；开除学籍由校长会议做决定。① 下面笔者将这三个层次处分的做出过程用图示表示如下：

图7-1　给予学生记过及以下处分过程图

---

① 详见《北京大学学生违纪处分条例》（2005年）第9条第1、2、3款规定。

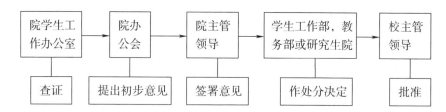

图 7 - 2 给予学生留校察看处分过程图

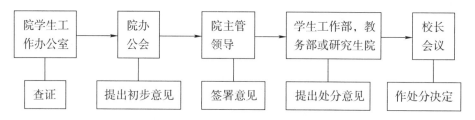

图 7 - 3 给予学生开除学籍处分过程图

显然，上述学生处分机构都是中国高校里的常设行政机构，由高校行政人员组成，没有教师代表和学生代表的参与。上述三个层次处分决定做出机构的区分，也大体遵循这样的逻辑：处分的严重程度与做出处分机构的级别或实际职权大小成正比。

以北京大学为例，根据现行《北京大学学生违纪处分条例》（2017 年 6 月 13 日第 923 次校长办公会审议通过）第 9 条，以前三个层次处分过程被合并为两个层次：留校察看及以下和开除学籍。对于留校察看及以下处分的，主管部门（教务部、研究生院或学生工作部）对院系提出的处理意见进行审核，提交教务长办公会或学生事务办公会决定；对于拟给予开除学籍处分的，提交教务长办公会或学生事务办公会研究决定，并事先进行合法性审查。① 根据其最新的规定，主要变化是：其一，除了医学部之外，其他院系以及主管部门（教务部、研究生院或学生工作部）均没有纪律处分的决定权；其二，学生纪律处分的决定权归于校长授权的教务长办公会或学生事务办公会。取消主管行政机构的处分决定权是个进步，相比以前行政化色彩有所淡化，但是教务长办公会或学生事务办公会组成人员如何避免行政化，如有无师生代表参加等，从规定上不得而知。

---

① 其第 11 条第 2 款规定："校长授权教务长办公会对学生违反学习纪律、考试纪律和学术纪律的行为做出处分决定，授权学生事务办公会对学生其他违纪行为做出处分决定，授权医学部部务会对医学部学生的违纪行为做出处分决定。"

而且，实践中，相比北京大学 2017 年的新规，其 2005 年根据处分的严重性大小设计不同层级的处分做出程序在我国高校学生纪律处分程序中更具有的"模板"价值。我们从中可以看出，高校做出处分学生的决定，特别是严重的处分一般都要经过层层审批，并非随意做出的。然而，该过程很大程度上是学校单方设定的内部程序，似乎只是履行审批手续，并非现代法律程序。因为现代程序的一个重要特征就是平等参与，对等沟通，充分交涉。① 然而，整个处分作出过程中虽然融入了一些现代程序的理念，如给学生申辩的机会，经本人申请，各院（系、所、中心）可以召开听证会，听取意见（北京大学 2005 年规定第 13 条，2017 年规定 12 条）。但是，对于如何保障学生的申辩权并没有具体规定，对听证会是否举行，如何举行，听证人员的组成，听证记录与处分决定的关系等关涉听证是否流于形式的重要程序未做任何规定，当事学生的对等沟通，充分交涉难以实现。而且，处分做出过程中没有教师和学生代表的参与，导致处分过程几乎都是由校方管理层决定，彰显的是行政化倾向的管理思维。

而在美国，学生处分机构的民主色彩很浓。无论是伯克利分校的学生行为委员会、听证小组、独立听证官、② 顾问评论委员会，还是安娜堡分校的学生解决小组、申诉委员会、法学院学生纪律处分委员会，③ 抑或香槟分校的评议会学生处分委员会、行为附属委员会、学院学术处分委员会等都要求教师和学生成员占主导地位，甚至完全由师生代表组成，④ 充分体现了民主性与中立性。为保证听证能真正发挥实效，美国大学要求听证过程被录音、录像或者制作笔录，处分决定要依据听证认定的事实作出。从其处分过程看，无论是非正式程序，还是正式程序都重视让当事学生平等地参与到处分程序中来，通过充分的、平等的发言机会进行对等沟通，充分交涉。相较于我国当前高校的处分程序，其民主性与中立性强，权力色彩很淡。

基于维护大学自主权的考虑，本文无意提出一个适用于中国所有大学的制度模板，相反，不同大学具体的制度设计也不应该是完全相同的，⑤ 但是，无论怎样的制度设计，无疑都应该关注学生纪律处分机构的民主性与中立性以及

---

① 参见孙笑侠. 程序的法理 [M]. 北京：商务印书馆，2005：27.

② Berkeley Campus Code of Student Conduct [DB/OL]. 载伯克利网，2018 - 03 - 09.

③ Statement of Student Rights and Responsibilities [DB/OL]. 载密歇根大学网，2019 - 01 - 09. 安娜堡分校学生学术不端行为由各学院依据学院规定处理。各学院相关规定参见 Honor Codes at the University of Michigan [DB/OL]. 2019 - 01 - 26.

④ Student Disciplinary Procedures（Approved by SCSD on September 25，2017）[DB/OL]. 载伊利诺伊大学网，2019 - 01 - 26.

⑤ 前述三所美国大学的相关制度也体现了学生纪律处分制度统一性与多样性的结合。

淡化处分过程的行政色彩。处分过程应该保障当事学生与师生代表的参与。即便是不举行听证的案件，也应保障当事学生的平等参与，允许学生提出证据和依据以及对不利于他（她）的证据进行辩驳，以保障学生的申辩权。

（3）处分决定作出前的程序相对被轻视，亟待重点保障

《规定》较之以前的立法，明显重视了被处分学生的程序性权利，进步之处不容否认。但是我们也不难发现，它存在轻视处分做出前程序，重视处分事后救济程序的问题。

《规定》虽然专章规定了"学生的权利与义务"，但是该章对处分做出前的告知义务规定不明确；对如何听取学生的陈述和申辩没有具体规定；对听证程序没有任何规定。这意味着学生即使面临开除学籍的处分，也没有要求听证的法定权利。

与处分做出前程序规定语焉不详相比，《规定》对于处分事后救济程序着墨较多。第53条要求："处分决定书应当包括学生的基本信息，作出处分的事实和证据，处分的种类、依据、期限，申诉的途径和期限等。后面又连续6条（第59至64条）分别规定了校内申诉机构、申诉的提起、申诉的复查、校外申诉的提起、处理等事后救济程序。

与此不同的是，在美国，正当程序保护的重心是处分决定的最初作出过程，申诉作为救济手段只是用来"拾遗补缺"，要有正当理由才可以提起。与申诉制度的完善相比，处分决定做出过程的完善是"源头上"的完善。

我们认为，在纪律处分程序制度中亟待保障的学生权利主要有：

①受告知权。受告知权的保障贯穿处分过程每个阶段，不能轻视处分决定作出前学生的受告知权。2017年《规定》相比2005年，一个进步在于其第55条增加规定：在对学生作出处分或者其他不利决定之前，学校应当告知学生作出决定的事实、理由及依据。为了保障学生受告知权，高校处分作出前给学生的通知要载明：被指控行为的概述，该行为所违反的校规，可能面临的处分，享有陈述申辩或者听证的权利等。当然，通知要给予学生足够的时间以准备辩护。

②听证权。听证权是现代法律程序的重要内容，应该予以保障。不过，鉴于我国大学的实际情况，可以合理限制正式听证的适用范围。但是至少应该保障面临涉及学生身份关系改变或者毕业证、学位证授予①的学生有要求正式听证的权利。正式听证应该由一个中立的听证机构（如听证小组）负责，最终处

---

① 当前，中国有不少高校规定受到记过及以上处分的学生不予颁发学位证。

分决定应当依据听证笔录认定的事实作出。

③查阅和复制案件资料权。为保障学生能够更好地维护自己的权益，被控学生应该有权利查阅和复制处分过程中的案件材料。

④隐私权。案件处理过程中，学校应该注意保护学生的隐私权，学生的处分记录应该纳入隐私权的保护范围，高校不能指名道姓地公布学生的违纪处分。

（4）学术违纪行为的特殊性缺乏足够关注，此类处分程序的差异性亟待彰显

前述 2015 年修改的《高等教育法》虽然将调查、认定学术不端行为明确为高等学校学术委员会的一个重要职责，是个进步。但是，该法并没有对学术违纪行为的成分程序做出规定。《规定》没有关注学术违纪与一般违纪行为惩戒程序的差异，各高校普遍关注不够。如《北京大学本科考试工作与学习纪律管理规定》（2017 年修订）在违反考试与学习纪律的认定及处理上，明确了院系相关教师或专家小组在认定抄袭、篡改、伪造等事实方面的作用，该环节体现了学术违纪行为的特殊性。不过，其第八章虽然专章规定"违反考试和学习纪律的处分程序"，但是难以称其有实质性进步，因为该部分的规定没有充分关注学术违纪行为的特殊性。最后学术性违纪作弊还是依照前述《北京大学学生违纪处分办法》中颇具行政色彩的程序处理。

美国高校很关注学术不端行为的特殊性，根据美国学者的考察，上世纪90年代就有超过 2/3 公立高校的纪律处分程序，对学术违纪与一般违纪行为作了区分。① 美国大学很重视学术诚信，对学术行为的规范与处分覆盖学生整个学习过程，并不像国内多数限于关注考试和毕业论文，且处理过程中很重视教师和学术组织的作用。

我国大学应该重视学生整个学习过程中的学术规范，鉴于学术违纪涉及纪律和学术两个方面，处理此类案件不仅需要事实认定，也需要学术判断，从而，处理学术不端行为案件的程序，要尊重教师和学术组织的学术判断权，听证机构要保证教师代表的比例最高。

应予提及的是，包括高校学生惩戒程序在内的相关制度的完善，应当充分发扬民主。如在前述加州大学伯克利分校的规章中就规定：在修订伯克利学生行为守则时，除非是基于全校范围相关政策的调整，或者来自法律的特别规定。否则，校长必须咨询教师、教工人员和学生的意见，包括学生组织代表们的意

---

① Curtis J. Berger, Vivian Berger. Academic Discipline: A Guide To Fair Process For The University Student [J]. *Columbia Law Review*, 1999, 99（2）: 297.

见。大学社区的任何成员在任何时间都有权利向校长提交修改学生行为规则书面的建议，在正式修改学生行为守则前，所有的修改意见都要提交分管法律事务的副校长办公室，以审查确保其与全校政策以及法律相一致。① 在实际中，学生参与涉及其利益的高校政策的制定，已经成为众多大学学生都享有的权利。②

2. 基于学术原因大学惩戒权的实施

（1）原理阐释：学术惩戒权关涉学术判断，不需要遵循严格的正当程序要求

对于纪律惩戒学生，高校一般要遵循较严格的程序要求，因为主要涉及学生与学术无直接关联的、触犯校规或法律的行为，主要是与学术判断无涉的事实调查与事实认定。"它依赖于对有关被指控过错行为的事实的收集，而这很容易受目击者观点的影响。在这种情况下，给予一个高校的委员会或行政机构有机会仔细地听取双方的意见是最好地保护所有人员权利的办法。"③

而对于学术惩戒，因为关涉学术判断，一般不需要遵循严格的程序要求。正如美国联邦最高法院所指出的，"这样的判断性质上比一般纪律决定中的事实问题更具有主观性与可评价性，和一个独立的教授给予学生评分的决定一样，是否基于学术原因辞退一个学生的决定也需要在连续信息基础上的专业评判，并不容易适应司法或行政中的程序工具。在这样的情况下，我们不愿意忽视教育者已经形成的判断而使听证在学术退学中正式化"④。"一个公开的听证对为了查明学生行为不端所要进行的事实调查（fact‐finding）或许是有用的，但其对有关学术真理的探究则无裨益"⑤。

英国学者也表达了类似的观点：大学里涉及有争论的事实与证人可信度的惩戒，也即基于纪律原因的惩戒更适合于通过交叉质询证人的口头听证的形式来处理。而对于学术性原因的申诉，则因为其本质上的主观性而不适合这种

---

① Berkeley Campus Code of Student Conduct［DB/OL］. 载伯克利网，2018‐03‐09.

② 在前述 1999 年美国哥伦比亚大学法学院的 Curtis J. Berger 与 Vivian Berger 两位教授调查中，159 所高校（92 所私立，67 所公立）里有将近 80% 的高校允许学生参与惩戒规则的制定。See Curtis J. Berger, Vivian Berger. Academic Discipline: A Guide To Fair Process For The University Student［J］. *Columbia Law Review*, 1999, 99（2）: 301.

③ Dixon v. Alabama state Board of education, 294 F. 2d 158‐59（5th Cir. 1961）.

④ Horowitz v. Board of Curators of University of Missouri, 435 U. S 78, 90（1978）.

⑤ 216 Mass. 19, 102 N. E. 1095, 1097（1913）.

方式。①

（2）实证调查：学术惩戒权的实施程序要求远低于纪律惩戒权

以上分析也可以从美国学者较大规模的实证调查结果中获得证实。1980 年美国弗吉利亚大学 Edward J. Golden 博士联系了美国 83 所公立大学，试图了解这些高校的学生在面临开除惩戒时受到程序保护的情况，② 但其只收到 62 所公立高校有关学生程序保护信息。作者依据多项指标分析了这些高校学生面临基于纪律原因或学术原因被退学、开除、停学等严重惩戒时，受程序性正当程序保障的情况。

调查发现，美国学生学术惩戒所受保障的程序性正当程序权利远少于纪律惩戒。主要表现为：第一，在数量上，为纪律惩戒学生提供程序保障的高校占93.5%，学术惩戒程序保障仅占 51.6%。第二，在设置听证程序方面，62 所公立高校里有 54 所为基于纪律原因退学、开除等严重惩戒设置了听证程序，比例高达 93.1%。而为基于学术原因退学设置听证程序的只有 10 所，不到调查高校总数的 1/6，即便在规定了学术惩戒程序的 32 所高校里，所占比例也不到 1/3。第三，听证举行规则方面，即便举行听证，听证规则差异也很大。在学术原因将学生退学惩戒中，确保被指控学生有权利传唤证人以及展示证据的占 1/4，提供书面通知的也仅占 1/4，且通知列出被指控的事实仅占 12.5%，列出听证的时间、地点仅占 18.8%，指出被违反的规则与留有准备时间的高校几乎没有（32所中仅有 1 所）。在基于纪律原因退学、开除等严重惩戒中，上述比例则分别是82.8%、82.8%、63.8% 和 46.6%。

时隔近 20 年，哥伦比亚大学法学院两位教授进行了一次更广泛的调查。③调查结果显示，大学纪律惩戒程序保障更充分了，如 159 所高校，超过 90% 的为被惩戒的学生提供听证的机会，且听证有完善细致的规则。几乎 90% 的高校不搞有罪推定，允许保持沉默。几乎 90% 的高校允许被指控的学生选择一个顾问（强调顾问须来自本校）。超过 90% 的公立高校保障学生与证人对面质证的权利等。

然而，学术惩戒学生的程序性正当程序权利则没有明显变化，两份不同

① C B Lewis. Procedure Fairness and University Students：England and Canada Compared ［J］. *Dalhousie Law Journal*，1985（9）：315.

② Edward J. Golden. Procedural Due Process for Students at Public Colleges and Universities ［J］. *Journal Law and Education*，1982，11（3）：338－359.

③ 随意选取了 222 所高校，收到回复 159 所（92 所私立，67 所公立）。See Curtis J. Berger，Vivian Berger. Academic Discipline：A Guide To Fair Process For The University Student ［J］. *Columbia Law Review*，1999，99（2）：294－301.

时期的调查共同展现了一个明显的事实：美国绝大多数高校对学术惩戒都适用不严格的正当程序，学术惩戒学生受保障的程序性正当程序权利远少于纪律惩戒。

由于在"田永案"与"刘燕文案"中暴露出了我国高校对学生程序保护的薄弱问题，于是重视程序的呼声越来越高，但是，有人在呼喊程序保护时，对于高校惩戒事项不加区分地要求高校都适用较严格的程序标准，似乎又走向了另一个极端。这种不分惩戒原因的性质一律要求所谓的听证不仅是不现实的，甚至还是违背事物规律的。对于纯学术原因的惩戒，如一律主张都要举行正式的听证，则势必会对学术自由造成不当的干扰。

当然，对于学术不端行为，也要注意其不同于一般违纪行为的特殊性。这一点前文已经予以论述。

（五）大学惩戒权的司法审查

1. 大学惩戒权司法审查的程序设置与范围

（1）司法审查的程序设置

设置申诉前置制度，并非排斥司法，而是出于以下考虑：首先，高等学校享有自主权的事实决定了司法不宜过早介入。由于大学惩戒权属于高校自主权范围，因此相关纠纷应首先交由高校自己通过内部申诉制度进行处理，这样做不仅是在实践大学自治权的基本内容（自治裁判权），而且还能够使高校获得一个自我检查与纠正的机会，并借助其在学术判断上的专业知识和能力做出科学合理的裁断。其次，高校内部的申诉制度如能良好运转，会有助于加强师生与校方的交流，营造民主管理的氛围，从而也有利于发挥高校的教育功能。再次，校内申诉机制相较于司法救济往往更为高效和便捷，在运转正常的情况下，不仅可以减少司法资源的耗费，还可以更快速地解决争端，避免高校因过多涉入司法纠纷而影响其正常的教学研究秩序。最后，司法对高校的纠纷并不是无所不为的。例如，涉及学术问题的纠纷，其救济的展开往往需要许多专业性判断，因此，法院通常会保持非常谨慎的态度。尽管在现代法治之权利救济理念要求下，法院会选择予以介入，但一般会要求上诉方首先穷尽校内救济。

例如，在美国，大学与师生之间因执行校规发生纠纷基本上都适用穷尽校内救济原则（"exhaustion – of – remedies" doctrine），该原则就要求学生在寻求司法审查前，必须先穷尽所有可能的校内救济。这一原则对于大学避免遭遇诉讼泛滥的威胁尤为重要。绕开校内救济而径自提起诉讼的，法院一般是不予受理的。① 与此相应，美国高校内部也普遍为师生设有申诉机构。

我国台湾地区也实行司法审查的申诉前置程序。其《大学法》在1994年就规定了学生申诉制度。1995年台湾地区"司法院"第382号解释要求被惩戒学生在寻求司法救济前，必须"用尽校内申诉途径"。我国大陆也有学生校内申诉制度。

而对于校外申诉，则不应再作为诉讼的前置程序。因为教育行政部门的救济从专业性和时效性来讲，并不比校内救济优越，从权利保障和公正性，行政救济又不比司法救济优越，它却有可能为政府干预大学开辟方便之门。② 当然，出于经济和减轻我国司法压力的考虑，可以作为一种选择性程序，即穷尽校内救济后，可以选择校外申诉，也可以选择诉讼。

（2）司法审查的范围

关于司法审查的范围。美国目前的司法立场基本如此，只要师生"穷尽校内救济"，法院不会直接将案件据之门外，具体如何审理，有一套成熟的教育案件审判经验以及经典判例为指导，靠法官在审查强度上适度拿捏。③

如前所述，以德国为代表的大陆法系国家，曾长期受"特别权力关系理论"的影响，高校与师生的关系被排除于司法救济的范围。直到上个世纪50年代，依据乌勒的理论，将涉及"基础关系"的行为纳入了行政诉讼范围。1972年以后，依据"重要性理论"，涉及人民基本权利的"重要事项"，均需要接受司法审查。④

我国台湾地区1995年"司法院"第382号解释首次允许学生提起行政诉讼，但限于"对学生所为退学或类似之处分行为，足以改变学生身份并损及其受教育之机会"。2011年第684号解释，对于涉及侵害学生受教育权或其它基本权利的限制处分或其它公权力措施，已不作限制，普遍承认其可纳入司法审查范围。

当前，我国大陆关于大学惩戒权判决中，司法普遍还是以惩戒是否涉及学生身份丧失与否等重大权益为受案的标准。例如在2018年的郭屹林诉武汉理工大学案件中，法院明确指出，"在高校对学生的管理中，除涉及学生身份丧失与

① William A. Kaplin, Barbarn A. Lee. *The Law of Higher Education* [M]. San Francisco: Jossey – Bass, 2013: 116 – 118.

② 邓世豹. 论司法介入大学管理三原则 [J]. 高教探索, 2004（1）: 27.

③ William A. Kaplin, Barbarn A. Lee. *The Law of Higher Education* [M]. San Francisco: Jossey – Bass, 2013: 1141 – 1234.

④ 翁岳生. 行政法与现代法治国家 [M]. 台北: 台湾大学法学丛书, 1990: 145 – 147.

否等重大权益的行为属行政诉讼受案范围外，高校对学生学业等管理活动属高校自治范围，不属行政诉讼受案范围"①。

我们认为，从总体发展趋势看，高校纠纷司法审查的范围是逐渐扩大的，立法者在决策时，最重要的就是如何将"现实可行性"与"前瞻性"很好地结合起来。大陆当前司法审查大学惩戒权的范围既不宜以"涉及师生身份改变"之侵害行政为已足，也不宜"一步到位"将所有对师生员工基本权利有不利影响的决定统统纳入审查范围。应该在将"涉及师生身份改变"惩戒纳入的基础上，适度有选择性地将其他一些对师生基本权利有重要影响的惩戒决定纳入审查范围。最高法院可以通过出台相关司法解释厘清司法审查的范围。

在下面两部分中，我们重点研究司法如何审查大学纪律惩戒权和学术惩戒权，将梳理相关案例，考察司法对于两者的审查立场。

需要特别提及的是，鉴于有时某一纠纷到底是纪律性的还是学术性的，很难区分清楚，往往不是单纯的学术或纪律问题，而是两者混合在一起。例如学校对学生学术剽窃的认定与惩戒多数属于此类混合性质。在判例中，对于学术与纪律问题纠缠在一起，但各自所占比重严重不均衡的案件，法院则时常会在其中进行权衡，做出倾向一边的判决。如果感觉惩戒更多的是涉及学术判断，就会做类似于学术惩戒的审查。② 如果认为主要是纪律原因或涉及事实认定则又会做类似于纪律性惩戒的审查。③ 所以，在司法实践中，所谓的混合原因惩戒还是会时常倒向两种类型中的一种，本部分的论述也是按照这一逻辑开展。

2. 基于纪律原因大学惩戒权的司法审查

（1）大学纪律惩戒权的程序审查

①美国：正当程序的要求应视指控的性质、严重性以及个案情形而定。美国司法对高校纪律惩戒学生行为的审查经历了从消极不介入到加强程序审查的变迁过程。1961 年，在狄克逊诉阿拉巴马州教育委员会（Dixon v. Alabama state Board of education）案中，④ 法院认为在高校学生的学业中有宪法保护的利益，当这一利益被侵害时应当受到宪法正当程序条款的保护。从而，首次将宪法的正当程序条款适用于公立高校纪律惩戒学生行为。对高校纪律惩戒学生，

---

① 郭屹林、武汉理工大学教育行政管理（教育）二审行政判决书（湖北省武汉市中级人民法院行政判决书（2018）鄂 01 行终 153 号）。

② 如 Horowitz 案，Maureillo v. University of Medicine & Dentistry，781 F. 2d 46（3d Cir. 1986）。

③ 如 Brookins v. Bonnel，362 F. Supp. 379（E. D. Pa. 1973）.

④ 294 F. 2d 150（5th Cir. 1961）.

法院认为它不同于基于学术原因将学生退学，主要不涉及学术判断，更多的是
事实调查，而听证之类的严格程序有助于事实的查明，从而在纪律处分案件中，
如果处分对学生的权益影响较大，法院总体上要求高校遵循较严格的程序。至
于什么样的程序才是正当的？法院一方面为开除、停学等最典型的纪律处分提
出遵循正当程序应达到的最低要求，强调程序标准的原则性。要求公立学校开
除学生的校规必须明确学生不低于以下标准的程序性权利：高校必须给予学生
通知和听证的机会。这并非要求完全的司法听证，但应当包括事先通知学生对
他的具体指控以及理由与依据，给学生提供不利于他的证人和证据的情况（包
括提供证人的名单以及他们将为哪些事情作证），保障学生能向一个委员会或学
校官员展示自己的证人、证据，以及对不利于他的证据做出答辩的机会，听证
的发现与结果要以报告的形式向学生公开以便其检查。① 该案是高校学生纪律
处分里程碑式的案件。建立学生纪律处分程序制度开始成为高校的法定义务。
在 1975 年戈斯诉洛佩斯（Goss v. Lopez）案中，② 联邦最高法院又确立了学校
在停学处分必须给予学生的程序性权利：学生面临停学和类似对其所受保护的
财产利益有干扰的处分时，必须被给予某种形式的通知和某种形式的听证，以
确保其有机会听取学校的解释和表达本人的立场。

另一方面，法院强调正当程序的要求应视指控的性质、严重性以及个案
情形而定，程序标准应当与学生的过错和面临惩戒的严重程度相适应，强调
灵活性。法院分析个案情形，时常运用马休斯案的"利益衡量标准"裁决学
校给学生的程序保障是否符合正当程序要求。戈斯案提出了遵循正当程序所
应达到的最低要求，但这主要指停学及类似的学生权利受到较大影响的惩戒。
面对轻微的惩戒或者更严格的惩戒，高校遵循程序标准又应该有所区别。"为
了实现公正，在特定环境下怎样的程序保护是正当的，将随着被指控行为过
错的严重性以及拟将给予惩戒的严重性改变而改变。"③ "在对学生权利影响
较小的案件里，法院并不仔细列出学校需要遵循的程序，实际上，在一些涉
及学生权利很轻微的案例里，法院建议学校只要遵循很少的程序，甚至不要
求遵循什么具体的程序。"④ 因为此时"对财产和利益潜在的剥夺是如此的轻

① Dixon, 294 F. 2d at 157 – 159.

② Goss, 419 U. S. at 565 (1975).

③ Michael Dannells, discipline. in Rentz, Audrey L. & Saddlemire, Gerald L. *Student Affairs in Higher Education* [M]. Springfield, Illinois: Charles C Thomas Publisher, 1988: 136.

④ James M. Lancaster, Diane M. Waryold, Linda Timm. *Student Conduct Practice*: *The Complete Guide for Student Affairs* [M]. Sterling, Virginia: Stylus Publishing, 2008: 74.

微，以至于很少的程序，甚至不遵循什么具体的程序也是正当的"①。而长期停学和开除显然要遵循比戈斯案更严格的程序要求，进一步，"当学生拟被惩戒的行为同时涉及犯罪时，高校的正当程序义务则会增加，因为学生此时会面临额外的风险以及关键的问题，一些通常由高校自主决定是否遵循的程序可能会成为宪法上的必然要求"②。法院此时对学校的程序要求会比一般的开除学生案件更严格。

美国司法注意大学惩戒程序的特殊性，法院一致认为，即便在学生行为涉及犯罪的案件中，大学惩戒程序也远不能等同于刑事司法程序。虽然听证时允许律师为学生提建议，但普遍不允许律师直接参与听证过程，代替学生发言。在听证会上，学生不能要求律师像在法庭上那样为自己辩护。大学普遍认为，惩戒做出过程是一个教育过程，学生被期望为自己辩护。针对有学生试图寻求让律师在高校听证会上扮演更加积极角色的诉求，法院一致予以否决。对于证明标准，法院适用的是"实质证据标准"（substantial evidence standard）。虽然有些高校采用"清楚且令人信服标准"（clear and convincing standard），但法院明确表示这不是司法的要求，刑事诉讼中的"排除合理怀疑标准"更是从来不被司法采用。③ 在强调保障学生权利的同时，司法历来重视高校惩戒程序与刑事程序的区别。法院指出："那种企图将学生惩戒程序与针对犯人的刑事程序相类比的观点是没有说服力的，大学惩戒过程的性质与程序不应该被要求遵循联邦刑法，那种刑事程序远不完美，它是为与学术社区无关的环境与目的而设计的。通过司法的指令给学术社区惩戒学生施加这种复杂而耗时的程序，将会有碍大学的教育过程，从而使大学的控制变得没有力量。"④ 从而如布莱克蒙

---

① Harvey A. Silverglate, Josh Gewolb, *FIRE's Guide to Due Process and Fair Procedure on Campus* [M]. Philadelphia: Foundation For Individual Rights In Education, 2014: 28.

② William A. Kaplin, Barbarn A. Lee. *The Law of Higher Education* [M]. San Francisco: Jossey - Bass, 2013: 1186.

③ See, e. g. Smyth v. Lubbers, 398 F. Supp. 777, 797 - 99 (W. D. Mich. 1975); Sill v. Pa. State Univ., 462 F. 2d 463, 467 (3d Cir. 1972); Speake v. Grantham, 317 F. Supp. 1253, 1281 - 82 (S. D. Miss. 1970); Jones v. State Bd. of Educ., 407 F. 2d 834, 836 (6th Cir. 1969); Keene v. Rodgers, 316 F. Supp. 217, 221 (D. Me. 1970); Esteban, 415 F. 2d 1077, 1088 - 90 (8th Cir. 1969) Reilly v. Daly, 666 N. E. 2d 439, 444 - 45 (Ind. Ct. App. 1996); Schaer v. Brandeis Univ., 735 N. E. 2d at 379 n. 9 (Mass. 2000).

④ General Order on Judicial Standards of Procedure and Substance in Review of Student Discipline in Tax Supported Institutions of Higher Education, 45 F. R. D. 133, 142 (W. D. Mo. 1968) (en banc).

（Blackmun）法官所言：“高校惩戒程序不需要以刑法和刑事程序中所盛行的标准加以衡量。”① “不能要求将教室变成了审判室”②。“问题不是听证是否理想或者能够更好一些，在所有的案件中，审查的核心是：在特定的情形下，听证是否是公正的，是否给予了学生符合正当程序本质要求的程序保障。”③ 不过，对于那些自愿为学生提供更严格程序保障的高校，法院通常持支持的立场，认为这有利于促进听证的公正性。④ 从而，大学在制定学生惩戒程序规定时既有章可循，又可以结合自身办学理念及实际情况彰显特色。

②中国：司法整体要求高校遵循比较严格的程序。关于纪律处分的程序审查，首先应予提及的是当年引起学界瞩目和高度关注的“田永案”⑤。该案一审法院认为：“……而且退学处理的决定涉及原告的受教育权利，从充分保障当事人权益原则出发，被告应将此决定直接向本人送达、宣布，允许当事人提出申辩意见。而被告既未依此原则处理，尊重当事人的权利……”这里，法院便对北京科技大学提出，实施退学惩戒必须要赋予被惩戒学生一定的程序性权利，包括应直接向本人送达惩戒决定，允许当事人提出申辩意见。显然，此处蕴含着正当程序的理念。在《最高人民法院公报》中，“原告”“被告”的称呼分别被改成“被处理者”“作出处理决定的单位”，反映了最高法院试图使个案中适用的正当程序原则能够成为一项普遍适用的要求。⑥

需要提及的是，随着司法实践中相关案件的增多，近年来，法院对常见的大学纪律处分案件程序审查要求的差异化已逐渐减少。此类案件中，凡是高校不保障学生程序性权利的惩戒，司法基本上都予不支持，反映法院对于大学行使纪律惩戒权应当遵循法定程序的一致态度，也体现了司法界对包括公立高校在内的公权力主体做出影响相对人权益的不利决定时，应当遵循正当程序的理念逐步得到比较广泛的认同。

（2）纪律惩戒权的实体审查

---

① Esteban v. Central Mo. State Coll., 415 F. 2d 1077, 1090 (8th Cir. 1969).

② Jaksa v. Regents of Univ. of Michigan (597 F. Supp. 1245, 1250 (D. Mich. 1984), aff d 787 F. 2d 590 (6th Cir. 1986).

③ Gorman v. University of Rhode Island 837 F. 2d 7, 16 (1st Cir. 1988).

④ William A. Kaplin, Barbarn A. Lee. *The Law of Higher Education* [M]. San Francisco: Jossey – Bass, 2013: 1186.

⑤ 该案判决书田永诉北京科技大学拒绝颁发毕业证、学位证行政诉讼案 [J]. 最高人民法院公报，1999（4）：139 – 142.

⑥ 何海波. 通过判决发展法律 [M] // 罗豪才. 行政法论丛：第 3 卷. 北京：法律出版社，2000：451.

①美国：除涉及第一修正案的惩戒，实体审查司法倾向于尊重立场。对于高校基于纪律原因惩戒学生的案件，美国联邦最高法院一直没有审理过，只是在1969年，审理过一个中学基于纪律原因惩戒学生的案件——Tinker v. Des Moines Independent Community School District 案。① 该案中，法院指出："学生的行为，无论教室外或教室内，也无论什么原因，如果对学校的教学产生实质性的影响，或者涉及到对其他学生权利的实质性干扰或侵犯，就不能受到宪法对言论自由的保护。"② 在此，最高法院强调学生行为只有在对学校的教学或其他学生权利产生实质性干扰或侵犯时，才会失去第一修正案的保护，成为惩戒的对象。虽然 Tinker 案涉及的是中学，但是，不久该原则就被运用到了高校相关案件。③

对于不涉及第一修正案权利的学生行为，美国法院在实体审查上往往持比 Tinker 案中"具体且实质干扰原则"更宽松一些的审查立场。只要大学能够证明学生的不端行为会对大学使命的实现产生不利影响，会有害于大学利益，法院一般就会在实体上予以尊重。如美国学者所言：对于纪律惩戒，法院虽然要求大学遵循正当程序条款，从程序上做严格审查，但是，对大学可以针对哪些具体的不端行为予以惩戒等实体问题，司法却持比较宽松的审查立场。自上世纪70年代末开始，法院就有好几个案例确立高校有权制定学生校外行为的规则，只要该规则提倡一种可信的教育关怀。④ 如在 Krasnow v. Virginia Polytechnic Institute 案中，⑤ 法院就高校惩戒权指出：其一，在惩戒方面，高校可以设定与其合法的使命、程序及功能相关的合理的学术与行为标准。当然，高校不能禁止其成员行使为宪法或法律所保护的权利，此类禁止与其合法的使命并不合理相关。其二，当高校既定的行为标准与其合法的使命、程序及功能合理相关时，就可以适用于学生校内、校外的行为，高校就可以禁止学生任何损害、干扰、或阻碍高校使命、程序及功能的行为。这一标准或许要求高校成员具有比一般民众更高的学术成就，也可能要求他们有更高的伦理与道德行为。⑥ 又如

---

① 393 U. S. 503 (1969).

② Id. at 513.

③ See, e. g. Healy v. James, 408U. S. 169 (1972)；Widmar v. Vincentanan, 454. U. S. 263 (1981)；Shamloo v. Mississippi State Board of Trustees, 620F. 2d 516 (5th Cir. 1980).

④ Laura L. Dicke, Wendy M. Wallace. Responding to Off－Campus Student Misconduct ［J］. Journal of Student Affairs, 1999 (8), 8.

⑤ 414 F. Supp. 55 (W. D. Va. 1976), aff'd, 551 F. 2d 591 (4th Cir. 1977).

⑥ 414 F. Supp. 55－56, (W. D. Va. 1976), aff'd, 551 F. 2d 591 (4th Cir. 1977).

在 Kusnir v. Leach 案中，① 法院认为："很明显，在学生的品行里，高校有重要的利益，高校可以视学生的校外行为是学生品行以及作为学生群体中的一名合格成员的一个反映。"②

概而言之，对于纪律惩戒中的实体审查，除涉及言论自由等第一修正案权利，否则很多法院既不强调学生行为对大学的损害必须是"实质性的"，也不认为应该由司法来决定是否有此损害，甚至强调大学有权利决定学生何种校外行为会有害于大学自身，对于实体上的问题，多数情况下，法院还是尊重高校的评判。③

这也如美国学者所言：关于学生惩戒纠纷案件，"实质正当程序扮演相对次要的角色，反映整体上趋于司法尊重的立场，因为不仅在学术领域，即便在学生纪律行为的案件中，诉讼结果往往大部分都是支持高校"④。

②中国：实体审查整体倾向于大学纪律惩戒不得重于上位法规定。关于纪律处分的实体审查，我国司法整体上倾向于大学纪律惩戒权应当符合法律、法规、规章规定的精神，不得重于上位法规定。关于该司法立场的论述，我们同样可以从"田永案"开始，该案中，被告北京科技大学依据是该校校规——"068 号通知"第三条第五项关于"夹带者，包括写在手上等作弊行为者"的规定，认定田永在补考过程中夹带公式纸条的行为（虽未发现其偷看纸条），是考试作弊，同时根据该通知第一条"凡考试作弊者，一律按退学处理"的规定，决定对田永按退学处理。

法院认为，被告可以根据本校的规定对田永违反考场纪律的行为进行处理，但是这种处理应当符合法律、法规、规章规定的精神，至少不得重于上位法的规定。国家教育委员会 1990 年《普通高等学校学生管理规定》第 12 条规定："凡擅自缺考或考试作弊者，该课程成绩以零分计，不准正常补考……考试作弊的，应予以纪律处分。"第 29 条规定应予退学的十种情形中，没有不遵守考场纪律或者考试作弊应予退学的规定。被告"068 号通知"，不仅扩大了认定"考试作弊"的范围，而且对"考试作弊"的处理方法明显重于《普通高等学校学

---

① 439 A. 2d 223 (Pa. Commw. Ct. 1982).

② Id. at 226.

③ See, e. g. Krasnow v. Virginia Polytechnic Institute, 414 F. Supp. 55 (W. D. Va. 1976), aff'd, 551 F. 2d 591 (4th Cir. 1977). Kusnir v. Leach, 439 A. 2d 223, 226 (Pa. Commw. Ct. 1982).

④ Perry A. Zirkel. Procedural and Substantive Student Challenges to Disciplinary Sanctions at Private – as Compared with Public – Institutions of Higher Education：A Glaring Gap? [J]. *Mississippi Law Journal*, 2014, 83 (4)：869.

生管理规定》第 12 条的规定，也与第 29 条规定的退学条件相抵触，应属无效。

一审宣判后，北京科技大学提出上诉。理由包括高校依法制定的校规、校纪及依据该校规、校纪对所属学生做出处理，属于办学自主权范畴，任何组织和个人不得以任何理由干预。二审法院认为，学校依照国家的授权，有权制定校规、校纪，并有权对在校学生进行教学管理和违纪处理，但是制定的校规、校纪和据此进行的教学管理和违纪处理，必须符合法律、法规和规章的规定，必须保护当事人的合法权益。北京科技大学对田永给予退学处理，有违法律、法规和规章的规定，是无效的。最后驳回上诉，维持原判。该案后来也成为最高人民法院的指导性案件，对下级法院类似案件的审理发挥着指导作用。① 当然，在司法实践中，如何理解学校规定应当符上位法的精神？特别是在基于非学术原因不予颁发学位案件中，司法立场并不完全一致，存在同类案件差异处理的问题，下文将有详述。

（3）纪律处分中的特殊案例：基于非学术原因不予颁发或撤销已颁发的学位

①美国。在美国，高校校规中关于不予颁发学位的事由并不限于学生学业上不符合要求，或者学术作弊，还包括严重的非学术性不端行为，特别是违法犯罪行为。因为高校普遍认为，学位不仅仅意味着学生符合了相应的学术要求，其内在还蕴含着学生在求学阶段的行为规范符合作为大学成员所应有的最低标准。很多大学校规都有类似规定，法院对此一般予以认同。如在 Haug v. Franklin 案中，② 德克萨斯大学奥斯汀分校的交通和停车规则，允许学校以学生不支付长期累积的大笔校园停车费为由，不向其颁发学位。学生诉至法院，法院认为，学生是恶意拖欠，相关校规合法有效。私立大学也有类似规定，如在 Dinu v. President and Fellows of Harvard College 案中，两名哈佛学生因被发现盗窃校学生机构的钱，不予授予学位。学生认为之前他们已经完成了所有学业要求，不服提起诉讼。法院认为学校的决定"在逻辑上是无懈可击的"。

基于合适的学术原因大学可以撤销学位。然而，基于非学术原因撤销学位则会引发很大争议。在轰动一时的 Yoo v. Massachusetts Institute of Technology 案中，③ 麻省理工学院于 1999 年撤销了一名在 1998 年毕业的学生查尔斯·郁的学位，理由是他与 1997 年一名学生的死亡有关。法院认为该校校规中明确规定：

---

① 指导案例 38 号：田永诉北京科技大学拒绝颁发毕业证、学位证案（最高人民法院审判委员会讨论通过 2014 年 12 月 25 日发布）。
② 690 S. W. 2d 646（Tex. Ct. App. 1985）.
③ 801 N. E. 2d 324（Mass. Ct. App. 2004）.

"即使案件发生在毕业之后，但只要是行为发生在毕业前，只不过当时不为人所知"，大学仍可以撤销学位，该规定是合法有效的。

公立大学也有类似案例。如在 Goodreau v. Rector and Visitors of University of Virginia 案中，① 弗吉尼亚大学依据校规于 1998 年撤销了一名于 1990 年毕业的学生学位。原因是该生在校利用在学生部门工作机会侵吞、盗用了 1500 美元公款，毕业后才被发现。学生提起上诉，高校要求法院进行即决判决，法院虽然没有支持，但原因并非认为校规违法，而是该校惩戒决定做出时没有遵循严格的程序要求。当然，学界对大学校规中基于非学术原因撤销已颁发学位的规定颇有异议。②

②中国。如前所述，中国法院关于纪律惩戒案件，实体审查整体倾向于大学纪律惩戒不得重于上位法规定。然而，在司法实践中，如何理解学校规定应当符上位法的精神？特别是在基于非学术原因不予颁发学位案件中，司法立场并不一致，在大学以学生受到一定的纪律处分为由不授予学位的案件中，时常存在同类案件差异处理的问题。以常见的考试作弊不予授予学位案为例。不少高校规定"凡被记过或者留校察看及其以上的学生，会被取消申请学位的资格"，由此引发的案件不在少数。对于大学是否拥有这方面的惩戒权，法院的审查立场并不一致。

有的法院认为，高校有权制定授予学位执行细则，支持学校决定。例如在钟星诉南京农业大学案中，学生钟星（化名）曾考试作弊受过记过处分，被取消申请学位资格，学生钟星认为校规已经超出了上位法所规定的授予学位条件范围，"被告的校规"不应当大于"国家的法规"。而校方称，根据上位法规定，学校可以根据法律法规的授权做出具体规定。南京玄武区法院审理后认为，被告根据上位法有关规定，有权制定执行细则。由于上位法没有针对"判断毕业生的成绩是否优良，何种'毕业鉴定材料'对授予学士学位产生影响"等进行明确规定，因此只能授予单位制定。学校不授予学位适用法律并无不当，且程序合法，因此驳回钟星的诉讼请求。③

而另外一些法院则认为，高校应当依照法律而不是校纪校规来决定是否授

---

① Goodreau v. Rector and Visitors of Univ. of Va., 116 F. Supp. 2d 694 (W. D. Va. 2000).

② Jayme L. Butcher, MIT v. Yoo: Revocation of Academic Degrees for Non - Academic Reasons [J]. *Case Western Reserve Law Review*, 2001, 51 (Summer): 771.

③ 马乐乐: 南京一大学毕业生因作弊丢学位状告学校败诉 [DB/OL]. 载新浪网, 2013 - 11 - 28 及 2018 - 09 - 06.

予学位，从而推翻学校决定。如在 2002 年武某诉暨南大学案中，武某考试夹带资料被记过处分，且同时取消授予学位资格。二审广州中级人民法院认为，学位授予单位应当依法对达到一定学术水平或者专业技术水平的人员授予相应学位。武某毕业后，按照《学位条例》第四条规定，可以授予学士学位。要求暨大对武某学士学位资格重新进行审核。①

有的法院认为，达到一定学术水平并非授予学位的充要条件，遵纪守法、道德品行也是授予学位的考虑因素，支持高校决定。如周稷栋诉浙江大学案，周稷栋曾考试作弊受过记过处分，被取消申请学位资格。2003 年 11 月 21 日，国务院学位委员会针对浙江大学的请示做出了《关于对〈中华人民共和国学位条例〉等有关法规、规定解释的复函》，明确学士学位的授予涵盖了对授予学位人员的遵纪守法、道德品行的要求。西湖区法院经过审理，认为达到一定学术水平并非授予学位的充要条件，遵纪守法、道德品行也是授予学位的考虑因素，判决维持被告"不授予原告学士学位"的决定。②

需要强调的是，时至今日，此类案件仍然存在差异处理的问题，部分法院在实体审查时，仍然不支持学校"考试作弊者，不授予学士学位"的规定。例如在 2016 年刘岱鹰案中，③ 一审法院认为，虽然《国务院学位委员会关于对 < 中华人民共和国学位条例 > 等有关法规、规定解释的复函》明确了《学位条例》第二条已涵盖了对授予学位人员遵纪守法、道德品行方面的要求，但校规在对考试舞弊学生做出不予授予学位规定的同时，又规定了学业成绩和学术成果方面的豁免标准，并非是将考试舞弊作为道德品行评价标准，而是作为对舞弊学生的一项奖惩制度。且即便是否考试舞弊可一定程度反映学生是否遵守法纪、是否诚信，但在校大学生仍处于为人和治学的起步和探索阶段，仅因一次考试舞弊即对学生道德品行予以否定性评价，有失公允。

二审法院认为，作为法律授权机构，高校代表国家向受教育者颁发学位证书，属于行政确认，同时，高校对学生是否符合学位授予条件的考核和评价，又属于学术水平的专业评价行为。学校对学生的日常管理包括考试管理，属于

---

① 段峰：考试作弊取消学士学位资格 作弊学生告倒暨南大学［DB/OL］．载人民网，2013 – 08 – 12 及 2018 – 09 – 06．类似的还有如许平（化名）诉中山大学案，广州海珠区法院认为校规校纪不能剥夺学生学位。柯学东：作弊被取消学位，中山大学学生告母校一审胜诉［DB/OL］．载人民网，2014 – 01 – 05 及 2018 – 09 – 07．

② 余东明：大学生告母校屡败诉 和谐校园应依法治校［DB/OL］．载中国法院网，2005 – 04 – 10 及 2018 – 09 – 06．

③ 中山大学新华学院与刘岱鹰其他二审行政判决书（广州铁路运输中级法院行政判决书（2016）粤 71 行终 1826 号）。

学生管理范畴，而非学术评价，二者属于不同的专业领域范围。学生考试作弊既与学生诚信有关，也与学校的学风营造及监管水平相关，但与学生学术水平能力无直接关联。将学位授予与学生考试作弊的处理直接挂钩，混淆了学位授予与学生管理的边界。对考试作弊，学校已有多种惩戒措施，以作弊为由直接做出不授予学士学位决定，明显不当。办学自主权应在法定范围内行使，不得在上位法规定以外附加非学术评价条件或作扩大解释，学校规定法律依据不足，不能作为有效依据，原审判决撤销学校对刘岱鹰做出的不予授予学士学位的决定并限期重作的处理并无不当。

需要提及的是，截至 2018 年 9 月 10 日在中国裁判文书网上用"撤销学位"作为检索词，仅查到 5 个案例，其中 2 个不属于撤销学位，[①] 实际上只有 3 个：翟建宏诉郑州大学撤销学位案（撤销原因系原告翟建宏入学考试报名所用硕士学位证书造假）；李涛诉华南理工大学案（撤销原因系原告攻读博士期间发表论文涉嫌抄袭）；于艳茹诉北京大学案（撤销原因系原告发表论文涉嫌剽窃抄袭），没有发现美国此类基于非学术原因撤销已颁发学位的案例。

3. 基于学术原因大学惩戒权的司法审查

（1）美国：司法高度尊重与武断恣意标准

①基于学术原因大学惩戒权：不需遵循严格的正当程序。美国司法一向有尊重学术的传统。早期因学术原因面临退学处分的典型案件是 1913 年的 Barnard v. Inhabitants of Shelburne 案。[②] 该案中，原告因为学业不良被学校退学，其起诉至法院要求学校举行听证。法院针对这一诉求，对基于学业不良（academic deficiency）原因的退学与基于行为不端（misconduct）原因的退学做了区分，并且指出"一个公开的听证对了为了查明学生行为不端所要进行的事实调查（fact-finding）或许是有用的，但其对有关学术真理的探究则无裨益"。[③] 后来，虽然有个别上诉法院对该传统立场有所动摇，但是很快被联邦最高法院纠正。[④] 在 Board of Curators of University of Missouri v. Horowitz 案中，[⑤] 联邦最高法院在表明司法对学术应予节制的基础上，指出此类学术惩戒无需适用严格的程序要

---

① 分别是刘岱鹰诉中山大学新华学院案，是学生考试作弊，学校不授予学位，法院撤销学校决定；逢锦波诉河海大学案则属于要求办理博士后出站事宜，不属于学位撤销案件。

② 216 Mass. 19, 102 N. E. 1095 (1913).

③ Id. at 1097.

④ 详见韩兵. 高校基于学术原因惩戒学生行为的司法审查 [J]. 环球法律评论, 2007, (3)：108-111.

⑤ 435 U. S 78 (1978).

求。① 伦奎斯特法官解释说："这样的判断性质上比一般纪律决定中的事实问题更具有主观性与可评价性，和一个独立的教授给予学生评分的决定一样，是否基于学术原因辞退一个学生的决定也需要在连续信息基础上的专业评判，并不容易适应司法或行政中的程序工具。在这样的情况下，我们不愿意忽视教育者已经形成的判断而使听证在学术退学中正式化。"② 即法院认为学术判断的专业性可以阻止司法的深层介入，基于学术原因退学无需遵循严格程序要求，不需要举行正式的听证。

对于 Horowitz 主张学校决定违反实质性正当程序的诉求，联邦最高法院指出："许多低级法院已经表明，如果公立高校基于学术原因的退学决定'明显是武断或恣意的'，法院就可以禁止这一行为……即使假定在这一标准下，法院可以审查公立教育机构的学术决定，我们也同意地方法院的观点，即此案中没有证据表明学校的决定是武断或恣意的，法院没有能力对学术成绩作出评估。"③ 换言之，对于学术性决定，除非有证据表明它是武断或恣意的，否则法院不可深层介入。

在后来的 Regents of University of Michigan v. Ewing 案中，④ 联邦最高法院再次做出判决，重申司法对于学术问题应予节制的立场。法院指出："当法官被要求审查一个纯粹学术判断的时候，比如这个案件，他们应当对教职员的专业判断给予极大的尊重。显然，他们不能推翻它，除非它严重偏离了公认的学术准则，比如证明教师根本没有进行专业判断……对学术问题进行实质性判断要求经过复杂而审慎的商议，它抑制司法审查的介入。"⑤ 法院将此案解读为司法对所有关涉学术问题的节制，而非仅仅囿于基于学术原因退学的宪法正当程序问题。⑥

当然，又正如联邦最高法院在上述两个判例中所表述的那样，如果学术决定是武断、恣意地做出的，司法也是会予以介入的。Alcorn v. Vaksman 案⑦ 就是一例，该案中，原告在满足了除博士论文之外的所有要求之际，被学校以教

---

① Id. at 85 – 90.

② Id. at 90.

③ Id. at 91 – 92. 在此，联邦最高法院将是否符合实质性正当程序与是否武断、恣意相等同。

④ 474 U. S. 214 (1985).

⑤ 474 U. S. 225 (1985).

⑥ William A. Kaplin, Barbarn A. Lee. *The Law of Higher Education* [M]. San Francisco: Jossey – Bass, 2013: 1144.

⑦ 877 S. W. 2d 390 (Tex. Ct. App. 1994).

学能力和学术研究能力差为由退学了。法院发现，他在学期间曾发表过一些反对学校的言论和一些相反的政治言论。在此，法院没有采纳学校的意见，认为学校的决定出于不良的动机，带有与学术无关的偏见。于是，判决学生胜诉。关于学术决定"武断、恣意"的表现形式，根据相关判例，法院认定的情形主要有：表面上看起来是学术判断，其实教育者却以令人怀疑的方式做出，以至于背离公认的学术准则，甚至根本未做学术判断；出于不良动机；带有与学术无关的偏见；任意无常，违反平等性等。

②有限的例外：对撤销学位作严格的程序审查。在基于学术原因的惩戒中，除了上述的退学、停学、不授予或推迟授予学位外，一个对学生权益有重大影响的是撤销所授予的学位。虽然司法对学术性惩戒普遍抱以较高程度的"信任"，但是对它却有点"不放心"。这方面代表性的案例是 Waliga v. Kent State University 案，① 该案中，法院指出：高校应有权力"基于合适的理由，在给予学生符合宪法的足够的程序要求后"撤销学位，这包括必须要在撤销学位前举行一个听证会。且这必须是一个"学生能够提供证据和保护他利益的公正的听证会"②。"这种情况下之所以要求高校遵循更严格程序，那是因为与单纯的停学和不授予学位相比，撤销学位是一种更严厉的惩戒。鉴于毕业生学位中所含有的财产利益，正当程序要求高校提供一个听证会以便学生为自己辩护"③。

随后，其他法院在同类案件中亦遵循 Waliga 案的判决。另外，Hand v. Matchell 案④还告诉我们，学位的撤销必须是由有权力授予学位的同样的主体来行使，高校的这一权力不可委托别的机构，哪怕是其校内机构。很明显，在撤销学位的案件中，法院要求高校遵循的程序是严格的。当然，此时司法尊重学术判断的立场并没有根本改变，其仍不愿意对学术问题作实质性的事后评论。

（2）我国台湾地区司法立场：高度尊重大学学术惩戒规则的设定权

台湾某大学一位学生因所修学分有一半不及格，被学校退学。该学生对此不服，提请行政救济。台北"高等行政法院"最后判决该退学处分违法而无效。该判决作出后引起诸多质疑，特别是其中法院认定大学校规中自行规定的"二一"退学制度因违反法律保留原则而无效，更是引发了诸多热议与研讨。2002年台湾"最高行政法院"第467号判决废弃了该判决。其理由是："大学学生入学就读，应维持如何之成绩标准，应有如何之学习成果，涉及大学对学生学习

---

① 488 N. E. 2d 850（Ohio 1986）.

② Id.

③ Id. at 853.

④ 957F. 2d 791（10th Cir. 1992）.

能力之评价，及学术水平之维护，与大学之研究及教学有直接关系，影响大学之学术发展与经营特性，属大学自治之范围，既无法律另设规定，则大学自为规定。"① 显然，法院最终认为学生学业退学政策的制定权属于大学自治权的应有空间，支持了大学学术惩戒。

另一起案例是，台湾政治大学民族学系硕士班的一名学生，因两次参加一门硕士候选人资格考试科目没有及格，被民族学系依据该系有关规定予以退学处分。当事人不服，认为该系有关硕士候选人资格考试的规定与法律不符，因为根据1994年修正后的"学位授予法"第6条，硕士候选人资格考试制度已经被废除了，但是政治大学民族学系却依旧保存了该项考试制度，致使其增加了额外法律负担，并因此规定被退学，严重侵害到他的受教育权。"司法院大法官"最终驳回了原告的诉讼请求，并做出了第563号解释，指出：《学位授予法》第6条，是国家本于对大学之监督所为学位授予之基本规定，而大学为确保学位之授予具备一定之水平，有权利在合理及必要的范围内，订定有关取得学位的资格条件。② 显然，这支持了大学的学术惩戒权。

（3）我国大陆地区：特殊类型案件中司法立场不尽一致

①基于学业失败的惩戒权案件：普遍以合法性审查为基本原则。关于大学纯粹基于学术原因实施惩戒权的案件，我国大陆司法普遍以合法性审查为原则。此类诉讼，法院往往强调高校享有法定办学自主权，可以根据学校自身情况，在法定范围内，设定学业要求和标准，违反高校此类规定的学生，应当承受相应的惩戒。

学生不符合学校自设的学业标准不被授予学位，是该方面的代表性案件。最高人民法院在2014年发布的39号指导案例（何小强诉华中科技大学拒绝授予学位案）中指出：学位授予单位在不违反《学位条例》所规定基本原则基础上，在学术自治范围内制定授予标准的权力和职责，大学在此授权范围内将大学英语四级考试成绩与学士学位挂钩，属于学术自治的范畴。高校依法行使教学自主权，自行对其所培养的本科生教育质量和学术水平做出具体的规定和要求，是对学位标准的细化，并没有违反学位立法。对学校授予学位行为的司法审查以合法性审查为原则。各高校根据自身的教学水平和实际情况在法定范围内确定各自学术水平衡量标准，是学术自治原则在高校办学过程中的具体体现。在符合法定学位授予条件前提下，确定较高或适当放宽学术标准，均应由各高

① 黄昭元. 落第搁落之大学生——二一退学的宪法争议 [J]. 月旦法学杂志, 2002, (80)：9.
② 转引自李惠宗. 宪法要义 [M]. 台北：台北元照出版公司, 2004：399-400.

校根据各自的办学理念、教学实际情况和对学术水平的理想追求自行决定,对学士学位授予的司法审查不能干涉和影响高校的学术自治原则。①

在常见的学生因为学业不符合要求而被强制退学的案件中,司法也普遍持相同的立场。② 此类案件,法院对学术问题本身一般不进行实体审查,对学生审查学术问题的诉求普遍不予支持。如在 2018 年的郭屹林诉武汉理工大学案件中,③ 原告认为被告未尽到教学职责,致使原告未能在学制期限内完成学业,要求被告颁发毕业证,法院没有支持。又如,吴继磊诉中国海洋大学案中,④ 学生认为大学取消权重分数不合理、其未选上感兴趣的课程从而导致未修够学分、其参加的社会实践活动未计入学分亦不恰当等。其中涉及学术问题的评判,法院也没有支持。

当然,法院对此类案件并非一味地支持高校,司法审查主要限于是否有法定依据,法定程序是否被遵循。如果高校没有遵循法定程序要求,则会面临惩戒决定被推翻的风险。例如在许贺诉辽宁石油化工大学案中,⑤ 法院认为,依据《普通高等学校学生管理规定》(2005)相关规定,学生对处分决定有异议的,有申诉的权利。大学做出退学处理决定,应以书面的方式向学生送达退学处理决定书并明确告知其所享有的申诉权。被诉学校仅提供了有两名老师签字并记明"本人拒签"字样的退学通知书。法院认为,该校未尽到对学生申诉权进行明确告知的职责,属程序违法,从而予以撤销。需要提及的是,此类案件中,法院主要审查的是大学是否遵循明文规定的法定程序,而并非如前文所述的纪律惩戒案件中对正当程序原则等进行深入阐释,要求高校给予学生比较严格的程序保障。

②学术不端案件中的学术问题审查:部分法院对学术问题进行实体审查。

---

① 参见指导案例 39 号:何小强诉华中科技大学拒绝授予学位案(最高人民法院审判委员会讨论通过 2014 年 12 月 25 日发布)。

② 类似案件如:伍盾诉贵州财经大学教育行政管理行政决定一案二审行政判决书(贵州省贵阳市中级人民法院行政判决书(2015)筑行终字第 220 号);耿德志、天津职业技术师范大学教育行政管理(教育)再审审查与审判监督行政裁定书(天津市高级人民法院行政裁定书(2017)津行申 134 号)等。

③ 郭屹林、武汉理工大学教育行政管理(教育)二审行政判决书(湖北省武汉市中级人民法院行政判决书(2018)鄂 01 行终 153 号)。

④ 吴继磊与中国海洋大学行政处罚二审行政判决书(山东省青岛市中级人民法院行政判决书(2016)鲁 02 行终 2 号)。

⑤ 详见许贺与辽宁石油化工大学退学处理决定二审行政判决书(辽宁省抚顺市中级人民法院行政判决书(2015)抚中行终字第 00028 号)。

此类诉讼中，涉嫌对学术问题进行实体审查的标志性案件可推"甘露案"。① 该案是首个由最高人民法院审理的高校行政诉讼案件。该案法官通过诉诸"立法原意"，对作为开除学籍决定构成要件的"剽窃、抄袭他人研究成果"这一概念做限缩解释。其混淆了著作权法和学术规范判定剽窃行为所应采取的不同标准，② 不知不觉已经介入了大学学术事项的领地。该案中，甘露两次抄袭他人论文作为自己的考试论文，其行为属于抄袭他人研究成果，在任课老师已经指出其错误行为后，甘露仍然再次抄袭欺骗老师。然而，最高法院断然指出：《普通高等学校学生管理规定》第（五）项所称的"剽窃、抄袭他人研究成果"，系指高校学生在毕业论文、学位论文或者公开发表的学术文章、著作，以及所承担科研课题的研究成果中，存在剽窃、抄袭他人研究成果的情形。甘露作为在校研究生提交课程论文，属于课程考核的一种形式，即使其中存在抄袭行为，也不属于该项规定"情节严重"情形。显然，该案法官用所谓法律人的理解取代大学这一学术共同体对于剽窃、抄袭行为的通常界定，颠覆了大学及其学术研究人员对剽窃、抄袭行为的通常理解，涉嫌司法评判审查学术问题。③

在美国关于学术不端诉讼的司法判例中，法院审查的重点主要是大学是否遵循了正当程序，而且主要是审查是否遵循了程序性正当程序。实质性正当程序旨在保护师生免于公立大学做出武断恣意的不利决定。但是，在涉及学术剽窃的案件中，这样的诉求是罕见的，要寻求司法支持也是困难的。④

诚如有学着所言，在西方，剽窃的定义来自学术或职业共同体的诚信规范，而不是来自成文法或者判例法。如何规制"剽窃"，这是西方社会给学术或者职业共同体保留的自治领域。在涉及剽窃的诉讼中，美国法院审查的重点是正当程序，从来不会率先去审查剽窃是否存在，因为学术或职业共同体对它们自己的行规比法官更有发言权。⑤ 即便大学有些事项的事实认定不涉及学术判断，但是，可能会涉及高校管理中的一些惯例，抑或要考虑高校事务的特点，基于

---

① 详见甘露诉暨南大学开除学籍决定再审行政判决书（最高人民法院行政判决书（2011）行提字第12号）。

② 参见施立栋. 立法原意、学术剽窃与司法审查［M］//姜明安. 行政法论丛：第16卷. 北京：法律出版社，2014：311.

③ 例如前文论及的《北京大学本科考试工作与学习纪律管理规定》（2017年修订）并没有将"剽窃、抄袭他人研究成果"，限于学生在毕业论文、学位论文或者公开发表的学术文章、著作，以及所承担科研课题的研究成果，而是包括学生整个学习过程，都属于学术诚信问题，且明确规定：第二次违背学术诚信，情节严重的，给予开除学籍处分。

④ Roger Billings. Plagiarism in academia and beyond: what is the role of the courts?［J］. *University of San Francisco Law Review*, 2004（Spring）：394，411－413.

⑤ 方流芳. 学术剽窃和法律内外的对策［J］. 中国法学，2006，（5）：156.

高校对于自身事务的熟悉，法院此时并不适合以自己的判断取代高校的认定，此时需要适度地尊重高校的认定。只要高校的认定大体合理，亦应予以尊重。① 何况该案中，是关涉学术认定问题的界定，暨南大学的判断没有明显问题，法院以自己的判断直接取代大学的认定，涉嫌司法干预学术。

当然，最高人民法院"甘露案"的判决并不具有普遍代表性。例如在新近的"于艳茹"案件中，北京市第一中级人民法院主要进行程序审查，重点审查了北京大学是否遵循了正当程序，回避了被告于艳茹剽窃抄袭的认定。② 当然，也有最高法院资深法官对此提出批评，认为学术问题应当是有关论文质量高低的问题，即是否达到学士、硕士、博士水准的问题。抄袭问题不是论文本身的质量问题，而是违反相关法律规范的问题，与学术问题无关，故不属于学校自主权的问题，属于法院可以审查的内容。③ 从而可以看出，我们司法界对这一问题认识的不一致。

③撤销学位案件：严格的程序审查。关于撤销学位案件，我国司法立场与美国高度一致，对此类案件，作严格的程序审查。如"于艳茹"案件中，一审法院指出：学位条例及相关法律法规虽然未对撤销博士学位的程序做出明确规定，但撤销博士学位涉及相对人重大切身利益，是对取得博士学位人员获得的相应学术水平做出否定，对相对人合法权益产生极其重大的影响。因此，决定做出前应当遵循正当程序原则，在查清事实基础上，充分听取于艳茹的陈述和申辩，保障于艳茹享有相应权利。北京大学虽然在调查初期与于艳茹进行过一次约谈，于艳茹就涉案论文是否存在抄袭陈述了意见；但此次约谈系北京大学专家调查小组进行的调查程序；北京大学在作出《撤销决定》前未充分听取于艳茹的陈述和申辩，因此，有违正当程序原则。虽然北京大学当庭辩称此次约谈有可能涉及到撤销学位问题，但未能提供相关证据予以证明，法院不予采信。二审法院判决更是花了大量篇幅论述是否应当适用以及是否符合正当程序原则问题。二审法院同样指出：仅约谈过一次，约谈的内容也仅涉及《运动》一文是否涉嫌抄袭的问题。至于该问题是否足以导致于艳茹的学位被撤销，北京大学并没有进行相应的提示，于艳茹在未意识到其学位可能因此被撤销这一风险

---

① 沈岿. 析论高校惩戒学生行为的司法审查 [J]. 华东政法学院学报，2005（6）：33.
② 详见北京大学与于艳茹二审行政判决书（北京市第一中级人民法院行政判决书（2017）京 01 行终 277 号）.
③ 参见：蔡小雪：给"漂亮"的判决书泼点冷水——评于艳茹诉北京大学撤销学位证案二审判决 [DB/OL].（2017-08-20）[2019-01-16]. http://mb. yidianzixun. com/article/0H6F0FSc.

的情形下，也难以进行充分的陈述与申辩，因此，不足以认定其已经履行正当程序。①

小结

我们可以将司法审查大学惩戒学生行为的情况，按照学术相关不当行为，对大学教学与研究功能产生实质性不利影响的非学术行为；对大学教学与研究功能之外的其他利益产生不利影响的非学术行为，依次在大学惩戒范围中的"位置"排序，在司法审查强度上总体有一个递增的趋势，离大学自治的核心越远，其司法审查强度越大，反之，则越弱。

关于学术惩戒，美国"武断、恣意"标准值得借鉴。即对于学术问题，法院在实体上一般应予尊重，但是司法尊重并非代表一味地顺从，学术判断权也有滥用的可能，如果学生能举证校方的学术评价是武断、恣意的，那么法院就可以在坚持主要进行程序审查同时，根据个案的特殊需要适度进行实体审查，即便此时介入也还是有限度的，仍应尽量维持对学术判断的尊重。（见表 7－2）

表 7－2　基于大学惩戒权类型的司法审查情况表

大学惩戒权类型			司法审查情况	
不严重影响学生权利的惩戒权			不审查	
严重影响学生权利的大学惩戒权	大学纪律惩戒权		实体审查	中度审查
				需要适度尊重高校的认定
			程序审查	严格审查
	大学学术惩戒权	涉及学生身份改变及不授予学位等类似惩戒	针对在学学生的惩戒	适度程序审查，实体一般不审查
				武断、恣意时，有限地审查实体
			针对毕业学生的撤销学位	严格程序审查
		不涉及学生身份改变及不授予学位等类似惩戒		一般不审查

---

① 在李涛诉华南理工大学案，二审法院同样强调撤销学位对当事人权益影响十分重大，做出决定前必须遵循严格的正当程序，认为学校没有让上诉人参与任何程序，完全将上诉人排除在外，这种程序重大违法行为，不是其后申诉程序可以弥补，原审仅确认程序违法错误，予以撤销。判决撤销学校的决定。详见李涛、华南理工大学教育行政管理（教育）二审行政判决书（广州铁路运输中级法院行政判决书（2017）粤 71 行终 2130 号）。

　　当然，有时大学惩戒权可能既不是基于纯粹的纪律原因，也不是基于纯粹的学术原因，而是学术与非学术问题"纠缠"在一起，是一种混合原因。此时，就要根据个案中具体情况来确定审查强度。主要是分析学术与纪律问题各自所占比重，如果两者严重不均衡，法院可以在权衡后做出倾向于一边的认定。如果两者所占比例"势均力敌"，则似乎可以走适度尊重与适度审查的"中间道路"。

八、高等学校依法治校评估①

在依法治国宏阔背景下，运用法治的方式和思维来看待和处置社会事务已成为人们的共识。高等院校（简称高校）作为教育领域的关键，其法治化治理状态或者说依法治校毋庸置疑地被寄予了更高的期望。归结起来，这至少又与两方面原因相关：首先是高校法制建设日趋完备。近二十多年来，围绕如何有效规范高校管理与运作，国家从高校（包括民办高校、职业学校等）的设立、招聘教师、人才培养、师生权益保障、教育管理职责、招生、学历管理、学术规范、学术不端行为的查处等各个方面着手进行制度建设，出台了一系列法律和专门性的法规规章，包括《中华人民共和国高等教育法》（2015 年修订）、《中华人民共和国学位条例》（2004 年）、《中华人民共和国教师法》（2009 年）、《高等学校章程制定暂行办法》（2011 年）、《高等学校信息公开法》（2010 年）、《高等学校学生管理规定》（2016 年修订）、《高等学校预防与处理学术不端行为办法》（2016 年），等等。值得注意的是，学界与教育实务界一直争议的关于"行政权与学术权之间关系"，尤其是关于两大权力各自定位、功能及权限等问题，② 随着《高等学校学术委员会规程》（2014）、《普通高

---

① 本文得到教育部重大委托课题"依法治校指标体系研究"、教育部人文社科专项任务项目"高校人文社会科学学术不端行为认定标准"（16JZDW016）、浙江省高等教育课堂教学改革项目"法律信仰与智识生活"（kg20160091），以及"浙江之江青年社科学者行动计划"的经费支持，是三个项目的阶段性成果。

② 关于高校行政权与学术权的关系，自 20 世纪 90 年代中期开始便是学界热议的一个重要话题，涉及的文献枚不胜举。在此，笔者仅列举 2000 年以来一些颇有影响的代表性文章和著作，譬如秦惠民. 学术管理中的权利存在及其相关关系探讨 [J]. 中国高教研究，2002（1）：49-51；张德祥. 高等学校中学术权力与行政权力 [M]. 南京：南京师范大学出版社，2004；毕宪顺. 高校学术权力与行政权力的耦合及机制创新 [J]. 教育研究，2004（9）：30-36；吴坚. 高等管理中学术权力与行政权力的协调 [J]. 高等教育研究，2005（8）：33-37. 李文山. 高校学术权力与行政权力配置模式初探 [J]. 中国高等教育，2009（11）：15-17；崔卓兰. 高校决策管理法制化研究——以学术权力与行政权力均衡配置为视角 [J]. 社会科学战线，2012（5）：169-174；李子江. 学术自由：大学之魂 [M]. 中国社会科学出版社，2012. 等等。

等学校理事会规程（试行）》（2014）的施行，在制度上得到很大程度的廓清，在另一个侧面极大推动高校依法治校的展开。在另一方面，与之相应，各地高校在既有法律框架下，秉持自主办学精神，结合本校实际，进行包括教学、招生、科研评价、奖励荣誉、职称、学位管理、学术委员会职责等诸多制度建设，使得高校依法治校有了更为具体化的规范根据。

其次，作为象征国家拥有"高智商"的知识群体之高校采取的任何一项举措，实施的任何一项行动，其合法性、规范性都被社会公众认为是一种应然的道德担当，"独特的学术价值追求、道德准则和行为规范"成为"现阶段高校依法治校的重要使命"。① 第一，无论是高校依法治校实践者，抑或涉及相关主体如师生，都拥有较高的学识水准和理解能力，且他们自身又置身高校当中，其言行与高校法制（包括国法，以及依据学校章程而制定规章制度）的规范要求息息相关，他们对于高校法制知识的基础性认知较社会公众，甚至政府机关公务人员，应更为全面、准确和深刻；第二，高校从来是教书育人、传播真理，培养品学兼备人才的神圣领地，包括管理人员、教职工、学生等高校的主体往往为社会视为是拥有崇高道德感和使命感的精英群体，他们对自身角色以及由此产生的行动通常有更为清晰的认知和判断，他们模范践行国法、校规的规范性要求只是行为自觉的一种体现。②

然而，应然性期待与既有的事实之间并不总是相吻合的，相反，有时还呈现出的是背离状态。稍稍翻检近年来层出不穷的关于高校在招生录取③、财务管理④、科研经费使用⑤、工程建设⑥、查处学术不端行为⑦等领域发生违法犯罪案件，以及从中暴露出的权力滥用，程序违法与不当等诸多问题，这样的论断不难获得确证。而当人们每每面对这些事实，不禁产生疑虑：高校依法治校的状态究竟为何？如果说与当下高校依法治校整体处于良性状态对比，已发生的违法犯罪案件事实不过是"冰山一角"，那么，前述问题不妨转化为：是否可能采取一种科学方法获悉高校依法治校的情形？或许也正源于此，对高校依法

① 张杰. 依法治校与世界一流大学建设［N］，光明日报，2014.12.12.
② 参见［美］唐纳德·肯尼迪. 学术责任［M］. 阎凤桥，译. 新华出版社，2002：12-15.
③ 张榕博，人大自主招生涉违规暂停一年［EB/OL］. 新浪网，2017-05-05. 北航广西招生事件三名当事人受到党纪政纪处分，载和讯网，2017-05-05.
④ 如天津大学、南开大学在设立企业中出现的的财务管理中混乱现象。参见蔡方华. 两起大案敲响高校财务管理警钟［N］. 北京青年报，2007.02.06.
⑤ 教育部通报高校违规案例：北邮私设280万小金库，载网易新闻网，2017-03-05.
⑥ 南昌大学原校长获刑12年证人承认被迫做伪证，载网易新闻网，2017-05-05.
⑦ 郝孟佳，李连生事件揭露历时4年，校领导曾说"放他条生路"［N］. 南方日报，2011.02.12；雷成. 遵义医专副校长职称申报材料被指造假［N］. 中青在线. 载腾讯网，2017-05-05.

治校的情况展开评估成为目前学界、实务界关注的焦点。

那么，究竟该如何评判高校依法治校状况？对此，目前一些专家学者尝试考察高校运作涉及的不同面向，通过设置指标项，借助权重的分配，加以评判。① 应当说，运用这种方式，可在直观上最大限度展示高校实施依法治校情形，在实践上也有很强的操作性。不过，此中潜藏的一些前设性问题有必要加以审视。譬如，高校依法治校之"法"如何界定？评估的基本范畴如何？又如何开展？等等。对这些问题的阐释不仅涉及评判高校依法治校指标设计的科学性，更甚者，还关切到评估实践自身最终目标的达致。

（一）高校治校的规范依据

在人文社会科学领域，围绕某个论题展开论证，一个内在规定性的要求是界定有关语词的内涵，旨在聚焦论证的中心点，避免"鱼入大海"那般不着边际的讨论。返回高校依法治校评估问题，它首先呈现出的关键问题是：依法治校之"法"所指为何？

从直观上看，同依法行政一样，依法治校中"法"的范畴包括国家层面广义上的法律，即全国人大及其常委会制定的法律、国务院制定的行政法规、部门规章、省（市）人大及其常委会制定的地方性法规、政府规章以及其他的行政规范性文件等（以下简称国法）。引人发疑的是，这其中包含高校制定各种规章制度（下文简称校规）。对此，截至目前，现有法律制度、政府指导性文件以及学界并未直面回应。值得注意的是，近年来，最高人民法院在教育行政领域的多起案件，比如"田永诉北京科技大学拒绝颁发毕业证、学位证案"（简称田永案）、"何小强诉华中科技大学拒绝授予学位案"（简称何小强案）、"甘露诉暨南大学案"（简称甘露案），等等，针对高校校规的法律效力问题，给出颇具影响力的阐释。透过这些解释可以发现，其背后事实上围绕两种主张展开。

1. 高校治校规范的两种学说及其反思

第一是规范依据论。此观点将校规的效力还原为两个方面：校规设定的事项、权力等是否有法律规定，或具有法律的明确授权②。如在田永案中，法院认为"制定的校纪、校规和据此进行的教学管理和违纪处分，必须符合法律、法规和规章的规定，必须尊重和保护当事人的合法权益"。在何小强案，法院明

---

① 比如华东师范大学、上海交通大学等高校业已成立课题组，专门就高校依法治校的指标设计开展研究，并对指标体系进行了设计。

② 如《高等教育法》第41条、《高等学校学生管理规定》第68条、《学位条例暂行实施办法》第25条等。

确写道，"在符合法律法规规定的学位授予条件前提下，确定较高的学士学位授予学术标准或适当放宽学士学位授予学术标准，均应由各高等学校根据各自的办学理念、教学实际情况和对学术水平的理想追求自行决定"。第二是校规自治或自治规章论。简言之，此观点认为，现有法律如《教育法》第 29 条、《高等教育法》第 10 条、《高等学校学术委员会规程》第 3 条等已从制度层面设定高校的自治主体，因而，作为自治机构体现自身意志而制定校规的独立性和有效性不过是逻辑上必然延伸。① "现代大学的治理不仅是法律维度下的治理，也是以大学章程为制度载体的治理，大学章程不仅是一所大学的'组织法'，也是'权利法'和'程序法'"。② 此外，也有学者认为，学校中各主体之间体现的是特别权力关系，这种关系不同于行政机关间的权力服从和制约，而是糅合了专业知识、判断，具有内在的独立性和自治性，如对学生的处分、仪容仪表和作息时间规定等。③

　　前述的两种主张对人们认知校规的地位为和性质具有启示性意义，但存在的疑问亦显而易见。首先，规范依据论在理论来源上是基于"权自法出""法无明文规定不得为"法理而展开的。沿此思路，其似乎将高校视为国家行政机关的一个组成部门，高校的一切权力必须接受行政法律法规的规约，希冀将高校驯服为"笼中之鸟"。然这样一来，此主张背离《宪法》第 47 条"科学研究、文学艺术创作和其他文化活动的自由"，也直接与现有法律如《高等教育法》第 10 条、《学位条例》第 8 条等所设定和蕴含的"高校作为自治性组织"基本精神相抵牾，其结果必然损害高校自治权。其次，自治规章论虽然注意到高校自治的规范性地位，只是任意扩大其意义则不免有"矫枉过正"之嫌，可能导致高校成为一匹"脱缰的野马"。众所皆知，历经近三十余年的发展，高校在学科建设、教学等方面都取得了显著的进步，但计划经济体制下的思想余孽并未根本消除，高校行政化色彩依旧浓重。这在反向上也就意味着，高校的自治权尚处成长型时期，高校自治状态与人们的期待仍有相当大距离。与之对应，对高校自治权的本意、限制以及与法律监督之间的关系都欠缺深入洞察。在此意义上，一味的强调高校自治，究竟是利于还是变相的侵犯大学自治权值得深思。

---

① 胡肖华，徐靖. 高校校规的违宪审查问题 [J]. 法律科学，2005（2）：20－26.

② 湛中乐，徐靖. 通过章程的现代大学治理 [J]. 法制与社会发展，2010（3）：106－124.

③ 吴小龙，王族臻. 特别权力关系理论与我国的"引进" [J]. 法学，2005（4）：54－61. 田鹏慧，校规地位的法理研讨 [J]. 辽宁教育研究，2007（7）：33－36.

2. 高校治校规范的二元性：国法与校规

从深层次上追问，无论是规范依据论，还是自治规章论，两者"都误读了高校校规的正当性来源，进而扭曲了高校校规与国家立法之间的法律关系"①。那么，高校校规的规范基础来自哪里？在我们看来，就是《宪法》中作为基本权利的"学术自由"。其理由主要包括：首先，基于规范的维度，我国《宪法》虽未直接言及"学术自由"，但学界通常认为，第47条对"科学研究、文学艺术创作和其他文化活动的自由"的强调实为"学术自由"的另一种表达。② 基于现代《宪法》所蕴含的"控制国家权力，呵护公民权利"的精神，"学术自由"规范所对抗的不只是来自国家行政权的侵扰，也包含国家立法权的无端干预和限制。就此意义，《高等教育法》《学位条例》等设定"高校自治"地位以及高校拥有的招生、教学和研究等权利不应被理解为是对《宪法》"学术自由"基本权利规范的具体化或授权，恰恰相反，则是这些法律、法规规章对自身权力限制的廓清。与之对应，在高校层面，作为制度性保障的校规，并非践行前述法律对高校自治的内容，而是在这些法律介入高校划定权力边界基础上，对"学术自由"基本权利内涵的丰富和个体化表达。简言之，与《高等教育法》等法律一样，高校校规其规范基础直接导源于《宪法》。在大学自治权内，大学就其所得规范事项范围内，乃取得"与立法者相同的地位"。③ 也就是说，校规同法律在宪法地位具有同等的地位。由此推进，对于校规的解释，亦即首先要契合《宪法》中作为基本权利"学术自由"之蕴含。

---

① 伏创宇. 高校校规合法性审查的逻辑与路径——高人民法院的两则指导案例为切入点 [J]. 法学家. 2015（6）：127 - 142.

② 相关论述参见李子江. 学术自由：大学之魂 [M]. 北京：中国社会科学出版社，2012：9 - 15. 湛中乐. 教育法学的理论题与学科建设，载劳凯声、俞雅风主编，中国教育法制评论，2015，13：17 - 18. 等等。在学界中，关于学术自由、学术自治、学术中立的理解，学界存在一定的混乱现象。就词的来源而言，其直接追溯至 20 世纪初美国教育思想中的"3A"原则即 Academic Freedm、Academic Autonomy、Academic Neutrality，基本的意思：学术自由是一种对学术研究的价值追求；学术自治是学术人或学术共同体是基于学术自由价值对关乎学术事务的自主管理，所要防范的是来自政府无端干预与介入；学术中立则是学术研究中守持的政治立场或意识形态的无偏好性倾向，是对社会的一种责任和担当。参见 [美] 德里克·博克. 走出象牙塔——现代大学的社会责任. 徐小洲、陈军，译. 杭州：浙江教育出版社. 2001：20 - 75. 至于大学自治与高校自治，在本质上为同一语义，是专门对于现代大学的语境下提出来的，是就大学而非其他机构对学术性事务的自主管理和决定，而这里的学术性事务包含了宽泛的内容，而包含教学、课程设置等。

③ 伏创宇. 高校校规合法性审查的逻辑与路径——高人民法院的两则指导案例为切入点 [J]. 法学家，2015（6）：127 - 142.

　　其次，基于高校存在的事实和价值维度。社会中每个行业都有自己独特的任务和使命，由此决定其存在的价值。高校以教书育人，培养德才兼备的社会栋梁为其天职。既有的经验表明，要完成此使命，借助行政命令、干预是无法获致的，需有一群才华出众、品德高尚的知识群体（主要为教职工），通过长期富有成效的方法与学生开展专业性知识的教学与研究。在此过程中，不论是专业领域知识，抑或是教学与研究，其本身具有很强的专业特性以及因此可能形成"话语优势"和"知识壁垒"，进而导致非行内人士往往难以轻易评判和干涉，更遑论治理。诚如 Louis Joughin 教授直言道，独特的知识性行为决定了高校必须拥有一颗高贵的灵魂，必须要有一个崇高地位。① 第二，高校围绕专有性知识而进行的活动，除了需要传授者与受教者敬畏知识、学问的虔诚外，也需一个内在与外在面向的自由状态和秩序。于内在面向而言，传授者与受教者需具备执着探究从事专业性知识、追逐真理的思想和内心自由；而外在面向，则体现为国家确认和保障一种自治秩序，即容许人们可以自由争辩、宽容失败、自由开展科学研究。就此而言，包括《高等教育法》《学位条例》等与其说是对高校自治权的设定，不如说是对高校本真状态的确认和回应。而从另一侧面来看，这亦恰是高校《宪法》"学术自由"基本权利规范缘起的动因所在。

　　随之而来的是，国法对校规是否就是毫无拘束力？答案显然是否定的。尽管高校校规在其自治范围内，围绕《宪法》之"学术自由"基本权利进行制度化设计，不过，同其他自由或权利一样，校规的自治亦非可恣意妄为。否则，校规将可能假借"高校自治"之名，逃逸国家对"高校—学生"关系的合法性监督，此既不利于高校师生的权利保护，最终必然戕害"学术自由"。针对高校校规，包括司法审查在内的国家监督不应以"自治"的大帽子逃避监督，而需积极担负起保障学术自由的神圣使命。② 问题是国法在哪些方面可以监督高校校规？一种颇为流行的观点认为：关乎高校自治范畴，国法不宜介入，而非关及高校自治事务尤其是高校行使的行政权力，则可实施监督、规范。逻辑上的清晰并不能完全对接实践行动判断的复杂性。譬如，某高校对一教师涉嫌学术不端行为进行查处，属于高校自治范畴，抑或国法可以实施规范，似乎并不能简单下定论。其原因在于：对于高校自治行为，学者往往容易理解是一种单面行为，忽视内在的复杂性。具体来讲，此复杂性包含双重性意义。详言之，一项高校自治行为，就内容本身而言，若涉及学术性或专业性活动，需求助于学

---

① Louis Joughin, *Academic Freedom and Tenure*, Madison：The University of Wisconsin Press, 1967, p. 165.

② 肖海涛. 论大学的学术责任与学术自由 [J]. 高等教育研究，2000（6）：14－18.

术共同体的认知和判断，那么，校规在此方面的设定，国法自是不能也不应介入，如高校设立课程、设置学科，对教学方式的改革，界定学术不端行为等；在另一方面，其发生并非孤立的，而往往需要依附前提性资格、条件、运作程序，以及因影响他人权利的救济等，针对此，校规的设置虽无关及学术性行为，却与之密不可分，并且在某种意义上，还决定着高校自治行为的正常运作。对这些规定，就需受到国法的监督或者说合法性审查。比如，招生中对考生资格的限定，就必须符合《普通高等学校招生违规行为处理办法》要求。还有如高校的职称评聘，评聘行为是一种学术判断，当属高校自治范畴，然在此过程中，关于被评聘人员的资格、条件，所涉当事人的陈述、申辩等程序性权利，校规的相应制度安排应接受合法性的检视。① 此外，关于高校查处学术不端行为问题，国法不应介入对学术不端行为认定，但对查处过程的框定和规范并无不妥。类似的涉及学位授予问题，亦可籍此获得解释。以高校自治行为的双重维度来考量国法介入校规的限度，避免了空洞的、形而上的说理方式；在一定程度上解决了学界在国法介入、校规自治、法律保留三者之间互为缠结、"分不清，理还乱"的界别难题。②

（二）高校依法治校评估的实践基础及功能定位

对评估高校依法治校而言，如果说廓清国法与校规之间关系是前提性基础，那么，恰切定位评估则关涉指标设置的科学性及目标实现的可能性。当前学者对此存有不同见解，其中一种观点倾向于达标评估，即预先设计科学合理的指标，籍由评判程序估测各高校在各个层面最低限度的实施情况。这就好比大学当中的各种资格证书考试如大学英语四六级、司法职业资格、会计资格考试等，只要考试者达到各项要求，通过考试即为达标。水平评估则不啻追求指标项要求的达致，而是在此基础上，偏重考量高校实施情形的优劣等级，旨在凸显优秀者的典型经验；与之相应，评估指标项的设置亦可能更为精致，最大限度展示出其间的差异性和独特性。此如同研究生选拔考试一般，人们要优中选优，择优录取。比较之，前者关照到当下高校依法治校的普遍性状态，有利于从更

---

① 校规中不应存在对符合资格、条件的人员进行歧视和差别对待的规定，如采取论资排辈、亲情关系等。

② 如有学者认为，国法为校规设定自治范畴，同时，又以法律保留原则作为最后的保护屏障。此主张事实上仍是坚持校规是规范基础来源于法律而非宪法，从而陷入规范依据论的泥沼。另外，法律保留原则适用对象为何，又如何限定等，又不得不加以更深层次的思考问题。有关此主张，参见伏创宇. 高校校规合法性审查的逻辑与路径——高人民法院的两则指导案例为切入点 [J]. 法学家，2015（6）：127 – 142.

广和更宽层次进行评判，但它往往容易忽视诸多高校中一些独特性做法，并不利于激励高校依法治校水平的提升。后者顾及高校中一些鲜明的特质，而高标准、高水平要求亦可能损及高校依法治校现实目标的实现。那么，究竟如何选择？一种颇为妥适的做法整合两者，各取所长。由此，实施合格评估便成为最佳选择。合格评估，概括的讲，就是立足达标评估中的指标框架，斟酌并吸收一些高校的创举（归入水平评估中的考量因素），在此基础上进行综合性评断。

1. 高教法制建设中"内生性缺失"① 的制度事实

改革开放近四十年，我国在经济、社会、文化、法制建设等各个领域取得长足发展和进步。在高等教育方面，此现象更是显而易见，尤其是近二十年来，围绕着《高等教育法》《学位条例》等法律法规的基础框架，在高校组织管理制度、师生权益保护、招生办学、民主决策、校园卫生与安全、特殊群体权益保障等诸多方面业已建立制度。与此同时，各高校基于"学术自由"规范确立的"高校自治"地位，结合自身实际出台了一系列规章制度，在很大程度上有效规范高校权力运作，保护师生合法权益。然而，当深入考量既有这些制度，可以发现其隐含着"内生性缺失"的弊病，具体表现为：首先，仅仅确立了总体架构，针对专门性问题的法律法规、校规则显严重不足。譬如，在师生权益保障方面，对影响教师重大权益的科研评价及影响学生终身的"保研"、自主招生加分认定等关键事项，不论是国法，还是高校校规层面都鲜有涉及。② 再如，关于师生权益纠纷解决渠道方面，现有制度也是含糊其辞。③ 其次，即使是专门性法律法规以及校规，其内部存在诸多纰漏亦值得特别关注。如关于学术委员会制度，《高等学校学术委员会规程》从组成规则、职责权限、运行制度等方面进行设定，而在人员构成、权力行使上如何避免学术权力为行政权力的干预并不明确；此外，对学术权力自身的框限亦不甚明了。最后，各高校依法治校的制度建设良莠不齐。一些高校虽制定较为完备的规章制度，但停留于制度形式或"纸面的法"层面，其实践操作性比较差；有的高校在关涉依法治校制度

---

① "内生性"原为计量经济学中一个术语，指在模型或公示中的必备变量以及由此产生的结果。本文将其引入，所指"内生性缺失"为高教法制中缺失了对必要性领域或问题和关注和制度设计。

② 湛中乐. 教育法学的理论题与学科建设，载劳凯声，俞雅风主编，中国教育法制评论，2015，13：19.

③ 比如关于调解的纠纷解决方式，目前尚未有专门制度加以规定。还有高校教师不满学术性纠纷的决定如职称评聘，目前一些高校只采取复核审查的处理方法，而对于何种情况提请复核，是否可以申诉，向谁申诉等问题，从现有的法律与各高校校规来看，都缺乏明确的规定。

设置的内容及价值追求上偏重高校管理的便捷性，对师生合法权益保护力度较为欠缺；而有的对依法治校的目标不明确，在大学章程设置、职称晋升等方面制度建设未顾及自身的实际情况，只是简单重复和照搬其他高校的做法；凡此种种。

在此背景下，采合格评估能较为客观评判各高校依法治校现有的实际状态，更重要的是，它促使各高校尽快改变制度建设存在的不足现状，否则，一味追求典型性、特色性做法，评估便会严重脱离现有的制度基础，导致"油水两层皮"，既不利于准确把握和评判各高校依法治校中的真正问题，在根本上与评估的价值旨趣即整体性提升高校依法治校水平相悖。

2. 高校依法治校的"探索式"实践状态

除却高校法制建设的制度事实外，各高校依法治校中呈现的"探索性"实践状态亦是不得不加以审慎考虑的。而这与两个方面原因相关。首先，目前高校依法治校实践总体上处于"摸索着前进"的前期阶段。在此过程中，它呈现出两个颇为明显的特点：一是试错性。相对于西方国家已然成熟的高校治理状态，我国高校依法治校则处于起步阶段。因此，高校法制中一些制度设置的适切性与最佳性或多或少具有"实验性"。以科研评价为例，为了改变近年评价中出现的重数量、轻质量的弊病，一些高校推行代表作和以实质贡献为中心的评价制度改革，但在实施中，因对代表作评价程序设计中难题如小同行的回避、实质贡献的界定，导致该制度的落实并不尽如人意。类似的问题还有高校中学术不端行为的查处等。二是往复性。这集中反映为高校依法治校的实践表征出"螺旋式"趋势。如曾一度为公众热议大学英语四六级考试与学位授予之间的关联，从 20 世纪 90 年代初的"无关系"，到 90 年代末 21 世纪初的"一票决"，再到而今"有限制的关系"，① 恰恰展示人们对高校法治建设的渐次推进。再有，关于高校教师职称评聘中的留学经历要求，以及在校大学生的婚姻、创业等权利也呈现类似的认知和实践过程。②

其次，多极化的高校发展导致依法治校实践的差异。截至 2016 年 5 月 30 日，全国高等学校共计 2879 所，其中普通高校 2595 所（含独立学院 266 所），

---

① 目前，多数高校北京对外经济贸易大学、上海财经大学等高校对大学英国四六级与学位授予之间的关系采取了实质性审查，对于专业中与之存在密切关联的，比如国际贸易专业，可以作为评判是否授予学位的条件之一。

② 一些高校在教师职称评聘中，已不再实施将是否有留学经历作为必备条件；此外，当下，多数高校已认可大学生在校期间可结婚、创业。

成人高等学校 284 所。① 在普通高校中，又包含了综合性、理工、财经、医学、农业、林业、政法、体育、艺术、民族等诸多类型的大学；就地域来讲，近 2800 所高校分布在国家的东南西北各个地方。除了中央部署近百所高校，绝大多数高校的财政支出要依靠省、市地方政府的财政拨付。这也就意味着，地方政府财政的宽裕度在很大程度上制约了高校发展，而这在很大程度上影响着高校法制建设进程，由此形成了多极化的高校。进而高校依法治校实践便呈现出不同步性。一般而言，综合性大学的依法治校实践更为早一些，积累的经验亦更多和丰富些；处于东部沿海地区的高校对依法治校的自觉性更强些。即使同处一个地区也可能出现高校之间的实践不同一性，此与高校的学科发展特点相关，也与一些高校对法制建设的认知与需求不尽相同。就总体情形来看，较之偏向自然科学类的高校，倚重人文社科类高校在强化民主、科学决策方面更具规范，在创新方面也更突出些。

3. 塑造高校依法治校的公共认同

不论是法制建设现状，还是实践基础，都是基于高校自身立场出发阐述依法治校合格评估的定位。虽然如此，我们仍必须关注一个事实，那就是高校治理始终也必须面向公众。"高校与普通公众之间的社会契约一旦破裂"，"蕴藏在人们心中的正义感也必将受到极大的折损"。② 是故，合格评估的功能之一就是以满足基本指标的要求，改变高校依法治校过程中的缺憾。首先，通过合格评估，奠定公众的外部性认同。人们对传统大学的形象常以"象牙塔"的比喻形容之，即它是一个隔绝了一切城市生活中喧嚣、功利和躁动的神圣场所。一个伟大的思想，甚至是一些不可思议的思想可以在没有干涉的条件得到阐发和准予辩论的地方。③ 而随着社会的发展，这样的期待逐渐被打破，在社会资源日益有限的情形下，高校积极主动争取提高包括各种学术建设平台、科研费用、资助等成为必然性的集体行动选择。于是，大学与唯利是图的商业集团便勾连起来，追求真理的学术为"学术资本主义"④ 替代，更甚者，为达此目标，高

① 载科学网新闻，2017 – 05 – 15.
② ［美］劳伦斯·维塞. 美国现代大学的崛起［M］. 栾鸾，译. 北京：北京大学出版社，2011：345.
③ ［美］威廉·克拉克. 象牙塔的变迁：学术卡里斯玛与研究型大学的起源［M］. 徐震宇，译. 北京：商务印书馆，2013：18.
④ ［美］希拉·斯劳特·莱斯利. 学术资本主义［M］. 梁骁，黎丽，译. 北京：北京大学出版社，2014：106 – 110.

校中各种为人们所不齿的行径如学术不端行为、钱权交易等应运而生。① 欲短时间彻底改变这种现象恐非易事，较为妥适的做法则是通过合格评估，促使高校逐步剪除从中违法及不规范的举措，重塑高校外在的整体性声誉，加固公众对高校法治化规范化治理的认可。其次，依凭合格评估中的参与、监督，达致公众对高校治理的内部性认可。不同于行政机关的管理，高校的治理在很大程度上是依靠专业化知识展开的。然也引来"专业判断"形成"行业隔阂""知识壁垒"，进而高校治理与公众之间的屏障便难以消弭。加之，前文叙及的多极化、多层次的高校发展格局亦进一步拉大高校治理与公众期待之间的距离。要有效的解决此难题，合格评估的意义则更显突出。一是注重信息公开、交互，可最大限度地吸纳公众意见，将其导入高校依法治校过程中，从而促成公众对高校治理的内在认可。二是公众在表达意见中，从另一个向度亦可折映出对高校运作特别是权力行使的监督和约束，强化高校治理的正当化基础。

应注意的是，以合格评估作为评判高校依法治校的功能定位并不就意味着它必然排斥水平评估中的合理举措。在实践中，在合格评估设定基本指标时，通过技术化方法如在赋分的加分，适当摄取水平评估中所要考量的情形，或者部分高校在其间采取的特色性做法。比如，一些高校为杜绝学术委员会构成受到高校行政权力的影响，采取校长退出学术委员会;② 有的引入调解的纠纷解决渠道，充分保障师生权益③等等。需警惕的是，这也可能使一些高校为掩饰依法治校中的不足而采取"投机取巧"的做法，为此，需在评估指标项、方式给予考量及合理设计。

（三）高校依法治校评估的基本范畴

为明确依法治校内容，教育部于 2013 年发布《全面推进依法治校实施纲要》，围绕着转变政府职能、制度建设、民主建设与监督、加强法制教育、维护师生权益等九个方面予以规定，这也成为诸多学者设计高校依法治校评估指标体系的逻辑和依据。就制度与实践对接而言，此做法的妥当性自是不言而喻的，

---

① 雷成，遵义医专副校长职称申报材料被指造假［N］，载腾讯网中青在线，另外，参见"我国科研经费仅 40% 用于项目 吃回扣现象严重"，2017 – 05 – 06.

② 如山东大学在学术委员会制度改革上，采取有领导职务的教授退出机制，参见"山东大学校长退出学术委员会 称为去行政化". 载中国新闻网，2017 – 05 – 06. 另外，北京大学、清华大学亦有类似做法。参见"教育部发布 9 所高校章程 北大首设监委会清华校长退出学术". 2017 – 05 – 06.

③ 比如有的高校综合运用多种纠纷解决方法，化解学生之间、教师之间以及高校与师生之间的矛盾，有利于校园秩序的和谐。载教育部官网，2017 – 05 – 06.

不过，一味停留于表面的照搬或模仿，可能导致评估"实质内核"的缺失，反过来制约着行动的实效性。那么，实质内核为何？此关涉高校依法治校评估基本范畴的界定，申言之，又与高校运作中的三对关系密不可分：公法性关系、私法性关系、学术性关系。概括地说，高校依法治校评估的内容就是立足三对基本关系，考察其中合理的制度安排及它对行动的规范。

1. 公法性关系

在一般意义上，公法性关系的形成是以公法的法律规范为基础，调整公权力配置、责任分当以及与私权利之间关系。因高校并非为行政机构的组成部分，不拥有行使行政权力的资格，由此，公法性关系在高校也就自然不存在。这成为人们相当长一段时间的惯性思维。而奥托·迈耶强调的特别权力关系理论关于公法不适用于高校的主张更是从理论上获得支撑。① 二战以后，随着高校特别是公办高校雨后春笋般的崛起，高校对师生权利的侵犯日趋凸显；② 加之，包括美、欧陆等国家对人权保护不断加强，以及公众对自身权利的珍视，迫切寻找一种有效渠道打破已有僵局，以规范高校权力运作，以维护师生合法权益。基于此，行政法学界和实务界开始省思，并予尝试。其中，德国学者卡尔·赫尔曼·乌勒（Carl Hermann Ule）对特别权力关系理论的改造可谓典型之一。他在传统特别权力关系理论基础上提出"二阶结构"，分为基础关系与营运关系。前者使特别权力关系秩序的成立、变更与结束的行政措施，如学生的入学许可、退学、开除、毕业证及学位证的授予等，当属行政处分行为，应纳入行政诉讼范围；后者的目的是维持和管理特别权力关系秩序，如对学生的警告、记过等纪律处分，则不纳入行政诉讼审查的范围。③ 20 世纪 70 年代以后，该主张被德、日等国家的法院吸收。与之同时，美国法院将宪法第十四修正案的"平等权"及"正当程序"的规定，适用于高校涉及教育平等权、身份歧视等一些案件如"布朗诉托皮卡教育委员会案"（Brown *v.* Board of Education of Topeka）④、"加州大学董事会诉巴基案"（Regents of the University of California v. Bakke）⑤ 中，致使高校的一些行为亦纳入宪法诉讼范畴中；不仅如此，司法实践中提出

---

① ［德］奥托·迈耶. 德国行政法［M］. 北京：商务印书馆，2002：42 – 65.

② 刘庆，王立勇. 高校法治与特别权力关系［J］. 政法论坛，2004（6）：152 – 157.

③ 转引自蔡茂寅. 公营造物法·公企业法. 载翁岳生主编. 行政法. 北京：中国法制出版社，2002：496.

④ Brown v. Board of Education of Topeka, 347 U. S. 483 (1954).

⑤ Regents of the University of California *v.* Bakke, 438 U. S. 265 (1978).

的"学术遵从原则"① 则从制度上进一步厘清了司法介入与审查高校行为的类型和界限，这在另一侧面上明确了公法性关系在高校中存在的领域、地位。

欧陆、美诸国在高校与公法行为之间关联的论述，以及实践中的举措对当下我国行政法学学界和司法实践显然产生颇为深刻的影响。这从近年来在我国诸多高校频频发生的一系列涉及如前文谈及的学位授予、学生处分、教师辞退等案件都足以印证。从我国既有的理论和实践来看，公法性关系在高校主要包含三种情形：第一是固有性公法关系。简单地说，其是在已有实践基础上为普遍性认可的包括宪法、行政法公法规范调整的法律关系，涉及的领域主要有资格权（如招生、考试、学位授予）、平等权（如受教育权）、处分权（对师生的处分、处罚），等等。第二是形成性公法关系。高校实现良性的运作需依凭有效治理，但治理是一项系统工程。这其中涵盖了治理过程密切相关选举、决策、议事及制定内湖章程等民主管理与监督方式，《高等教育法》第43条以及《高等学校学术委员会规程》对此都有明确的制度安排。我们姑且将由这些行为产生的关系称为形成性公法关系。与固有性公法关系不同的是，形成性公法关系的一个最大特点在，它并没有或至少未有明显的高权关系效力特质。"它在理论上应当是主要依靠自下而上的民主过程和多元参与的合力来进行的；而不同于村委会或居委会的民主自治活动"。② 然而，对选举权、参与决策权、议事权等这些权利的侵犯和忽视，事实上就是对高校师生合法权益的侵害，反过来亦不利于高校的治理。此诚如同《组织法》《选举法》中对选举人选举权利的侵犯一般。第三是内部管理性公法关系。每一个组织欲使自己的功能发挥到最大化，必须最大限度整合内部管理机构，通过合理配置彼此之间权力和资源，促使规范化运作，实现效率的最大化。此与高校而言，同样成立。另外，由于我国公办高校占绝大多数，且受特别权力关系理论思维的辐射，当前关涉高校内部管理关系如创设、撤销内部机构、决定机构的合理与分立、对内部管理人员职务升降等亦纳入公法中关于公权力配置范畴，从而归入公法性关系射程。

规范公法性关系对高校的影响是显而易见的，不仅直接关及高校师生权益，而且还影响到高校治理秩序的形成。为此，规范公法性关系成为高校依法治校效果的标志性特征。而要达至此目标：首先，公法性关系属于高校中典型的高权关系之一（还有学术性关系），其间的主体主要是高校的教职工、学生；在权

---

① Leas Terrence, *Evolution of the Doctrine of Academic Absteutiou in American Jurisprudence* [M]，The Florida State University，1989，p. 76.

② 湛中乐，苏宇. 中国高等学校内部治理结构：基本原则与关键制度 [J]. 华中师范大学学报（人文社科版），2011（5）：143-148.

利义务关系上，师生及职工是处于弱势，因而，对公法性关系的规范是以"规制高校权力，维护师生合法权益"为圭臬。另公法性关系的建立必须有规范依据的，既有国法，也包括校规，更为重要的是，为抑制高校校规因自治权的缘故而任意侵犯师生的合法权益，国法通常会对公法性关系所涉的领域予介入和设定框架，校规不得僭越国法。其次，虽然根据《宪法》《高等教育法》，高校享有包含成立公法性关系的自治权，然为有效的限制高校权力的恣意，推行高校主体权力清单化，最大限度遏制权力运作因其自由裁量权的对侵害权利人的合法权益，以及由此可能产生的腐败现象。再次，健全高校治理机构，特别完备学校内部管理机构，按照精简、统一、高效原则设置各种职能部门，防止人浮于事、岗的弊病。最后，与行政行为一样，高校的公法行为在某种程度上就是高校的正当程序。如前文所述，高校治理在很大程度是基于专业判断而进行的，而由于人们认知的局限性，出现偏差、错误不无可能，在此之下，基于此认知而做出的错误决定亦不能妄加指责。相应的，若在此过程中，能严格遵循正当程序，如针对考生的作弊做出处分给予陈述申辩权，同时告知其享有的申诉、复核、起诉等救济权利，那么，此公法行为以及所依凭的规范依据便能最大限度获得正当性。

2. 私法性关系

在计划经济时代，政府包办着高校的人财物等一切。私法性关系在高校难有存在的空间和价值。改革开放以来，伴随政府职能的转型，政府逐渐改变高校单纯命令式管理模式，高校中借由契约形式开展工作的方式日益得到重视。时至当下，私法性关系在高校治理中已得到普遍性化的推行。如学校聘任教师、采购所需的物资、基础建设、科研任务的协议，等等。从既有的实践来看，高校私法性关系的情形呈现出复杂化状态，归结起来，主要有以下三类情形最为常见：

（1）科研领域私法关系

为帮助和鼓励高校师生有效开展科学研究（包括自然科学、人文社科），从国家到各地高校通常采取了科研课题项目制的方法，通过双方签订合同，由发布课题项目的国家有关部委或高校一方给予经费资助，高校师生按约完成科研任务，以及其他规定（如科研成果未经项目发包方同意不得转售等）。对于科研课题项目制度的利弊，尽管学界存有不同见解，不过，这些意见无关及项目制的初衷和目的，而与具体的管理模式及效率相关。这也是今后应改造的着力点。尽管如此，在改造过程中，项目发布方与研究者之间的科研性私法关系仍有恪守：首先尊重科研人员的研究权利，不应恣意的加以干预。如前文所述，学术研究是人们认识自然、社会运作和发展中遇到的问题，并试图加以解决所做出的判断，属于人类的认知领域。在此过程中，同一问题出现不同判断特别是从不同学科得出结论更是司空见惯。对此，不仅不应横加干涉和指责，相反，对此应予尊重和保护方可。其次，保护研究人员研究成果的知识产权。在尊重学术伦理和道德，且符合国家法律法规，任何研究成果都是研究人员付出辛劳获得，对此，项目发包方非依据法律法规及研究人员的同意，不得任意加以限制或剥夺。人类社会的进步总是建立在前人基础上，尊重已有的研究成果，这是研究者的美德，亦是人类对前人的尊重，惟其如此，社会的发展方能在文明的旗帜下前进。① 最后，在没有造成重大影响下，对科研协议需守持宽容的态度。既然科研是人类探索自然、社会规律的一种方式，那么，这种探索就可能出现成功与失败。事实上，所谓成功或正确也只能人类基于现实情境下的理解。因而，对于科研中出现的不能达致当初预期的结果，国家或高校需以宽容的保护，只要其行为并未造成重大损失，应允许科研人员在研究时间及项目最终成果做相应的变动。这不仅尊重人的认知，而且只有这样，科研人员才能大胆尝试，勇于创新，社会的进步也才有可能。

（2）公益性私法关系

高校为了开展正常的教学活动，购买必需的物资如仪器实验设备，对基础设施建设和维护，与相关企业开展合作，等等，此间，就必须与外界产生民事法律关系。应当注意的是，有别于市场上的一般私行为，高校的这种私法关系有其显著的特点：首先，无论是公办还是民办高校，教育活动本身为公益性行为已是普遍性接受的原则。与之对应，高校在与外界签订合同如购买物资，与企业进行的包括产品、技术开发等合作等，都不得以营利为其根本目的，公益性是进行活动的基础属性。其次，恰由于高校的这些私法关系具有公益性，为使教书育人的公益性目标顺利实现，在履行合同中，高校与对方的地位具有完全的对等地位，往往具有优位性。进言之，当发现对方违反约定或义务，以致侵害合同目的实现，高校可单方面行使撤销权与解除权。最后，在实施合同过程中，高校具有独占性的监督之地位，对合作方的行为行使着检查权利。其意义在于：促使他们及时改正违规和违约的做法，钳制因故意或疏忽可能造成的重大损失，譬如基础建设中质量问题给师生带来的安全隐患，设备的不合格产生的经济损失等。

---

① ［美］戴维·雷斯尼克. 政治与科学的博弈：科学独立性与政府监督之间的平衡［M］. 陈光，白成太，译. 上海：上海交通大学，2015：89.

（3）劳务性私法关系

高校聘任教职工，签订劳动、劳务合同是一种常见行为关系，其意旨在厘清高校与教职工之间权利义务关系。基于既有的实践，此关系具体表现为两类：一是劳动性关系，即根据《劳动法》规定签订劳动合同。由于我国目前的大学的绝大多数为公办高校，对教师采取事业编制，故而，与企业型的劳动合同不同的是，教师的劳动合同只具有身份的加固意义，这种劳动合同的实际约束力并不具有实质意义。值得注意的是，如果这是针对以前的情况的话，那么在当前绩效考核背景下，教师签订劳动性合同的束缚力正在日益改变，已从形式到实质功能进行转变。譬如，目前高校采取的高薪聘请教职工即是此意味。二是专门性合同。高校中教师进修、出国访学已成为高校中一项普遍性做法，一些构架甚至作为教师职称评聘中的必备考察因素，且不论此做法是与非，仅就为达到该目的，高校往往采取与进修、访学的教职工、学生签订协议，明确各自的职责，特别是对高校中教学、科研等工作量的要求。之所以签订此合同，其意是为抑制高校人事变动而形成的一些政策的因人而异，损害教职工的合法权益；利于教职工自己的身份职责，最大限度利用好时间，安排自己的行动。

表 8−1 公法性关系、私法性关系与学术性关系的比较

比较项＼基本关系	学术性关系	私法性关系	公法性关系
涉及领域	学业、科研成果、学术能力（如职称、荣誉）等	科研合同、教职工聘任、购买物资、学费、培训费等	师生的资格权、平等权、处分权等
相应主体	教学、学位、学术治理机构	高校与师生、高校与外界企业、组织等	高校与师生
行为属性	学术认知和判断	一般为平权行为	高权行为
适用程序	未有明确统一规定，以正当程序要求规范之	民事程序	行政程序
侵权表现	滥用学术权力	违反双方签订的合同	违反法律、校规的强制性要求
侵害结果	对学术评判不公正，歪曲学术的真实水平	违约责任或侵权责任	资格限制、歧视待遇等
救济方式	复核、申诉	民事诉讼、仲裁（人事、劳动等）	申诉、行政诉讼

3. 学术性关系

在当下中国高校，不论被赋予何种角色、担当何种功能，"教书育人"的主体性地位恐怕无人会加以质疑。为了更好的"教好学""育好人"，进行评价必不可少。一般而言，针对此评价包含了两类情形：品德评价与专业评价，即"德"与"才"（两者关系在下文中论述）。所谓专业评价，概言之，是高校中教师或工作人员以其掌握的专业知识、技能、思想为基础，对同行、学生或其他外部机构和人员的学术能力、作品质量、学习效果等做出评判，包括了学业、成果、学术能力评价，等等。在此过程中，评判者与被评者之间形成的关联，我们姑且将其称之为"学术性关系"。具体言之，学术性关系呈现出以下四个特点：

第一是基于专业性知识的判断，具有不可替代性。与血缘、地缘等关系不同，学术性关系是基于专业性知识而建构起来的。学术人对专业性知识的共同认可使他们之间有了共同话语，对学问的讨论和深入才有可能。不仅如此，学业评价与学术评价体现的是知识与专业上优位，评价者享有专业上的独占性判断权利，且形成的决定具有"不可替代性"①。这种优位关系，是以一种范围有限、作用方式特定化的方式展开，体现着思想与知识的尊严，体现着学术自由的内在价值。② 从本质上讲，对专业知识的认知判断或专业判断，属于人们意识范畴。实践反复证实，对意识范畴的是与非、好与坏，只能借助学术群体秉持学问性知识规律性的内心确认，以及在长期学术训练中型塑的伦理道德进行，不容许也不应该非专业人士、行政权力恣意插手，即便对于司法，也一般不予介入和审查，即使审查，也只能其明显处于行政权力之时介入，而且认为在此情况下，重要的不是评价结果，而是对价值型塑的宣告和详细的说明，③ 否则，一切学问真理都将被扭曲，都可能成为人们的笑谈。这是教育与科研活动的一条基本原则，是"教授治学"的核心准则，也是学校治理的制度基点。其次，专业性判断呈现出"窄化"的特点。社会的发展与社会分工是相辅相成的，社会分工的日益推进必然引来专业精细化作业。反映在高校，则体现为各种各样的学科和专业。专业的精细在帮助人们对知识深化认知的同时，也导致知识鸿

---

① 伍劲松. 行政判断余地之理论、范围及其规制［J］. 法学评论，2010（3）：146 – 154.
② 湛中乐. 教育法学的理论题与学科建设. 载劳凯声，俞雅风主编. 中国教育法制评论，2015，13：180.
③ Zinmermann, Sachavrestandigenpflichen, DS 2006, S. 313. 转引自湛中乐. 教育法学的理论题与学科建设. 载劳凯声，俞雅风主编. 中国教育法制评论. 2015，13：179 – 181.

沟、壁垒之间的加深。是故，由学术群体构筑的同行（又称为大同行）还必须依据各专业、学科间的特质，再次进行编排和组合，形成小同行。通过专业、学科的学术小同行，竭力做到专业判断的客观性、科学性。①

第二，学术性关系的建立与运作赖于专业判断，进而隔绝了非专业人士、机构的侵入，但这并不意味着它就是不受规范的。首先是来自学术伦理道德。学术伦理道德是学术共同体在长期学术发展过程形成的并被广为接受的符合学术自身发展规律而制定的道德规范。它支撑了学术发展的可能，是人们评价学术、专业的一个标尺，同时也是维系良性学术性关系的基石。其次，在外部关系上，可通过设置正当程序予框囿。专业性判断与客观真实之间并不具有绝对的真实性与有效性，如果说这在自然科技类专业知识显示的不那么明显的话，那么，在人文社科类，此现象则显得尤为突出和普遍。这一方面与人们的认知局限性有关；另一方面同人文社科专业知识自身的或然性相关。在此之下，同行进行的专业判断失真、失误，甚至错误在所难免。而作为最大限度隔绝人们偏见，促使做出理性决定的程序的重要性就凸现出来。在评估实践中，对具体制度的评判还需关注三个方面：一是充分体现当事人的程序性权利，比如在职称晋升、荣誉、评奖评优中，对复议权、陈述权、申辩权、听证权等的重视；二是尊重和保护信息获得和沟通权，比如对学术不端行为的认定、职称评定等过程中，需明确规定有关信息获取的渠道及异议交互的权利；三是明确救济性权利，比如对教学、招生、职称评定、学术不端行为调查与认定中，针对当事人不服的评判，应明确复核和申诉的时间、方式及所需的文本材料。

第三是在处理学术性事务纠纷中，学术权力的决定具有终极权威性。依据现有高校行政权力与学术权力两分构造的语境，由学术共同体尤其是小同行秉持知识规律与学术道德处置学术性事务，按理说，不论评价者还是被评者不应存在纷争才对。可当学术走向社会，成为一种职业，成为获取名利的一种渠道时，这样一种应然性的美好期许便被打破，只能停留于人们的想象中。摆在面前的是，如何看待学术权力的决定？如果将命题转换，其实质就是学术权力作出的判断是否具有权威性。要回答此问题，不妨将学术权力与行政权力进行对比，从中发现独具特色的面向：首先，行政权力本质上是一种管理与行动，命令与服从是其一般存在形态，旨在实现效率与秩序；② 与之相对，学术权力源

---

① 谢小瑶，叶继元. 高校查处学术不端行为的双重困境与制度选择 [J]. 南京大学学报（哲学·人文科学·社会科学）. 2016, 53 (4)：70-83.

② 孙笑侠教授曾对行政权与司法权之间进行详细对比，孙笑侠. 程序的法理 [M]. 北京：商务印书馆，2009：120-129.

自对专业知识的认知和判断，而判断之间不存在高与低之别，非服从性是学术评判的天性，它的目的就是守护思想、真理、知识的尊严。其次，行政权力的扩张性以及由此产生的侵害性从来都是一种惯性，规范与约束行政权力运作是高教法制建设的一项重要任务和使命。① 尽管学术权力在实践中存在评判者的个人偏好的影响，但这样的现象只存在于个体，并不会对整体发生颠覆性决定性作用；此外，已有的学术伦理道德规范及评判程序的双重约束亦使学术权力中的恣意控制在最低层次。其次，经由行政权力做出的决定不具有终极性，虽然它在实践中往往具有"先定力""执行力"特点（如行政处分的先行执行），但一旦它被申诉、复核、仲裁和诉讼时，其效力也随之消失。而学术权力的决定通常具有终极性，非经法定程序，不可撤销。比如在教师职称、学术荣誉、学术不端行为的认定过程中，非处于法定程序，且由相关当事人提出新证据、新材料，学术权力的决定不能更改、撤销。此举之意义在于，它充分反映并呵护了学术的神圣与大学自治精神。

评估高校依法治校的基本范畴是以公法性、私法性以及学术性三对关系为中心，借以考察每一对关系的规范性要求而展开的。但在三对关系中，学术性关系应居于中心，其他两者皆由它产生，并保障它的良性运作。首先，这是由大学的本旨所决定的。大学的目标之一是培养人才。如何培养人才？在一般意义上，人们会以知识与德性两个标准加以考量。对高校在传播知识、追求真理方面的价值与意义，时下已成不争之论。问题是大学教育在知识以外，是否更应重视德性？德性之重要自是无人怀疑的，此在中西方教育中也是一致认同的。"尊德性"和"道问学"向来是中国传统教育两大支柱。自近代以来，此两大支柱演化为如钱穆先生所归纳的三大系统：人统、事统与学统。中国之学问最重第一系统，即"人统"。② 虽然宋儒与清儒亦颇为重视第二、三系统之功能，但基本格局并未打破。与之不同，进入工业现代化的西方国家尽管不否认"德性"在大学中的重要地位，不过，由于对何为聘请教师或招收学生所必备的德性条件如"高尚情操""崇高人格"等无法形成一致意见，尤其是当社会处于急剧变迁且价值多元化时代，绝对化的界定德性之内涵更是难上加难。故而，他们更加关注"学统"的根本性意义。事实上，当一个人对知识真理绝对的真诚，乃至进入了宗教般的信奉时，则真正达到了言行一致、达致表里如一的境界，如此，知识与德性或"真、善、美"便实现了真正的融合和统一。从另一

---

① 张德祥. 高等学校的学术权力与行政权力 [M]. 南京：南京大学出版社，2004：152 - 160.

② 钱穆. 中国学术通义 [M]. 台北：台湾学生书局. 1977：225.

侧面观之，当一个人以虔诚的心态对待知识、去呵护真理，必然是尊重客观事实、证据，一切以理性为导引之人，那种"曲学阿世""唯唯诺诺"之丑态绝不容许。正是在此意义上，贾科·蒙诺（Jacques Monod）认为，"科学方法"（追求真理）才是人类道德唯一的范典。① 由此出发，以真理为中心的大学教育带来的是，彼此的关联由"知识"架构起来的，自然地，学业、成果、学术的评判以及由此形成的学术性关系便成为大学赖于存在的基础。其次，基于公法性与私法性关系的功能角度，决定了学术性关系的主体地位。一如前所言，公法性关系关涉领域通常是较为固定的，即高校师生的平等权、资格权、处分权等。对这些权利的保护，当然，于师生而言，是对其应有权利、人格的尊重，可是，此并非目的本身，进言之，维护师生的这些合法权益使他们接受更好大学教育，实现自我对于大学本旨的期待。同样的，存在于高校的科研协议、教职工聘任等私法性关系，是使高校作为"知识性社会"得以良好运作必不可少的条件和资源。通过订立科研协议，教师的科学研究就有了必要的资助；招聘优秀的教职工，明确各自职责，方能使教职工安心的从事研究，激发学术潜能；等等。

值得注意的是，强调学术性关系的核心地位，并非是说，在评判实践中，就可恣意介入高校的学术自治权，恰恰相反，它包含两层关系：评判高校是否建立以此为中心的良性关系，以及对于学术性关系在高校中的运作是否得以规范化运作。另外，在评时，还应特别关注一个现象，即三对间存在互为关联，彼此沟通，比如某高校聘请某一教师，签订劳动合同，约定聘期内目标任务；在此期间，他又存在学术不端行为。对此，需要在评判中，通过不同阶段依凭的关系，依据每一对关系的规范性要求加以仔细的甄别和判断。

（四）高校依法治校评估的实践展开

在本质上，高校依法治校评估是一项实践性行动。对该项行动，国法与校规是所凭借的规范依据，立足于合格评判是定位与方向，而三种关系是核心内容。即使如此，若缺乏有效的践行，这些不过是"空中楼阁"。而要恰切实施之，需要处理好三方面内容：一是评估主体（谁来评估）、评估层次（如何开展评估）以及评估方法（评判工具）。

---

① 金耀基. 大学之理念、性格及其问题. 载梁启超，蔡元培等. 大学的精神. 中国友谊出版公司，2004：131.

1. 复合型评估主体的选择

评估主体的择定是高校依法治校评估的关键要素之一，也是开展评估的必备条件。究竟由哪个主体进行评估？有两种主张颇引人注意：第一种观点认为应由教育行政管理部门组织。立足的理由：作为内嵌于依法治国、依法行政之依法治校是教育管理部门为主推动力开展的，其实施如何，自然是由教育行政管理部门进行评价。再有，教育行政管理部门对所属高校的日常运作较为了解，特别是对需要改进的地方更为清楚，由此，由它实施评估的针对性和准确性也会提高。第二种也是颇为流行的主张，它认为应由第三方评价机构。理由是：该机构脱离于行政管理部门的指令性束缚，具有相对独立性；身份上非依附性必然使评判的客观性最大限度获得满足，从而结果的权威和认同度自然孕育其中；因是专门从事评价工作，在调动和利用资源如聘请专家、数据库等上可节省成本，提高效率。①

比较前述两者，第一种观点考虑到教育行政管理部门与高校的实际关系，即是我国绝大多数高校是公办性质的，且《高等教育法》《教师法》等法律对教育行政管理部门的职责有明确规定。问题是，若由教育行政管理部门进行评估，就可能形成它对所属高校的日常性工作检查，所谓评估实质上就是一种内部评判，最终导致教育行政管理部门既当运动员，又是裁判员的结果。这样一来，评估的权威性和实质价值（洞悉依法治校的实际执行情况）可能极大的毁损。第二种观点显然是看到第一种观点的弊病，希冀借助第三方的独立地位屏蔽因教育行政管理部门与高校之间内在的关联性而带来评估实践的有效性。但要注意的是，在我国当前，此举前提性条件是否满足，值得考量。

首先，作为发展模式的计划经济早已一去不复返了，但根植于计划经济中的思想余孽至今未完全祛除，对政府权威的膜拜、渴望受到官方机构的承认始终是高校不得不加以高度重视的方向标。与之相应，来自政府及其机构的认同便成为高校地位、声誉的决定性因素。除此之外，一切外来的评判都值得怀疑和不被承认。这样的逻辑同样存在于高校依法治校评估过程中。由于第三评估机构在性质上属于民间性组织，是非官方机构，因此，它的评价只能是参考性、不具有公平性，成为诸多高校拒绝评价结果的重要理由。其次，一个公认的事实是，现在的一些第三方评价机构与政府之间难以完全摆脱依附关系，更多的是官方或半官方性质。严格意义上的独立、公正的第三方机构从来不存在。此

---

① 2016年7月6日，课题组在复旦大学法学院召开研讨会，会上与会专家曾就评估主体问题有不同见解。

带来的结果则又重新陷入前述第一种观点的泥淖中。最后，退一步说，即便采取第三方评价机构，也需有较为成熟的规范制度作为保障，包括明确成立条件、权利义务、法律责任及监督约束等，但目前，这些尚处于空白或近似于真空的地带。在此之下，若盲目采取第三方进行评估，究竟是基于客观性事实的评判，还是以合法性的外衣包藏恣意抑或为"利益"所俘获，需予斟酌。

也正因为此，一种复合型评估主体模式的意义便凸显出来。此模式旨在最大限度克服前两种主张内在的弊端，以契合实践需求。概括地讲，它具有以下三个特点：一是仍以教育行政管理部门为主导，但不同的是，它并非亲力亲为，而是通过现有学科专家库资源成立专门小组。这样，教育行政管理部门的主导地位只是具有组织意义。不惟如此，此举既不会超脱既有制度架构（如授权第三方机构的法律依据），评估的权威性亦不受影响。二是小组成员的主体构成力求多元化。借鉴当前教育部对各高校进行学科合格评估做法，评估组由三部分即"教育行政管理部门官员 + 专家（法律与教育）+ 其他（根据高校特点决定）"组成。其中，不同主体的职责存在差异，教育行政管理部门官员负责教育法律法规的解释；而专家学者及其他人员则是评估主体的主要部分，负责评估的实质性内容；另外，评估小组成员具有同等的评判权力，不允许利用身份和地位优势控制评估结果。① 多元化的人员构成既利于评估的多面向考察，避免了评估只是一种"内部考察"的诟病；并且，这样的组成充分尊重和体现了主体的独立性和自治性，最终评估结果的权威性也就获得极大的强化。三是对评估专家设置条件。除了专家组的内部构成，专家自身的身份、经验、知识等亦意义重大，甚至在一定程度上决定了评估实践的成功与否。对此，美国在法治评估上的一些做法值得借鉴。美国国际开发署明确规定评估者需具备的资格要求：评估组负责人必须是被评估国家的侨民、熟悉被评估国的政治法律制度，是法治发展领域的专家，至少有十年以上的援助项目工作经验，拥有杰出的组织和协调能力，通晓英语，等等；评估组成员有两位，一位是侨民，至少拥有五年以上的援助工作经验，另一位是被评估国的专家，必须是法律专家、政治学家、公共部门管理专家或研究者，必须充分了解被评估国的政治法律情况，至少有三年以上工作经验等等。②

---

① 在研讨会中，学者曾对人员构成比例有过热议，形成的一个基本共识是，专家学者与其他人员应占据三分之二或更多。

② 张保生，郑飞. 世界法治指数对中国法治评估的借鉴意义 [J]. 法制与社会发展，2013，（6）：3 – 13.

2. 三重评估层次

一般来讲，高校有序开展依法治校主要反映在三个方面：有健全的各项规章制度，并得到执行；诸制度的内容及其施行充分保障高校师生的权益，进一步规范高校运作；师生对学校依法治校的认同和支持。沿循此思路、逻辑，评估高校依法治校至少涵盖了以下三个层次。

（1）形式性评估

如同法治实施首先必须规则之治一样，高校依法治校除了要有国法外，学校自治的范围内制定各项规章制度，同时，它们还得到具体落实，如此高校的规范化治理方能"于法有据"。正源于此，评估高校依法治校首先就要对高校制定的方方面面的规则制度及其实施情况作一考量，为方便起见，我们将其称为"形式性评估"。形式性评估的突出特点是聚焦于制度文本、档案材料的考量。的确，仅停留于此层次的评估难免会使陷入"只见树木，不见森林"的泥塘，然也惟其如此，评估者才能从总体上准确地把握依法治校实践效果，且有助于发现它可能存在亟需解决的问题。在实践行动中，需要遵循以下两项标准：①体系性。体系性最直观的意思是，高校在治理过程中，对可能涉及的诸多面向尤其是集中围绕学术性、公法性、私法性关系都制定和颁布了包括办学、招生、学位授予、培训、财务、基建、采购招投标、对外投资、校友捐赠、校园安全、校务公开、职称评审、评奖评优、人才选拔、争议处理等各项规章制度。当然，仅滞留于静态意义的"规章制度"不免过于狭隘，相反，对它的理解应做适当的延伸，即它还涵盖对已有制度（不合法、不符需求）的及时审查、清理、修改，实现文本间内在逻辑的一致性和融贯性。譬如，根据《高校学术委员会规程》规定，高校是否出台大学章程，明确学术委员会在高校治理结构中的地位。还有，《高等学校预防与处理学术不端行为办法》《高等学校学生管理规定》颁布或修订之后，高校是否进行及时清理、修正，尤其对其中不属于高校学术自治范畴的自治权的矫正和重设等等。②完备性。文案材料是高校依法治校过程中形成的文字、图像等记录以及由此整合成的档案，其齐全性和完整性折映出高校规范化的运作程度。比如，关涉高校改革发展、学科发展、专业设置、教学、科研等方面的重大决定，高校应当形成可供查询的档案材料。还有高校处理的校园安全事件、查处的学术不端行为案件、做出的行政处分决定，因学校行为而被提起的行政诉讼，被上访，接受行政处罚等，形成的证据、运作流程、正式文本决定书等案件材料。透过高校所记录、形成档案材料，评估者便可以最低时间成本审视出国法、校规在高校治理中的价值、意义，高校内部治理机构依法治校的地位。

（2）实质性评估

制度建设、文案材料的评估倚重的是形式上评判，而对其中内容，以及在具体实践中体现了所预期的和吁求的权利保护、权力制约、程序正当价值，赖于评估者深入的洞察和判断。此形成的评估方式，我们暂且称为"实质性评估"。立足高校现有的治理实践，实质性评估需突出三个标准上。

第一，对等性。相同事情相同对待是公正的应有之义，此同样内嵌于高校的依法行政过程。对于广大师生而言，他们对学校的遵从和信仰，既来自学术、智慧、教师德性带来的崇高感，同时也源于高校平等待人、公正处事的高风亮节。在评估中，评判者需集中于考察行政权、学术权的实践运作。比如教育资源（主要是对学生）、培训机会（包括教师、教职工）等分配制度设置是否做到了一视同仁。针对学生相同作弊行为，高校不应做出迥然不同的处分决定。对于同样程度抄袭剽窃的学术不端行为，不能因为行为人是某学院院长或知名学者，而非一般教师，便采取差别对待。此外，在高校做出包括行政处分、招生、评奖评优、学位授予等决定，对涉及的当事人所具有陈述权、申辩权、知情权等程序性权利，应予平等对待。

第二，差别性。由于地区发展的不平衡，高校教育资源在不同地区特别是地处边缘地带与中东部间分布的悬殊，加之受教育者先天后天因素等原因，导致若绝对采取形式平等最终带来实质性不平等，而这也违反了高等教育的初衷和本旨。而要纠正此不平等，就有必要实施差别对待。如对贫困、残疾智障、边疆地区的特殊群体学生，高校是否有相应倾斜性的制度安排。还有如高校中关于一些科研资源的分配上，如何区别领导职务的教师与一般教师申报程序的差异，在制度上，是否以及如何体现出对前者的限制。

第三，公开性。信息是人们形成认知的基础，是人们据以做出判断和采取行动的根据。在高校依法治校语境下，师生及其他公众（学生家长、捐赠者、合作单位等）对涉及学校治理，只有获得充足的信息，才能采取妥当的回应和举措，保障权利（如知情权、参与抉择的民主权等）的实现，也才可有效的监督和制约高校权力。为实现这一目标，高校就必须根据国法、校规，尤其是在网络时代情形下，充分利用媒介渠道公开必要的学校治理信息。具体而言，可从几个方面判断：一是信息获取的便捷性。审视学校是否建立专门的渠道如网站、微信公众号、学校信息窗口等，使公众、师生较为方便地了解和接近诸如招生、办学动态和政策，让学校师生可随时查阅到信息处理日常事宜（如申报职称、科研管理等）。二是信息公开的及时性和常态性。对于学校发生的重要、重大、临时性决策信息如发展规划、专业调整等，在第一时间发布；对一些事关师生利益的重大事项，能及时通知或被索取师生；健全校务公开制度，常规性的发布学校治理中决定和事情的进展。三是信息通道的开放性。畅通言论表达和收集方式，对学校管理决策、教育教学、科研评价的意见建议，能够及时反映给学校领导与行政管理部门，学校对意见和建议能及时反馈，校务委员会或董事会应履行监督职责；对反映学校领导行为存在违法违规的信息，有专门的渠道能直接反映专门性监督机构，如审计、纪检等。

（3）认同性评估

形式性与实质性评估是基于专家的认知和立场而展开的。然高校依法治校的一个重要面向则是处于其中且有切身感受的广大师生、公众，在一定程度上，他们的支持和认同直接反映着依法治校的实效，对此，评估不能也不应该忽视的。我们将基于学校师生、公众对依法治校认知的评估，称为"认同性评估"。藉由此，一方面，可弥合基于专家立场而带来"隔绝外来声音"职业病不足的意义；另一面，从主体的认知和吁求层面真切把握高校依法治校过程中存在的弊病和需要改进的地方。具体而言，以下三个标准需予注意：

第一，主体的广泛性。与单纯命令管理不同的是，高校依法治校在治理方式上呈现出互动性和交往性。这就意味着，依法治校的相关主体不唯单一的，相反是由多元主体参与构成的。除了高校这一组织性主体外，还辐及学校广大师生和公众。比如，就教职工而言，既有身处一线从事教学研究的教师，还有专职研究的研究人员，还包括行政管理人员等。再如学生群体，不仅应有本硕博学生，而且还涉及不同学院不可学科。再如公众群体，应涵盖与校方合作组织、捐赠方、学生家长等。第二，过程（程序）的正当性。正义不仅要被实现，而且还要以看得见的方式实现。"看得见"除了通过程序展示出来，而且它还要为公众感知。反映在依法治校中，高校所作所为具有程序的正当性不能只是理性状态，而应获得广大师生、社会公众的认可，而获得具体意义。譬如，高校做出的重大抉择，包括学校发展、学科规划、招生等；高校学术、教务等学术性治理机构、职能部门的运作；在具体事务上，针对师生做出的一些决定，等等。第三，结果的服从性。较之高校依法治校的整体性与系统性，师生、公众对学校依法治校的关注往往会聚焦与他们权利及其行使密切相关面向的决定与处置。就此，实施该层次的评估，在内容设置上，除了诸如高校依法治校的制度齐全性、严格依法、整体环境等共同关注外，还应反映针对不同主体身份而产生的兴趣点。比如，教职工会更在乎职称评聘、考核、奖励、科研评价等；而学生则更了解学习奖惩、休学、转学、复学、考研、学位授予、纪律处分等。

此外，实施认同性评估，还应特别关注方式的选择。可通过与师生、公众群体座谈，个别访谈，发放包括纸质、电子调查问卷等方式收集不同主体对学校依法治校的认同度。已有统计学知识告诉人们，不同方式应有不同的问题相对接，否则，其结果不仅无益，而在此基础上的评估也可能出现偏差。

表 8 - 2　形式性、实质性、认同性三种评估的比较

评估类型	目标	评估标准	主要内容
形式性评估	建章立制，高校治理有法可依	体系性完备性	（1）学术性、公法性、私法性制度建设（办学、招生、学位授予、培训、财务、基建、采购招投标、对外投资、校友捐赠、校园安全、校务公开、职称评审、评奖评优、人才选拔、争议处理等） （2）文案材料（改革、学科发展、专业设置、教学、科研等方面的重大决定；校园安全、学术不端行为的查处、行政处分决定；行政诉讼，上访，接受行政处罚等）
实质性评估	学校举措或行为做到公平、正义	对等性差异性信息公开	（1）教育资源（主要是对学生）、培训机会（包括教师、教职工）等分配，师生实体、程序权利制度设置及其实践 （2）对贫困、残障学生等特殊群体，以及处于领导岗位的教师和一般教师的制度规定及实践 （3）校规信息获取、校务公开、重大决定决策的民主参与与听证等
认同性评估	对依法治校的整体认同	主体的广泛性过程的正当性结果的服从性	（1）高校做出的重大抉择，包括学校发展、学科规划、招生等；高校学术、教务等学术性治理机构、职能部门的运作 （2）在具体事务上，包含对师生的奖惩，对教师的考核、职称评审、违纪处理等，针对学生的休学、转学、复学、保研、处分决定等 内容设置上，还应反映针对不同主体身份而产生的兴趣点

3. 综合性评估方法

定量、定性是当今世界诸多国家或组织进行法治评估普遍使用的两种评估方法。如世界正义工程采取的就是定量评估方法判断诸国法治指数。[1] 由于当下中国法治建设尚在初始阶段，包括制度、机构等方面更多的是处于建设中，因而一种被称之为建设评估方法近年来亦日益受重视，成为与前两者相并列的

---

[1] Juan C. Botero and Alejandro Ponce," Measuring the Rule of Law", The World Justice Project Working Papers Series No. 1, 2011, p. 5. http：//papers. ssrn. com/so13/papers. cfm? abstract_ id = 1966257. 2017 年 5 月 20 日访问。

评估方法。譬如，余杭法治评估中采取的建设评估方法判断法治的实施状况。①应当承认，将这三种评估方法运用于法治建设问题的研究，为人们洞察法治实践存在的症结，发挥颇为有益的观察功用。也正因为此，许多学者主张将三种方法引入依法治校的实践中来。问题是，依法治校究竟该采取何种方法？

寄希望以一种评估方法验评依法治校所有情形，不仅不能达到评估实践的目标（了解依法治校的运作和效果），反倒可能遁入以偏概全的尴尬境遇。首先，单一的评估方法考察问题是具有侧重性，得出的结论只能说明基于某个特定立场而展开的。如定量方法重视被调查者的感受；定性方法则依赖于专家的认知；建设方法则往往与评估对象的目标控制密切相关②。其次，高校依法治校评估涉及的面向是多维的，诚如前文所述，它包含了三重评估，而这些是无法籍由某一种方法所能胜任的。如对学校建章立制的评估，既要对规章制度建立健全进行评判（建设评估方法），也需审视规章是否体现对权利保障和规范权力运作的内容质量（定性评估），还应顾及师生对此的主观感受（定量评估）。由此，定量、定性和建设三种评估方法是无法截然分开的。也正源于此，高校依法治校评估在操作技术上亟需采取一种开放性、多元性的方法，我们将其称为综合性评估方法。概括来讲，其特点主要有二：一是依据评估指标项考察需要，选择配以适切的评估方法；二是评估方法并不具有唯一性，而是糅合定量、定性和建设评估三种方法。

从实践层面看，综合评估方法的有效开展，需有实质"把手"，即合理的评估指标体系设置。所谓评价指标体系，即是由表征评价对象各方面特性及其相互联系的多个指标，所构成的具有内在结构的有机整体。结合前文所述及现实可能性，高校依法治校评估指标体系设计的基本逻辑是：以维护师生权益、学校依规办事（规范权力运作）、程序正当价值为中心，围绕学术性、公法性、私法性三对关系的规范性要求，对《全面推进依法治校实施纲要》关涉的依法治校内涵进行概念化和指标化；同时，采取由评估项目（一级）、要素（二级）和要点（三级）构筑的三级指标位阶结构。此中的问题是，评估指标特别是诸多评估要点中，如何界定指标属性即主观指标与客观指标的选择。一般来讲，主观指标是从主体的认知意义上设置的，如纠纷处理的公正性、规章制度的可接近性等；而客观指标则以静态意义或从后果层面设立的，如以学校为被告的

---

① 参见钱弘道等. 法治评估的实验—余杭案例 [M]. 北京：法律出版社，2013.
② 如普遍使用的目标管理法，它要求青少年违法犯罪率控制在1%以内、党委政府法律顾问的覆盖率在85%以上、不发生重大安全责任事故等。参见孟涛. 论法治评估的三种类型——法治评估的一个比较视角 [M]. 法学家，2015（3）：16 – 31.

诉讼和仲裁的总败诉率、校领导的职务犯罪率等。的确，试图以一种明确规则廓清主客观指标的分配事实上是相当不易的。此既与人们对依法治校内涵的剥离层次有关，亦同指标体系设计者自身的偏好相勾连。要避免此现状的发生，在主客观指标设置上需遵循：侧重行为结果的考量和关注；同时，回应和关照三重评估的各自目标和内在要求。

当然，评估高校依法治校本身并非目的，而是希冀以此促使高校从内部整体性检视，查漏补缺，修正不合理之处，以此推进和完善高校规范化治理。此外，评估是一项系统化作业。本文涉及的规范根据、功能定位、基本范畴以及评估主体、层次、方法，也只是从一个理论层面上的阐述，具体到"形而下"的实践，仍需要与其它制度相匹配，如评估主体的遴选、评估程序的制定以及指标体系的设计，等等。要解决这一系列复杂的问题，需进行相当细致的制度考量，更需实践者大胆的探索。

参考文献

一、专著类

（一）专著

1. 孙笑侠. 程序的法理［M］. 北京：商务印书馆，2005.

2. 湛中乐. 高等教育与行政诉讼［M］. 北京：北京大学出版社，2003.

3. 周志宏. 学术自由与大学法［M］. 台北：台湾蔚理法律出版有限公司，1989.

4. 周志宏. 学术自由与高等教育法制［M］. 台北：台湾高等教育文化事业有限公司，2002.

5. 董保城. 教育法与学术自由［M］. 台北：台湾元照出版有限公司，1997.

6. 董保城. 法治与权利救济［M］. 台北：台湾元照出版有限公司，2006.

7. 翁岳生. 行政法与现代法治国家［M］. 台北：台湾大学法学丛书，1990.

8. 许庆雄. 宪法入门［M］. 台北：台湾元照出版有限公司，2000.

9. 李惠宗. 教育行政法要义［M］. 台北：台湾元照出版有限公司，2004.

10. 李惠宗. 宪法要义［M］. 台北：台湾元照出版有限公司，2004.

11. 王敬波. 高等学校与学生的行政法律关系研究［M］. 北京：中国法制出版社，2007.

12. 吴式颖，阎国华. 中外教育比较史纲近代卷［M］. 济南：山东教育出版社，1997.

13. 张德祥. 高等学校的学术权力与行政权力［M］. 南京：南京师范大学出版社，2002.

14. ［美］伯顿·R. 克拉克. 高等教育系统——学术组织的跨国研究［M］. 王承绪等，译. 杭州：杭州大学出版社，1994.

15. William A. Kaplin, Barbarn A. Lee. The Law of Higher Education〔M〕. San Francisco：Jossey – Bass，2013.

16. G R Evans, Jaswinder Gill, Universities and Students〔M〕. London：Kogan Page Limited，2001.

17. Harvey A. Silverglate, Josh Gewolb, FIRE's Guide to Due Process and Fair Procedure on Campus〔M〕. Philadelphia：Foundation For Individual Rights In Education，2014.

18. Michael Dannells, discipline. in Rentz, Audrey L. & Saddlemire, Gerald L. Student Affairs in Higher Education〔M〕. Springfield, Illinois：Charles C Thomas Publisher，1988.

19. James M. Lancaster, Diane M. Waryold, Linda Timm. Student Conduct Practice：The CompleteGuide for Student Affairs〔M〕. Sterling, Virginia：Stylus Publishing，2008.

（二）专著中的析出文献

1. 马怀德. 学校、公务法人与行政诉讼〔M〕//罗豪才. 行政法论丛：第3卷. 北京：法律出版社，2000.

2. 何海波. 通过判决发展法律〔M〕//罗豪才. 行政法论丛：第3卷. 北京：法律出版社，2000.

3. 湛中乐，李凤英. 论高等学校法律地位〔M〕//罗豪才. 行政法论丛：第4卷. 北京：法律出版社，2001.

4. 石红心. 社团治理与司法〔M〕//罗豪才. 行政法论丛：第7卷. 北京：法律出版社2004：88.

5. 施立栋. 立法原意、学术剽窃与司法审查〔M〕//姜明安. 行政法论丛：第16卷. 北京：法律出版社，2014.

6. 熊文钊. 论公立高等学校的性质及其法律关系〔M〕//湛中乐. 大学自治、自律与他律，北京：北京大学出版社，2006.

7. 郑贤君. 公立高等学校的惩戒权有多大？〔M〕//湛中乐. 大学自治、自律与他律，北京：北京大学出版社，2006.

8. 廖元豪. 评《析论高校惩戒学生行为的司法审查》〔M〕//湛中乐. 大学自治、自律与他律，北京：北京大学出版社，2006.

9. 周志宏. 析论学术权利之保障〔M〕//贺德芬. 大学之再生——学术自由与校园民主. 台北：台湾时报出版公司，1994.

10. 秦惠民. 学术管理活动中的权力关系与权力冲突〔M〕//劳凯声. 中国

教育法制评论：第1辑，北京：教育科学出版社，2002.

二、连续出版物中的析出文献

1. 胡肖华，徐靖. 高校校规的违宪审查问题 [J]. 法律科学，2005 (2).

2. 湛中乐，黄宇骁. 再论学术自由：规范依据、消极权利与积极义务 [J]. 法制与社会发展，2017 (4).

3. 张冉. 高校校规：大学自治与国家监督间的张力 [J]. 清华大学教育研究，2011 (6).

4. 谢海定. 作为法律权利的学术自由权 [J]. 中国法学，2005 (6).

5. 朱芒. 高校校规的法律属性研究 [J]. 中国法学，2018 (4).

6. 李建良. 论学术自由与大学自治之宪法保障 [J]. 人文社会科学集刊，1996 (1).

7. 周志宏. 接受大学教育是人民宪法上的权利吗？ [J]. 月旦法学杂志，2001 (78).

8. 黄昭元. 落第搁落之大学生——二一退学的宪法争议 [J]. 月旦法学杂志，2002 (80).

9. 李仁淼. 大学自治与退学处分 [J]. 月旦法学杂志，2003 (94).

10. 董立山. 高校行使学生身份处分权的行政法治问题 [J]. 行政法学研究，2006 (4).

11. 何兵，赵鹏. 从专业课程设置析大学自治与政府管制 [J]. 行政法学研究，2005 (2).

12. 熊庆年. 对落实高等学校办学自主权的再认识 [J]. 复旦教育论坛，2004 (1).

13. 申素平. 高等学校法人与高等学校自主权 [J]. 中国高教研究，2005 (5).

14. 王德志. 论我国学术自由的宪法基础 [J]. 中国法学，2012 (5).

15. 邓世豹. 论司法介入大学管理三原则 [J]. 高教探索，2004 (1).

16. 韩兵. 高校基于学术原因惩戒学生行为的司法审查 [J]. 环球法律评论，2007 (3).

17. 刘亚敏. 论学术自由的人本价值 [J]. 教育研究，2014 (2).

18. 方流芳. 学术剽窃和法律内外的对策 [J]. 中国法学，2006 (5).

19. 田永诉北京科技大学拒绝颁发毕业证、学位证行政诉讼案 [J]. 最高人民法院公报，1999 (4).

20. Curtis J. Berger, Vivian Berger. Academic Discipline：A Guide To Fair Process For The University Student ［J］. Columbia Law Review, 1999, 99（2）.

21. James M. Picozzi. University Disciplinary Process：What′s Fair, What′s Due, and What You Don′t Get ［J］. The Yale Law, 1987, 96（8）.

22. Perry A. Zirkel. Procedural and Substantive Student Challenges to Disciplinary Sanctions at Private – as Compared with Public – Institutions of Higher Education：A Glaring Gap? ［J］. Mississippi Law Journal, 2014, 83（4）.

23. Due Process – University Disciplinary Hearings ［J］. Harvard Law Review, 2017, 131（2）.

24. Marie T. Reilly. Due Process in Public University Discipline Cases ［J］. Penn State Law Review, 2016, 120（4）.

25. C B Lewis. Procedure Fairness and University Students：England and Canada Compared ［J］. Dalhousie Law Journal, 1985（9）.

26. Edward J. Golden. Procedural Due Process for Students at Public Colleges and Universities ［J］. Journal Law and Education, 1982, 11（3）.

27. Laura L. Dicke, Wendy M. Wallace. Responding to Off – Campus Student Misconduct ［J］. Journal of Student Affairs, 1999（8）.

28. Jayme L. Butcher, MIT v. Yoo：Revocation of Academic Degrees for Non – Academic Reasons ［J］. Case Western Reserve Law Review, 2001, 51（Summer）.

29. Roger Billings. Plagiarism in academia and beyond：what is the role of the courts? ［J］. University of San Francisco Law Review, 2004（Spring）.

30. C B Lewis. Procedure Fairness and University Students：England and Canada Compared ［J］. Dalhousie Law Journal, 1985（9）.

三、学位论文

1. 谢海定. 作为法律权利的学术自由权 ［D］. 北京：中国社会科学院, 2004.

四、电子资源

1. 姜星. 论学术自由 ［EB/OL］. 中国宪法网, 2007 – 12 – 24.

2. 马乐乐：南京一大学毕业生因作弊丢学位 状告学校败诉 ［EB/OL］. 新浪网, 2013 – 09 – 06.

3. 段峰：考试作弊取消学士学位资格 作弊学生告倒暨南大学 [EB/OL]. 人民网，2013 - 08 - 12.

4. 柯学东：作弊被取消学位，中山大学学生告母校一审胜诉 [EB/OL]. 人民网，2014 - 01 - 05.

5. 余东明：大学生告母校屡败诉 和谐校园应依法治校 [EB/OL]. 搜狐网，2005 - 04 - 10.

6. 蔡小雪：给"漂亮"的判决书泼点冷水——评于艳茹诉北京大学撤销学位证案二审判决 [EB/OL]. 新浪微博，2017 - 08 - 20.

后 记

本书基于把大学"作为特殊制度"的逻辑起点，整体地探讨和阐述这个制度背后之特别法理。正如我国大学本身在不断完善和探索一样，本书仍有许多问题也是探索中的问题，做不到穷尽所有问题，准确深入地阐述所有问题。期待教育界专家给予批评指正。

这本书是教育部专项委托研究课题"依法治校研究"的成果之一，是我们课题组以及复旦大学教育法研究团队共同参与探讨的成果。本书作者包括李伟、谢小瑶、管瑜珍、韩兵、周慧蕾、刘晶晶、吴海燕等教授和博士。我们这个"大学制度之法理研究"团队，从2006 年起，积十余年研究，陆陆续续单独发表各自的论著。现在又根据新的情况，最近经过修改、凝炼和精简，合成现在这本有一定体系的专著。本书研究和写作分工为：孙笑侠撰写第一部分，李伟撰写第二部分和第四部分（吴海燕参与了第二部分的一节），管瑜珍和刘晶晶撰写第三部分，周慧蕾撰写第五部分，谢小瑶撰写第六和第八部分，韩兵撰写第七部分。全书整体上具有一致性，但难免在细节上有各自的见解，无法做到个人专著那样保持观点上的完全一致。

本书得到教育部政策法规司和教育部法制办的支持和资助，是教育部专项委托重大研究项目"依法治校研究"的成果之一，也是教育部和上海市教育法研究基地的成果。本书得到北京大学法学院湛中乐教授、安徽大学程雁雷教授的支持，他/她们是我国教育法研究的先行并持续的卓越耕耘者。同时，本书也得到了上海市教委、兄弟院校教育法研究基地的同行以及复旦大学教育法研究基地的同事们的支持，在与他们的多次研讨中得到启发后，得以修改完善。

此书得以出版，还要感谢光明日报出版社。该社设立"博士生导师学术文库"，资助出版，推动学术成果转化交流，服务新时代社会发展，有理念，有规划，有效率。

对以上各方面领导、专家以及研究团队的同事们的帮助和支持，在此一并致以谢忱。

孙笑侠谨识

2020 年 3 月 25 日于复旦大学